DIE GEOGRAFIE – NATUR- UND GESELLSCHAFTSWISSENSCHAFT	1
DIE ERDE UND IHRE GRUNDMERKMALE	2
NATURGEOGRAFISCHE GRUNDLAGEN	3
GESELLSCHAFTSGEOGRAFISCHE GRUNDLAGEN	4
RÄUMLICHE GLIEDERUNGEN	5
AKTUELLE GEOGRAFISCHE THEMEN	6
ANHANG	A

In dieser Form gekenn-
zeichnete Texte enthalten
Beispiele.

In der Reihe „Basiswissen Schule" sind erschienen:

5. bis 10. Klasse

Biologie (376 Seiten)
ISBN 978-3-411-71482-7

Chemie (320 Seiten)
ISBN 978-3-411-71473-5

Computer (276 Seiten)
ISBN 978-3-411-71512-1

Deutsch (288 Seiten)
ISBN 978-3-411-71592-3

Englisch (320 Seiten)
ISBN 978-3-411-71961-7

Mathematik (392 Seiten)
ISBN 978-3-411-71502-2

Physik (360 Seiten)
ISBN 978-3-411-71463-6

7. Klasse bis Abitur

Astronomie (272 Seiten)
ISBN 978-3-411-71491-9

Geografie (416 Seiten)
ISBN 978-3-411-71612-8

Geschichte (464 Seiten)
ISBN 978-3-411-71582-4

Kunst (400 Seiten)
ISBN 978-3-411-71971-6

Literatur (464 Seiten)
ISBN 978-3-411-71602-9

Musik (352 Seiten)
ISBN 978-3-411-71981-5

Politik (464 Seiten)
ISBN-978-3-411-04590-7

Technik (264 Seiten)
ISBN 978-3-411-71522-0

Wirtschaft (288 Seiten)
ISBN 978-3-411-71533-6

Abitur

Biologie Abitur (464 Seiten)
ISBN 978-3-411-04612-6

Chemie Abitur (464 Seiten)
ISBN 978-3-411-04592-1

Englisch Abitur (360 Seiten)
ISBN 978-3-411-71951-8

Informatik Abitur
(440 Seiten)
ISBN 978-3-411-71621-0

Mathematik Abitur
(464 Seiten)
ISBN 978-3-411-71742-2

Physik Abitur (464 Seiten)
ISBN 978-3-411-71752-1

Die GPI e. V. hat die Reihe „Basiswissen Schule" von 2002 bis 2006 jährlich mit der Comenius Medaille für exemplarische Bildungsmedien ausgezeichnet.

Der Software-Preis GIGA-MAUS der Zeitschrift „Eltern for family" wird verliehen für empfehlenswerte Familiensoftware und Onlineangebote.

Der deutsche Bildungssoftware-Preis „digita" wird verliehen für E-Learning-Produkte, die didaktisch und technisch herausragend sind.

Das Internetportal von „Basiswissen Schule" www.schuelerlexikon.de erhielt 2004 das Pädi-Gütesiegel als empfehlenswertes Internet-Angebot für Jugendliche.

Detaillierte Informationen zu den einzelnen Bänden unter **www.schuelerlexikon.de**

Duden
Basiswissen Schule

Geografie

2., aktualisierte Auflage

Dudenverlag Mannheim · Leipzig · Wien · Zürich
DUDEN PAETEC Schulbuchverlag Berlin · Frankfurt a. M.

Herausgeber
Prof. Dr. habil. Konrad Billwitz
Prof. Dr. habil. Wolfgang Bricks
Dr. habil. Bernd Raum
Prof. Dr. sc. paed. Gudrun Ringel

Autoren
Prof. Dr. habil. Konrad Billwitz
Prof. Dr. habil. Wolfgang Bricks
Prof. Dr. habil. Manfred Kramer
Dipl. Ing. Manuela Liesenberg
Prof. Dr. habil. Joachim Marcinek
Dr. habil. Bernd Raum
Prof. Dr. sc. paed. Gudrun Ringel
Prof. Dr. habil. Udo Schickhoff
Prof. Dr. habil. Max Schwab

Die Autoren der Inhalte der beigefügten CD-ROM sind im elektronischen Impressum auf der CD-ROM aufgeführt.

Bibliografische Information der Deutschen Nationalbibliothek
Die Deutsche Nationalbibliothek verzeichnet diese Publikation in der Deutschen Nationalbibliografie; detaillierte bibliografische Daten sind im Internet über http://dnb.ddb.de abrufbar.

Der Reihentitel **Basiswissen Schule** ist für die Verlage Bibliographisches Institut & F. A. Brockhaus AG und DUDEN PAETEC GmbH geschützt.
Das Wort **Duden** ist für den Verlag Bibliographisches Institut & F. A. Brockhaus AG als Marke geschützt.

Alle Rechte vorbehalten.
Nachdruck, auch auszugsweise, vorbehaltlich der Rechte, die sich aus den Schranken des UrhG ergeben, nicht gestattet.

© 2007 Bibliographisches Institut & F. A. Brockhaus AG, Mannheim, und DUDEN PAETEC GmbH, Berlin

Redaktion Dr. habil. Bernd Raum
Gestaltungskonzept Britta Scharffenberg
Umschlaggestaltung Hans Helfersdorfer
Umschlagabbildung Matthias Toedt, picture-alliance/ZB, Frankfurt
Layout Claudia Kilian, Manuela Liesenberg
Grafik Bibliographisches Institut & F. A. Brockhaus AG, Gabriele Lattke, Schroedel Verlag GmbH
Karten Bibliographisches Institut & F. A. Brockhaus AG, Manuela Liesenberg, Sabine Stengel, Schroedel Verlag GmbH
Druck und Bindung Těšínská tiskárna, Český Těšín
Printed in Czech Republic

F E D C B A

ISBN-13: 978-3-89818-051-1 (DUDEN PAETEC Schulbuchverlag)
ISBN-10: 3-89818-051-4 (DUDEN PAETEC Schulbuchverlag)
ISBN-13: 978-3-411-71612-8 (Dudenverlag)
ISBN-10: 3-411-71612-6 (Dudenverlag)

Inhaltsverzeichnis

1 Die Geografie – Natur- und Gesellschaftswissenschaft 7
- 1.1 Gegenstand und Teilgebiete der Geografie 8
- 1.1.1 Die Entwicklung des geografischen Weltbildes 8
- 1.1.2 Der Gegenstand der Geografie 18
- 1.1.3 Die Teilgebiete der Geografie 20
- 1.1.4 Die Stellung der Geografie unter den Wissenschaften 21
- 1.1.5 Geografie und Alltag des Menschen 22
- 1.2 Geografische Denk- und Arbeitsweisen 24
- 1.2.1 Grundlegende Denk- und Arbeitsweisen der Geografie 24
- 1.2.2 Erkenntnisgewinnung in der Geografie 31

2 Die Erde und ihre Grundmerkmale 65
- 2.1 Die Erde als Himmelskörper 66
- 2.1.1 Größe und Gestalt der Erde, Neigung der Erdachse 66
- 2.1.2 Die Bewegungen der Erde und ihre Folgen 67
- 2.1.3 Das Gradnetz der Erde und die Zeitzonen 71
- 2.2 Die geografische Hülle der Erde 74
- 2.2.1 Bestandteile der geografischen Hülle 74
- 2.2.2 Die Land-Meer-Verteilung und ihre Folgen 76
- 2.2.3 Die Gebirge-Tiefland-Verteilung und ihre Folgen 81
- 2.3 Die Umgestaltung der geografischen Hülle 85
- 2.3.1 Die Herausbildung der Landschaftshülle 85
- 2.3.2 Die Landschaft und ihre Bestandteile 88
- 2.3.3 Vertikal- und Horizontalstrukturen der Landschaft 95
- 2.3.4 Landschaftsökosysteme und Landschaften 96

3 Naturgeografische Grundlagen 99
- 3.1 Gestein 100
- 3.1.1 Vorgänge in der Lithosphäre 100
- 3.1.2 Gesteine, Minerale, Bodenschätze 104
- 3.1.3 Erdgeschichtliche Entwicklung 109
- 3.2 Klima 112
- 3.2.1 Die Atmosphäre und ihre Eigenschaften 112
- 3.2.2 Luftmassen und Wetter 114
- 3.2.3 Das Klimasystem Erde und der Klimawandel 118
- 3.3 Wasser 124
- 3.3.1 Die Wassermengen und der Wasserkreislauf 124
- 3.3.2 Das Weltmeer 127
- 3.3.3 Das Wasser des Festlandes 130
- 3.4 Reliefformen 136
- 3.4.1 Baustoff der Reliefformen und Verwitterungsprozesse 136
- 3.4.2 Formbildungsprozesse 138
- 3.4.3 Formbildung und Klima 147
- 3.5 Boden 148
- 3.5.1 Der Boden und seine Funktionen 148
- 3.5.2 Bodenbildung und Bodentypen 151
- 3.5.3 Verbreitung von Böden 156
- 3.5.4 Gefahren für den Boden 158

3.6	**Pflanzenwelt**	160
3.6.1	Pflanzenarten und ihre Verbreitung	160
3.6.2	Pflanzenformationen und Pflanzengesellschaften	163
3.6.3	Einflüsse auf die Vegetation der Erde	165
3.7	**Geografische Zonen**	171
3.7.1	Zone der polaren Eiswüste und der Tundra	172
3.7.2	Kaltgemäßigte Nadelwaldzone	173
3.7.3	Kühlgemäßigte Laub- und Mischwaldzone	174
3.7.4	Winterkalte Steppen, Halbwüsten und Wüsten	176
3.7.5	Wechselfeuchte Subtropen	177
3.7.6	Immerfeuchte Subtropen	178
3.7.7	Trockene Subtropen und Tropen	179
3.7.8	Wechselfeuchte Tropen	181
3.7.9	Immerfeuchte Tropen	181
4	**Gesellschaftsgeografische Grundlagen**	**183**
4.1	**Bevölkerung**	184
4.1.1	Bevölkerungsentwicklung	184
4.1.2	Bevölkerungsverteilung und -dichte	186
4.1.3	Bevölkerungsstruktur	189
4.1.4	Bevölkerungsbewegungen	195
4.2	**Siedlungen**	200
4.2.1	Siedlungen und ihre Funktionen	200
4.2.2	Ländliche Siedlungen	201
4.2.3	Städtische Siedlungen	205
4.2.4	Räumliche Prozesse im Siedlungssystem	209
4.2.5	Stadtökologie	214
4.3	**Grundzusammenhänge in der Wirtschaft**	216
4.3.1	Die Gliederung der Wirtschaft	217
4.3.2	Der Ablauf der Wirtschaft	218
4.3.3	Die historische Entwicklung der Wirtschaft	218
4.3.4	Die Wirtschaftsordnung	220
4.3.5	Der Wirtschaftsstandort	221
4.3.6	Wirtschaftsräume	222
4.4	**Land- und Forstwirtschaft**	224
4.4.1	Einflussfaktoren auf die Land- und Forstwirtschaft	224
4.4.2	Agrarregionen der Erde	227
4.4.3	Die Nutzung der Wälder	234
4.4.4	Landwirtschaft in Entwicklungs- und in Industrieländern	236
4.4.5	Strukturwandel in der Landwirtschaft	238
4.5	**Bergbau und Industrie**	242
4.5.1	Bergbau	242
4.5.2	Industrie	248
4.6	**Dienstleistungen**	260
4.6.1	Entwicklungen im Wirtschaftsbereich Dienstleistungen	260
4.6.2	Handel und Verkehr	263
4.6.3	Tourismus	270
5	**Räumliche Gliederungen**	**275**
5.1	**Arten räumlicher Gliederungen**	276
5.1.1	Naturräumliche Gliederung und Ordnung	276

5.1.2	Kulturräumlich-politische Gliederung	286
5.1.3	Wirtschafts- und sozialräumliche Gliederung	296
5.2	**Raumordnung**	**319**
5.2.1	Aufgaben der Raumordnung	319
5.2.2	Raumstrukturen in Deutschland	320
5.2.3	Planung und Gestaltung von Räumen in Deutschland	323
5.2.4	Raumordnungskonzepte und ihre Realisierung	326
6	**Aktuelle geografische Themen**	**329**
6.1	**Die Sicherung des Friedens auf der Erde**	**330**
6.1.1	Konflikte und ihre Ursachen	330
6.1.2	Bemühungen um die Beseitigung von Konflikten	332
6.1.3	Die bewaffnete Austragung von Konflikten	333
6.2	**Tragfähigkeit der Erde und nachhaltige Entwicklung**	**336**
6.2.1	Grenzen des Wachstums	336
6.2.2	Sicherung der Ernährung der Bevölkerung	339
6.2.3	Nachhaltiger Umgang mit Naturressourcen	342
6.2.4	Die Aufnahmefähigkeit für Abfälle und Abwässer	350
6.2.5	Schutz des natürlichen und des kulturellen Erbes	352
6.3	**Umweltgefährdung**	**354**
6.3.1	Naturkatastrophen	355
6.3.2	Veränderungen der Atmosphäre	362
6.3.3	Wasserverschmutzung	364
6.3.4	Bodendegradation und Desertifikation	366
6.3.5	Entwaldung und Verlust der Artenvielfalt	367
6.4	**Wirtschafts- und sozialräumliche Entwicklungen**	**369**
6.4.1	Globalisierung	369
6.4.2	Regionalisierung	373
6.4.3	Räumliche Disparitäten	377
A	**Anhang**	**385**
	Die Erdteile und ihre Länder	386
	Amerika	386
	Europa	388
	Asien	390
	Afrika	392
	Australien und Ozeanien	394
	Geografische Größen	396
	Kontinente und Ozeane	396
	Land- und Meeressenken	396
	Berge und *tätige Vulkane* (Auswahl)	397
	Flüsse (Auswahl)	398
	Seen	399
	Stauseen/Talsperren	400
	Städte/Stadtregionen	401
	Erdgeschichtliche Zeittafel	402
	Register	404
	Bildquellenverzeichnis	415

DIE GEOGRAFIE – NATUR- UND GESELLSCHAFTSWISSENSCHAFT 1

1.1 Gegenstand und Teilgebiete der Geografie

1.1.1 Die Entwicklung des geografischen Weltbildes

Die Geografie ist eine sehr alte Wissenschaft. Sie hat ihre Wurzeln in der Antike. „Geografie" ist griechischer Herkunft und bedeutet wörtlich „Erdbeschreibung".

Die Entwicklung des geografischen Weltbildes ist eng verbunden mit
- den geografischen Entdeckungen in früheren Zeiten und
- den Ergebnissen moderner geografischer Forschung.

Der Schwerpunkt des Erkenntnisgewinns lag früher bei der Entdeckung neuer Länder, neuer Gebirge, neuer Inseln usw. Da es heute kaum noch „weiße Flecken" auf der Landkarte gibt, kommt in der Gegenwart geografischer Erkenntnisgewinn vor allem aus der Erforschung von geografischen Zusammenhängen und Gesetzmäßigkeiten.

Die frühe Entwicklung geografischer Kenntnisse bis ca. 500 v. Chr.

Es ist erwiesen, dass geografisches **Erfahrungswissen** schon bei den Urvölkern weit verbreitet war. Dringende Lebensbedürfnisse (Jagd, Fischfang, Viehzucht, Ackerbau usw.) machten Kenntnisse über das Naturdargebot und dessen räumliche Verbreitung sowie über viele natürliche Prozesse erforderlich und lebenswichtig. Das betraf beispielsweise die Verbreitung und Lebensweise von Wildtieren, den Fischzug in Seen und Flüssen, die Biomasseproduktion von Weidegebieten sowie die natürliche Bodenfruchtbarkeit.

Diese detaillierten Kenntnisse betrafen aber meist nur das unmittelbare Umfeld, die Landschaften der Wohnumgebung. Zentren dieser Kultur- und Kenntnisentwicklung waren Vorderasien/Ägypten, Mittelamerika und Ostasien/China. Die Menschen wussten jedoch gegenseitig nicht von ihrer Existenz.

Mit der allmählichen Herausbildung der **Arbeitsteilung** (↗ S. 219) zwischen Viehzüchtern, Ackerbauern und Handwerkern, zwischen Produzenten und Händlern, letztlich auch zwischen materieller und geistiger Arbeit, mit der Nutzung von regional unterschiedlich verteilten Naturressourcen und Bodenschätzen entwickelte sich das Bedürfnis nach Kenntnissen über Naturbedingungen und über Völker fremder Länder.

Das Streben nach solchen frühen geografischen Kenntnissen vollzog sich vorzugsweise im Mittelmeerraum. Den Ägyptern gelangen Entdeckungen entlang des Nils bis zum ersten Nilkatarakt und am Roten Meer. Die Phönizier umsegelten um 600 v. Chr. als erste Afrika. Handelsreisen von Phöniziern und Griechen führten bis nach England, Indien und Spanien. Erkundungen und Feldzüge Alexander des Großen gingen nach Kleinasien, Persien, zum Hindukusch und nach Samarkand.

Griechische Naturphilosophen:
HERAKLIT VON EPHESOS (550–485 v. Chr.)
THALES VON MILET (ca. 624–546 v. Chr.)
ANAXIMANDER (610–546 v. Chr.)
HEKATAIOS VON MILET (560–480 v. Chr.)

In Griechenland fanden die durch diese Entdeckungen gewonnenen neuen Kenntnisse Eingang in die sog. **Naturphilosophie.** Obwohl von den Naturphilosophen teilweise schon erstaunliche geografische Erkenntnisse und Zusammenhänge formuliert worden sind, war das damalige geografische Faktenwissen aber zwangsläufig noch sehr dürftig und recht ungenau.

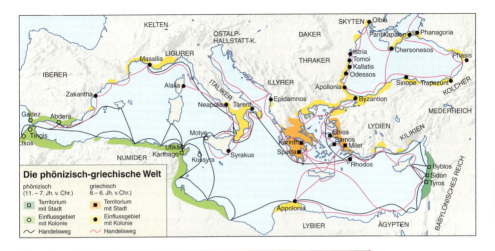

In den alten Zentren der Menschheitsentwicklung begann die Herausbildung des geografischen Bildes einer eng begrenzten Welt. Es setzte sich mit der Ausbreitung von Ackerbau und Viehzucht über das gesamte Mittelmeergebiet fort.

Die Anfänge der Geografie in der Antike

Die Antike war eine Epoche großer geografischer Entdeckungen. Bedeutende Gelehrte der damaligen **Akademie von Alexandria** (erstes wissenschaftliches Institut der Welt) werteten diese Entdeckungen aus und verallgemeinerten ihre Ergebnisse. Auf ersten **geografischen Karten** wurden allerdings nicht nur tatsächliche Entdeckungen, sondern auch astronomische, mathematisch-geometrische, physikalische und philosophische Hypothesen und Ideen dargestellt. Diese ersten Gelehrten wiesen alle auf die große Bedeutung des räumlichen Aspekts in der Natur, im Leben des Menschen und in der Wirtschaft hin. Für sie war „ganzheitliches" Denken unter Berücksichtigung naturkundlicher, philosophischer, historischer, ethnografischer, medizinischer und politischer Aspekte charakteristisch. Ihre „Welt" bestand vor allem aus dem **Römischen Reich** rund um das Mittelmeer. Es reichte vom Nil im Süden zur Ister (Donau) und Britannien im Norden und setzte sich aus verschiedenen bewohnbaren Zonen zusammen. Daneben waren das Partherreich (Persien), das Kuschanreich (am Indus) und das Chinesische Reich bekannt (↗ S. 10).

HERODOT (ca. 485–425 v. Chr.): Historiker und Geograf, unternahm weite Reisen durch die damalige Welt (u. a. nach Italien, nach Babylon, in die Donsteppen und zu den Stromschnellen des Nil) und half bei der Besiedlung von Thurii in Süditalien. Bekannt ist seine Schilderung der Perserkriege. Sein Werk enthält unzählige Informationen und ist – der Zeit entsprechend – mit unvergänglichen Sagen und Mythen durchsetzt.

PLATO (Athen, 427–347 v. Chr.): griechischer Philosoph: Die Welt ist eine Kugel inmitten des Universums.

ARISTOTELES (384–322 v. Chr.): Begründer des „Stufenbaus der Natur" (Anorganisches, Pflanze, Tier, Mensch); eigentlicher Begründer von Hydrologie, Ozeanologie und Meteorologie (Abb.).

Akademie von Alexandria mit:

ERATOSTHENES (ca. 275–195 v. Chr.): Erstmalige Berechnung des Erdumfangs (Fehler gegenüber der Realität 0,5 %!) und Herausgabe des ersten Weltatlas mit Gradnetz „Orbis Terrarum".

HIPPARCH VON NIKAIA: Erste Projektionen zur mathematischen Darstellung gekrümmter Erdoberflächen.

STRABO (ca. 64 v. Chr.–23 n. Chr.): Viele Reisen, schrieb die „Geografia".

PTOLEMÄUS (ca. 100–170 n. Chr.): Mehrbändige Länderkunde der europäischen, asiatischen und afrikanischen Kulturen „Geographike hyphegesis"; „Almagest": klassisches Werk der Astronomie mit geozentrischem Weltbild, das bis ins späte Mittelalter – auch mit Unterstützung der Kirche – bestimmend war.

In der Antike – besonders während des Römischen Reichs – wurden Expeditionen und Eroberungszüge in fremde Länder durchgeführt. Sie dienten der Festigung der jeweiligen Herrschaft. Um die eroberten Länder nutzen und ausbeuten zu können, wurden sie systematisch erforscht.

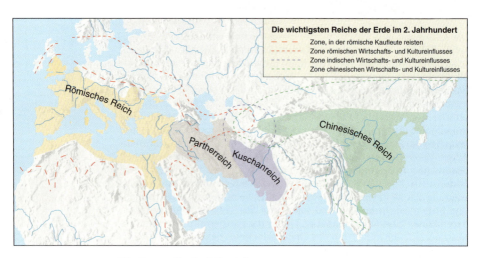

Die Geografie des Mittelalters

Im Mittelalter wurden das kulturelle Erbe der Antike und viele frühere geografische Erkenntnisse wieder vergessen. In Europa dominierte die päpstliche Kirche die Vorstellungen von der Welt. So wurde das heliozentrische Weltbild, nach dem nicht die Erde, sondern die Sonne im Zentrum steht, unterdrückt. Mit Kreuzzügen förderte die mittelalterliche Kirche Kriege gegen Ungläubige (im Baltikum) und zur Eroberung des „Heiligen Landes".

Ungeachtet dessen waren auch die Christianisierung und Missionierung fremder Völker zugleich mit einer Weiterentwicklung des geografischen Bildes von der Erde verbunden. Die Klöster wurden beispielsweise Trittsteine für die landeskulturelle Erschließung. Beeindruckende Entdeckerleistungen vollbrachten auch die skandinavischen **Wikinger,** die sich entlang der Ostseeküste bis zum Ladogasee ansiedelten und Handelsbeziehungen bis nach Bulgarien, Kasachstan und in den Kaspischen Raum unterhielten. Im Westen führten ihre Raub- und Plünderfahrten an die englische und französische Küste, bis nach Spanien und Nordafrika. Wichtige Entdeckungsfahrten führten die Norweger und Schweden im 9. Jahrhundert bis zu den Färöer-Inseln, nach Island, Grönland (Erik der Rote) und später nach Neufundland und Labrador (Eriksson, Herjolfsson).

Noch heute findet man Reste gewaltiger Kreuzfahrerburgen, wie in Shawbak (Jordanien).

Neben der Entstehung des Christentums war auch die Verkündung der Lehre des Islam durch MOHAMMED (ca. 570–632) eine der bedeutendsten Ereignisse der Weltgeschichte. Das **Große Islamische Reich** erlebte zwischen dem 8. und 10. Jahrhundert mit dem Zentrum Bagdad seine Blütezeit. Neben den Handelsbeziehungen erblühte auch die Wissenschaft in den islamischen Ländern. Die Moschee bildete das religiöse, soziale und wissenschaftliche Zentrum islamischer Kultur. In Observatorien wurde Astronomie, Astrologie und Geografie gelehrt.

Eine der Moscheen in Amman

Der große islamische Geograf ABU RAYAN AL-BIRUNI (973–1048) entwickelte die Idee der Drehung der Erde um ihre eigene Achse und berechnete die Längen- und Breitengrade verschiedener Städte, um dort gebaute Moscheen exakt nach Mekka ausrichten zu können. Der marokkanische Kartograf ABU ABDULLAH ASH SHARIF AL-IDRISI (1100–1165) fertigte eine große Erdkarte mit ausführlicher Beschreibung an und veröffentlichte seinen großen Reisebericht („Buch des Roger").

Es war aber vor allem die aus dem Koran jedem männlichen Muslim aufgetragene Pilgerreise nach Mekka und Medina, die zur Entwicklung von geografischen Raumvorstellungen und zu erster „touristischer" Erschließung beitrugen. Wagemutige Männer dieser Zeit erreichten bis dahin nie betretene Gebiete.

> ABU ABDULLAH IBN BATTUTA (1304–1377) legte auf seinen gesamten Reisen etwa 120 000 km zurück. Zwischen 1325 und 1354 war er in Somalia und Tansania, in Indien und auf den Malediven, in China und auf Sumatra, in Samarkand und Kabul, an der unteren Wolga, in Persien und Anatolien, durchquerte die arabische Halbinsel, war in Granada und Timbuktu.

Einen Vorgeschmack auf die kommenden großen Entdeckungen gaben die Reisen des Venezianers MARCO POLO (1254–1324) nach China.

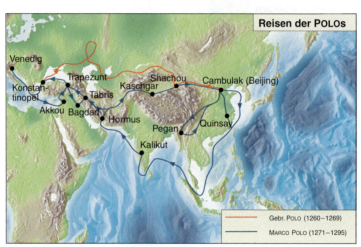

Die Geografie der Frühen Neuzeit

Die frühkapitalistische Entwicklung von Handel und Gewerbe und das rasche Wachstum von Wissenschaft und Kultur im 15. und 16. Jahrhundert gingen auch als „Renaissance" (Wiedergeburt, d. h. Wiedererweckung des klassischen Altertums) in die Kulturgeschichte ein. Diese Epoche erfasste ursprünglich die Zeit von der Mitte des 14. bis zum Anfang des 16. Jahrhunderts, später auch die Übergangszeit vom Mittelalter zur Neuzeit. Ausgangspunkte waren die oberitalienischen Stadtstaaten mit ihrer modernen Handels- und Finanzwirtschaft (Venedig, Mailand, Florenz), später auch Rom und ganz Italien. Mit zeitlicher Verzögerung erfasste die Renaissance große Teile Europas und ließ auch Portugal und Spanien, Flandern und Süddeutschland, das Gebiet der Hanse u. a. erblühen. Die damaligen Wissenschaften, darunter auch die Geografie, erfuhren eine ungeahnte Entwicklung. **Große geografische Entdeckungen** durch Portugiesen, Spanier, Franzosen, Russen u. a. erweiterten das Bild von der Erde beträchtlich.

Erschließung der Küste Westafrikas durch die Portugiesen (CÃO 1482–1484, DIAZ 1487–1488), Seeweg nach Indien durch VASCO DA GAMA 1497–1498, Neue Welt durch KOLUMBUS 1492 (Abb.), Erkundung der südamerikanischen Ostküste durch CABRAL 1500 und MAGELLAN 1519–1521, dabei Entdeckung der Passage zwischen Feuerland und dem Festland (Magellanstraße), Eroberung Mexikos durch CORTÉS 1519–1521, Plünderung des Inka-Reiches durch PIZARRO 1532, Befahrung des Amazonas durch ORELLANA 1541, Suche nach El Dorado durch VASCO NÚÑEZ DE BALBOA 1512 und WALTER RALEIGH 1595 sowie 1617, Vorstöße auf das nordamerikanische Festland entlang des St.-Lorenz-Stromes durch JACQUES CARTIER 1534–1536 und die Spanier in Florida, am Mississippi und in Mexiko, Eroberung Sibiriens durch JERMAK 1579–1584, DESCHNEW 1643–1649, POJARKOW 1643–1646.

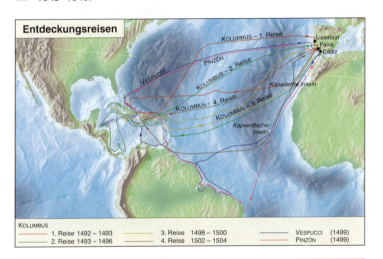

Kolumbus veränderte das kartografische Bild der Erde: Durch die Entdeckung der „Neuen Welt" wurden alle bisherigen Vorstellungen vom Gesicht der Erde korrigiert.

Die Geografie erhielt in dieser Zeit auch starke Impulse von der Erfindung des **Buch- und Kartendrucks.** Der Geograf und Kartograf GERHARD MERCATOR (1512–1594) schuf im Auftrag Kaiser KARLS V. eine Erd- und Himmelskugel, eine Karte von Europa (15 Blätter), eine Weltkarte für Seefahrer mit der nach ihm benannten „Mercator-Projektion".

Der in Thorn (Toruń) geborene NIKOLAUS KOPERNIKUS (1473–1543) begründete das heliozentrische Weltsystem. Im 18. Jahrhundert wurde diese Hypothese durch genaue Messungen bestätigt. Allerdings wurde auch GIORDANO BRUNO (1548–1600) noch für seine wissenschaftliche Überzeugung, das Weltall sei unendlich, nach siebenjähriger Kerkerhaft auf dem Scheiterhaufen der Inquisition in Rom verbrannt.

Die damalige Geografie erfuhr durch die Öffentlichkeit große Wertschätzung. Diese Tatsache kommt zum Beispiel auch in dem Gemälde des niederländischen Malers JAN VERMEER VAN DELFT (1632 bis 1675) mit dem Titel „Der Geograph in seinem Arbeitszimmer" zum Ausdruck, das um 1668 entstand.

Die geografischen Entdeckungen jener Zeit bereiteten jedoch nicht nur die weitere geografische Erforschung der Gebiete vor, sondern waren auch eine Voraussetzung für die koloniale Unterwerfung fremder Völker und ihrer Länder.

Ungeachtet des neu erworbenen Weltbildes vermochte die Geografie insgesamt aber kaum die Vielfalt geografischer Erscheinungen sachgerecht zu deuten und zu ordnen. Viele der damaligen Forschungsreisenden und Wissenschaftler hielten das Außergewöhnliche einzelner Landschaften für das Wesentliche und beschrieben „Absonderlichkeiten": Abhandlungen über Früchte und Tiere, über Gebirge und Gletscher usw. Es gab noch sehr wenige Kenntnisse über geografische Zusammenhänge und über Ursache-Wirkung-Beziehungen.

Die Geografie im 18./19. Jahrhundert

Das starke Wachstum kapitalistischer Manufakturen, neue Erfindungen, der moderne Welthandel, die zunehmende Arbeitsteilung und Spezialisierung der Produktion, die bürgerlichen Revolutionen in den Niederlanden, in England und Frankreich schufen einerseits die Voraussetzungen, waren aber andererseits auch die Folge einer enormen Entwicklung der Wissenschaften.

TORRICELLI (1608–1647) stellt 1644 ein Vakuum über einer Quecksilbersäule her. Das ist die Grundlage für die Erfindung des Barometers, das erstmals von PASCAL (1623–1662) zur Höhenmessung benutzt wurde. VIDI konstruiert ein Aneroidbarometer (1847), HADLEY den Spiegelsextanten (1731).

Neue geografische Entdeckungen in randlichen und innerkontinentalen Gebieten (Sibirien, innere Gebiete Nord- und Südamerikas usw.) und erste wissenschaftliche Expeditionen zur Lösung bestimmter Probleme präzisierten das Bild von der Erde ebenso wie der Beginn erster systematischer Beobachtungen, Messungen und Kartierungen. Neben die früheren Handelsreisenden, kolonialen Eroberer und Sklavenhändler traten jetzt geografische „Forschungsreisende" und „Universalgenies". Zugleich wurden auf einer Vielzahl von Forschungsreisen bis dahin unbekannte Länder und Inseln entdeckt.

Zu den „Universalgenies" gehören u. a. MICHAIL LOMONOSSOW (1711–1765), ALEXANDER VON HUMBOLDT (1769–1859) oder CARL RITTER (1779–1859).

Einer der mutigsten und erfolgreichsten Entdecker im 18. Jahrhundert war JAMES COOK (1728–1779).

Das COOK-Denkmal in Christchurch

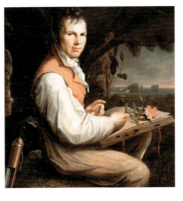

ALEXANDER VON HUMBOLDT verkörpert wie kein anderer den neuen Typ von Forschungsreisenden. Er war ein ganzheitlich denkender Geograf. Sorgfältig bereitete er sich jahrelang auf seine Forschungsreisen in noch unbekannte Gebiete Mittel- und Südamerikas vor, verband diese mit systematischen Beobachtungen und Messungen und bereitete die Ergebnisse wissenschaftlich verständlich auf.

In dieser Zeit entwickelten sich auch „Hilfswissenschaften" der Geografie sehr rasch, z. B. vollzogen sich revolutionäre Entwicklungen auf dem Gebiet der Kartografie und Vermessung.

Geländeexperimente und systematische Beobachtungen und Messungen einzelner geografischer Faktoren und Elemente (Niederschlag, Wasserstände, Durchfluss usw.) leiteten eine Epoche umfangreicher geografischer Feldforschungen in Europa ein. Bald entstanden staatliche Beobachtungs- und Kartieranstalten, die die Messdaten regelmäßig in Jahrbüchern veröffentlichten. Auf der Grundlage genauer topografischer Karten begannen auch flächenhafte thematische Kartierungen (1872–1895: geologische Spezialkarte von Sachsen 1 : 25 000). Aus solchen Forschungen resultierten wesentliche neue Erkenntnisse über die jüngste geologische Geschichte Mitteleuropas.

Die anfangs z. B. „so ganz ungeheuerliche Behauptung" des Schweden OTTO TORELL 1875 vor der Preußischen Geologischen Gesellschaft, die Schrammen auf den Rüdersdorfer Kalken bei Berlin seien durch skandinavische Gletscher hervorgebracht worden, die bis nach Mitteleuropa reichten, konnten durch Geländeforschungen des erst 21-jährigen Leipziger Geografen ALBRECHT PENCK bestätigt werden. PENCK wies drei derartige „Glacialperioden" nach.

Die Entdeckung des Zusammenhangs zwischen Arbeitsintensität, Transportkostenaufwand (Marktentfernung) und Gewinn im Rahmen der landwirtschaftlichen Produktion führte zur Formulierung des „Thünen'schen Intensitätsgesetzes" (J. H. VON THÜNEN, 1783 bis 1850). Dies gilt als eine der ersten fundamentalen wirtschaftsgeografischen Gesetzmäßigkeiten.

Von den ersten staatlichen Forschungsaufträgen – z. B. zur Aufklärung des geografischen Zusammenhangs zwischen Nordsibirien und Alaska und der Vermessung der sibirischen Polarmeerküste im Auftrag des russischen Zaren PETER DES GROSSEN – zur Finanzierung von Forschungsexpeditionen in fremde Länder bis zur Einrichtung von staatlichen Mess- und Kartierdiensten in Mitteleuropa vergingen kaum 100 Jahre.

> Im 18./19. Jh. wurden erstmals **Regelmäßigkeiten** in der räumlichen Ordnung der Natur und der Landnutzung sowie **gesetzmäßige Zusammenhänge** zwischen einzelnen landschaftlichen Erscheinungen erkannt. Zunehmend hatte man gelernt, natürliche und sozialökonomische Prozesse zu rekonstruieren, sie für die Erklärung geografischer Strukturen heranzuziehen und in Modellen abzubilden.

Damit war zugleich ein wesentlicher Schritt in der Erkenntnisentwicklung über die Landschaften und die Wirtschafts- und Lebensräume der Erde gemacht worden.

- Erklärung der Höhenstufen der Vegetation aus den sich mit der Höhe wandelnden Klimabedingungen
- Ableitung des Schichtstufenreliefs aus den Bedingungen des geologischen Baus
- Erklärung der Bodenentwicklung aus dem Zusammenwirken von Faktoren des Wasserhaushalts, des Klimas, des oberflächennahen Untergrundes, des Reliefs und der Vegetation
- Ableitung von unterschiedlich intensiven landwirtschaftlichen Nutzungszonen in Abhängigkeit von der Entfernung zum Markt
- Erkenntnis engster Zusammenhänge zwischen der natürlichen Ausstattung und der wirtschaftlichen Nutzung von Landschaften
- Erkennen der eigenständigen Rolle sozialer und wirtschaftlicher Bedingungen bei der Regionalentwicklung

Die Geografie von 1900 bis 1950

Hydrologie, Klimatologie/Meteorologie, Geobotanik, Bodenkunde und Demografie gehörten zu den Wissenschaftsdisziplinen, die sich von der Geografie trennten.

Die Forschungskonzentration auf Einzelbestandteile der Landschaft und der die Erde besiedelnden Menschen (z. B. auf das Relief, auf die Vegetation, auf den Wasserhaushalt, auf die Siedlungen, auf die Bevölkerung usw.) führte in jener Zeit zu einer erheblichen Kenntnisvertiefung auf Einzelgebieten und zur Erkenntnis immer neuer Wirkungs-zusammenhänge zwischen diesen Bestandteilen. Aber mit dieser isolierten Betrachtung der Einzelbestandteile von Landschaften und Wirtschafts- und Lebensräumen war eine zunehmende Verselbstständigung von Einzeldisziplinen verbunden, die zu einer starken **Aufsplitterung der Geografie** führte. In dieser Zeit wurden auch viele eigenständige Institute, Gesellschaften, Zeitschriften usw. gegründet – ein Zeichen für die Abspaltung von der einheitlichen Geografie.

Auch die starke Entwicklung der Anthropogeografie (Geografie des Menschen) mit einerseits besonderer Betonung einer sozialwissenschaftlich orientierten Regionalforschung und andererseits mit der Herausbildung der Wirtschaftsgeografie als „Standortlehre der Wirtschaft" führte zwar zu einer zunehmenden Verdrängung naturwissenschaftlich-ökologischen Denkens aus diesen Disziplinen. Zugleich wurden aber erstmals die Raumstrukturen der Wirtschaft und der Siedlungen aus dem Zusammenwirken ökonomischer Faktoren (Theorie der zentralen Orte, ↗ S. 211) oder die räumliche Verteilung der Produktion und deren Spezialisierung erklärt (Theorie der Marktnetze). In dieser Zeit kam die Aufklärung von Gesetzmäßigkeiten innerhalb der Landschaftssphäre nicht voran. Teilweise ließen sich einzelne Geografen mit ihren Thesen vom Lebensraum und zur Rassenfrage vor den unheilvollen Karren imperialistischer Expansions- und Vernichtungspolitik spannen.

Geografie heute

Heute konzentrieren sich fundamentale Entdeckungen meist nur noch auf die Tiefsee. Spektakuläre „Entdecker" sind deshalb vor allem Ozeanografen und Geologen. Einen großen Impuls erhalten heute die Physische Geografie z. B. von der land- und forstwirtschaftlichen Boden- und Standortkartierung oder die Anthropogeografie z. B. von der Stadt- und Gebietsplanung. Zugleich eröffnen die neuen Verfahren der Luftbildinterpretation neue Möglichkeiten, das direkte und indirekte Zusammenwirken von physiogenen, biotischen und anthropogenen Faktoren in spezifischen Landschaften zu studieren. Erdumfassende **Satellitenbilder** werden sowohl für regionale als auch für globale geografische Forschungen genutzt.

Das Satellitenbild von aneinandergrenzenden Gebieten Schleswig-Holsteins und Mecklenburg-Vorpommerns zeigt u. a. das historisch gewachsene unterschiedliche Flurbild in beiden Bundesländern.

Gegenwärtig sind Geografen meist eingebunden in **multidisziplinäre Forscherteams,** setzen dafür immer neuere und teuere technische Geräte ein. Forschungsprojekte widmen sich u. a. den Weltmeeren und ihrer Rolle bei der Klimaentwicklung, den Ökosystemen, den Folgen der Waldrodung in den Tropen, der Wüstenbildung und der Bodenforschung (Erosion, Versauerung, Versiegelung usw.).

Geografische Forschungen finden heute meist im Rahmen internationaler Forschungsprogramme, die sich mit der räumlichen und zeitlichen Analyse und der Bewertung von Umweltveränderungen auseinander setzen, statt.

Drängende geografische Probleme sind aber auch in den seit langem „kultivierten" Mittelbreiten zu lösen. Das sind vor allem Fragen der Übernutzung der Landschaft, die sich in schlechter Wasserqualität und problematischer Wasserversorgung, in zunehmender Luftverschmutzung, im Rückgang der Arten- und Landschaftsvielfalt, in der Zunahme der Stadtbevölkerung usw. äußern.

Das Wissen über die Erde ist heute größer als jemals zuvor. Dazu gehören sowohl Kenntnisse über Strukturen auf der Erde (Baupläne, Anordnungen, Gliederungen ...) als auch mehr und mehr über die Prozesse und Beziehungen, die mit diesen Strukturen in Verbindung stehen. Die geografische Erforschung der Erde als eines komplexen Systems ist **Umweltforschung** im echten Sinne. Heutige geografische Entdeckungen sind deshalb vor allem verbunden mit neuen Erkenntnissen über Zusammenhänge zwischen einzelnen Bestandteilen der Erdnatur. Derartige Erkenntnisse helfen uns, die Veränderungen in unserer Umwelt nicht nur rechtzeitig zu erkennen, sondern auch Mittel und Wege vorzuschlagen, diesen Veränderungen entgegenzuwirken oder langfristige Vorsorge zu betreiben.

> Die geografische Erforschung der Erde ist gegenwärtig vor allem darauf gerichtet, herauszufinden, wie die Erde funktioniert und welche landschaftsprägende Rolle die einzelnen Gesellschaften spielen, die diese Erde bewohnen.

1.1.2 Der Gegenstand der Geografie

Die Geografie ist eine sehr komplexe Wissenschaft mit vielen Teilgebieten und Einzelfächern. Sie erforscht als einzige Wissenschaft Sachgebiete, die sowohl nach Natur- als auch nach sozialen und wirtschaftlichen Gesetzen im räumlichen Zusammenhang geordnet sind. Auch das Wirkungsgefüge Mensch–Umwelt ist ein geografisches Problem, das sich in globalen, regionalen und lokalen Maßstäben offenbart.

> Die überall beklagte Zunahme von „saurem Regen" ist ein ernstes Umweltproblem. Es bedurfte jedoch umfangreicher geografisch-landschaftsökologischer Untersuchungen, um die Auswirkungen für Boden und Grundwasser, für Vegetation und Artenschutz und schließlich auch für die Landnutzung aufzuhellen.

Ursprünglich war die Geografie eine Wissenschaft, die lediglich äußere Erscheinungen in der Nähe der Erdoberfläche beschrieb.

> Die Geografie beschäftigt sich mit der Entwicklung und dem dreidimensionalen Aufbau sowie mit den natürlichen und den sozialökonomischen Prozessen in der Landschaftshülle der Erde. Ihr integrativer Gegenstand ist die **geografische Landschaft** als Ausschnitt aus der Erdoberfläche.

In den Ausschnitten aus der Erdoberfläche wirken naturgesetzliche (physische, biotische) und sozial- und wirtschaftsräumliche (anthropogene) Sachverhalte zusammen und bilden sowohl nach ihrem äußeren Bild als auch nach dem Zusammenwirken aller ihrer Erscheinungen und Merkmale, ihrer inneren und äußeren Beziehungen **geografische Raumeinheiten** unverwechselbaren Charakters.

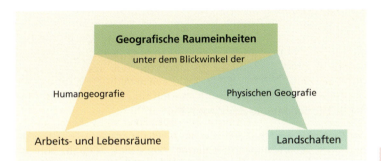

Sowohl Landschaften als auch Arbeits- und Lebensräume sind nichts Gleichbleibendes. Sie weisen auf ihre Entstehung hin (↗ S. 85–88) und entwickeln sich in die Zukunft weiter. Die sich dabei abzeichnenden Tendenzen (Prognosen) sind auch Gegenstände der Geografie.

Geografische Untersuchungen erfolgen nach Grundsätzen (Axiomen), die aus der Realität abgeleitet worden sind:
Alle geografischen Tatbestände
– sind dem Planeten Erde zugehörig und damit zugleich Bestandteil des geografischen Systems der Erde,
– haben einen geografischen Ort und zeichnen sich durch Lagebeziehungen zu benachbarten Orten aus,
– sind in gesetzmäßigen Beziehungen und Wechselbeziehungen geordnet.

Diese Grundsätze dienen dem Erkennen von geografischen Zusammenhängen und müssen auch beim Handeln der Menschen in geografischen Räumen zugrunde gelegt werden, um deren Schädigung zu verhindern. Alle Umweltprobleme der Gegenwart (z. B. Treibhauseffekt und globale Erwärmung, Hochwasser- und Dürrekatastro-phen, Bodenzerstörung) sind letztlich Ausdruck dafür, dass im Wirken der menschlichen Gesellschaft auf der Erde derartige fundamentale geografische Grundsätze nicht beachtet werden.

Aus dem gegenwärtigen Zustand geografischer Raumeinheiten kann die heutige Geografie immer sicherer auf deren Entstehung schließen.

Das Hochwasser von Flüssen hat wie die Vernichtung der Vegetationsdecke durch Überweidung Ursachen auch im Handeln der Menschen.

Lag früher der Akzent geografischer Arbeit auf der beschreibenden und interpretierenden Regionalanalyse, tendiert die Disziplin heute zu einer raumbezogenen Informations- und Organisationswissenschaft und ist daher auch für die Politikberatung unentbehrlich.

> Die Geografie untersucht Strukturen und Prozesse an der Erdoberfläche. Im Vordergrund steht die Wechselwirkung physiogener, biotischer und technisch-sozialer Bestandteile unter räumlichen Verträglichkeits- und Entwicklungsaspekten.

1.1.3 Die Teilgebiete der Geografie

Die Geografie wird traditionell in die Allgemeine Geografie und in die Regionale Geografie unterteilt. Sowohl Allgemeine Geografie als auch Regionale Geografie werden weiter untergliedert.

Die Teilgebiete der Geografie				
Regionale Geografie		Allgemeine Geografie		
Kulturelle Regionalgeografie (Länderkunde)	Zonale Regionalgeografie	Anthropogeografie (Humangeografie)		Physiogeografie
Kulturgeografie Lateinamerikas / Kulturgeografie Deutschlands / Kulturgeografie Japans / andere Kulturgeografien	Geografie der Tropen / Geografie der Wüsten / Landschaftszonen der Erde / andere zonale Regionalgeografien	Industriegeografie / Agrargeografie / Bevölkerungsgeografie / Siedlungsgeografie / Geografie des tertiären Sektors / Tourismusgeografie / andere Anthropogeografien		Geomorphologie / Klimageografie / Bodengeografie / Biogeografie / Hydrogeografie / andere Physiogeografien

Die Allgemeine Geografie untersucht Zusammenhänge zwischen natürlichen, gesellschaftlichen und technischen Bestandteilen geografischer Raumeinheiten, die *für alle oder mehrere Regionen* gültig sind. Sie formuliert Theorien, nach denen die Regionale Geografie z. B. Kulturerdteile (↗ S. 286), Länder (↗ S. 296) oder Zonen und andere Raumgebilde (↗ S. 283) *nach mehreren inhaltlichen Gesichtspunkten* in ihrer Verknüpfung untersucht.

Die Geografie wird zudem von Fächern flankiert, die sich einerseits mit geografischen Arbeitsmethoden (Kartografie und Geografische Informationssysteme, Fernerkundung, Methoden der Sozialforschung) und andererseits mit theoretisch-philosophischen Fragen (Geschichte der Geografie, Historische Geografie, Methodenlehre) beschäftigen.

Eine andere Sichtweise auf die Geografie und ihre Teilgebiete wird in dem integrativen Ansatz von Geo- bzw. Landschaftsökologie deutlich. Hier stehen disziplinübergreifende Problembereiche im Mittelpunkt.

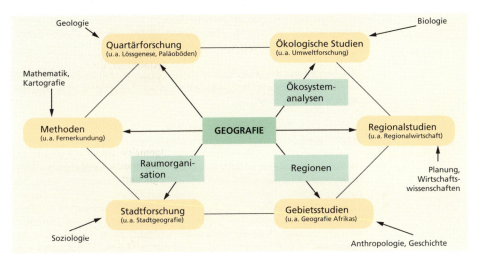

> Die Geografie hat sich in viele Spezialfachgebiete aufgegliedert. Zugleich hat aber die schnelle Entwicklung komplexer Sichtweisen die Entstehung vieler angewandter geografischer Disziplinen befördert und den integrativen Ansatz bewahrt.

1.1.4 Die Stellung der Geografie unter den Wissenschaften

Die Geografie leitet ihre Daseinsberechtigung nicht aus ihrem hohen Alter ab. Sie hat sich ihre Existenz bis heute erhalten, weil sie immer wieder Antworten auf viele Entwicklungsprobleme der Menschheit geben konnte, die in dieser oder jener Weise einen geografischen Raumbezug aufweisen. Sie tat dies sowohl aus natur- als auch aus wirtschafts- und sozialwissenschaftlicher Sicht. Die Geografie vereint zugleich als einzige Wissenschaft sowohl natur- als auch gesellschaftswissenschaftliche Einzeldisziplinen unter ihrem Dach. Bis heute überwiegen komplexe Sichtweisen. Diese muss die Geografie bewahren.

> Die Inhalte und Aufgabenbereiche der Geografie haben sich seit ihrer Herausbildung als Wissenschaft in Abhängigkeit von gesellschaftlichen Anforderungen mehrfach geändert. Heute steht sie im Zentrum der raumbezogenen Umweltwissenschaften.

Die Geografie muss von anderen Wissenschaften unterschieden werden, die ebenfalls die Erde und räumliche Sachverhalte untersuchen.

Dazu gehören verschiedene Geo-, Ökologie- und Regionalwissenschaften. Direkten Planungsbezug haben Raumordnung, Gemeinde-, Gebiets- und Landesplanung. Zu den Geowissenschaften gehören weiter Allgemeine, Regionale und Angewandte Geologie, Ingenieurgeologie und Lagerstättenkunde, Historische Geologie und Paläontologie, Mineralogie und Kristallografie, Bodenkunde, Hydrologie mit verschiedenen Teilgebieten, Meteorologie und Klimatologie.

Eine Sondergruppe bilden Kartografie, Geodäsie und Photogammetrie sowie Fernerkundung. Sie untersuchen jeweils Spezialprobleme auf, unter und über der Erde.

1.1.5 Geografie und Alltag des Menschen

Die Geografie nimmt im Alltag des Menschen einen zunehmend wichtigeren Platz ein, wenn das auch oft nicht so wahrgenommen wird. Die zunehmende Globalisierung des gesellschaftlichen Lebens, das Zusammenrücken von Völkern und Regionen, die neuen weltweiten Kommunikationsmöglichkeiten usw. verlangen sowohl nach ständig verfügbaren allgemeinen Raumvorstellungen als auch nach Fähigkeiten zur Teilnahme an den immer komplizierter werdenden Naturnutzungs- und sozialen Prozessen der Gegenwart.

Allein für die persönliche Orientierung im Raum verfügt heute (fast) jeder über einen Atlas bzw. Autoatlas, über Karten, über Wander- und Reiseführer usw. Moderne Autos werden mit Navigationshilfen ausgestattet, Logistikunternehmen verfolgen per Satellit auf dem Bildschirm die Routen ihrer Fahrzeuge. Moderne Gesellschaften kommen bei der Lösung ihrer raumbezogenen Aufgaben ohne **Geografische Informationssysteme** (GIS) nicht aus. Diese neuen Kommunikationsmittel und Medien sind sowohl für die Gesellschaft als auch für jeden einzelnen Menschen so lebensnotwendig, dass dafür erhebliche finanzielle Mittel eingesetzt werden.

Geografie gibt nicht nur räumliche Orientierung, Geografie gibt auch Antworten auf viele Fragen und kann Zusammenhänge, Ursachen und Folgen vieler aktueller Ereignisse erklären. Das betrifft Naturvorgänge, wie Wettererscheinungen, Erdbeben und Vulkanausbrüche, ebenso wie vom Menschen ausgelöste Veränderungen in der Natur, so das Waldsterben und die Abholzung der Wälder in den Tropen, die Bodenzerstörung und den Vormarsch der Wüsten, die Zunahme von Überschwemmungen in Flussniederungen und in bestimmten küstennahen Gebieten der Erde oder Lawinenereignisse in den Alpen.

Fehlender Bannwald ist oft die Ursache für Lawinenabgänge mit lokalen Auswirkungen. Die Waldvernichtung in den Tropen hat globale Auswirkungen.

Geografie kann Auskunft geben über Naturraumbedingungen und das Leben der Menschen in anderen Ländern und Regionen, über ihre Wohn- und Arbeitsbedingungen, ihre Kleidung und Ernährungsweise, ihre Religion und ihre zwischenmenschlichen Beziehungen, über das Äußere der Städte und Dörfer. Geografie kann Fragen nach der Art und Weise der Landwirtschaft oder der Industrieproduktion in anderen Ländern beantworten und auf vielfältige Zusammenhänge eingehen.

In „fremden" Ländern besitzen die Städte oft ein anderes Antlitz, und die Landwirtschaft wird mit anderen Methoden und Produkten betrieben.

Die Geografie kann die Gesellschaft und jeden einzelnen Menschen dabei unterstützen, grundlegend andere Normen im Umgang mit der Natur und ihren Gütern festzulegen und einzuhalten. Im täglichen Leben, in seiner Freizeit oder im Berufsleben kommt jeder Mensch mit vielfältigen geografisch bedeutsamen Problemen in Berührung, die er zum Schaden oder im Interesse der Erhaltung seiner natürlichen Lebensgrundlagen lösen kann. Lebensqualität ist vor allem Lebens*raum*qualität, die jeder Einzelne und die Gesellschaft insgesamt durch sein Verhalten spürbar beeinflussen kann.

Der Landwirt hat durch die Art der Feldbearbeitung Einfluss auf die Bodenerosion, der Berufspendler auf den CO_2-Gehalt der Atmosphäre.

1.2 Geografische Denk- und Arbeitsweisen

Wie jede Wissenschaft, so hat auch die Geografie Denk- und Arbeitsweisen, Methoden und Verfahren entwickelt, die es ermöglichen, ihren unverwechselbaren Untersuchungsgegenstand (↗ S. 18) zu erforschen und die Untersuchungsergebnisse darzustellen. Diese Arbeitsweisen, Methoden und Verfahren sind aufgrund der großen Vielfalt geografischer Untersuchungen sehr breit differenziert, oftmals sehr speziell und in der Gegenwart zum Teil an eine teure Geräteausstattung gebunden (↗ S. 17). Sie sind vom geografischen Laien und deshalb auch in den allgemein bildenden Schulen insgesamt nicht überschaubar und nachvollziehbar.

Doch für die Aneignung geografischen Wissens und die eigene, selbstständige Erkenntnisgewinnung sind die Kenntnis grundlegender geografischer Denk- und Arbeitsweisen und das Beherrschen der immer wieder anzuwendenden Wege der Erkenntnisgewinnung eine unverzichtbare Voraussetzung.

1.2.1 Grundlegende Denk- und Arbeitsweisen der Geografie

> Die Geografie untersucht **geografische Räume.** Alle Untersuchungsgegenstände der Geografie besitzen daher räumliche Bezüge. Geografisches Denken ist Denken in räumlichen Bezügen.

Der Begriff „geografischer Raum" ist keine Doppelung (Tautologie). Nahezu jede Wissenschaft beachtet räumliche Bezüge oder hat sie zum Gegenstand. Das trifft für die Geometrie, die Architektur und die Geschichte ebenso zu wie für die Astronomie und die Chemie.

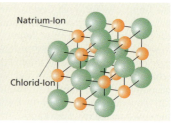

Die Plejaden (offene Sternhaufen) im Sternbild des Stiers besitzen ebenso eine räumliche Anordnung wie die Ionen des Natriumchlorids.

Geografische Räume sind Ausschnitte aus der geografischen Hülle der Erde (↗ S. 18). Da diese Ausschnitte aus der geografischen Hülle räumliche Gebilde sind, haben sie sowohl eine **horizontale Erstreckung** als auch eine **vertikale Erstreckung** (↗ S. 95). Geografische Untersuchungsergebnisse werden daher häufig als Karten-, Profil- und Blockbilddarstellungen präsentiert (↗ S. 52 und 60). Auch wenn die horizontale Ausdehnung häufig überwiegt, ist geografisches Denken auf das Erfassen beider Ausdehnungen gerichtet. Geografische Sachverhalte können nur dadurch richtig verstanden werden (↗ S. 83).

Zunehmend werden auch dreidimensionale Darstellungen entwickelt und genutzt.

> Geografische Räume und alle geografischen Orte innerhalb dieser Räume haben eine **Lage und Lagebeziehungen**.

Lage und Lagebeziehungen geografischer Räume zu ihrer näheren oder weiteren Umgebung stellen zwar noch keine Inhalte dar, durch die geografische Räume gekennzeichnet sind, geben jedoch zusammen mit grundlegenden geografischen Kenntnissen wichtige Auskünfte über die geografischen Verhältnisse in diesen Räumen bzw. an diesen Orten.

So ist es möglich, aus der Lage (zum Pol bzw. zum Äquator, zur Küste bzw. zum Inneren eines Kontinents oder im Tiefland bzw. im Hochgebirge) eines in einer Weltkarte markierten Ortes unter Nutzung geografischen Wissens auf grundlegende klimatische und vegetationsgeografische Verhältnisse dieses Ortes zu schließen. Umgekehrt ist es möglich, vom äußeren Erscheinungsbild eines geografischen Raumes oder Ortes auf dessen ungefähre geografische Lage zu schließen, weil dies bestimmte charakteristische Merkmale ermöglichen.

Bestimmte geografische Begriffe drücken bereits Lagebeziehungen aus, so bei „tropischer Wirbelsturm" oder bei „Wald der gemäßigten Breiten".

Die Vegetations- und Oberflächenformen, Trocken- bzw. Wasserflächen weisen zusammen mit der unterschiedlichen Bewölkung auf (Halb-)Wüsten- bzw. auf Küstengebiete hin.

Geografisches Denken bezieht daher stets Lage und Lagebeziehungen eines Ortes oder Raumes ein.

> Geografische Räume sind **hochkomplexe materielle Systeme,** deren Teilbereiche der nicht lebenden Natur, der lebenden Natur und der Gesellschaft angehören (↗ S. 18). Zwischen den Teilbereichen bestehen vielfältige Wechselbeziehungen (↗ S. 89).

Es ist daher außerordentlich schwierig, diese Komplexität zu untersuchen und wissenschaftlich zu erfassen. Deshalb wird der Gesamtkomplex gedanklich in seine Teilkomplexe und diese weiter in ihre Bestandteile (↗ S. 90) zerlegt, die ihrerseits wiederum systemhaft sind. Oftmals werden nur wenige Bestandteile des Gesamtkomplexes untersucht. Darin liegt die Gefahr, den einzelnen Bestandteil isoliert vom Gesamtkomplex und damit von seiner geografischen Lage zu betrachten.
So können beispielsweise landwirtschaftliche Anbaukulturen eines geografischen Raumes zusammengestellt und kartografisch erfasst werden. Doch ohne die Beachtung der Zusammenhänge, z. B. zu den Böden, zum Klima, zur Marktsituation oder zur Bevölkerungsdichte, bleiben

solche Untersuchungsergebnisse isoliert und haben einen verringerten Aussagewert (↗ S. 16).
Geografische Denk- und Arbeitsweisen betrachten daher das Herauslösen eines einzelnen Sachverhalts aus dem Gesamtkomplex nur als einen notwendigen Zwischenschritt und erfordern das Einfügen einzelner Untersuchungsergebnisse wieder in den Gesamtkomplex.

> Geografische Räume besitzen **Strukturen**. Gleichzeitig laufen in ihnen **Prozesse** unterschiedlichen Charakters ab (↗ S. 18).

Die **Strukturen** besitzen einen räumlichen, einen zeitlichen (↗ S. 280) und einen inhaltlichen (↗ S. 87) Aspekt, die eng miteinander verbunden sind.

Die Struktur eines städtischen Raumes, die in einer großmaßstäbigen Karte abgebildet werden kann, zeigt inhaltlich die Unterscheidung von Wohngebäuden, öffentlichen Gebäuden, Grünflächen usw. Gleichzeitig wird die räumliche Verteilung dieser unterschiedlichen Siedlungsbestandteile deutlich.

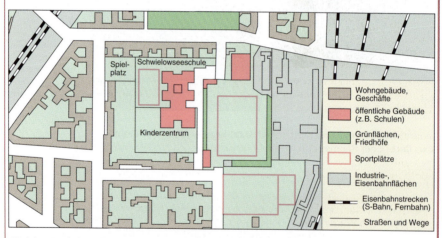

Welche Funktion die Stadt, zu der dieser städtische Raum gehört, im Siedlungssystem des Landes besitzt, ist jedoch nicht erkennbar. Dazu ist ein kleinerer Kartenmaßstab erforderlich, in dem das ganze Land erfasst werden kann. Dann muss jedoch auf das Erkennen der inhaltlichen Struktur der Einzelsiedlung verzichtet werden.

Das Erkennen ganz bestimmter Inhalte geografischer Räume ist an ganz bestimmte Maßstabsbereiche gebunden (↗ S. 156 u. 276). Geografische Räume besitzen eine Rangordnung, eine Hierarchie (↗ S. 280). Unter Beachtung dieser Hierarchie werden räumliche Ordnung und räumliche Gliederung erkannt (↗ S. 284).
Geografisches Denken schließt daher die unterschiedlichen Maßstabsbereiche und die Hierarchie der geografischen Erscheinungen ein.

Die räumlichen Strukturen werden durch die in geografischen Räumen ablaufenden **Prozesse** entweder gefestigt oder ständig verändert, sodass sie stets neu untersucht werden müssen. Solche Prozesse, die in der Natur wie in der Gesellschaft ablaufen, haben unterschiedlichen Charakter und laufen mit unterschiedlicher Geschwindigkeit ab. Sie widerspiegeln kurzfristige Verhaltensweisen, längerfristige Dynamik oder langfristige Herausbildung von landschaftlichen Strukturen. Sie sind abhängig von der Art, Intensität und Frequenz natürlicher oder technisch bedingter Impulse sowie von landschaftlichen Eigenschaften.

So gibt es Kreisläufe (z. B. beim Wasser oder beim Gestein, ↗ S. 108 u. 125), Entwicklungsprozesse, die zum Teil unumkehrbar sind (z. B. Bodendegradation, ↗ S. 366) oder rhythmische Prozesse (z. B. der Ablauf der Jahreszeiten oder der Wechsel der Hauptverkehrszeiten). Wetterabläufe (↗ S. 117) vollziehen sich mit anderer Geschwindigkeit als die Bodenbildung (↗ S. 152).

Fotos, die zu unterschiedlichen Zeiten (1995 und 2002) aufgenommen wurden, können auch Veränderungen im Verkehrsnetz zeigen.

Geografisches Denken muss stets die in geografischen Räumen mit unterschiedlicher Geschwindigkeit ablaufenden Prozesse verschiedenen Charakters einbeziehen.

Zwischen Strukturen und Prozessen bestehen Wechselbeziehungen. So befördert in der Landwirtschaft die Vergrößerung von Feldern in hügeligen Gebieten die Prozesse der Bodenerosion. Die verstärkte Bodenerosion führt ihrerseits zu einer veränderten Struktur der Bodendecke.

> Geografische Räume sind außerordentlich mannigfaltig. Keiner dieser Räume stimmt mit einem anderen überein. Sie sind **Individuen,** die räumlich und zeitlich nicht wiederholbar sind (↗ S. 19).

Dieser Tatbestand führte dazu, dass in einer bestimmten Entwicklungsetappe der Geografie die Beschreibung der Individualität geografischer Räume für den Kern der Geografie gehalten wurde (↗ S. 14). Durch die Beschreibung äußerer Merkmale allein lässt sich die Vielfalt der geografischen Erscheinungen jedoch nicht erklären. Um das Wesen der individuellen geografischen Räume erfassen zu können, müssen ihre allgemeinen, gesetzmäßigen, auf mehrere oder alle geografischen Räume zutreffenden Merkmale herausgefunden werden.

Zu den geografischen Denk- und Arbeitsweisen gehört daher – wie in allen Wissenschaften – das **Verallgemeinern.**

Verallgemeinern bedeutet das Herausfinden und Hervorheben von allgemeinen, wesentlichen Merkmalen von Gegenständen. Dabei wird gleichzeitig von Merkmalen abgesehen, die nur auf Individuen zutreffen und daher nicht wesentlich sind. Die Hauptformen des Verallgemeinerns in der Geografie sind das **Generalisieren** und das **Typisieren**.

Das Generalisieren ist eine wichtige Arbeitsweise auch bei der Herstellung von Landkarten.

Hauptformen des Verallgemeinerns in der Geografie	
Generalisieren	Typisieren
Verzicht auf bestimmte inhaltliche Merkmale eines Individuums; Lagebeziehungen bleiben erhalten	Herausfinden von gemeinsamen Merkmalen mehrerer Individuen; Verzicht auf die Lagebeziehungen

Die Aussagen zur Industrieproduktion Deutschlands: „*Die Industrieproduktion stützt sich auf die Elektronik, den Maschinenbau, den Fahrzeugbau, die chemische Industrie sowie die Nahrungs- und Genussmittelindustrie. Diese Industriezweige binden zusammen knapp 60 % der industriellen Arbeitsplätze und erwirtschaften ebenso viele Prozentanteile an Industrieumsätzen*" (↗ S. 302) stellen eine **Generalisierung** dar. Es wird auf bestimmte Merkmale verzichtet. Beispielsweise wird nichts darüber ausgesagt, welche elektronischen Erzeugnisse produziert werden, um welchen Fahrzeugbau es sich handelt oder welchen Anteil die einzelnen Zweige an den industriellen Arbeitsplätzen haben usw. Derartige Aussagen würden das Erkennen des in diesem Zusammenhang Wesentlichen nur erschweren. Der Lagebezug zu Deutschland ist stets gegeben.

Typisieren am Beispiel der Steilküste		
Steilküste auf Rügen: Ostsee, nordexponiert, Kreide, Wald, bis zu 122 m hoch	Steilküste in Beirut: Mittelmeer, westexponiert, Tertiär, Häuser, ca. 80 m hoch	Typ Steilküste Typenmerkmale: Steilabfall zum Meer

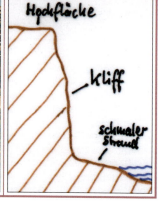

Um die **Typenmerkmale** (typische Merkmale) einer Steilküste herauszufinden, werden zwei oder mehrere Steilküsten, von denen man noch ihre Lagebeziehungen kennt, hinsichtlich ihrer Gemeinsamkeiten untersucht. Das Ergebnis kann eine Typenskizze sein, die auf (die Klasse) alle(r) Steilküsten zutrifft.
Die Lagebeziehungen sind weitgehend verloren gegangen.
Als Typenmerkmale einer Steilküste können hervorgehoben werden: steile, z. T. senkrechte Wände (Kliff); relativ festes Gestein; Brandungshohlkehle; schmaler Blockstrand.

Das Verallgemeinern führt zum Erkennen des Wesentlichen, zum Erkennen von Ordnung und Systematik in der Mannigfaltigkeit der geografischen Individuen. So ist das Erkennen der geografischen Zonen (↗ S. 171) das Ergebnis von gedanklichen Verallgemeinerungen. Jede Zone umfasst eine Vielzahl von Differenzierungen. Zur winterkalten Steppe beispielsweise gehören Waldsteppe, Langgrassteppe, Kurzgrassteppe und Trockensteppe. Neben individuellen Merkmalen besitzen sie alle die allgemeinen Merkmale der Steppe: *„Die Steppe ist eine baumarme bis baumfreie Vegetationsform, die unter natürlichen Bedingungen von Gräsern und Kräutern bestimmt wird"* (↗ S. 176).

Die Ergebnisse des Verallgemeinerns können in **Modellen** dargestellt werden (↗ S. 16). Sie können dann wieder zur Untersuchung anderer Individuen genutzt werden.

Auch beim Herausfinden von Ländergruppen wird verallgemeinert. Alle Länder einer Gruppe (↗ S. 296) besitzen viele individuelle Merkmale, aber auch einige allgemeine. Diese machen eine Gruppierung möglich.
Gruppen können als Typ definiert werden.

Ein **Modell** ist eine Vereinfachung der Wirklichkeit. In wesentlichen Eigenschaften stimmt es mit ihr überein, in anderen nicht.

Die Zeichnung zur Steilküste (↗ S. 28) stellt ebenso ein Modell dar wie die folgenden Zeichnungen zur glazialen Serie.

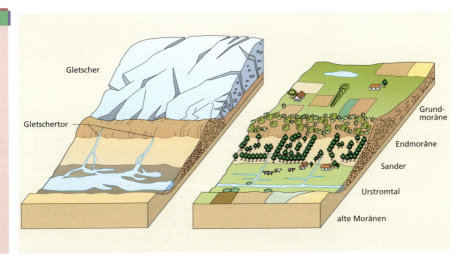

Das Modell stellt die regelmäßig wiederkehrenden Teile der glazialen Serie (↗ S. 144), wie sie z. B. in Norddeutschland ausgeprägt ist, zur Zeit der Vergletscherung und in der Gegenwart dar. Man wird sie aber genauso wie im Modell in der geografischen Wirklichkeit nicht finden, denn das Modell ist das Ergebnis einer Verallgemeinerung. Deshalb kann es die vielen individuellen Merkmale der einzelnen Glaziallandschaften nicht enthalten.

Weitere ideelle Modelle sind z. B. das Modell der Landschaftshülle (↗ S. 87), das Modell des demografischen Übergangs (↗ S. 196) oder das Modell der Stadtregion (↗ S. 211).

Modelle können sowohl **materielle** (gegenständliche) als auch **ideelle** (gedankliche) Modelle sein.
Ein materielles Modell ist z. B. der Globus als Modell der Erde. Ideelle Modelle werden durch Aussagen beschrieben oder zeichnerisch dargestellt.
Auch geografische Karten sind Modelle. Die Zeichnungen der glazialen Serie stellen ideelle Modelle dar. Baut man sie in Gips oder Pappmaché nach, erhält man materielle Modelle.

Für den geografischen Vergleich muss eine hinreichende Anzahl von vergleichbaren Merkmalen gegeben sein, damit er sinnvoll ist.

Ein wichtiges Mittel beim Verallgemeinern ist der **geografische Vergleich** (↗ S. 44). Die beiden Steilküsten (↗ S. 28) wurden miteinander verglichen, um die gemeinsamen Merkmale herauszufinden. Gleichzeitig werden durch den Vergleich ihre individuellen, besonderen Merkmale sichtbar.

Zur Verständigung unter den Geografen, aber auch mit den anderen Mitgliedern der Gesellschaft, müssen klare **Begriffe** verwendet werden, da sonst Missverständnisse auftreten können.

> **Begriffe** geben wesentliche Merkmale von Sachverhalten gedanklich wieder. Festgelegt und gegeneinander abgegrenzt werden Begriffe durch **Definitionen** und die Einordnung in **Begriffssysteme** (↗ S. 197 u. 242).

Eine Begriffsdefinition ist eine genaue Festlegung der Merkmale und des Gültigkeitsbereichs des Begriffs.

Definitionen werden benutzt, um Missverständnisse zu vermeiden. So ist es wichtig, zwischen verschiedenen Begriffen innerhalb eines Sachgebietes zu unterscheiden, z. B. zwischen Wetter, Witterung und Klima (↗ S. 114). Ebenso müssen wissenschaftliche Begriffe von Alltagsbegriffen, die beide das gleiche Wort benutzen, unterschieden werden, wie das u. a. bei „Landschaft" der Fall ist (↗ S. 88 u. 89).

> Das Erkennen und die Formulierung von **Gesetzmäßigkeiten** und **Theorien** (↗ S. 16 u. 17) ist wie für jede Wissenschaft auch das Ziel in der Geografie mit ihrem hochkomplexen Gegenstand.

1.2.2 Erkenntnisgewinnung in der Geografie

Zur Aneignung von Kenntnissen und zur Gewinnung von Erkenntnissen über geografische Räume, ihre Strukturen und Prozesse (↗ S. 26), ist es erforderlich, eine Reihe von geistig-praktischen Tätigkeiten auszuführen, die dem jeweiligen Ziel der Arbeit angemessen sind. Solche Tätigkeiten können unmittelbar in der geografischen Wirklichkeit oder mithilfe von Abbildungen dieser Wirklichkeit, z. B. in Karten oder auf Fotos, durchgeführt werden. Zunehmende Bedeutung erlangen dabei auch die elektronischen Medien.

Orientieren in der geografischen Wirklichkeit

Beim **Orientieren in der geografischen Wirklichkeit** werden die Himmelsrichtungen und der eigene Standort im Gelände bestimmt.

Das Orientieren in der geografischen Wirklichkeit kann mit oder ohne Karte erfolgen. Bei der Nutzung der Karte sind folgende Arbeitsschritte notwendig:
1. Einnorden der Karte
2. Bestimmung des eigenen Standortes auf der Karte
3. Vergleich der Karte mit dem Gelände

Das **Einnorden der Karte** kann erfolgen
- nach Geländelinien (z. B. Straße, Eisenbahnlinien, Bach),
- nach Richtungen zu Geländeobjekten (z. B. Straßenkreuzung, Brücke, Turm, einzeln stehender Baum),
- mit dem Kompass.

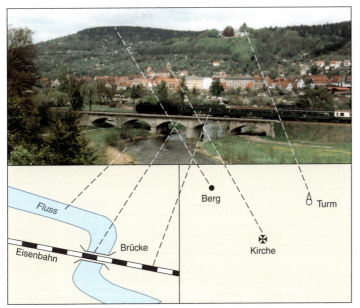

Ohne Vorhandensein einer topografischen Karte kann die Orientierung z. B. mithilfe des Kompasses, nach der Stellung der Gestirne, nach der Uhrzeit oder nach Merkmalen von Geländeobjekten erfolgen.

Bestimmen der Himmelsrichtung ohne Karte – Beispiele

nach Uhrzeit und Sonnenstand	nach der Baumform

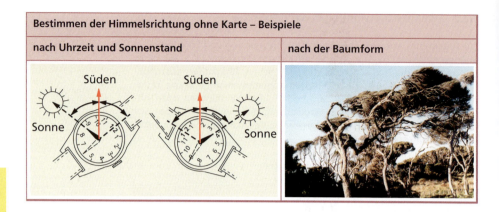

An Steinpfeilern von trigonometrischen Punkten stehen die Buchstaben „TP" an der Südseite, das △ an Nordseite.

Für exakte Ortsbestimmungen sind diese Verfahren nicht ausreichend. Mittels Sextant, Chronometer und weiteren Navigationsinstrumenten sind genauere Werte erreichbar. Heute verwendet man zur präzisen Standortbestimmung vielfach das Satellitenortungssystem **GPS** (Global Positioning System). Mit ihm sind sehr genaue Bestimmungen der geografischen Länge und Breite sowie der Höhe über NN möglich (↗ S. 22).

Verwendet wird dieses moderne Navigationssystem z. B. zur Orientierung von Kraftfahrzeugen, in denen die Fahrer mittels der Signale von GPS-Satelliten sowie digitaler Straßenkarten zu den gewünschten Zielen geführt werden. Großen Nutzen kann es auch beim Einsatz in der Landwirtschaft erbringen.

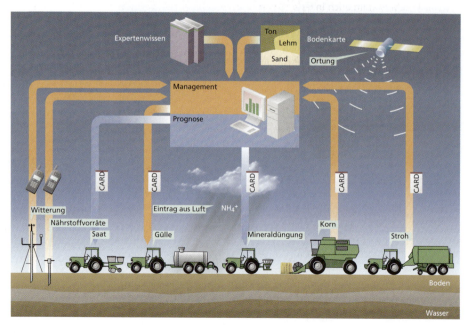

Beobachten

> Unter **Beobachten** wird das zielgerichtete, planmäßige und bewusste Wahrnehmen von Eigenschaften, Strukturen und Prozessen geografischer Räume mit Sinnesorganen verstanden.

Neben der unmittelbaren Wahrnehmung kann die Beobachtung auch mittels Geräten, wie Fernrohr, Lupe, Thermometer oder Höhenmesser, erfolgen. Oft dient sie dem quantitativen Erfassen, um Größen- oder Mengenangaben zu ermitteln. Mittels Beobachtung kann nur die äußere Erscheinung des geografischen Objektes wahrgenommen werden.

Beobachte den Verlauf des Stromstriches an einem Mäander!
Hinweis: Man kann die Beobachtung durch Einwerfen gut sichtbarer schwimmender Teile, z. B. von Papierschiffchen, unterstützen und dadurch die Linie maximaler Oberflächengeschwindigkeit des fließenden Wasser verfolgen.
Ergebnis: Der Stromstrich, der bei geraden Flussabschnitten normalerweise in der Flussmitte verläuft, verlässt diesen Bereich in Mäandern. Hier nähert sich die Linie größter Fließgeschwindigkeit des Wassers, die sich in der Nähe der Oberfläche befindet, jeweils stark dem Verlauf des äußeren Mäanderbogens, dem Prallhang, an. Der Stromstrich mäandriert daher stärker als der Bach oder Fluss selbst. Er befindet sich in geraden wie in gekrümmten Flussabschnitten über dem tiefsten Bereich des Flussbettes.
Das Ergebnis kann auch in einer Kartenskizze festgehalten werden.

Beobachtung ausschließlich mithilfe der menschlichen Sinnesorgane ist *unmittelbare* Beobachtung. Beobachtung unter Nutzung z. B. von Lupe oder Fernglas wird als *mittelbare* Beobachtung bezeichnet.
Direkte Beobachtung findet statt, wenn man Beobachtungen unmittelbar oder mittelbar direkt durchführen kann.
Die Beobachtung ist *indirekt,* wenn z. B. von den Folgen eines Vorgangs auf den Vorgang selbst geschlossen werden kann. So werden Hangabwärtsbewegungen am Fußknick von Bäumen erkannt (↗ S. 140).

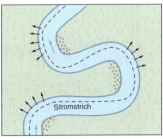

Sammeln von Materialien

> Das **Sammeln von Materialien** dient der geografischen Erkenntnisgewinnung. Solche Materialien können sowohl Gegenstände der geografischen Wirklichkeit als auch Abbilder davon sein.

Für die geografische Erkenntnisgewinnung können viele Arten von Gegenständen gesammelt werden. Dazu gehören Gesteinshandstücke, Proben unterschiedlicher Hölzer und nicht geschützte Pflanzen ebenso

wie Prospekte, Kataloge, Ansichtskarten, Stadtpläne und Karten. Auf Reisen kann man charakteristische Gegenstände einer Region oder eines Landes sammeln. Nicht zuletzt haben Briefmarken oder Münzen mitunter geografische Aussagekraft.

Was muss beim Anlegen einer Gesteinssammlung für die Schule beachtet werden?

Für eine Gesteinssammlung werden Gesteine in Handstückgröße gesammelt. Diese Größe ermöglicht sowohl eine genaue Bestimmung der Gesteinsart als auch eine verhältnismäßig Platz sparende Aufbewahrung der Gesteine.

Die Handstücke sollten zur (späteren) Bestimmung der Gesteinsart jeweils eine frisch aufgeschlagene Fläche haben. Um diese zu erhalten, ist es schon im Gelände erforderlich, jedes Handstück durch Zeitungspapier oder kleine Folienbeutel vor Reibung zu schützen. Bereits im Gelände werden die eingepackten Stücke nummeriert, die Nummer sowie der Fundort im Geländebuch und möglichst auch in einer Karte eingetragen.

Zur Aufbewahrung kleinerer Sammlungen reicht ein Kasten mit darin untergebrachten Pappschachteln für jedes Handstück. Für größere Sammlungen ist ein Schrank mit flachen Schubladen (Höhe bis 10 cm) notwendig.

Zusammen mit dem Gestein wird in jede Schachtel ein Zettel („Pass") gelegt, auf dem der Name des Gesteins und der Gesteinsgruppe, der Fundort und das Datum des Fundes festgehalten werden. Die Gesteine sollten nach Gruppen geordnet aufbewahrt werden. Die Namen von Gestein und Gesteinsgruppe können sich auch in einer Katalognummer widerspiegeln, die ein elektronisches Erfassen der Sammlung erleichtert.

Zweckmäßig ist es, die Gesteine durch Plastikbeutel vor Staub zu schützen.

Klassifizieren

> Beim **Klassifizieren** wird eine Gesamtmenge von Objekten in Teilmengen (Klassen) aufgeteilt. Für die Klassenbildung werden unterschiedliche Merkmale herangezogen.

Alle Objekte, die bestimmte gemeinsame Merkmale besitzen, werden zu einer Klasse zusammengefasst. Die Klassen werden benannt, und es entstehen Begriffssysteme (↗ S. 30).
Zwischen dem Klassifizieren, dem Gruppieren und dem Typisieren bestehen Ähnlichkeiten.

Klassifiziere die gegebenen Gesteine nach der Entstehung!

Granit	Gipsstein	Sand	Schiefer
Quarzit	Gneis	Basalt	Konglomerat

Gesteine entstehen durch Erstarrung aus Magma, durch Um- und Ablagerung sowie durch Umwandlung. Nach diesen drei Entstehungsarten können drei Klassen von Gesteinen gebildet werden:
1. magmatische Gesteine, 2. Sedimentgesteine und 3. metamorphe Gesteine. Granit und Basalt gehören zur 1., Gips, Sand und Konglomerat zur 2. und Glimmerschiefer, Quarzit und Gneis zur 3. genannten Klasse. Jede der drei Gesteinsklassen kann weiter aufgeteilt werden. Es entsteht ein einfaches Begriffssystem:

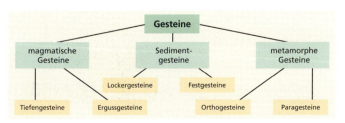

Klassifizieren ist auch in der Anthropogeografie möglich. So können die Hauptreisezwecke von Touristen (Freizeit/Erholung/Urlaub, Verwandtenbesuche, Geschäft/Beruf, Heilbehandlung, Religion/Pilgern und Sonstige) als Klassen dienen.

Bestimmen

> Beim **Bestimmen** geht es um das Feststellen von charakteristischen Merkmalen eines Objekts, die es eindeutig kennzeichnen.

In der Geografie sind vielfältige Bestimmungen möglich, so das Bestimmen der Lage eines Ortes im Gradnetz, das Bestimmen von Gesteinsarten, von Bodenarten oder der Bodenfeuchte.
Beim Bestimmen sind oftmals Hilfsmittel, wie Bestimmungsbücher, notwendig.

Bestimme die Bodenfeuchte einer Probe aus dem Bv-Horizont einer Braunerde.
Mit einem Spaten wird unmittelbar vor der Bestimmung der Bodenfeuchte das Bodenprofil sauber abgestochen, um die getrocknete äußere Schicht zu beseitigen.
Aus dem Bv-Horizont wird eine Bodenprobe entnommen.
Danach wird die Fingerprobe durchgeführt, indem der entnommene Boden zwischen den Fingern zusammengedrückt wird, um den Zustand der Bodenfeuchte zu bestimmen:
Fühlt sich die Bodenprobe steinhart (bei Ton) oder körnig bzw. pulvrig (bei Sand) an, ist der Boden *trocken*.
Ist die Feuchte in der Bodenprobe fühlbar, aber nicht sichtbar, wird der Boden als *frisch* bezeichnet.
Wenn die Bodenprobe glänzt, die Feuchte sichtbar ist, ist der Boden *feucht*.
Tropft aus der Bodenprobe Wasser ab, ist der Boden *nass*.

Entnimm Bodenproben an unterschiedlichen Stellen.

Untersuchen

> Beim **Untersuchen** ermittelt man Zusammensetzung, Strukturen und Funktionen von Objekten und Erscheinungen.

Untersuchen ist eine komplexe Tätigkeit, bei deren Durchführung verschiedene weitere Tätigkeiten, z. B. Bestimmen, Zählen oder Messen, sowie entsprechende Hilfsmittel erforderlich sind.

Untersuche den Boden in der Umgebung deines Wohnortes! Bestimme den Bodentyp (↗ S. 152) und in diesem Zusammenhang die Bodenart!

Bei der Untersuchung des Bodens zur Bestimmung des Bodentyps ist es notwendig, zunächst ein Bodenprofil (↗ S. 150) von ca. einem Meter Tiefe anzulegen. Bei der Untersuchung der dabei entstehenden Profilwand geht man so vor:
Zuerst wird die Abgrenzung der einzelnen Bodenhorizonte nach der Farbgebung bestimmt.
Danach wird die Mächtigkeit der Horizonte gemessen, und die Ergebnisse werden in ein Protokoll eingetragen.
Schließlich werden die einzelnen Bodenhorizonte genauer untersucht. Dazu gehören:
– die Bestimmung der Farbe der Horizonte,
– die Bestimmung der Bodenfeuchte (↗ S. 36),
– die Bestimmung der Bodenart sowie
– die Feststellung besonderer Merkmale (z. B. Regenwürmer, Wurzeln, Rost- oder Bleichflecke bzw. -spalten, Konkretionen, Humus) in den einzelnen Horizonten.

Vor der Anlage eines Bodeneinschlages ist das Einverständnis des Grundstücksnutzers einzuholen!

Für die Bestimmung der Bodenart nimmt man eine Bodenprobe zwischen die Finger und versucht, sie zu formen.
Ist sie sehr gut formbar, dünn ausrollbar und entsteht dabei eine glänzende Reibefläche, handelt es sich um *Ton*.
Kann die Bodenprobe nur etwas geformt werden und sind noch keine Körner fühlbar, ist es *Schluff*.
Sind Körner fühlbar und die Probe nicht formbar, kann von *Sand* gesprochen werden.

Korngrößendurchmesser
Ton: < 0,002 mm,
Schluff: 0,0002–0,063 mm,
Sand: 0,063–2,0 mm

Als Ergebis der Bodenuntersuchung kann formuliert werden:
Bei dem untersuchten Bodentyp handelt es sich um einen Podsol. Er fällt optisch durch seinen an Nährstoffen armen aschgrauen Oberboden (Aschhorizont) auf. Hohe Niederschläge führen im Sandboden zur Auswaschung von Eisen- und Aluminiumverbindungen und zu deren Verlagerung in den Unterboden, was sich an dessen rostbrauner Färbung zeigt. Aufgrund ihrer Nährstoffarmut sind Podsole für die landwirtschaftliche Nutzung kaum geeignet. Ausreichende Wuchsbedingungen finden dagegen Heiden sowie Tiefwurzler, z. B. Kiefern.

Weitere Untersuchungen des Bodens können auf den Humusgehalt, den Kalkgehalt, das Wasserhaltevermögen oder die Regenwurmpopulation gerichtet sein.

Das Untersuchen ist ebenfalls im Bereich der Humangeografie möglich. Dabei spielen u. a. das **Zählen** und das **Messen** eine wichtige Rolle.

> Die Tätigkeit des **Zählens** dient der Erfassung von Quantitäten. Es ist für komplexe Untersuchungen von Bedeutung.
> Beim **Messen** wird der Wert einer Größe, d. h. der Ausprägungsgrad einer Eigenschaft, mithilfe eines Messgerätes bestimmt. Dabei wird die zu messende Größe mit einer festgelegten Einheit verglichen.

Untersuche in einem eng begrenzten Stadtgebiet die Ströme des Straßenverkehrs und die dadurch verursachte Lärmbelastung!

Hinweis: Das Ergebnis der Aufgabe können eine Verkehrsstromkarte und eine Lärmkarte sein.

Zunächst muss das Untersuchungsgebiet ausgewählt und unter Nutzung eines Stadtplanes festgelegt werden.

Danach wird eine genügend große Anzahl von Zählstellen für Fahrzeuge festgelegt, um das Verkehrsaufkommen erfassen zu können. Die Anzahl der Fahrzeuge wird in einem bestimmten Zeitintervall durch Zählen festgestellt. Dabei kann gleichzeitig zwischen verschiedenen Fahrzeugarten sowie nach der Besetzung der PKW differenziert werden. Das Ergebnis wird in einer Tabelle gespeichert.

Wochentag/Datum: Montag, 05. 07. 2002 Uhrzeit: von 9.30 bis 10.00 Uhr

Fahrzeugart		Strichliste	Anzahl
Fahrzeuge für den Gütertransport (z. B. LKW)		|||| |||| |||| |||	18
Öffentliche Personenverkehrsmittel (z. B. Busse)		||	2
PKW	mit 1 Person besetzt	|||| |||| |||| |||| |||| |||| |||| |||| |||	43
	mit 2 Personen besetzt	|||| |||| |||| |||| ||	21
	mit 3 Personen besetzt	||||		6
	mit mehr Personen besetzt	|||	3
	Gesamtzahl aller PKW		73
Motorräder		||	2
Fahrräder			0

Die Ergebnisse aller Zählstellen für die Gesamtzahl der Fahrzeuge werden in eine Karte eingetragen, die über die jeweiligen Verkehrsströme zur festgehaltenen Zeit Auskunft gibt (↗ S. 39).

An den Zählstellen wird ebenfalls die Schallpegelbestimmung mit dem Schallpegelmesser durchgeführt. Die ermittelten Ergebnisse finden ihren Niederschlag in einer Lärmkarte (↗ S. 39).

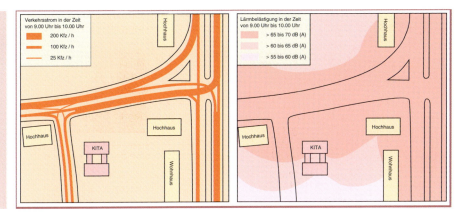

Experimentieren

Beim **Experimentieren** wird eine Erscheinung der Wirklichkeit unter ausgewählten, kontrollierten, wiederholbaren und veränderbaren Bedingungen beobachtet und ausgewertet.

Bei geografischen Experimenten kann zwischen **Modellexperimenten** (z. B. Experiment zur Entstehung einer Schichtquelle im Sandkasten) und **Naturexperimenten** (z. B. zeitweiliges Aufstauen eines Wiesenbaches zum Beobachten von Erscheinungen des oberirdischen Abflusses) unterschieden werden. Zu einem Experiment gehören die Etappen Vorbereitung, Durchführung und Auswertung.

 Untersuche experimentell das Entstehen eines Erdfalls (Doline)!

Zur **Vorbereitung eines Experiments** gehören:
- Erkennen der besonderen Hohlformen in der Landschaft im Bild,
- Stellen von Fragen zur Entstehung dieser Landschaftsformen und zur Geologie des Standortes,
- Aufstellen von Hypothesen (Vermutungen von Zusammenhängen) zu den Lösungsprozessen in den Gesteinen mit ihren Einsturzfolgen an der Erdoberfläche,
- Planung des Experimentes zur Überprüfung der Hypothesen, dabei
  - Durchdenken der Aufgabe, wie Auslaugungsvorgänge und die Entstehung von Einsturztrichtern simuliert werden können,
  - Auswählen und Bereitstellen der notwendigen Geräte, Materialien und Hilfsmittel für das Experiment: wasserdichter Sand-

kasten, Glasscheibe, etwa 100 cm x 50 cm groß, Ton, Kies oder Grobsand, Siedesalz, kleine Gießkannen mit Wasser,
- Skizzieren der Experimentieranordnung, mit der die gewünschten Beobachtungen gemacht werden können,

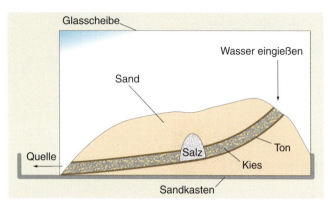

- Aufbau der Experimentieranordnung nach der Skizze,
- gedankliches Durchführen des Experimentes sowie Prüfen möglicher Gefahren und Fehlerquellen.

Durchführen des Experimentes
- vorsichtiges Eingießen von Wasser mittels Gießkannen gleichzeitig im gesamten Austrittsbereich der Kiesschicht,
- Beobachten aller Veränderungen, insbesondere im Bereich des Salzstockes und am Fuß des modellierten Berges,
- sorgfältiges Protokollieren sowie Skizzieren der Beobachtungen, evtl. auch Fotografieren des Berges am Ende des Experimentes.

Wird das Modell insgesamt „beregnet", werden innerhalb des Trichters auch Sedimente abgelagert.

Auswerten des Experimentes
- Vergleichen der Beobachtungen während des Experiments und nach dem Experiment,
- Auswerten und Erklären der Beobachtungsergebnisse, insbesondere, dass Lösungsprozesse im Salz zunächst zur Hohlraumbildung mit nachfolgendem Einsturz der darüberliegenden Sandmaterialien führen und die gelösten Salze als Solequelle austreten,
- Vergleichen der Hypothese mit dem festgestellten Ergebnis, das in diesem Fall zu einer Bestätigung der vermuteten Lösung führt,

- Herstellen von Zusammenhängen, z. B. zu der im Foto (↗ S. 39) gezeigten typischen Landschaftsform, die ein fortgeschrittenes Entwicklungsstadium darstellt (Erosions- und Ablagerungsprozesse).

Beschreiben

Wie viele Sachverhalte, Strukturen und Prozesse (↗ S. 26), z. B. die Oberflächenformen einer Landschaft, der Durchzug einer Zyklone (↗ S. 117), Fließvorgänge eines Gewässers (↗ S. 33), Verkehrsströme (↗ S. 39) oder Vorgänge in einem Hafen (↗ S. 269), können auch die Ergebnisse des Experiments (↗ S. 40) durch **Beschreiben** dargestellt werden.

> Unter **Beschreiben** ist das systematische und geordnete Darstellen des sinnlich Wahrgenommenen und Beobachteten mit sprachlich-gedanklichen Mitteln zu verstehen.

Bei der Beschreibung werden meist äußerlich wahrnehmbare Eigenschaften eines Sachverhaltes dargestellt. Es wird noch nicht bis zu den Ursachen vorgedrungen.

Beschreibe die Vorgänge beim Experiment zur Entstehung einer Doline!
Nach dem Eingießen des Wassers in die Kiesschicht vergingen einige Minuten, bis der in das Modell eingebaute Salzstock zunehmend verschwand. Dabei bildete sich zunächst ein unterirdischer Hohlraum. Nachfolgend entstanden Risse bis an die Erdoberfläche und schließlich ein Einsturztrichter.
Am Fuß des Berges trat das Wasser wieder aus. Es hatte einen salzigen Geschmack. Mitgeführte kleinere Kiesteile lagerten sich nach dem Quellaustritt als Schwemmfächer ab.

Erläutern

> Durch **Erläutern** wird ein natur- oder gesellschaftswissenschaftlicher Sachverhalt verständlich und anschaulich dargestellt.

Erläutere die Notwendigkeit von Schutzbestimmungen im Wattenmeer!

Im Wattenmeer leben infolge der besonderen natürlichen Bedingungen neben einer Vielzahl von Algen und größeren Pflanzen etwa 2 000 verschiedene Tierarten.

Ein Geograf erläutert einer Exkursionsgruppe Probleme im Nationalpark Schleswig-Holsteinisches Wattenmeer.

Zugleich ist das Wattenmeer Brut-, Nahrungs-, Rast- und Durchzugsgebiet für Millionen von Vögeln und Aufwuchsgebiet wichtiger Speisefischarten der Nordsee. Außerdem dient es als natürlicher Wellenbrecher dem Küstenschutz. Dieser einzigartige Naturraum muss nicht zuletzt im Interesse des Menschen erhalten werden. Deshalb wurden Nationalparke eingerichtet. Die Bestimmungen dieser Schutzzonen untersagen z. B. das Einleiten von Schadstoffen in das Wattenmeer. Auch sind Störungen von Tieren (z. B. Robben) durch den Menschen zu vermeiden.

Erklären

> **Erklären** bedeutet eine geordnete und einsichtige sachliche Darlegung eines Sachverhaltes und seiner Ursachen.

Beim Erklären werden die Ursachen einer Erscheinung aufgedeckt, die aus dem Wirken von Gesetzmäßigkeiten und Zusammenhängen unter Berücksichtigung gegebener Bedingungen abgeleitet werden.

Erkläre den geologischen Aufschluss!

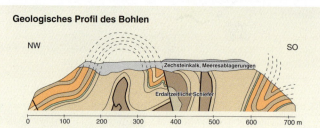

Geologisches Profil des Bohlen

Vorgehensweise beim
Erklären:
1. Beschreiben wesentlicher Seiten der Erscheinung,
2. Formulieren der zugrunde liegenden Gesetzmäßigkeiten bzw. Modelle,
3. Verdeutlichen der Wirkung der Gesetzmäßigkeiten in dem Sachverhalt.

1. Im Profil ist die unterschiedliche Lagerung von verschiedenen Gesteinen zu erkennen. Über erdaltzeitlichen Schiefern befindet sich eine Bank heller Zechsteinkalke und Meeresablagerungen. Die erdaltzeitlichen Schiefer sind stark gefaltet und zum Teil sogar senkrecht gestellt. Im mittleren Bereich sind mehrere (dick gezeichnete) Bruchlinien vorhanden. Die einzelnen Gesteinspakete haben unterschiedliche Stärke.

2. Ursachen dieser Erscheinungen sind Vorgänge in der Lithosphäre, die als endogene und exogene Prozesse gewirkt haben.
3. Endogene Prozesse bewirken Falten- und Bruchbildung sowie Hebungen und Senkungen. Die Falten- und Bruchbildung ist im Grundgebirge an den Falten im Gesteinsverband sowie an Verwerfungen entlang tektonischer Linien deutlich erkennbar. Exogene Prozesse führten im Zusammenhang mit der Hebung des Grundgebirges zu Abtragung und annähernder Einebnung. Eine Rumpffläche entstand über den erdaltzeitlichen Schiefern. Auf dieser Fläche lagerte sich als Deckgebirge die Zechsteinbank ab. Das war nur im Ergebnis einer Absenkung des Gebirges unter den Meeresspiegel möglich, da Zechstein aus Meeressedimenten besteht. Die heutige Höhe des Gebirges ist auf eine erneute Hebung zurückzuführen.

Begründen

> Das **Begründen** dient dem Nachweis der Richtigkeit einer Aussage. Deshalb sind überzeugende Argumente (z. B. Ergebnisse von Beobachtungen, Eigenschaften von Objekten oder Gesetze) zu nutzen.

Begründungen können im Unterschied zu Erklärungen stärker objektiv oder subjektiv sein, je nach Stichhaltigkeit der gewählten Argumente.

Beim Begründen sind zwei Schritte sinnvoll:
1. Darstellen des Sachverhalts,
2. Nennen der Argumente.

Begründe die Ansiedlung von Unternehmen am Standort Jena!

Jena ist für die Ansiedlung von Unternehmen attraktiv, weil die Stadt die Funktionen eines Oberzentrums ausübt, günstige Verkehrsanbindungen besitzt, in ihr die Verflechtung von Wissenschaft, Technik und Industrie traditionell ist, hoch spezialisiertes und motiviertes Fachpersonal vorhanden ist, gut erschlossene Gewerbegebiete zur Verfügung stehen, wirtschaftliche Kontakte zu osteuropäischen Ländern bestehen und weil anziehende weiche Standortfaktoren, wie eine reizvolle Landschaft, Geschichte oder Kultur, ausgeprägt sind.

Begründet werden kann z. B. auch die Wolkenauflösung bei Föhn, die Fruchtfolge eines Landwirtschaftsbetriebes oder die Bedeutung des Tourismus für strukturschwache Räume.

Interpretieren

> Beim **Interpretieren** werden verbale Aussagen, reale Bilder oder abstrakte Zeichensysteme (Karten, Formeln u. a.) inhaltlich gedeutet.

Vorgehensweise beim **Interpretieren:**
1. Nennen der Bedingungen für die Gültigkeit der Aussage,

2. Ableiten von Zusammenhängen,

3. Ziehen praktischer Schlussfolgerungen.

Dabei kommt es vor allem darauf an, Zusammenhänge abzuleiten und mögliche Folgerungen zu ziehen.

Interpretiere die Wasserhaushaltsgleichung N = V + A (↗ S. 126)!
Die Wasserhaushaltsgleichung $N = V + A$ beschreibt vereinfachte mengenmäßige Zusammenhänge zwischen dem Niederschlag N, der Verdunstung V und dem Abfluss A. Die Gleichung muss mehrfach präzisiert werden, so zwischen den Kontinenten und den Ozeanen. Für die Kontinente gilt $V = N - A$, für die Ozeane $V = N + A$. Die Gleichung gilt für einen langjährigen Durchschnitt, da Rücklagen (z. B. Eis und Schnee) und Aufbrauch jährlich und innerhalb eines Jahres schwanken. Für die Ermittlung des Wasserhaushaltes einzelner Länder muss auch der Zufluss aus höher liegenden Nachbarländern beachtet werden.
Mit dieser Gleichung ist es möglich, den Wasserhaushalt, d. h. Zu- und Abgänge von Wasser in umgrenzten Festlandsräumen rechnerisch zu erfassen. Für die gesamten Landflächen der Erde bleiben die drei Grundwerte gegenwärtig konstant: ca. 100 000 km³/Jahr Niederschlag, ca. 62 500 km³/Jahr Verdunstung und 37 500 km³/Jahr Abfluss. Jedoch gibt es aufgrund unterschiedlicher geografischer Verhältnisse neben humiden Räumen auch aride Räume auf der Erde, in denen $N < V$ gilt. Hier kann die Versorgung der Menschen mit Süßwasser nur unter Hinzunahme von Wasser aus Fremdlingsflüssen oder Grundwasserströmen gewährleistet werden.
Besonders in ariden Räumen kommt es darauf an, mit der lebensnotwendigen Ressource Wasser (↗ S. 348) äußerst sparsam umzugehen und der Verschwendung, z. B. durch unsachgemäße Nutzung oder undichte Wasserleitungsrohre, entgegenzuwirken.

Vergleichen

Das Vergleichen ist eng mit dem Typisieren (↗ S. 28) und dem Klassifizieren (↗ S. 35) verbunden.

Der **Vergleich** ist eine Grundform des Denkens. Durch ihn können Allgemeines und Einzelnes unterschieden werden. Er stellt in der Geografie eine wesentliche Denk- und Arbeitsweise dar, weil es an der Erdoberfläche eine Vielzahl gleichartiger, ähnlicher, vor allem aber unterschiedlicher Erscheinungen gibt.
Durch ihn können neue Erkenntnisse gewonnen werden, ist ein möglicher Zugang zur Erschließung von Raumstrukturen und zur Gewinnung von Raumkompetenz gegeben.

> Beim **Vergleichen** werden von mindestens zwei Vergleichsobjekten (Gegenständen, Vorgängen oder Aussagen) Gemeinsamkeiten und Unterschiede ermittelt und dargestellt.

Bei der Erschließung von Raumstrukturen ist es unumgänglich, geografische Räume miteinander zu vergleichen. Dabei werden zunächst häufig **Lage** und **Größe** eine Rolle spielen. Die Größe als Merkmal für Quantitäten im Raum muss mitunter auch durch Aussagen zur dritten Dimension ergänzt werden. Das ist z. B. dann notwendig, wenn klimatische Besonderheiten und Anbaustrukturen in Räumen gleicher geografischer Breite, aber unterschiedlicher **Höhe** verglichen werden sollen.

Ebenso ist es mitunter sinnvoll, die **Zeit** beim Vergleichen geografischer Sachverhalte einzubeziehen. Geologische und geomorphologische Tatbestände oder der Strukturwandel in der Wirtschaft sind ohne Berücksichtigung dieses Merkmals, das auch unterschiedliche Prozessgeschwindigkeiten einschließt (↗ S. 27), nicht hinreichend zu analysieren.

Ergebnisse geografischer Vergleiche können aber unterschiedlich ausfallen. So führen bestimmte Vergleiche zu **Gegensätzen** (z. B. bei Stadt-Umland-Beziehungen oder zwischen tropischem Regenwald und Wüstengebieten der Erde), andere zu **Ähnlichkeiten** oder gar zu **Übereinstimmungen** (z. B. bei Verdichtungsräumen hinsichtlich Bevölkerungs-, Siedlungs-, Industrie- und Verkehrsdichte).

Analogien (als „Eselsbrücken", Merkhilfen) setzen den Vergleich voraus:
Golfstrom – Warmwasserheizung Nordeuropas,
Italien – Stiefel,
Bodensee – Kläranlage des Rheins.

Vergleiche den Thüringer Wald mit den Berchtesgadener Alpen! Gehe schrittweise vor!
1. Mithilfe von Bildern werden Vorstellungen gewonnen:

Neben Bildern sollten weitere Quellen herangezogen werden.

2. Vergleichsgesichtspunkte werden festgelegt, der Vergleich wird durchgeführt und Ergebnisse in einer Tabelle festgehalten:

Gesichtspunkte	Thüringer Wald	Berchtesgadener Alpen
Höhe	200 m bis 1 000 m	über 1 500 m
Oberflächenformen	gerundete Vollformen	scharfkantige, steile Vollformen
Klima	kühlgemäßigt; niederschlagsreich	rau, kalt; niederschlagsreich
Vegetation	drei Höhenstufen	fünf Höhenstufen
vorherrschende Nutzung	Ackerbau, Viehwirtschaft, Tourismus	Almwirtschaft, Tourismus

3. Die Vergleichsergebnisse werden formuliert:
   Gemeinsam ist beiden Gebirgen, dass es sich um geografische Vollformen handelt und dass es niederschlagsreiche Gebiete sind. Ähnlichkeiten bestehen in der vorherrschenden Nutzung. Bei den ausgewählten übrigen Merkmalen gibt es bedeutende Unterschiede, sodass es gerechtfertigt ist, bei beiden Gebirgen jeweils von eigenständigen Landschaftstypen zu sprechen. Bezieht man in den Vergleich weitere Landschaftskomponenten bzw. -elemente (↗ S. 90) ein, wird die Aussage bekräftigt.
4. Verallgemeinerungen (↗ S. 27) können getroffen werden:
   Der Thüringer Wald ist ein Mittelgebirge, während die Berchtesgadener Alpen zu den Hochgebirgen zählen. Mittelgebirge und Hochgebirge haben mehr Gegensätze als Übereinstimmungen.

Erkunden

> Das **Erkunden** dient einem ersten Vertrautmachen mit bisher nicht bekannten Objekten in der geografischen Wirklichkeit.

Im Unterschied zum Untersuchen (↗ S. 36), Bestimmen, Zählen oder Messen ist das Ziel der Erkundung noch recht offen und besteht vor allem in der Beschaffung erster Informationen über ein Objekt. Daran können sich später andere Tätigkeiten anschließen. Beim Erkunden kann man bestimmte Vermutungen zur Lage oder zur Beschaffenheit eines geografischen Objektes bestätigen oder verwerfen.
Häufig ist Erkunden an weitere Tätigkeiten, wie Beobachten, Befragen, Diskutieren oder Protokollieren, gebunden.

Erkunde die Situation eines landwirtschaftlichen Betriebes! Beachte dabei folgende Schwerpunkte:
- Lage des Betriebes,
- Betriebsgröße,
- Betriebsform,
- Anzahl der Beschäftigten,
- zweigliche Struktur,
- Viehwirtschaft,
- Ackerbau,
- Technikeinsatz,
- Düngemittelverbrauch,
- Rentabilität sowie
- Arbeitszeit und Urlaub!

Erkundet werden können auch die Viertel einer Stadt und ihre Ausstattung.
Dabei kann folgenden Fragen nachgegangen werden:
- Welche Art von Gebäuden (Form, Nutzung) ist vorhanden?
- Gibt es genügend Freizeit- und Erholungsmöglichkeiten?
- Wie sind die Verhältnisse beim Stadtverkehr beschaffen?
- Welchen Zustand haben die Wohngebäude?

Geografische Denk- und Arbeitsweisen

Lesen und Auswerten von Bildern

Trotz gestiegener Reisetätigkeit ist es kaum einem Menschen möglich, alle für die Bildung von Vorstellungen von der Erde erforderlichen Räume und Orte selbst aufzusuchen. Wer die Erde anschaulich kennenlernen will, muss daher auf Bilder zurückgreifen, die Berufs- oder Hobbyfotografen angefertigt haben.

Das **Lesen und Auswerten von Bildern** dient der Bildung von Vorstellungen von der geografischen Wirklichkeit.

Bilder zeigen jedoch immer nur einen mehr oder weniger begrenzten Ausschnitt aus der geografischen Wirklichkeit und das auch nur von einem einzigen Augenblick, der von Zufälligkeiten beeinflusst sein kann. Vor allem bilden sie meist nur Äußerlichkeiten – wesentliche und unwesentliche – ab, die je nach der Situation in unterschiedlichem Licht erscheinen können. Das alles kann zur Täuschung des Bildbetrachters führen und damit auch zu falschen Vorstellungen von der Wirklichkeit.

Beim Lesen und Auswerten von Bildern können viele andere Tätigkeiten miteinander verbunden sein, so das Beobachten, Bestimmen, Zählen, Erläutern, Erklären, Begründen oder Vergleichen. Von besonderer Bedeutung sind dabei Beschreiben (➚ S. 41) und Interpretieren (➚ S. 44).

Bilder können u. a. in Fotos und Nichtfotos (Zeichnungen, Gemälde) klassifiziert werden.
Zu den Fotos gehören terrestrische Fotos (vom Boden aus aufgenommen), Schrägluftbilder, Senkrechtluftbilder und Satellitenbilder.
Man kann auch zwischen statischen Bildern (Fotos) und dynamischen Bildern (Filme, Videos) unterscheiden.

 Beschreibe und interpretiere schrittweise das folgende Bild!

Beim Lesen und Auswerten von Bildern kann unterschiedlich vorgegangen werden. Eine sinnvolle Abfolge ist:
– Wahrnehmen und Beobachten des Bildinhaltes,
– Beschreiben des Bildinhaltes,
– Feststellen der geografischen Lage des aufgenommenen Objektes,
– Einholen von Zusatzinformationen, auch aus Karten,
– Interpretieren des Bildinhaltes.

Beschreiben des Bildinhaltes:
Der auffallendste Inhalt des Bildes im Vordergrund sind Menschen und Tiere. Dahinter parken oder fahren einige Lastkraftwagen. Im Hintergrund setzt sich die gelbbraune Fläche des Vordergrundes fort. Sie scheint ganz hinten in eine grüne Fläche überzugehen. Links im Hintergrund ist eine Baumreihe bzw. ein Waldstück erkennbar. Rechts im Mittelgrund steht ein Hochspannungsmast. Bei genauem Hinsehen erkennt man in der Mitte des Bildes bis an den Horizont zwei parallel verlaufende Elektroenergie-Freileitungen.

Bei den Menschen handelt es sich ausschließlich um Männer. Sie tragen zum Teil verschiedenfarbige lange Gewänder, die Galabiya, über die sie noch weitere Kleidungsstücke (Westen, Jacken) gezogen haben. Die meisten Männer haben eine Kopfbedeckung, die aus einem rot-weiß karierten Tuch, der Hatta (auch Kufiya oder Ghatra genannt), besteht, das durch einen schwarzen Ring, den Ogal, festgehalten wird. Manche tragen die Hatta auch etwas lässig oder haben ganz darauf verzichtet.
Bei den Tieren handelt es sich um Schafe, die teils stehen, teils liegen. Bei den meisten Schafen ist der Körper weiß, alle jedoch haben einen braunen oder schwarzen Kopf. Einer der Männer kniet zwischen den Schafen, wahrscheinlich um sie näher zu betrachten.

Feststellen der geografischen Lage:
Das Bild ist mit großer Wahrscheinlichkeit in einem arabischen Land aufgenommen worden. Darauf deuten die Kleidung der Menschen ebenso hin wie die Schafe, die dort die vorherrschende Nutztierart sind, und die zum Teil vegetationslose Landschaft.

Interpretieren des Bildinhaltes:
Beim Bildinhalt handelt es sich wahrscheinlich um einen Viehmarkt, auf dem Bauern und Nomaden am Rande eines größeren Ortes zusammengekommen sind. Die Lastwagen werden zum An- und Abtransport der Schafe benutzt. Zum Aufnahmezeitpunkt herrschte zwar schönes Wetter, aber die Kleidung der Männer deutet darauf hin, dass die Temperaturen noch nicht sehr hoch sein können. Die offenbar vegetationslose Fläche im Hintergrund zeigt die nur geringen Niederschläge an. Die Männer tragen die Hatta oft in Wüsten- oder Halbwüstengebieten, wo sie vor Kälte, Hitze und Staub schützt. Mit dieser Interpretation stimmt auch die Anwesenheit der Schafe überein, die in solchen Regionen nomadisierend noch Futter finden können.
Die beiden parallel verlaufenden Energieleitungen lassen vermuten, dass sich in nicht allzu großer Entfernung ein Kraftwerk befindet. Da die Bäume, die nicht in eine Halb- oder Vollwüste „gehören", auf das Vorhandensein von örtlichen Wasservorkommen schließen lassen, könnte es sich um ein Wasserkraftwerk handeln. Solche Wasserkraftwerke befinden sich auch an einigen arabischen Flüssen.

Das Bild wurde in einem syrischen Ort in der Nähe des Euphrat-Wasserkraftwerkes am Assad-Stausee aufgenommen.

Lesen und Auswerten von Luftbildern

Im Unterschied zu terrestrischen Bildern, die aus der Augenhöhe des Fotografen über dem Erdboden aufgenommen sind und daher den Vordergrund betonen, den Hintergrund aber zunehmend kleiner erscheinen lassen, zeigen Luftbilder, die aus Flugzeugen oder Hubschraubern fotografiert werden, die Erdoberfläche gleichmäßiger. Doch auch Senkrechtluftbilder weisen an den Rändern Verzerrungen auf.

Je steiler der Aufnahmewinkel, desto mehr ähneln Luftbilder Landkarten. Dann sind nur noch die Umrisse von Objekten sichtbar, allerdings nicht vereinfacht wie bei Karten. Schrägluftbilder zeigen noch Seitenansichten von Einzelobjekten.

Mögliche Arbeitsschritte beim Lesen und Auswerten von Luftbildern sind:
– Identifizieren abgebildeter Objekte,
– Lokalisieren des abgebildeten Raumes,
– Feststellen von Größenverhältnissen,
– Erfassen von Zusammenhängen zwischen Elementen der Raumstruktur,
– Interpretieren des Bildinhalts (genetisch, funktional),
– Erläutern von Ursache-Wirkung-Beziehungen.

Das **Lesen und Auswerten von Luftbildern** ermöglicht neben der Vorstellungsbildung das Erkennen von räumlichen Strukturen an der Erdoberfläche und ihres Zustands. Höhenunterschiede sind mit zunehmendem Aufnahmewinkel immer weniger erkennbar.

Luftbilder können ähnlich terrestrischen Bildern gelesen und ausgewertet werden. Es ist jedoch – besonders bei steil aufgenommenen Bildern – sinnvoll, die erkennbaren Elemente der Raumstruktur zu beobachten und auf Folie oder Transparentpapier kartenähnlich darzustellen.

Zeichne räumliche Strukturen heraus und erläutere anschließend besonders auffällige Sachverhalte!

Zeichnung räumlicher Strukturen:

(Skizze mit Beschriftungen: Wald, Brachland, Ackerland, See, Sumpf, Feldweg, Verbindungsstraße, Betriebsfläche, Siedlung, Landstraße, Ackerland)

Erläuterung besonders auffälliger Sachverhalte:
Der im Luftbild dargestellte Ausschnitt aus der Erdoberfläche stammt aus einem ländlichen Raum. Außer einem Teil eines Dorfes sind vor allem landwirtschaftliche Nutzflächen vorhanden. Darüber hinaus gehören Gewässer und Wald zur Raumstruktur.
Besonders interessant ist das lang gestreckte Feld hinter dem kleinen See in der Mitte des Bildes. Es ist noch ohne erkennbaren Pflanzenwuchs, sodass die Ackerfläche gut sichtbar ist. Auffällig sind die Farbunterschiede innerhalb des Feldes. Helleres und dunkleres Braun wechseln fast regelmäßig ab. Hier handelt es sich mit hoher Sicherheit um unterschiedliche Zustände des Bodens. Seine Färbung wird stark durch seinen Humus- und Wassergehalt bestimmt. Die helleren Areale enthalten offenbar weniger Humus und Wasser im Oberboden als die dunkleren. Dieser Sachverhalt ist durch Prozesse der Bodenerosion und der Wasserumverteilung zu erklären. Beides kann jedoch nur wirksam sein, wenn Höhenunterschiede innerhalb des Feldes vorhanden sind. Deshalb kann man zumindest auf eine leicht gewellte Oberfläche schließen. Genauere Untersuchungen wären am Boden selbst erforderlich.

Satellitenbilder (↗ S. 17) können ähnlich wie Senkrechtfotos gelesen und ausgewertet werden. Es sind aber einige Besonderheiten zu beachten. Sind Satellitenbilder nicht bereits für die allgemeine Nutzung bearbeitet, weisen sie meist Falschfarben auf. Für ihre Interpretation muss man den Farbschlüssel kennen. Einzelheiten sind ohne Vergrößerung oft schwerer erkennbar als bei Luftbildern, da Satellitenbilder nicht wie eine Karte vereinfacht und generalisiert sind. Eine optische Generalisierung nimmt das menschliche Auge vor. Schließlich besteht die Gefahr, Gebirgsgrate mit Talsystemen zu verwechseln.

Lesen und Auswerten von Texten

Texte sind unentbehrliche Informationsmittel zu allen denkbaren Themen, so auch zu geografisch relevanten Sachverhalten. Sie liegen in vielen Formen vor, so in Reiseführern, Fachzeitschriften, aber auch in Tageszeitungen, Wochenmagazinen, und sind nicht zuletzt im Internet zu finden. Texte können jedoch Sachverhalte nur nacheinander darstellen, die in der geografischen Wirklichkeit nebeneinander existieren.

Texte spiegeln stets die subjektive Auffassung ihres Verfassers wider. Sie sollten daher nicht unkritisch übernommen werden.

> Das **Lesen und Auswerten von Texten** dient u. a. dem Erfassen von räumlichen Erscheinungen, Prozessen und Zusammenhängen sowie der Auseinandersetzung mit ihnen.

Werte folgenden Text unter dem Gesichtspunkt des Zusammenwirkens einzelner Naturfaktoren nach Arbeitsschritten aus!

Sinnvolle Arbeitsschritte beim Lesen und Auswerten von Texten:
– aufmerksames Lesen,
– Herausschreiben und Erklären unbekannter Begriffe,
– sparsames Markieren wesentlicher Textstellen,
– Formulieren von Zusammenhängen entsprechend der Aufgabenstellung.

> Der **Tropische Regenwald Amazoniens** war über viele Jahrhunderte ein intaktes Ökosystem. Bei entsprechendem Klima entwickelte sich eine immergrüne Vegetation mit hoher Produktion an Biomasse. Auf einem bis 20 m tiefen Boden wachsen und vergehen Pflanzen ohne Pause. Der Boden bietet zwar den Wurzeln guten Halt. Er besitzt aber oft eine nur wenige Zentimeter starke Humusschicht. Herabfallende Pflanzenteile verrotten sehr schnell und die entstehenden Nährstoffe werden von den Pflanzen über Wurzelpilze sofort wieder aufgenommen.

Herausschreiben und Erklären unbekannter Begriffe:
– Amazonien – Großlandschaft im Norden Brasiliens, vom Amazonas durchflossen,
– intakt – unversehrt, unberührt, funktionsfähig,
– Ökosystem – Wirkungsgefüge von Geoökofaktoren, die zueinander in wechselseitiger Beziehung stehen

Formulieren von Zusammenhängen entsprechend der Aufgabenstellung:
– In der Vergangenheit regulierte sich die Natur selbst.
– Ganzjährig hohe Temperaturen und ausreichende Niederschläge bedingen ein dauerhaftes üppiges Pflanzenwachstum.
– Die immergrüne, vielfältige Vegetation entsteht durch höchstmögliche Nutzung der Nährstoffe im oberirdischen Bereich, die wiederum durch das Verrotten herabfallender Pflanzenteile produziert werden.
– Der tiefgründige Boden dient den Pflanzen fast ausschließlich zum Festhalten; als Nährstoffspeicher ist er nicht geeignet.
– Ohne größeren Einfluss des Menschen könnten die einzelnen Geofaktoren im tropischen Regenwald Amazoniens ungestört zusammenwirken. Besonders deutlich wird das bei den Faktoren Klima, Vegetation und Boden. Zwischen ihnen bestehen wechselseitige Beziehungen.

Zu empfehlen sind weiterhin:
- kritisches Prüfen des Textes unter Nutzung weiterer Arbeitsmaterialien,
- Anfertigen von Karten-, Profil- oder anderen Skizzen.

Kritisches Prüfen des Textes:
Der Sachtext, der die Situation im tropischen Regenwald Amazoniens vor der Erschließung dieser Großlandschaft durch die brasilianische Regierung beschreibt, deckt sich inhaltlich mit den Aussagen in neuen geografischen Lehrbüchern. Sein Wahrheitsgehalt und seine Aktualität sind gewahrt.

Anfertigen einer Skizze:

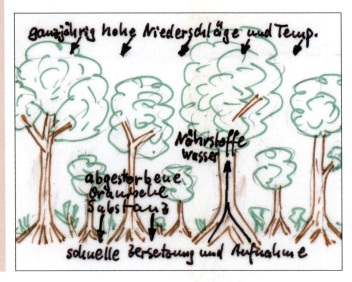

Zum Lesen von Karten gehören u. a.
- Lesen der Legende und Verstehen der Bedeutung der Signaturen und der Flächenfarben,
- Himmelsrichtungs- und Lagebestimmungen,
- Gewinnen einer Vorstellung von Größe und Form des dargestellten Raumes.

Lesen und Auswerten von geografischen Karten

Karten sind in der Geografie ein zentrales Arbeitsmittel. Sie sind auch darüber hinaus (z. B. für Geschichte, Zeitgeschehen) eine unentbehrliche räumliche Orientierungsgrundlage.
Im Unterschied zum Bild stellt die Karte die Wirklichkeit nicht sinnlich-konkret dar, sondern symbolisch-abstrakt durch verabredete Zeichensysteme (Symbole, Signaturen). Diese abstrakten Zeichensysteme können für jeden der vielen Kartentypen und auch für jede einzelne Karte gesondert festgelegt sein. Sie sind daher in der Kartenlegende erklärt. In Atlanten kann auf eine Legende in der Einzelkarte verzichtet werden, wenn eine Sammellegende für das gesamte Buch existiert.
Will man Karten für die Aneignung geografischen Wissens nutzen, muss man die abstrakten Zeichensysteme entschlüsseln und wie die Buchstaben eines Schriftalphabets anwenden.

> Das **Lesen und Auswerten von Karten** ermöglicht das Erkennen geografischer Strukturen und Prozesse einschließlich der Lage und Lagebeziehungen einzelner geografischer Objekte in geografischen Räumen unterschiedlicher Größe.

Das Lesen und Auswerten von Karten erfolgt entsprechend bestimmter Ziel- oder Aufgabenstellungen oft nur teilweise. Das Auswerten von Karten schließt ihr Lesen ein. Wie beim Lesen und Auswerten von Bildern (↗ S. 47) sind auch hier viele Tätigkeiten miteinander verbunden.

Beschreibe den Ausschnitt aus der Karte von Hessen!

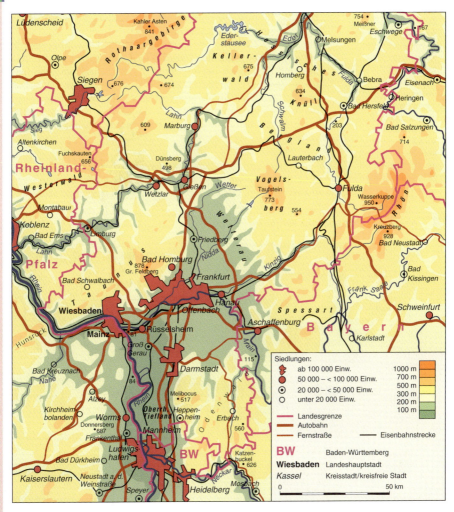

Die Karte stellt von den natürlichen Gegebenheiten die Höhenverhältnisse im südlichen Hessen und seiner Umgebung dar, und sie enthält die wichtigsten Gewässer, zu denen auch vom Menschen geschaffene Stauseen gehören. Sie gibt Auskunft über Siedlungen und Verkehrswege sowie über die Namen der angrenzenden Bundesländer. Sie ist eine allgemein-geografische Karte.

Zum Auswerten von Karten gehören u. a.
- Erkennen räumlicher Strukturen,
- Entfernungsmessungen und Lagebeschreibungen,
- Beschreiben von Kartenausschnitten,
- Erkennen von Beziehungen und Zusammenhängen,
- vergleichende Kartenauswertung,
- Ableiten von Erkenntnissen, die in der Karte nicht unmittelbar sichtbar sind.

Die Höhen werden vor allem durch ein System von Flächenfarben dargestellt. Von unten nach oben werden Farben von Grün über Gelb nach Braun verwendet. Sie sagen nichts über die Flächennutzung aus. Gebiete unter 200 m sind in Hessen vor allem vom Oberrheingraben bis zur Wetterau – hier fließen Rhein, Main, Kinzig und Wetter – sowie in einigen Flusstälern vorhanden. Die höchsten Erhebungen sind die Wasserkuppe in der Rhön und der Große Feldberg im Taunus. Sie sind wie andere Stellen durch Höhenpunkte mit genauen Angaben gekennzeichnet.

Von den Siedlungen sind nur die über 20 000 Einwohner vollständig enthalten. Hauptsächlich treten die Großstädte Frankfurt, Wiesbaden und Darmstadt hervor, die sich alle im Tiefland befinden. Die Karte zeigt die bedeutendsten Eisenbahnstrecken, Autobahnen und Fernstraßen, die als verzweigtes Verkehrsnetz Hessen auch mit den benachbarten Bundesländern Baden-Württemberg, Rheinland-Pfalz, Nordrhein-Westfalen, Niedersachsen, Thüringen und Bayern verbinden.

Zum Erkennen von Zusammenhängen zwischen den Elementen der Landschaftsstruktur ist es sehr produktiv, verschiedene Karten *vergleichend* auszuwerten. Das setzt einen gleichen Kartenmaßstab voraus.

Werte die beiden Karten vergleichend aus!

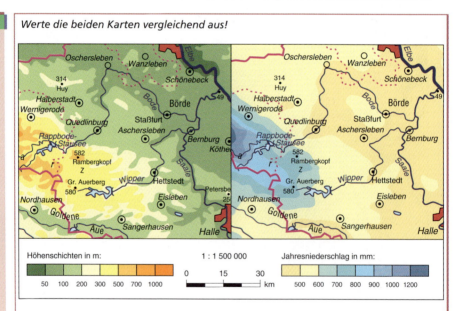

Sowohl die Höhenschichtenkarte als auch die Karte vom Jahresniederschlag bilden Teile des Harzes und seines nordöstlichen Vorlandes ab. Beide haben Gewässersystem und Siedlungen gemeinsam. Die Höhen nehmen vom Harz bis zur Elbe immer mehr ab. Dieses Gefälle wird auch von den Flüssen angezeigt. Auch der Niederschlag geht vom Harz aus in seine Vorländer deutlich bis zur Hälfte zurück. Diese Situation wird durch Stau- und Föhneffekte im Bereich der hier vorherrschenden westlichen Winde verursacht.

Geografische Denk- und Arbeitsweisen

Lesen und Auswerten von Statistiken

Statistiken stellen quantitative, mengenmäßige Informationen über bestimmte Sachverhalte in Form von Zahlen und Zahlenreihen zeitlich und räumlich geordnet zur Verfügung. Statistiken geben Auskunft über Gesamtmengen eines Sachverhalts, Teilmengen, Mengenentwicklungen in definierten Zeitabschnitten und Mengenverteilungen in abgegrenzten Räumen.

> Das **Lesen und Auswerten von Statistiken** ermöglicht in der Geografie, Zustände und Entwicklungen mit Zahlen zu beschreiben.

Das geschieht in Form von *absoluten* Zahlen (bei Mengen oder Größen), von *relativen* Zahlen (z. B. bei relativer Luftfeuchte oder beim Ausländeranteil an der Gesamtbevölkerung), von *Beziehungs*zahlen (z. B. bei Hektarerträgen) und von *Index*zahlen (z. B. bei Zeitreihen).

Zahlen ermöglichen ein exaktes Beschreiben und vor allem Vergleichen von geografischen Sachverhalten. Das gilt für die geografischen Koordinaten eines Ortes ebenso wie für Klimawerte, Bevölkerungszahlen oder Wirtschaftsdaten. Verbale Angaben wie „höher als", „länger als" oder „nördlicher als" werden so präzisiert.

Wichtigste Darstellungsform statistischer Daten ist die Tabelle. Die statistischen Jahrbücher enthalten fast ausschließlich Tabellen. Geografisch bedeutsame Tabellen gibt es z. B. zu Grunddaten zu Ländern (S. 386), zu Kontinenten und Ozeanen (↗ S. 396), zu Bergen und tätigen Vulkanen (↗ S. 397), zu Flüssen (↗ S. 398), zu Städten und Agglomerationen (↗ S. 401), zum Anteil der Altersgruppen an der Gesamtbevölkerung (↗ S. 190), zum Touristenreiseverkehr (↗ S. 271), zum Bruttoinlandsprodukt (↗ S. 307), zur Lebensdauer ausgewählter Ressourcen (↗ S. 346) und zu unzähligen anderen Sachverhalten.
Beim Lesen und Auswerten von Statistiken sind bestimmte Arbeitsschritte zu beachten.

Statistische Daten in Tabellen sind sehr abstrakt und nicht anschaulich. Sie können jedoch in verschiedener Form veranschaulicht werden. Das ist u. a. als Linien-, Säulen-/Balken-, Kreis-/Tortendiagramm, als Karte (↗ S. 39) oder Kartogramm möglich.

Arbeitsschritte beim Lesen und Auswerten von Statistiken sind:
– Titel und Gültigkeitsbereich (Zeit und Raum) feststellen,
– Zahlenart und Mengeneinheit ermitteln,
– Erhebungsjahr und Herkunft erfassen,
– Daten ablesen,
– Entwicklungen aufzeigen,
– Zusammenhänge erkennen,
– Ursachen ermitteln,
– Bedingungsgefüge nennen.

Besonders geeignet sind:
– Liniendiagramme zur Darstellung von Entwicklungen,
– Säulendiagramme zum Vergleichen verschiedener Mengen,
– Kreisdiagramme zur Veranschaulichung von Teilmengen in einer Gesamtmenge.

 Stelle die Ergebnisse der Verkehrszählung (↗ S. 38) grafisch dar!

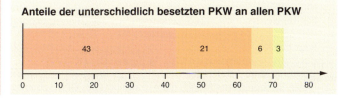

Anteile der unterschiedlich besetzten PKW an allen PKW

Lesen und Auswerten von Diagrammen

Eine große Anzahl von geografisch nutzbaren statistischen Daten liegen in Form unterschiedlicher Diagramme, oft kombiniert, vor.

> Durch das **Lesen und Auswerten von Diagrammen** können Zustände und Entwicklungen in geografischen Räumen verglichen, Zusammenhänge erkannt, Einflussfaktoren und Ursachen ermittelt sowie Gründe für das Bedingungsgefüge festgestellt werden.

Werte das Balkendiagramm zum Flächenbedarf im Stadtverkehr innerhalb Deutschlands aus!

Pro-Kopf-Umweltverbrauch eines Deutschen
Flächenbedarf im Stadtverkehr (ohne Parken)

Verkehrsmittel	Fläche	mittlere Reisegeschwindigkeit in km/h
zu Fuß	5	
Fahrrad	18	
PKW	25	
Bus	20	
Doppeldeckerbus	20	
Straßenbahn	20	

(0 – 100 m²)

Arbeitsschritte:

Titel und Gültigkeitsbereich
Das Balkendiagramm zeigt den unterschiedlichen gegenwärtigen Flächenbedarf verschiedener Verkehrsmittel im Stadtverkehr einschließlich der Fußgänger. Der ruhende Verkehr (Parkflächen) ist nicht berücksichtigt.

besondere Daten
Den höchsten Flächenbedarf im Stadtverkehr haben mit großem Abstand Personenkraftwagen. Hierfür wurde die Vergleichszahl 100 m² ausgewiesen. Gemessen an der Vergleichszahl liegt der Flächenbedarf von Fußgängern bei ca. 3 m² und stellt damit den niedrigsten Wert dar. Bus und Straßenbahn liegen mit 18 m² bzw. 5 m² dazwischen. Im Mittel liegt der Flächenbedarf aller anderen Teilnehmer am Personenverkehr in den Städten Deutschlands, gemessen am Bedarf für PKW, bei ca. 25,5 %.

Hauptaussage
Personenkraftwagen sind zwar mit 25 km/h im Mittel im Straßenverkehr das schnellste Beförderungsmittel, verbrauchen aber bei weitem die größte Fläche. Zudem sind sie durch den höchsten Schadstoffausstoß – gemessen an der Zahl der beförderten Personen – das umweltunfreundlichste Verkehrsmittel.

Ursachen
Die Ursachen für den hohen Flächenverbrauch des PKW-Verkehrs liegen vorwiegend in der zu geringen Auslastung des Transportraums. Häufig befinden sich nur ein bis zwei Personen im Fahrzeug. Das Bilden von Fahrgemeinschaften ist wenig verbreitet. Die im Hinblick auf Flächenverbrauch und Schadstoffproduktion wesentlich umweltfreundlicheren Verkehrsmittel des ÖPNV (bezogen auf die Beförderungskapazität) werden nur z. T. angenommen. Das liegt evtl. an den oft zu hohen Fahrpreisen, aber mitunter auch an der nicht optimalen Linienführung für manche Fahrgäste.

Wertung
Wertung: Zum Schutz der Umwelt ist es dringend notwendig, in vielen Städten Deutschlands die Attraktivität des ÖPNV zu erhöhen,

um PKW-Fahrer zu einem Umstieg auf öffentliche Verkehrsmittel zu bewegen.

Werte das Liniendiagramm zur Entwicklung des Wasserverbrauches in Deutschland aus!

Das Liniendiagramm stellt die Entwicklung des Wasserverbrauches ab Ende der 60er Jahre in beiden deutschen Staaten sowie ab 1990 in den alten und neuen Bundesländern bis in das Jahr 2001 dar. Die Werte sind in Liter pro Kopf und Tag angegeben.

Die höchsten Verbrauchswerte werden in den alten Bundesländern 1998 mit ca. 165 l/Kopf und Tag sowie in den neuen Ländern im Jahre 1990 mit 140 l/Kopf täglich erreicht.

Den niedrigsten Wasserverbrauch hatte die alte Bundesrepublik zu Beginn der statistischen Aufbereitung, also Ende der 60er Jahre mit ca. 120 l/Kopf täglich. Dagegen lag der niedrigste Verbrauch in den neuen Ländern am Ende des betrachteten Zeitraums, also 2001 bei ca. 93 l/Kopf täglich.

Während sich in der alten Bundesrepublik der Wasserverbrauch seit Mitte der 70er Jahre auf ca. 140 l/Kopf täglich einpendelte und erst am Ende der 90er Jahre eine vorübergehende Zunahme zu verzeichnen war, war in der DDR ein kontinuierlicher Anstieg bis auf das Niveau der heutigen alten Bundesländer festzustellen. Mit der staatlichen Vereinigung sank der tägliche Wasserverbrauch innerhalb von nur drei Jahren um 40 l auf etwa 100 l/Kopf der Bevölkerung. Er ist in den neuen Ländern weiter im Sinken begriffen.

Während in den alten Bundesländern im Allgemeinen ein gleichmäßiger Wasserverbrauch festzustellen ist, kann für die neuen Länder nach einem kontinuierlichen Anstieg zur DDR-Zeit ein stark rückläufiger Verbrauch nach der Herstellung der Einheit Deutschlands festgestellt werden. Der Unterschied im täglichen Wasserverbrauch beträgt heute zwischen der Bevölkerung in den Altländern und den Neuländern mehr als 40 l/Kopf.

Die Ursachen für den weitaus größeren Wasserverbrauch in den alten Ländern sind vermutlich in einem höheren Komfort sanitärer Einrichtungen sowie in der größeren Dichte an Erlebnis- und Spaßbädern pro Flächeneinheit zu sehen. Andererseits sind in den neuen Ländern die seit der Vereinigung enorm angestiegenen Wasser- und Abwasserpreise bei vergleichsweise geringerem Einkommen Ursache für ein deutlicheres Sparverhalten der Bevölkerung.

Wertung: Ein sparsamer Umgang mit Trinkwasser sollte vor allem aus Umweltschutzgründen in öffentlichen Einrichtungen und privaten Haushalten angestrebt werden.

Arbeitsschritte:

Titel und Gültigkeitsbereich, Mengeneinheit

besondere Daten

Entwicklungen

Hauptaussage

Ursachen

Wertung

Lesen und Auswerten von Klimadiagrammen

Die Witterung zu einer bestimmten Jahreszeit oder gar das tatsächliche Wettergeschehen sind nicht ablesbar.

Klimadiagramme stellen vor allem die Klimaelemente Temperatur und Niederschlag eines Ortes grafisch dar. Sie enthalten langjährige Durchschnitte von Monatsmitteln bzw. Monatssummen, in die alle über viele Jahre gemessenen Einzelwerte eingegangen sind.

Das **Lesen und Auswerten von Klimadiagrammen** ermöglicht Aussagen zum Klima eines Ortes vergangener Jahre und lässt Vermutungen auf Ursachen sowie Aussagen zu Folgen für Vegetation, Landnutzung und Lebensbedingungen der Menschen zu.

Ökologische Klimadiagramme lassen Aussagen zum Wasserhaushalt des Ortes (humid – arid) zu. Das Vorgehen ist jedoch nicht exakt, weil mangels Verdunstungswerten Temperaturwerte mit Niederschlagswerten „verrechnet" werden.

Ökologisches Klimadiagramm	Gestaltungsmerkmale
Bombay, 11 m ü. NN T 27,0 °C N 1721 mm	– Angabe des Ortes und der Höhe über dem Meeresspiegel – Angabe der Jahresmitteltemperatur (rot) – Angabe der Jahresniederschlagssumme (blau) – gemeinsame Null-Linie für Temperaturen und den Niederschlag – 10 °C entsprechen 20 mm Niederschlag – ab 100 mm Niederschlag Skala gestaucht – gestaffelte Farbgebung der Niederschlagssäulen – Monate mit N > T (Säulen mittel- und dunkelblau) – humid – Monate mit N < T (Niederschlagssäulen hellblau, Differenz zur Temperatur ocker) – arid

Die Temperaturkurve ist im mathematischen Sinne ein Polygonzug, da Mittelwerte verbunden werden.

Lies das Klimadiagramm von Bombay (Mumbai)!

Temperatur
– Maximum: 30 °C im Mai
– Minimum: 24 °C im Januar
– Jahresamplitude: 6 K
– Jahresmittel: 27,0 °C
– Jahresgang: recht geringe Unterschiede zwischen den Monatsmittelwerten, zweigipfliger Temperaturverlauf

Niederschlag
– Maximum: 585 mm im Juli
– Minimum: 5 mm in März u. Dezember
– Jahresschwankung: 580 mm
– Jahressumme: 1721 mm
– Jahresgang: Anstieg ab Mai, deutliche Regenzeit von Juni bis September, Ausklingen im Oktober/November

Beim Auswerten eines Klimadiagramms werden die Lage des Ortes, Ursachen und Zusammenhänge sowie Auswirkungen erläutert.

Werte das Klimadiagramm von Bombay aus!

Der Jahresgang der Temperatur, der nur geringe Schwankungen zwischen 24 °C und 30 °C aufweist, und der Wechsel zwischen Trockenzeit und Regenzeit lassen den Schluss zu, dass sich Bombay im Bereich der wechselfeuchten Tropen befindet.

Der Wechsel zwischen den ariden und den humiden Monaten wird durch den jahreszeitlichen Wechsel von Luftmassen verursacht. Während vor allem zwischen Juni und September feuchte Meeresluft (Sommermonsun) vom Indischen Ozean die hohen Niederschläge bringt, die mit einer durch Verdunstung bedingten Abkühlung verbunden sind, bestimmen in den übrigen Monaten trockene Luftmassen (Wintermonsun) aus dem Inneren Asiens das Klima.

Erstellen von Kartenskizzen

Kartenskizzen werden im Zusammenhang mit vielen anderen Tätigkeiten, so dem Beobachten (S. 33), dem Untersuchen (↗ S. 38) oder dem Lesen und Auswerten von Luftbildern (↗ S. 50) erstellt.

> Durch das **Erstellen von Kartenskizzen** wird die lagerichtige Verteilung von geografischen Objekten, von ihren Eigenschaften und Strukturen sowie von Prozessen veranschaulicht.

Das Erstellen von Kartenskizzen, z. B. Herauszeichnen von Elementen der Atlaskarten auf Transparentpapier oder aus dem Gedächtnis, fördert das Einprägen von Lage und Ausdehnung geografischer Objekte.

Erstelle im Zusammenhang mit Untersuchungen der Fließgeschwindigkeit eines Baches eine Kartenskizze und erläutere das Vorgehen!

Kartenskizze	Erläuterung
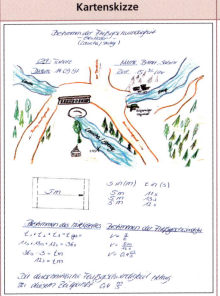	Die Skizze zeigt nicht alle in der geografischen Wirklichkeit vorhandenen Gegenstände und Erscheinungen, sondern nur diejenigen, die für die Darstellung der Lösung der Aufgabe, Fließgeschwindigkeiten zu messen, wesentlich sind. Das betrifft vor allem den Verlauf der Gewässer in der Nähe der Messstellen sowie andere, zur Orientierung und zum Wiederfinden der Messstellen notwendigen Objekte: Straßen, einige Gebäude und die Baumvegetation. Beim Skizzieren ist es günstig, sich mehrfach die Größen und die Lagebeziehungen der Objekte anzusehen und einzuprägen. Dazu kann man auch sein persönliches Doppelschrittmaß nutzen. Zum Zeichnen sollten Signaturen verwendet werden. Es ist vorteilhaft, z. B. Straßen und Gewässer auch zu beschriften.

Erstellen von Profilen

> Das **Erstellen von Profilen** dient dem Erkennen geografischer Erscheinungen vor allem in ihrer vertikalen Ausdehnung.

Wichtige Arten der **Höhendarstellung in Karten:**

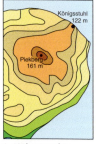

1. Höhenpunkte
2. Höhenlinien
3. Höhenschichten

Profilskizzen dienen u. a.
- der anschaulichen Darstellung von Geländeformen im Aufriss (z. B. unterschiedliche Talformen im Ober-, Mittel- und Unterlauf eines Flusses),
- dem besseren Verständnis der Entstehung von Oberflächenformen eines Raumes im Zusammenhang mit seinem geologischen Bau (z. B. Schichtstufenlandschaft),
- der Erklärung reliefbedingter physisch-geografischer Sachverhalte (z. B. Luv- und Lee-Effekte an Gebirgen),
- der Gewinnung von Aussagen zu ökonomisch-geografischen Aspekten (z. B. Nutzung von Abschnitten der glazialen Serie durch Land- und Forstwirtschaft),
- dem besseren Verständnis von Kartenaussagen (z. B. Erkennen von Höhenverhältnissen in physisch-geografischen Karten).

 Lies die Profilskizzen und werte sie vergleichend aus!

 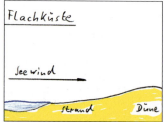

Ermitteln des geografischen Raumes, in dem beide Profile aufgenommen worden sind:
Beide Profile bilden unterschiedliche Teile eines Küstenraumes ab. Steil- und Flachküsten befinden sich z. B. an der Ostseeküste.

Vergleichen beider Küstenformen:
Beide Küstenformen unterscheiden sich deutlich durch die auftretenden *Höhenunterschiede*. Damit verbunden sind als unterschiedliche *Oberflächenformen* Kliff, Brandungshohlkehle sowie die Düne. Während die *Vegetation* auf dem Kliff Wald darstellt, werden auf der Düne Gräser angepflanzt. Die beiden Küstenformen haben eine völlig unterschiedliche *Entstehung*. Die Steilküsten sind das Ergebnis abtragender Vorgänge an Kernländern durch Meeresbrandung, Wind und fließendes Wasser. Die Flachküsten entstanden durch Sandablagerungen und seine Aufwehung zu Dünen. Diese Entwicklung setzt sich durch *gegenwärtig ablaufende Prozesse* fort. Die Menschen führen *Schutzmaßnahmen* durch (Buhnen, Dämme) und *nutzen* die Küste zur Erholung.

Erstelle ein topografisches Profil durch Nordamerika entlang des 40. nördlichen Breitenkreises vom Pazifischen Ozean zum Missouri! Beschreibe das Vorgehen!

Eine geeignete Atlas- oder Lehrbuchkarte wird ausgesucht.
In der ausgewählten Atlaskarte wird die Profillinie entsprechend der Aufgabenstellung mit Bleistift eingetragen.
Auf einem Blatt Millimeterpapier wird ein Profilrahmen durch Zeichnen der Profilgrundlinie in der Länge der Profillinie und Errichten einer oder zweier Senkrechten an den Eckpunkten der Profilgrundlinie eingerichtet.

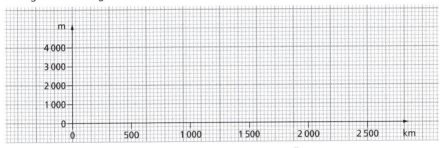

An den Senkrechten wird unter Beachtung einer sinnvollen **Überhöhung** entsprechend der in der Karte sichtbaren Oberflächenformen des gewählten Raumes der **Höhenmaßstab** abgetragen.
An die Profillinie in der Karte wird ein Papierstreifen angelegt. Auf dem Streifen werden **Höhenpunkte** sowie Schnittpunkte der Profillinie mit den **Höhenlinien** durch kurze Striche abgetragen und die ermittelten Höhenangaben notiert.
Die Datensammlung auf dem Papierstreifen wird durch weitere Angaben, wie Schnittpunkte der Profillinie mit Flüssen, Verkehrswegen, Siedlungen und anderen geografischen Objekten, ergänzt.
Die Daten des Papierstreifens werden in den Profilrahmen mittels Punkten in der jeweiligen Entfernung vom Ausgangspunkt (Küste des Pazifischen Ozeans) und die zutreffende Höhe über dem Meeresspiegel übertragen.
Die Punkte werden unter Berücksichtigung wesentlicher Reliefformen des Raumes zur Profilkurve verbunden.
Das Profil wird durch Überschrift, Himmelsrichtungen an den Endpunkten sowie wichtige topografische Begriffe vervollständigt.

Wähle entsprechend des Kartenmaßstabs folgende Überhöhungen:

1 : 200 000
Tiefland   25 : 1
Mittelgebirge   10 : 1
Hochgebirge   2 : 1

1 : 10 Mio.
Tiefland   200 : 1
Mittelgebirge   100 : 1
Hochgebirge   50 : 1

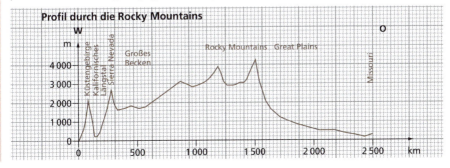

Nutzen von Internetdiensten

> Das Computernetzwerk **Internet** dient dem weltweiten Austausch von elektronisch verarbeitbaren Informationen, von Daten.

Mit Datengewinnung wird das Suchen und Finden von nutzbaren Informationen für bestimmte Zwecke bezeichnet.

Für die Geografie ist der unerschöpfliche Fundus an Texten, Karten und Bildern von besonderem Wert. Die Informationsrecherche im Internet dient der Gewinnung von Daten zu den verschiedenen Themen. Aber auch die Möglichkeit, eigene Gedanken präsentieren und persönliche Kontakte weltumspannend aufbauen zu können, erlangt eine immer größere Bedeutung.
Für das gezielte Surfen im World Wide Web ist die Suche über einen Katalog als strukturierte Sammlung von Links zu bestimmten Themen oder über eine der Suchmaschinen empfehlenswert.

Auswahl an **Suchhilfen**
– www.altavista.de
– www.dino-online.de
– www.fireball.de
– www.google.de
– www.infoseek.de
– www.metager.de
– www.web.de
– www.yahoo.de

Suche im Internet Informationen zum Thema „Die Bevölkerung Australiens"!
Die Auswahl einer geeigneten **Suchhilfe** ist weitestgehend Erfahrungssache, denn heute bieten fast alle bekannten Suchhilfen sowohl Suchmaschinen als auch Kataloge an. Allerdings kennt keines dieser Hilfsmittel den Inhalt des gesamten Internets. Bei der Entscheidung für die Suchhilfe google in Zusammenhang mit der Aufgabenstellung kann man in folgender Weise verfahren:
Als erstes wird die Internetadresse *http://www.google.de* in das Adressenfenster des Browsers, z. B. Netscape Communicator/Navigator oder Microsoft Internet Explorer eingegeben.
Nach Aufruf der Web-Seite der Suchhilfe erscheint ein *Suchfeld* im oberen Teil der Seite. In dieses wird zunächst der Landesname *australien* eingefügt. Nach Starten des *Suchvorganges* durch Anklicken des Feldes „Google-Suche" oder durch Drücken der Enter-Taste wird auf der nächsten Seite in der oberen blauen Leiste mitgeteilt, dass ungefähr viele hunderttausend Treffer, d. h. Seiten mit dem gesuchten Begriff, gefunden wurden.
Anschließend werden die ersten 20 Links aufgeführt, die man jeweils nur anklicken müsste, um den Inhalt zu erschließen. Weitere Treffer folgen auf den nächsten Seiten.
Da die Vielzahl an Resultaten in absehbarer Zeit nicht zu überschauen ist, sollte sofort eine Einengung vorgenommen werden. Das geschieht durch Eingabe des zweiten wichtigen Themenstichwortes *bevölkerung* in das Suchfeld. Bei google reicht es aus, ein Leerzeichen zwischen *australien* und *bevölkerung* einzugeben, um beide *Suchworte miteinander zu verknüpfen*. Man erhält dann nur solche Web-Seiten angezeigt, in denen beide Suchworte vorkommen. Bei Altavista oder Fireball beispielsweise müsste die Angabe in diesem Fall lauten: *+australien+bevölkerung*.
Da auch bei der o. g. Verknüpfung immerhin noch einige zehntausend Treffer gelandet werden, muss eine erneute themenbezogene Einengung erfolgen. Sicher ist in dem Zusammenhang eine Bevölkerungsstatistik interessant, sodass es sich anbietet, einen *erneu-*

Das Internet-Portal www.schuelerlexikon.de bietet eine Suchmaschine, die in einzelnen oder mehreren Fächern nach den gesuchten Begriffen recherchiert und schülergerecht aufgearbeitete Artikel zum gesuchten Thema anbietet. Das ist eine sehr ergiebige Quelle, die zur Arbeit an einem Referat, einer Belegarbeit, an Hausaufgaben oder Projekten genutzt werden kann.

ten Suchvorgang mit der Verknüpfung *australien bevölkerung statistik* zu starten. Jetzt stehen „nur" noch etwa 2 500 Resultate zur Verfügung, deren Verarbeitung Zeitprobleme bereiten wird.
In einem Thema zur Bevölkerung Australiens sollte die heutige Situation der Ureinwohner dieses Kontinents Beachtung finden. Deshalb bietet sich folgende weitere sinnvolle Einengung an: *australien bevölkerung statistik aborigines*, bei der dann lediglich noch ca. 50 Links angeboten werden. Hier lohnt sich schon ein genaueres *Durchforsten der* zur Verfügung stehenden *Suchergebnisse*.
So werden beim Anklicken des Links „AUSTRALIEN-INFO.DE" unter der Rubrik „Geografie" u. a. spezielle Verweise auf „Aborigines" und „Bevölkerung" mit sehr interessanten und aktuellen Informationen angeboten. Dazu gehören z. B. auf der Web-Seite „Bevölkerung" neben vielfältigen Statistiken, Aussagen über historisches und zukünftiges Wachstum der Bevölkerung auch eine fachlich gut gestaltete Karte zur Bevölkerungsdichte Australiens.

www.suchfibel.de, www.suchmaschinen.de, www.at-web.de, www.klug-suchen.de sind Internet-Adressen zur weiteren Anleitung für die Internet-Recherche.

Mit diesen und weiteren Suchergebnissen kann man zielgerichtet umfassende Informationen erhalten, die zunächst überflogen, bewertet und dann ggf. gründlicher ausgewertet werden können. Letzteres ist erst dann sinnvoll, wenn die Informationen aus *zuverlässigen Quellen*, wie Behörden, Universitäten oder Verlagen, stammen bzw. deren Wahrheitsgehalt geprüft werden konnte.

Durch Aufrufen entsprechender Felder in der oberen Bildschirmleiste „Datei", „Bearbeiten", „Ansicht" usw. kann eine Webseite gespeichert, gedruckt oder bearbeitet werden. Mit Anklicken des Feldes „Lesezeichen/Favoriten" lassen sich interessante Adressen, die später wieder benötigt werden, speichern, sodass nach einem erneuten Aufrufen die betreffende Internetseite wieder verfügbar ist.

Nutzen von CD-ROMs mit geografischen Inhalten

Zum Teil werden CD-ROMs kostenlos geliefert, wie die CD-ROM „Umwelt Deutschland" oder „Jahresbericht 2002 des Umweltbundesamtes" (www.umweltbundesamt.de).

Geografische CD-ROMs stehen in breiter Vielfalt zur Verfügung. Dazu gehören einfachste Ratespiele ebenso wie aufwendige Atlanten und komplizierte wissenschaftliche Programme.

Atlanten stehen zum einen zur Betrachtung am Bildschirm zur Verfügung. Man bezeichnet diese Art als „View-Only-Atlanten". Zum anderen gibt es interaktive Multimedia-Atlanten, die die Verknüpfung von Kartenelementen mit weiteren Informationen (z. B. aus einer Datenbank) erlauben. Darüber hinaus werden CD-ROMs mit den verschiedensten geografischen Themen angeboten.

Zunächst sind die Systemvoraussetzungen am eigenen Arbeitsplatz zu prüfen. Die CD-ROM ist lauffähig in gängigen Browsern für Windows-, Linux-, und Macintosh-Computer. Empfehlenswert sind Browser, wie der Mozilla Firefox oder der MS Internet Explorer ab Version 6.0. Für eine gute Darstellung der Bilder empfiehlt sich eine Grafikkarte mit High-Color (65 000 Farben). Zum Abspielen der Videos und Sounds werden eine Soundkarte und Quicktime benötigt.

Erschließe die Struktur dieser CD-ROM!
Die CD-ROM ist unter den Betriebssystemen Windows, Linux und Mac-OS lauffähig. Nach dem Einlegen der CD-ROM in das CD-Laufwerk des Rechners wird das Schülerlexikon Geografie durch die Autostartfunktion geöffnet. Sollte das nicht der Fall sein, muss im Verzeichnis des CD-ROM-Laufwerks die Datei go.htm doppelt angeklickt oder in den Internet-Browser gezogen werden. Die Oberfläche des Lexikons teilt sich in vier Bereiche auf:
– der Kopfbereich mit der Hauptnavigation und den Links zu den allgemeinen Seiten wie Hilfe und Impressum,
– die linke Spalte mit dem Inhaltsverzeichnis oder den einzelnen Themen,
– die mittlere Spalte mit den inhaltlichen Informationen oder den eigentlichen Artikeln,
– die rechte Spalte mit Informationen, den Medien und verwandten Themen.
Das Lexikon muss nicht auf dem Rechner installiert werden. Für die komplette Nutzung der vorhandenen Medien sind aber Zusatzprogramme notwendig, die eventuell erst installiert werden müssen.
Zu den Inhalten des Lexikons gelangt man über die Suchfunktion (oben links) bzw. die Hauptnavigationspunkte in der Mitte oben.

Startseite – Navigation zur Startseite des Lexikons,
Wissensnetz – Aufruf des Wissensnetzes, in dem alle Artikel über inhaltliche Bezüge und die Kapitel- bzw. Abschnittsnummern untereinander verbunden sind,
Zeitstrahl – eine Zeitleiste mit historischen Daten und Ereignissen, in die die einzelnen Themen eingeordnet sind,
schuelerlexikon.de – Link in das Online-Portal www.schuelerlexikon.de; dort stehen viele Lexika mit schulischen Inhalten zur Nutzung bereit; Voraussetzung ist das Vorhandensein einer Internetverbindung.

Die CD-ROM verfügt über mehrere hundert Themen, die jeweils aus einer kurzen Annotation und einem Langtext sowie Medien bestehen. Die Texte und Bilder aus den Themen können kopiert und z. B. in Word-Dokumenten oder Präsentationen zu schulischen Zwecken verwendet werden. Jedes Thema liegt auch in einer Druckversion vor.

DIE ERDE UND IHRE GRUNDMERKMALE | 2

2.1 Die Erde als Himmelskörper

2.1.1 Größe und Gestalt der Erde, Neigung der Erdachse

Die Erde ist einer von mehreren kugelähnlichen **Planeten** des Sonnensystems. Sie bewegen sich alle in kreisähnlichen Ellipsenbahnen um die Sonne sowie außerdem um ihre eigene Achse. Die Größe der Planeten ist außerordentlich unterschiedlich.

Größenverhältnisse der Planeten des Sonnensystems

Die drei sonnenfernsten Planeten des Sonnensystems sind mit bloßem Auge nicht sichtbar. Außer Merkur sind die Planeten mit einer Atmosphäre umgeben. Die Atmosphären sind unterschiedlich dicht. Sehr viele **Kleinplaneten** (Planetoide, Asteroide) bewegen sich fast ausschließlich zwischen Mars und Jupiter um die Sonne.

Planet (Anzahl der Trabanten)	mittlerer Sonnenabstand (Sonne–Erde = 1)	mittlere Dichte (g/cm³)	Durchmesser am Äquator (km)	Durchmesser (in Erddurchmessern)	Umlaufzeit um die Sonne Jahre (a) und Tage (d)	
Sonne	–	1,41	1 392 000	109,13	–	–
Merkur	0,39	5,44	4876	0,38	–	87,66
Venus	0,72	5,24	12 104	0,95	–	226,46
Erde (1)	1,00	5,52	12 756	1,00	1 a ≅ 365,25 d	
Mars (2)	1,52	3,93	6788	0,53	1	321,42
Jupiter (28)	5,20	1,33	143 650	11,19	11	314,12
Saturn (30)	9,54	0,69	120 670	9,48	29	168
Uranus (21)	19,29	1,24	51 200	4,06	84	3,5
Neptun (8)	30,06	1,65	49 600	3,81	164	288
Pluto (1)	39,40	2,00	~ 2300	~ 0,24	247	255,67

Die Auffassung von der **Kugelgestalt** der Erde hat sich erst in den letzten Jahrtausenden entwickelt. Hierfür waren u. a. folgende Beobachtungen hilfreich:

- Auf See taucht ein sich entfernendes Schiff bei Beobachtung durch das Fernglas allmählich unter die Wasseroberfläche unter: zuerst der Rumpf, dann das Deck und am Schluss die Masten.
 Folgerung: Die Meeresoberfläche ist offensichtlich gekrümmt!
- Der Polarstern steht am Nordpol senkrecht über dem Kopf des Beobachters. Bewegt sich der Beobachter in Richtung Süden, wird der Winkel zwischen Horizont und Polarstern immer geringer. Am Äquator steht der Polarstern in Horizontnähe.
 Folgerung: Die Erdoberfläche ist offensichtlich gekrümmt!
- Bei Mondfinsternissen erscheint der Erdschatten stets als Kreisbogen auf der Mondoberfläche.
 Folgerung: Die Erde ist offensichtlich eine Kugel, denn nur eine Kugel wirft in unterschiedlichen Positionen immer einen kreisförmigen Schatten!

Auf je 111 km Entfernung von Nord nach Süd vermindert sich der Winkel des Polarsterns über dem Horizont um 1°.

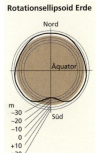

> Genaue Messungen haben ergeben, dass die wahre Form der Erde ein **Rotationsellipsoid** ist: Die „Kugel" ist längs ihrer Polarachse zusammengedrückt und am Äquator leicht herausgewölbt.

Ursache dieser **Abplattung** an den Polen ist die von der Erdrotation hervorgerufene Zentrifugalkraft, die die mehr oder weniger „plastische" Erde in Abhängigkeit von Schwere und Rotation verformt. Der genaue Äquatorumfang wurde daraus mit 40 075 km errechnet.

Die **Achse**, um die sich die Erde dreht, ist immer nordsüdlich ausgerichtet. Sie steht jedoch nicht senkrecht zur Ebene der Erdbahn um die Sonne (Ekliptik), sondern weicht in einem Winkel von 23,5° von der Senkrechten ab.

Erddurchmesser am Äquator: 12 756 km;
Länge der Polarachse: 12 714 km

2.1.2 Die Bewegungen der Erde und ihre Folgen

Die Erde bewegt sich um die Sonne **(Erdumlauf)**. Die Umlaufperiode von einem bestimmten Sonnenstand zum exakt gleichen nächstjährigen Sonnenstand beträgt 365 $\frac{1}{4}$ Tage. In der Zeitrechnung summiert der Mensch alle 4 Jahre die genannten Vierteltage zu einem ganzen Tag. Dieser wird dann im Kalender als 29. Februar einem Jahr hinzugefügt (365 Tage + 4 mal $\frac{1}{4}$ Tag = 366 Tage).

Jedes vierte Jahr ist ein Schaltjahr mit einem zusätzlichen 366. Tag.

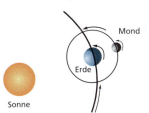

Aus dem Weltall auf den Nordpol geblickt, bewegt sich die Erde gegen den Uhrzeigersinn um die Sonne.
Diese Bewegungsrichtung entspricht auch der der **Erdrotation.** Zugleich bewegt sich der Mond gegen den Uhrzeigersinn um die Erde.

> Infolge der Neigung der Erdachse und der Drehbewegung der Erde um diese Achse fällt im Jahresverlauf das Sonnenlicht in unterschiedlichem Winkel auf die Erde.

Für die Südhalbkugel gelten umgekehrte Verhältnisse.

Den relativ „höchsten" Sonnenstand mit dem „längsten" Tag gibt es für alle Orte der Nordhalbkugel am 21. Juni (Sommersonnenwende), den relativ „niedrigsten" Sonnenstand mit dem „kürzesten" Tag am 22. Dezember (Wintersonnenwende). Gleich lange Tage und Nächte haben alle Orte der Erde am 21. März und 23. September (Frühjahrs- und Herbst-Tagundnachtgleiche). An diesen beiden Tagen geht für alle Orte der Erde die Sonne genau im Osten am Horizont auf und im Westen am Horizont unter. Allerdings sind die mittäglichen **Sonnenstände** unterschiedlich hoch: Am Äquator scheint die Sonne senkrecht auf die Erde (90°). Genau an den Polen „bewegt" sie sich dann ganztägig am Horizont (0°).

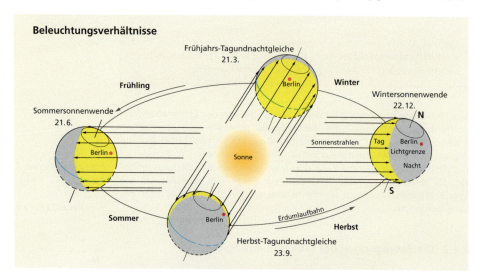

Die Erde-Sonne-Beziehungen wirken sich auf die jährlichen **Beleuchtungsverhältnisse** jedes beliebigen Ortes auf der Erde aus.

Berlin befindet sich auf der Nordhalbkugel und liegt auf einer geografischen Breite von 52° 30'. Zur Wintersonnenwende, am 22. Dezember, hat die Sonne dort eine Mittagshöhe über dem Horizont von nur 14°. Der Tag ist kurz (8 Std.) und die Nacht entsprechend lang (16 Std.).
Zur Sommersonnenwende, am 21. Juni, ist der Tag am längsten. Er dauert 16 Stunden. Die Sonne geht zeitig auf, steht mittags in einer Höhe von 61° über dem Horizont und geht auch spät unter. Die Nacht ist am kürzesten, sie dauert nur 8 Stunden.
Nur genau zu den Tagundnachtgleichen dauern auch in Berlin Tag und Nacht jeweils 12 Stunden.

Erde–Sonne-Beziehungen am 22. Dezember

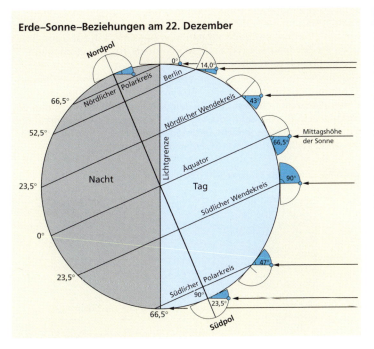

Zur Zeit der Wintersonnenwende auf der Nordhalbkugel ist auf der Südhalbkugel Sommer. Am Südpol steht am 22. Dezember die Mittagssonne 23,5° über dem Horizont!
Dagegen ist im Juni auf der Südhalbkugel Winter. Den Südpol erreicht am 21. Juni kein Sonnenstrahl.

Sonnenbahnen für Orte auf 40° nördlicher Breite

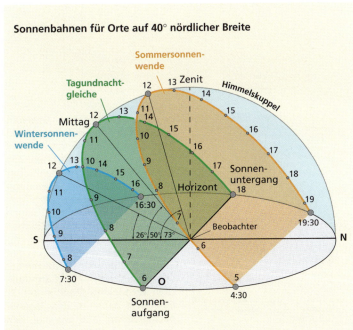

Der Stuart Highway überquert den südlichen Wendekreis (Tropic of Capricorn) nördlich von Alice Springs.

> Infolge des Umlaufs der Erde um die Sonne verändern sich jahreszeitlich die Sonnenstände auf der Erde. Das wirkt sich auf die höheren Breiten (polnahe Gebiete) jedoch anders aus als auf die niederen Breiten (äquatornahe Gebiete).

In den **polnahen Gebieten** sind die Beleuchtungsverhältnisse extrem unterschiedlich. Es wechseln Polartag und Polarnacht. Die Auswirkungen des Polartags reichen jedoch weiter äquatorwärts als bis zu den Polarkreisen („weiße Nächte" von St. Petersburg: 60° n. Br.).

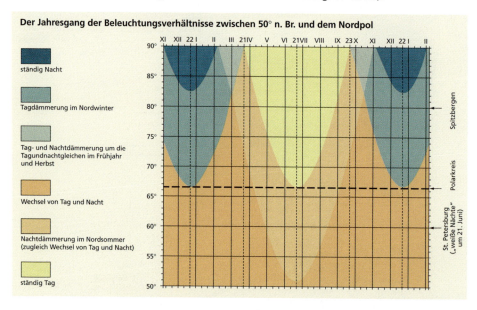

Der Jahresgang der Beleuchtungsverhältnisse zwischen 50° n. Br. und dem Nordpol

- ständig Nacht
- Tagdämmerung im Nordwinter
- Tag- und Nachtdämmerung um die Tagundnachtgleichen im Frühjahr und Herbst
- Wechsel von Tag und Nacht
- Nachtdämmerung im Nordsommer (zugleich Wechsel von Tag und Nacht)
- ständig Tag

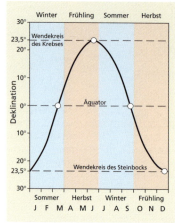

In den **äquatornahen Gebieten** können die Sonnenstrahlen senkrecht (Strahleneinfall von 90°) auf die Erdoberfläche auftreffen. Die Sonne steht dann im Zenit. Der Zenitpunkt verändert seine Lage im Laufe eines Jahres.
Er erreicht am 21. Juni seinen nördlichsten Punkt am nördlichen Wendekreis (23,5° n. Br.). Er „wendet" sich dann wieder nach Süden und erreicht am 21. Dezember seinen südlichsten Punkt am südlichen Wendekreis (23,5° s. Br.). Er überquert dabei zu den Tagundnachtgleichen, also zweimal, den Äquator (↗ S. 121).

Südlicher Wendekreis = Wendekreis des Steinbocks;

Nördlicher Wendekreis = Wendekreis des Krebses

Zugleich lassen sich aus dem Verlauf der Linie der senkrechten Sonneneinstrahlung die Zeiträume bestimmen, an denen die Tages- oder Nachtlängen besonders rasch zu- oder abnehmen bzw. an denen sich keine oder nur geringe Veränderungen der Tag- oder Nachtlängen vollziehen.

Die unterschiedlich hohen Sonnenstände bestimmen nicht nur die Beleuchtungsverhältnisse im Laufe des Jahres, sondern prägen vor allem über die damit verbundene unterschiedlich hohe Energiezufuhr viele Naturprozesse in ihrem jahreszeitlichen Wandel.

> Die unterschiedlichen Einstrahlungsbedingungen sind die Ursachen der **Jahreszeiten** auf der Erde.

2.1.3 Das Gradnetz der Erde und die Zeitzonen

Die annähernde Kugelgestalt der Erde und die Existenz von Nord- und Südpol als „Austrittspunkte" der gedachten Erdachse ermöglichen die Konstruktion von senkrecht aufeinanderstehenden Kreislinien, die zusammen das geografische Koordinatennetz, das **Gradnetz** der Erde bilden.

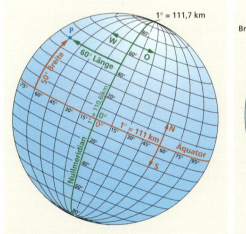
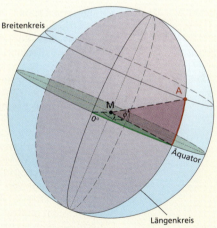

Die durch die Pole gehenden Kreislinien bilden die **Längenkreise**. Am **Nullmeridian**, dem Längenhalbkreis von Greenwich (London), grenzt eine westliche an eine östliche Halbkugel der Erde. Längenhalbkreise (**Meridiane**) werden von Greenwich aus einmal nach Osten (= östliche Länge) und zum anderen nach Westen (= westliche Länge) gezählt. **Geografische Längen** werden vom Erdmittelpunkt ausgehend in Winkelgraden (Winkel λ) angegeben. Bei 180° treffen sich die Meridiane östlicher und westlicher Länge im Pazifik. Es gibt unendlich viele Meridiane. Auf Globus und Karten werden aber nur ausgewählte dargestellt.

Äquatorlänge
= 40 075 km ≙ 360°
1 Längengrad am
Äquator:
40 075 km : 360°
= 111 km

Länge des
60. Breitenkreises
= 19 980 km ≙ 360°
1 Längengrad
bei 60° nördl. Breite:
19 980 km : 360°
= 55 km

> Alle Meridiane verlaufen in Nord-Süd-Richtung und werden in „Grad westlicher Länge" bzw. „Grad östlicher Länge" angegeben. Sie liegen am Äquator am weitesten auseinander. Zu den Polen hin laufen sie aufeinander zu.

Die Parallelkreise zum Äquator bilden die **Breitenkreise**. Der Äquator ist der größte Breitenkreis („Großkreis"). Alle anderen Breitenkreise sind „Kleinkreise". Der Äquator steht senkrecht auf der Erdachse. Er teilt die Erde in eine nördliche und eine südliche Halbkugel. Breitenkreise erstrecken sich vom Äquator nach Norden (= nördliche Breite) und nach Süden (= südliche Breite) jeweils bis zum Pol. **Geografische Breiten** werden vom Erdmittelpunkt ausgehend in Winkelgraden (Winkel φ) gemessen. Am Äquator beträgt die Breite 0° und an den Polen 90°. Deshalb heißen äquatornahe Breiten auch „niedere Breiten", polnahe Breiten „hohe Breiten". Es gibt unendlich viele Breitenkreise, auf Globus und Karten werden aber nur ausgewählte dargestellt.

> Alle Breitenkreise verlaufen in Ost-West-Richtung und werden in „Grad nördlicher Breite" bzw. „Grad südlicher Breite" angegeben. Die Breitenkreise haben zueinander (fast) gleiche Abstände. Sie schneiden Meridiane im rechten Winkel.

Abstand zwischen 0°
und 1° nördlicher
Breite = 110,6 km;

Abstand zwischen 89°
und 90° nördlicher
Breite = 111,7 km

Mithilfe von Längen- und Breitenangaben kann jeder Punkt auf der Erde durch die **geografischen Koordinaten** exakt beschrieben werden. Die Grade des Koordinatensystems lassen sich weiter in Minuten (1° = 60') und diese in Sekunden (1' = 60") unterteilen.

> Der Punkt P der Abbildung des Gradnetzes (↗ S. 71) liegt genau auf 60° westlicher Länge und auf 50° nördlicher Breite. Berlin(-Dahlem) hat die geografischen Koordinaten 52° 28' Nord und 13° 18' Ost.

Genaue Erdvermessungen ermöglichen eine **Umrechnung** von Angaben der geografischen Länge und Breite in Winkelgraden in Angaben von Entfernungen in Metern und Kilometern. Die tatsächliche Entfernung zwischen zwei Längenkreisen im Abstand von einem **Längengrad** in Kilometern hängt von der jeweiligen geografischen Breite des Messortes auf der Erde ab: Am Äquator ist die Länge eines Längengrades in Kilometern am größten, an den Polen gleich null. Auch die tatsächliche Entfernung zwischen zwei Breitenkreisen im Abstand von einem **Breitengrad** in Kilometern ist aufgrund der Abplattung der Erde unterschiedlich. Die Entfernung zwischen zwei aufeinanderfolgenden Breitenkreisen wird vom Äquator zum Pol geringfügig größer.

Auch die Flächen, Gradfelder, die von Längen- und Breitenkreisen eingeschlossen werden, variieren mit der geografischen Breite deutlich.

In engem Zusammenhang mit dem Gradnetz stehen die **Zeitzonen**. Uhrzeiten sind immer auf die Sonne bezogen. 12 Uhr entspricht dem jeweils höchsten Sonnenstand. Mittag ist für alle Punkte auf demselben Meridian zur gleichen Zeit („Mittagsmeridian"). Mit jeder auch noch so geringen Drehbewegung der Erde verändert sich der Mittagsmeridian. Er durchläuft so in 24 Stunden alle 360 Längengrade der Erde.

Die Erde als Himmelskörper

In jeder Stunde überquert der Mittagsmeridian 15 Längengrade oder alle 4 Minuten einen Längengrad.

360° : 24 h = 15°
60 min : 15° = 4 min

Da sich Sonne und damit der „Mittagsmeridian" scheinbar nach Westen bewegen, haben östlich vom eigenen Standort liegende Orte zu gleicher Zeit „spätere" Uhrzeiten, westlich liegende Orte „frühere" Uhrzeiten.

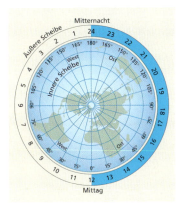

Eine äußere und eine innere Scheibe sind gegeneinander beweglich. Der Mittelpunkt der Scheibe befindet sich am Nordpol. Innen sind die Meridiane in 15° Abstand sowie die Kontinente abgebildet. Im gleichen Winkelabstand sind außen die 24 Stunden des Tages eingetragen. Die Scheibe ist so eingestellt, dass die Mittagslinie mit 0° Länge zusammenfällt. Man kann die realen gleichzeitigen Uhrzeiten ablesen (z. B. London 12 Uhr, Japan 21 Uhr, New York 7 Uhr).

Die globalen Zeitbeziehungen können mithilfe einer beweglichen Zeitscheibe verdeutlicht werden.

Bereits 1884 ist man international übereingekommen, die Zeitangaben zu standardisieren und sie auf **Standard-Meridiane** zu beziehen. Da sich der Mittagsmeridian in einer Stunde um 15° verändert, ergeben sich 24 **Zeitzonen** von je 1 Stunde Unterschied. Ihre **Zonenzeit** wird von 24 Meridianen in ihrer Mitte (**Mittelmeridiane**) bestimmt. Nur auf ihnen stimmen Zonenzeit und Zeit des Mittagsmeridians überein. Die Zeitzonen werden allerdings nur auf den Ozeanen exakt durch Meridiane begrenzt. Auf den Kontinenten wurden sie an die politischen Grenzen angepasst.

In einzelnen Ländern wechseln die Zonenzeiten zu halben Stunden. Es gibt auch Sonderzeiten.

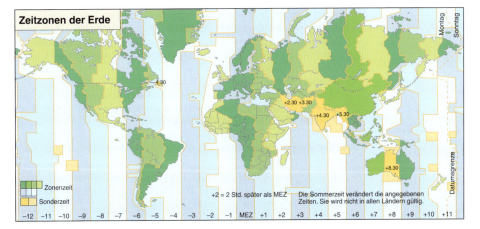

Zeitzonen der Erde

2.2 Die geografische Hülle der Erde

Die geografische Hülle der Erde ist die „Haut der Erde", vergleichbar etwa mit der Lederhülle eines Fußballs.

Als **geografische Hülle** der Erde bezeichnet man den dünnen dreidimensionalen Raum beiderseits der Erdoberfläche.
Sie kann auch als **Landschaftshülle, geografische Sphäre** oder kurz als **Geosphäre** bezeichnet werden. Sie besteht aus Teilhüllen.

2.2.1 Bestandteile der geografischen Hülle

Die geografische Hülle der Erde mit ihren Bestandteilen, den Teilhüllen (TH)

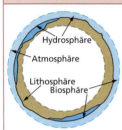

- oberflächennahe Gesteine (TH Gestein = Lithosphäre)
- oberflächennahe Luft (TH Luft = Atmosphäre)
- Oberflächenformen des festen Landes (Reliefformen)
- ober- und unterirdisches Wasser (TH Wasser = Hydrosphäre)
- Böden an der Oberfläche (TH Boden = Pedosphäre)
- Organismen Pflanzen, Tiere und Menschen (TH Bios = Biosphäre)
- Nutzungsformen und technische Objekte (TH Technik = Technosphäre)

Tiefste Gesteine und äußere Teile der Lufthülle gehören *nicht* zur geografischen Hülle.

Die geografische Hülle der Erde ist unterschiedlich dick, umfasst aber meist nur wenige hundert Meter. Der Mensch dehnt seinen Aktionsraum und damit die geografische Hülle sowohl in die Höhe (Gebäude, Luftraum der Flugzeuge ...) als auch in die Tiefe (Bergbau) ständig aus.

Hülle = Sphäre (grch.)
geografische Hülle = Geosphäre

Die **Teilhüllen** der geografischen Hülle durchdringen sich gegenseitig und sind vor allem unmittelbar an der Erdoberfläche durch geophysikalische, geochemische und ökologische Prozesse miteinander verbunden. Im Ergebnis dieser vielen Prozesse entwickelte sich im Laufe der Erdgeschichte die geografische Hülle der Erde immer weiter.
Im **Boden** wird die Durchdringung besonders deutlich. Hier findet man
- **Bestandteile und Elemente aller Teilhüllen,** u. a. Lockergestein, Bodenwasser und Bodenluft, lebende tierische und pflanzliche Organismen, abgestorbene und zu Humus verwandelte Bestandteile sowie Spuren der Nutzung (Ackerkrume, Düngemittel und andere Stoffe, Entwässerungsrohre usw.),
- eine Vielzahl von **Prozessen und Wechselbeziehungen** zwischen diesen Bestandteilen und Elementen, u. a. Versickerung von Wasser, Austrocknung, Erwärmung, Abkühlung, Verwesung organischer Stoffe, Nachlieferung und Bindung von Nährstoffen, Oxidation, Reduktion, Auflockerung und Verfestigung usw.

Die geografische Hülle ist eine sehr komplexe Erscheinung und stellt mehr als die Summe der Einzelhüllen dar. Die geografische Hülle ist der Arbeitsgegenstand der Geografie.

Die geografische Hülle der Erde

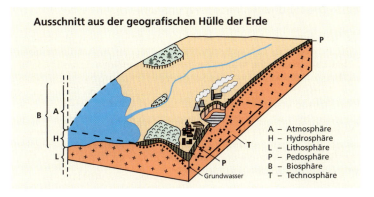

Ausschnitt aus der geografischen Hülle der Erde

A – Atmosphäre
H – Hydrosphäre
L – Lithosphäre
P – Pedosphäre
B – Biosphäre
T – Technosphäre

Grundwasser

Die **Entstehung** und die **Veränderungen der geografischen Hülle** vollzogen sich in mehreren Etappen:
1. Etappe: Differenzierung der Urmaterie (in Wasser, Luft und Gestein),
2. Etappe: Entstehung des Lebens auf der Erde (Herausbildung der Pflanzen- und Tierwelt sowie des Bodens) und
3. Etappe: Eintritt des Menschen in die Natur.

Die **Differenzierung der Urmaterie** in feste, flüssige und gasförmige Bestandteile fand zu Beginn der Erdentwicklung statt. Es entwickelten sich die Gesteinshülle mit den Oberflächenformen sowie die Wasser- und die Lufthülle. Infolge der sofort wirksam werdenden Naturprozesse, wie Gravitation, physikalische und chemische Verwitterung, Kondensation, Niederschlag oder Lösung, veränderten sich zugleich die Eigenschaften dieser Teilhüllen.

Lockerung und Zerkleinerung, Abtragung und Abtransport von Festgestein ⟶ Sedimentbildung ⟶ Reliefveränderung

Allmählich führte die Entwicklung zur **Entstehung des Lebens** auf der Erde, und damit entstanden auch die Hüllen der Organismen (Biosphäre) und des Bodens (Pedosphäre). Mit der Assimilation der Pflanzen veränderte sich auch sofort die Zusammensetzung der Lufthülle (u. a. Zunahme von Sauerstoff). Pflanzen starben ab und häuften sich unter Wasser als Torf, bei entsprechender Dauer und unter Druck auch als Braun- oder Steinkohlen an. So veränderte sich auch die Gesteinshülle der Erde.

Besiedlung bisher leblosen Verwitterungsmaterials durch Pflanzen, Mikroorganismen und Bodentiere ⟶ Humusbildung

Der **Eintritt des Menschen in die Natur** und seine Evolution war eine weitere markante Wende in der Entwicklung der geografischen Hülle. Jetzt wurden die bisher auf der Erde wirkenden physikalischen und chemischen Vorgänge sowie die Lebensprozesse von Tieren und Pflanzen durch Lebensprozesse des Menschen und durch gesellschaftliche sowie zunehmend auch durch technische Prozesse ergänzt. Entwicklung und Umgestaltung der geografischen Hülle werden seither zunehmend komplizierter (Beackerung, Be- und Entwässerung, Überbauung oder Asphaltierung).

Waldrodung und Beackerung ⟶ Bodenverdichtung ⟶ Oberflächenabfluss bei Starkniederschlag ⟶ Bodenabtrag

2.2.2 Die Land-Meer-Verteilung und ihre Folgen

Erde:
71 % Meer,
29 % Festland

Die **Verteilung von Land und Meer** auf der Erde ist nicht gleichmäßig. Gestein/Boden des Landes und Wasser des Meeres besitzen eine unterschiedliche **spezifische Wärmekapazität**. Diese beiden Tatbestände bewirken in Verbindung mit der Sonneneinstrahlung bzw. ihrem Fehlen eine verschiedenartige Erwärmung und Abkühlung von Regionen der Erde. Ozeane erwärmen sich demzufolge bei gleicher Sonneneinstrahlung langsamer als das Festland. Sie speichern aber viel Energie und geben einen großen Teil davon im Herbst und im Winter als Wärme wieder ab. Das Festland erwärmt sich im Vergleich dazu rascher, speichert allerdings wenig Energie und kann demzufolge im Herbst und im Winter auch schnell wieder abkühlen.

Die unterschiedliche Wärmekapazität von Wasser und Erde/Boden

	spezifische Wärmekapazität	Interpretation
Wasser	$c = 4{,}2 \; \frac{kJ}{dm^3 \cdot K}$	1 l Wasser nimmt eine Wärme von 4,2 kJ auf, wenn es um 1 K erwärmt wird. Bei einer Abkühlung um 1 K gibt 1 l Wasser eine Wärme von 4,2 kJ ab (= langsame Erwärmung und langsame Abkühlung).
Erde/Boden (feucht)	$c = 2{,}5 \; \frac{kJ}{dm^3 \cdot K}$	1 dm^3 feuchter Boden nimmt eine Wärme von 2,5 kJ auf, wenn er um 1 K erwärmt wird. Bei einer Abkühlung um 1 K gibt 1 dm^3 feuchter Boden eine Wärme von 2,5 kJ ab.
Erde/Boden (trocken)	$c = 1{,}3 \; \frac{kJ}{dm^3 \cdot K}$	1 dm^3 trockener Boden nimmt eine Wärme von 1,3 kJ auf, wenn er um 1 K erwärmt wird. Bei einer Abkühlung um 1 K gibt 1 dm^3 trockener Boden eine Wärme von 1,3 kJ ab (= sehr schnelle Erwärmung, sehr schnelle Abkühlung).

> Eine Folge der unterschiedlichen Verteilung von Wasser und Land auf der Erde ist bei gleicher Energiezufuhr das Vorhandensein und die ungleichmäßige Verteilung von unterschiedlich temperierten **Luftmassen**.

Luft- und Meeresströmungen

Die unterschiedliche Energieeinstrahlung auf die Erde (↗ S. 70) führt vom Pol zum Äquator zu unterschiedlicher Erwärmung. Zugleich wirkt die unterschiedliche Wärmekapazität von Land und Wasser. Deshalb kommt es zur Ausbildung von unterschiedlichen **Luftdruckgürteln** (↗ S. 77). Die Druckunterschiede zwischen diesen Gürteln (Hoch- und Tiefdruckgebieten) führen zu großräumigem **Luftmassenaustausch** und zu weltweiter Zirkulation mit den beiden Hauptzirkulationen **Passate** und **Westwinde**.

Die Luft-, aber auch die Meeresströmungen werden infolge der Erdrotation auf der Nordhalbkugel im Uhrzeigersinn, auf der Südhalbkugel entgegen des Uhrzeigersinns abgelenkt. Der tatsächliche Verlauf der Luft- und Meeresströmungen wird stark von der Land-Meer-Verteilung beeinflusst. Dies zeigen die unterschiedlichen Richtungen stürmischer Winde (dicke Pfeile) auf der Nord- und auf der Südhalbkugel (Abb. unten).

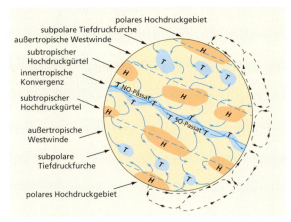

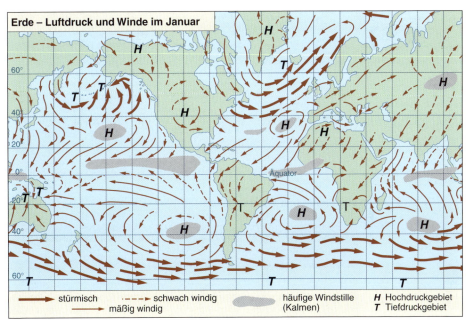

Beständige Luftmassenaustausche sind z. T. mit starken Winden verbunden. Sie regen auch beständige Strömungen des Meerwassers an. Diese **Meeresströmungen** (↗ S. 78) führen aus einigen Gebieten der Meere Wasser weg (Divergenzgebiete), um es anderen zuzuführen (Konvergenzgebiete). Die entstehenden Druckunterschiede zwischen solchen Gebieten werden ebenfalls durch Meeresströmungen ausgeglichen.

Der Zusammenhang zwischen den beständigen Luft- und Meeresströmungen wird als **Atmosphäre-Ozean-Kopplung** bezeichnet.

Geschwindigkeit der Meeresströmungen: etwa 20 bis 30 Seemeilen/Tag (= 35 bis 55 km/Tag), maximal 200 km/Tag

Der Zirkulationsmechanismus der Luft- und Meeresströmungen wird durch die unterschiedliche Zufuhr von Strahlungsenergie von der Sonne, durch die Umdrehung der Erde um ihre Achse (Rotation) und durch den Umlauf der Erde um die Sonne (Revolution) angetrieben.

Maritimität und Kontinentalität

Große Ozeane prägen die Eigenschaften **maritimer Luftmassen,** große Kontinente die Eigenschaften **kontinentaler Luftmassen.**

Maritimes Klima ist ein „Seeklima".

Maritimes (ozeanisches) **Klima** hat in den Außertropen einen ausgeglichenen Jahresgang der Temperaturen (milder Herbst und Winter, kühles Frühjahr, mäßig warmer Sommer), aber größere Windstärken. Die Jahresschwankung der Temperatur ist also gering. Die höchsten Sommer- und die niedrigsten Wintertemperaturen treten gegenüber den Zeiten mit höchstem und niedrigstem Sonnenstand (Winter- und Sommersonnenwende) etwas verspätet ein. Die Niederschläge sind generell hoch, wobei im Jahresgang Herbst- und Winterniederschläge dominieren. Allmähliche Übergänge zwischen den Jahreszeiten sind typisch.
Kontinentales Klima weist große Temperaturschwankungen zwischen Tag und Nacht sowie zwischen Sommer und Winter auf und besitzt geringe Luftfeuchte, Bewölkung und Niederschläge sowie geringe Windstärken.

Die höchsten Temperaturen im Sommer und die tiefsten im Winter treten gegenüber den Zeiten mit höchstem und tiefstem Sonnenstand kaum verspätet ein. Die Folge sind plötzliche Übergänge zwischen den Jahreszeiten. Sommer- und Frühjahrsniederschläge dominieren.

Kontinentales Klima ist ein „Landklima".

Durch Luftströmungen werden Klimaeigenschaften von Luftmassen in andere Gebiete übertragen, so die Eigenschaften maritimer Luft auf einen angrenzenden Kontinent. Je weiter man sich vom Meer entfernt, desto mehr vermindert sich die Maritimität des Klimas bzw. verstärkt sich seine Kontinentalität. Zwischen maritimem und kontinentalem Klima gibt es keine schroffen Grenzen. Die **maritim-kontinentalen Klimaabwandlungen** gehen allmählich vonstatten.

Die allmählichen maritim-kontinentalen Klimaabwandlungen werden innerhalb des Westwindgürtels der Mittelbreiten eindrucksvoll deutlich.

Tiefste und höchste Monatsmitteltemperaturen sowie Jahresschwankungen der Temperaturen im Bereich des Westwindgürtels der eurasischen Mittelbreiten			
Ort	mittl. Lufttemperatur Januar in °C	mittl. Lufttemperatur Juli in °C	Jahresschwankung der Temperatur in K
Helgoland	+ 2,0	+ 16,0	14,0
Görlitz	− 0,8	+ 18,3	19,1
Białystok	− 4,5	+ 18,5	23,0
Smolensk	− 8,6	+ 17,6	26,2
Moskau	−10,5	+ 18,3	28,8
Kasan	−13,7	+ 18,8	32,5
Krasnojarsk	−18,5	+ 19,2	37,7

Dieser Wandel wirkt sich auf viele natürliche Sachverhalte erheblich aus. Die borealen Nadelwälder (Taiga, ↗ S. 173) passen sich in der Zusammensetzung der Baumarten diesen Klimabedingungen, die sich von der skandinavischen Küste zum Innern des Kontinents verändern, an.

Während in Skandinavien die Gemeine Fichte und die Waldkiefer vorherrschen, kommt im Norden des europäischen Russlands zu diesen beiden Baumarten bereits die Sibirische Fichte hinzu. In Westsibirien besteht die Taiga aus Sibirischer Fichte, Sibirischer Zirbelkiefer und Sibirischer Tanne. In Mittelsibirien kommt die Sibirische Lärche hinzu. Die sibirischen Nadelbäume sind physiologisch auf die großen Temperaturunterschiede eingerichtet.

Gemeine Fichte

Waldkiefer

Sibirische Fichte

Sibirische Zirbelkiefer

Sibirische Lärche

Ost- und Westseiteneffekte der Kontinente

Durch globalen Luftmassenaustausch und Meeresströmungen entstehen an den Ost- und den Westseiten der Kontinente regelhafte Abwandlungen von geografischen Faktoren und Erscheinungen. Es sind **Ostseiteneffekte** und **Westseiteneffekte**.

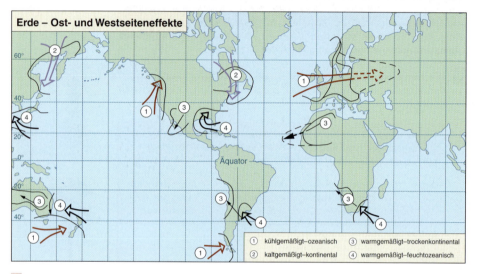

Erde – Ost- und Westseiteneffekte

① kühlgemäßigt–ozeanisch
② kaltgemäßigt–kontinental
③ warmgemäßigt–trockenkontinental
④ warmgemäßigt–feuchtozeanisch

Klimagunst:
Obstbau z. B. an den Hängen der mittelnorwegischen Fjorde (s. Abb. ①)

Klimaungunst:
z. B. weit nach Süden vordringendes Treibeis (s. Abb. ②)

Westseiteneffekt: Auf der Nordhalbkugel wird z. B. die Westseite Europas von Westwinden und warmen Meeresströmungen (Golf- bzw. Nordatlantischer Strom) im Vergleich mit anderen Gebieten gleicher geografischer Breite klimatisch begünstigt. Dort herrschen kühlgemäßigt-ozeanische (maritime) Bedingungen. Alle norwegischen Atlantikhäfen und der Hafen von Murmansk sind eisfrei.

Ostseiteneffekt: Die Ostseiten Nordamerikas (Neufundland) und Asiens (Kamtschatka/Sachalin) werden auf etwa der Breite Westeuropas von kalten Meeresströmungen (Labradorstrom, Kamtschatkastrom) sowie von den aus den innerkontinentalen Hochgebieten abfließenden kalten winterlichen Winden beeinflusst. Es herrschen kaltgemäßigt-kontinentale Bedingungen.

In ähnlicher Weise beeinflussen die Nordost- und Südostpassate sowie die Westwinde der Südhalbkugel das Klima der benachbarten Länder: Sobald Passate vom Land wehen (z. B. Nordostpassat aus der Sahara), sind die Westküsten wüstenhaft trocken (z. B. Atlantikküsten Mauretaniens: warmgemäßigt-trockenkontinental). Wenn die Passate vom Meer wehen und auf eine Ostküste auftreffen (z. B. Florida und Alabama), sind sie warmgemäßigt-feuchtozeanisch. Bei gleicher geografischer Breite herrscht an Ost- und Westseiten also unterschiedliches Klima.

2.2.3 Die Gebirge-Tiefland-Verteilung und ihre Folgen

Höhenstufen

Die Anteile von Tiefland, Bergland und Gebirge am Festland der Erde sind nicht gleich groß. Die Ungleichverteilung ist vor allem auf endogene Kräfte (↗ S. 101 u. 139) zurückzuführen.

Anteile der Landhöhen am gesamten Festland der Erde		
Festland in m	Fläche in Mio. km²	Anteil in Prozent
0 – 200	47,8	32
200 – 500	31,8	23
500 – 1 000	26,4	18
1 000 – 2 000	23,0	15
2 000 – 3 000	11,3	7
3 000 – 4 000	5,9	4
4 000 – 5 000	2,2	1
5 000 – 6 000	0,5	–
> 6 000	< 0,1	–
Summe	149,0	100

> Bergländer und Gebirge stellen markante Vollformen dar, die die Umgebung beträchtlich überragen und die mit charakteristischen **Elementen** und **Komponenten** (↗ S. 90) ausgestattet sind.

Das findet seinen Ausdruck vor allem in **Höhenstufen**, die letztlich auf klimatische Ursachen zurückzuführen sind. Es gibt sowohl Höhenstufen der einzelnen Landschaftskomponenten als auch **komplexe landschaftliche Höhenstufen**.

In den Gebirgen ändern sich mit der Höhe gesetzmäßig eine Reihe von Klimaelementen. Entsprechend der **adiabatischen** Gesetze dehnen sich Luftmassen, die an einem Gebirge aufsteigen, aus und kühlen sich dabei ab (↗ S. 83). Es wird mit zunehmender Höhe also kälter.

In Abhängigkeit von Ausgangstemperatur und -feuchte am Fuß sowie von der absoluten Höhe des Gebirges erreichen die Luftmassen das Kondensationsniveau. Dort kommt es zur Wolkenbildung und auch zu Niederschlägen. In noch größerer Höhe fallen die Niederschläge infolge weiterer Abkühlung generell als Schnee.

Abkühlung:
pro 100 m Aufstieg
0,5 bis 0,7 K;

Erwärmung:
pro 100 m Abfall 1 K;

adiabatisch = Vorgänge ohne Wärmeaustausch mit der Umgebung

Hohe Gebirge haben viele, niedrige Gebirge wenige Höhenstufen.

Die natürlichen Prozesse, die an solch einen höhenabhängigen Wasser- und Klimahaushalt gebunden sind (Verwitterung, Bodenbildung, Abfluss, Vegetationsausprägung, Tiervorkommen usw.), verändern sich ebenfalls. In Abhängigkeit von der Höhe und der Lage des Gebirges auf der Erde werden unterschiedlich viele und unterschiedlich ausgeprägte Höhenstufen gebildet (↗ S. 162 und 227). ALEXANDER VON HUMBOLDT konnte im Ergebnis seiner Forschungsreisen schon 1817 auf diese geografischen Gesetzmäßigkeiten hinweisen.

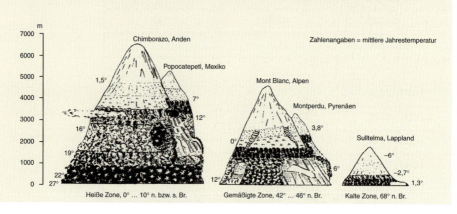

Komplexe landschaftliche Höhenstufen nach ALEXANDER VON HUMBOLDT (1817)

planar (lat.) = flach, eben;

collin (lat.) = hügelig;

montan (lat.) = Bergland, auch: Bergbau;

alpin (lat.) = das Hochgebirge betreffend;

nival (lat.) = Schnee

In **Süddeutschland** unterscheidet man von unten nach oben folgende komplexe landschaftliche Höhenstufen, deren Höhengrenzen allerdings schwanken können:

1. Planare Stufe (0–200 m HN; Tiefland)
2. Colline Stufe (200–400/600 m HN; Hügelstufe, obere Weinbaugrenze)
3. Montane Stufe (400/600–1600 m HN; Bergstufe, mit natürlichem Laubwald)
4. Subalpine Stufe (1600–2200 m HN – Gebirgsstufe, mit natürlichem Nadelwald, obere Waldgrenze unscharf)
5. Alpine Stufe (2200–3200 m HN; Hochgebirgsstufe, mit Matten, oben sommerliche Schneegrenze)
6. Nivale Stufe (> 3200 m HN; Schneestufe)

> An die natürlichen landschaftlichen Höhenstufen sind bestimmte Lebens- und Wirtschaftsräume gebunden.

HN = Höhennull

Ackerbaugebiete befinden sich in den unteren drei Stufen. Weinbaugebiete können sich bis in die colline Stufe ausbreiten. Eine forstliche Nutzung kann bis in die subalpine Stufe stattfinden.

Luv-Lee-Effekte

> Als **Luv** wird die dem Wind zugewandte Seite (eines Schiffes oder Gebirges) bezeichnet. Die dem Wind abgewandte Seite heißt **Lee**.

Luftmassen werden an der **Luvseite** von Gebirgen zum Aufsteigen gezwungen. Dabei kühlen sie sich infolge Ausdehnung ab. Wenn diese Luft noch nicht wasserdampfgesättigt ist, sich also noch unterhalb des Kondensationsniveaus befindet, vollzieht sich die Abkühlung trockenadiabatisch. Im wasserdampfgesättigten Zustand oberhalb des Kondensationsniveaus bilden sich Wassertröpfchen (Wolken). Es können Niederschläge fallen. Hier erfolgt die Abkühlung feuchtadiabatisch.

niederländ. „loef" = Seitenruder;

altsächs. „hleo" = Schutz, Obdach

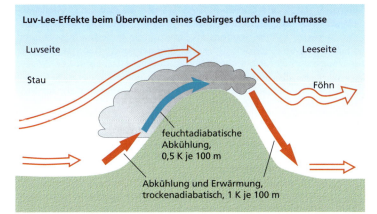

trockenadiabatisch = Luft enthält nur Wasserdampf;

feuchtadiabatisch = Luft enthält Wassertröpfchen/Wolken

Nach Überwindung des Gebirges sinkt die Luft an der **Leeseite** wieder ab. Absinkende Luft unterliegt der Kompression und erwärmt sich. Dabei kommt es zugleich zu Rückverdampfung und zu beschleunigter Wolkenauflösung, weil bedeutende Wasserdampfmengen schon im Staubereich als Niederschlag ausfielen. Die Erwärmung erfolgt ausschließlich nach dem trockenadiabatischen Temperaturgradienten (1 K je 100 m Höhenverlust).

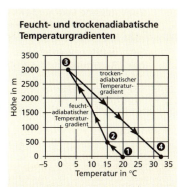

> Es bestehen gesetzmäßige Zusammenhänge zwischen Luv und hohen Niederschlägen (kühlfeuchtes Klima) sowie zwischen Lee und Niederschlagsarmut (warmtrockenes Klima).

Die Temperaturverhältnisse einer Luftmasse beim Überqueren eines Gebirges:
a) Anfangstemperatur bei 0 m Höhe 20 °C (❶). Beim Aufstieg erreicht die Luft bei 500 m Höhe das Kondensationsniveau. Dabei kühlt sie sich trockenadiabatisch um 5 K auf 15 °C ab (❷).
b) Die Luft bewegt sich weiter bis in Gipfelhöhe bei 3 000 m. Auf diesen 2 500 Höhenmetern kühlt sie sich feuchtadiabatisch bis auf 2,5 °C ab (❸).
c) Leeseitiger Abfall der Luft von 3 000 auf 0 Höhenmeter. Dabei erwärmt sie sich trockenadiabatisch. Die Endtemperatur der Luft bei 0 m beträgt jetzt 32,5 °C (❹). Sie ist also auf gleicher Höhe 12,5 K wärmer als zu Beginn der Gebirgsüberquerung!

Stau: Luftmassen werden an einem Gebirge zum Aufsteigen gezwungen

Föhn: warmer, trockener Fallwind auf der Leeseite eines Gebirges

Wenn konstante Luftströmungen (Westwinde, Passate, Monsune) hohe Gebirgsbarrieren überqueren müssen, werden die Luv- und Leewirkungen nicht nur im unmittelbaren Gebirge selbst, sondern bereits im luvseitigen Vorland eines Gebirges als **Stau** und im leeseitigen Hinterland als **Föhn** spürbar. Besonders hohe und lang gestreckte Gebirge, die quer zur Hauptwindrichtung stehen, zeigen deutliche Luv- und Lee-Effekte bis weit in die Vor- und Rückländer. Diese Stau- und Föhneffekte führen zu deutlichen Unterschieden in der Naturausstattung und in der Nutzung im Stau- und im Föhnbereich.

Ähnliche Effekte sind aus allen anderen Gebirgs-, Bergland- und Hügelgebieten der Erde mit unterschiedlicher Stärke bekannt.

 Naturgesetzliche Effekte eines Luv-Lee-Wandels:
– Die Münchner kennen den bei SW-Winden von den Alpen herabfallenden warmtrockenen Föhn ebenso wie die Stauniederschläge bei NW-Winden.
– Das Thüringer Becken ist infolge seiner Gebirgsumrahmung bei allen Winden aus westlichen Richtungen Leegebiet mit einem deutlich anderen Regionalklima.
– Selbst im norddeutschen Tiefland rufen die hügeligen Moränenzüge gewisse Luv- und Lee-Effekte hervor. Die langjährigen Niederschlagsunterschiede zwischen Luv- und Leegebiet erreichen aber höchstens 150 mm im Jahr.
– Sehr deutlich werden Luv- und Leeseite mit „Steigungsregen" und „Regenschatten" am Harz.

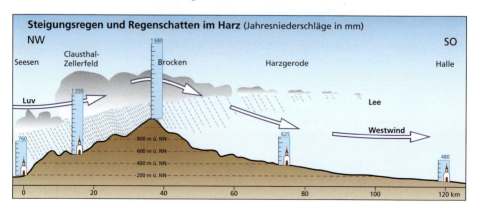

2.3 Die Umgestaltung der geografischen Hülle

2.3.1 Die Herausbildung der Landschaftshülle

Im Zusammenhang mit der Evolution der Erde hat sich die geografische Hülle mit ihren Teilhüllen in drei großen Etappen herausgebildet (↗ S. 75). In stark vereinfachter Form kann diese Entwicklung folgendermaßen dargestellt werden:

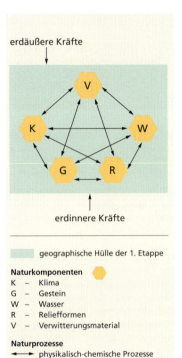

geographische Hülle der 1. Etappe

Naturkomponenten
- K – Klima
- G – Gestein
- W – Wasser
- R – Reliefformen
- V – Verwitterungsmaterial

Naturprozesse
← physikalisch-chemische Prozesse

Während der **ersten Etappe** entwickelte sich die geografische Hülle allein unter dem Einfluss erdäußerer und erdinnerer Kräfte.

Der Baustil der Natur war anfangs relativ einfach. Zwischen einer begrenzten Zahl von **Naturkomponenten** vollzogen sich ausschließlich physikalische und chemische Vorgänge (Naturprozesse).

Auf der Erde gibt es anfangs sehr unterschiedliche **Gesteine** (G) und verschiedenartigste **Reliefformen** (R): Berge und Täler, Ebenen und Gebirge. Es existiert **Wasser** (W) in Form von Niederschlag, der auf die Erdoberfläche auftrifft, z. T. verdunstet und die Luftfeuchte ausmacht, z. T. in den Untergrund versickert, Grundwasser bildet oder sich als Oberflächenwasser in Ozeanen, Flüssen und Seen sammelt.

Bestimmte Wettererscheinungen mit hohen oder niedrigen Temperaturen, mit Sonnenschein, mit hohen oder niedrigen Niederschlägen (Regen und Schnee) und Wind bilden das **Klima** (K). Im Ergebnis von physikalischen und chemischen Naturprozessen zwischen diesen Bestandteilen der Natur entsteht aus dem oberflächennahen Gestein **Verwitterungsmaterial** (V).

erdäußere Kräfte = Sonne (Strahlung, Wärme), ggf. Meteoriteneinschläge;

erdinnere Kräfte = Gebirgsbildung, Vulkane, Erdbeben

Gestein lockert sich unter dem ständigen Einfluss von Frost, Hitze und Wasser. Der so entstehende grobstückige Schutt wird weiter zerkleinert, und die einzelnen Mineralbestandteile werden unter dem Einfluss von Luft und Wasser chemisch angegriffen (Oxidation, Reduktion, Lösung …). Gegebenenfalls wird der gesamte Schutt oder nur dessen lösliche Bestandteile infolge der Schwerkraft hangabwärts verlagert oder vom Wasser weggespült. Es bilden sich feinere Lockersedimente. Durch Wasser können sie auch in Seen oder Meeren zusammengeschwemmt werden.

Sediment (lat.) = Abgesetztes, Bodensatz

Die Entstehung von Verwitterungsmaterial (V) in der ersten Etappe der Bildung der geografischen Hülle vollzog sich in ähnlicher Weise wie heute in vegetationslosen Gebieten der Erde.

Mit der Entstehung des Lebens auf der Erde beginnt die **zweite Etappe** der Entwicklung der geografischen Hülle.

Als **neue Naturkomponenten** treten **Pflanzen** und **Tiere** in den Gesamtzusammenhang ein und ergänzen die bisherigen physikalisch-chemischen Prozesse durch biologische Prozesse. Zugleich wird durch Zerkleinerung, Abbau und Zersetzung von organischen Substanzen Humus gebildet, der in Verbindung mit Bodenlebewesen den oberen Teil der Verwitterungsdecke zu der neuen eigenständigen Naturkomponente **Boden** umformt.

Mit den neuen Naturkomponenten Pflanzen, Tieren und Boden sowie den biologischen Prozessen werden die bisherigen physikalisch-chemischen Naturzusammenhänge durch ökologische ergänzt. Das gesamte Beziehungsgeflecht zwischen den Naturkomponenten wird komplizierter.

geografische Hülle der 2. Etappe

neue Naturkomponenten
P – Pflanzen
T – Tiere
B – Boden

Naturprozesse
⟵⟶ physikalisch-chemische Prozesse
⟵⟶ ökologische Prozesse

ökologische Prozesse: Beziehungen zwischen lebenden und nicht lebenden Naturkomponenten

Auf das Relief wirken jetzt nicht allein physikalisch-chemische, sondern auch ökologische Prozesse ein. Die Reliefoberfläche wird nicht mehr von leblosem Gestein, sondern von Böden gebildet und von einer Pflanzendecke verhüllt. Damit werden Reliefformungsprozesse (Verwitterung, Abspülung, Lösung usw.) entscheidend verändert. Derartige Veränderungen betreffen aber auch alle anderen Naturkomponenten. Das Klima im Wald ist beispielsweise anders als auf einer vegetationsfreien Fläche. Zugleich passt sich die Waldvegetation an die von Gestein und Boden, Bodenwasser und Geländeklima, Relief und Klima vorgegebenen Bedingungen an.

Die biologischen Prozesse bilden neben den erdäußeren und erdinneren Prozessen zugleich eine völlig neue Prozessgruppe auf der Erde. Auf diese Art und Weise existierte die Erdnatur viele Millionen Jahre lang und veränderte sich allein auf natürliche Art und Weise. In Abhängigkeit von den Eigenschaften der Naturkomponenten und von der Stärke der Naturprozesse existierten unterschiedliche **Naturräume** oder **Naturlandschaften**. Die Erkundung ihrer Geschichte und ihres räumlichen Wandels ist heute immer noch eine spannende Herausforderung an die Wissenschaft.

biologische Prozesse: Assimilation, Dissimilation, Atmung, Fortpflanzung, Anpassung, Reizbarkeit, Wachstum, Vererbung

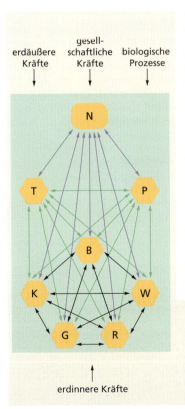

In diese Entwicklung greift in den letzten Jahrtausenden der **Mensch** zunehmend intensiver ein und repräsentiert somit die **dritte Etappe** der Entwicklung der geografischen Hülle. Der Mensch verändert durch sein Tun, durch anfangs ausgewählte Entnahmen von tierischer und pflanzlicher Nahrung, später durch zunehmend stärkere Nutzung und Veränderungen aller Naturkomponenten (durch Jagd, Waldrodung und Ackerbau, durch Bergbau und Abfallablagerung, durch Bebauung und Wasserverunreinigung usw.) auch die Stärke und Richtung der Naturprozesse. Aus Naturräumen wurden **Landschaften**. Es entwickelte sich die erdumspannende **Landschaftshülle**.

geografische Hülle der 3. Etappe (heutige Landschaftshülle)

neue Komponente
N – Nutzung

Prozesse
◄—► physikalisch-chemische Prozesse
◄—► ökologische Prozesse
◄—► technische Prozesse

Ackerbau und Abfallablagerung sind nur zwei Formen der Einwirkung des Menschen auf die Landschaftshülle der Erde.

Mit der Erkenntnis der überragenden Rolle der menschlichen Gesellschaft für die gesamte Landschaftsentwicklung muss diese auch ihre **Verantwortung für die** Bewahrung der Naturreichtümer der **Erde** für zukünftige Generationen wahrnehmen. Das macht gegenwärtig die Umweltpolitik nicht nur einzelner Gruppen und Staaten, sondern auch internationaler und nicht staatlicher Organisationen aus.

2.3.2 Die Landschaft und ihre Bestandteile

Umgangssprachlich wird unter einer Landschaft oft eine schöne, reizvolle, auf die Sinne wirkende Einzellandschaft mit einer intakten Natur verstanden.

Das wissenschaftliche Verständnis einer Landschaft ist weniger auf das Erscheinungsbild (schöne, reizvolle, öde Landschaft, Gebirgs- oder Küstenlandschaft), sondern mehr auf das **Wesen der Landschaft** gerichtet. Hinter dem Wesen der Landschaft verbirgt sich ihre lange Entwicklungsgeschichte, ihr komplizierter Bauplan in vertikaler und horizontaler Richtung (↗ S. 95) bei gleichzeitig wechselseitigen Abhängigkeiten der Einzelbestandteile untereinander, ihr „Funktionieren" in kurzen, mittleren und langen Zeiträumen sowie die Gesetzmäßigkeiten ihrer Verbreitung und nachbarschaftlichen Beziehungen zu anderen Landschaften.

In diesem wissenschaftlichen Sinne ist der anfänglich umgangssprachliche deutsche Begriff „Landschaft", der häufig für individuelle Erscheinungen (Schwarzwald, Elbsandsteingebirge) gebraucht wurde, zu einem Typbegriff und damit zu einem wissenschaftlichen Terminus geworden, der auch international verständlich ist: **Landschaftstypen**.

engl.: „landscape";
russ.: „landšaft"

> Eine **Landschaft** ist ein räumliches Gebilde an der Erdoberfläche, in dem sich die Hüllen (Sphären, ↗ S. 99) gegenseitig durchdringen.

Die Biosphäre passt sich diesen Bedingungen an und der Mensch wirtschaftet zunehmend intensiver. Durch die Nutzung wurden und werden die Einzelbestandteile der Landschaft und ihre Beziehungen untereinander ständig verändert.

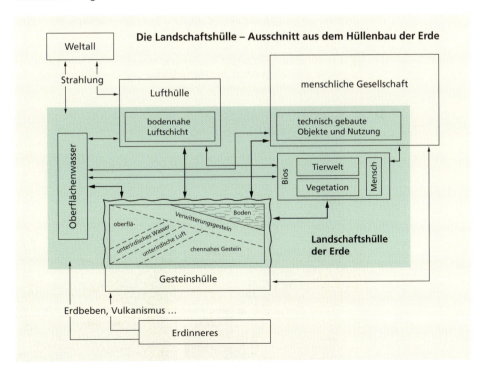

Die Landschaftshülle – Ausschnitt aus dem Hüllenbau der Erde

Die Landschaftshülle der Erde verändert sich also ständig in der Zeit. Sie „funktioniert", weil die **Einzelbestandteile der Landschaft** (Elemente, Komponenten) durch Beziehungen (Vorgänge, Prozesse) eng miteinander verbunden sind. Zugleich unterliegt die Landschaft einer langfristigen Entwicklung, weil bestimmte kurz- oder langfristige Ereignisse (Erdbeben und Vulkanismus, Klimaänderung, Meeresspiegelanstieg usw.) wirksam sind.

Einzelbestandteile der Landschaft sind Landschaftselemente und Landschaftskomponenten.

> Einzelbestandteile der Landschaft und ihre Prozesse/Beziehungen untereinander sind nicht voneinander zu trennen: Es gibt keine Bestandteile ohne Prozesse/Beziehungen und keine Prozesse/Beziehungen ohne Bestandteile in der Landschaft.

Landschaftselemente können im Gelände gemessen oder im Labor bestimmt werden. Sie sind die Grundbausteine der Landschaft und bauen ihrerseits einzelne Landschaftskomponenten auf. Die Verbreitung von Landschaftselementen kann in Karten eingetragen und dann auch wieder aus Karten abgelesen werden.

- Der Boden besteht aus folgenden Landschaftselementen: aus einem Gemisch unterschiedlich großer Mineralkörner und aus viel oder wenig Humus unterschiedlicher Qualität, aus großen und kleinen Hohlräumen, aus viel oder wenig Wasser mit sauren, neutralen oder basischen Eigenschaften und aus unterschiedlich mächtigen und unterschiedlich gefärbten Bodenhorizonten.

- Landschaftselemente des Klimas („Klimaelemente") sind beispielsweise die Temperatur, der Niederschlag und die Verdunstung, die Sonnenscheindauer und die Windstärke.

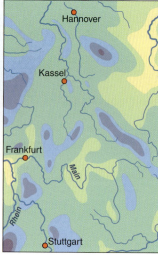

Das Relief wird u. a. durch die Landschaftselemente relative und absolute Höhe und Hangneigung, durch konkave und konvexe Wölbung, durch die Exposition zur Sonne und durch die Position entlang eines Hanges (Ober-, Mittel-, Unterhang) bestimmt.

Das Oberflächenwasser (eines Flusses) kann über die Strömung, die Höhe des Wasserstands, über seine Trübung, den Salz- und Sauerstoffgehalt usw. charakterisiert werden.

Anthropogene Landschaftselemente sind unterschiedliche Bauobjekte (Gebäude, Straßen und ihr unterschiedlicher Belag, Kanäle, Ent- und Bewässerungsanlagen der Landwirtschaft usw.).

Landschaftselemente sind Grundbausteine der Landschaft. Sie sind mess- und kartierbar.

Landschaftskomponenten sind höher integrierte und vom Menschen zu Typen zusammengefasste Landschaftsbestandteile. Sie bestehen aus mehreren messbaren Landschaftselementen. Man kann sie in stabile, labile und variable Landschaftskomponenten unterteilen.

> Die stabilen Landschaftskomponenten sind ein kostbares „Archiv" für die Rekonstruktion der Natur- und Menschheitsentwicklung.

Stabile Landschaftskomponenten sind beständig, fest, dauerhaft und widerstandsfähig und daher nur in langen geologischen Zeiträumen oder technisch nur mit hohem Aufwand veränderbar. Hierzu werden die aus mehreren Landschaftselementen bestehenden Boden-, Substrat- und Relieftypen gezählt.

Die stabile Landschaftskomponente „Bodentyp Braunerde" (↗ S. 153) besteht aus den folgenden Landschaftselementen:
– aus einem mindestens vier Dezimeter dicken Braunhorizont in bestimmter Kombination mit Ober- und Unterbodenhorizonten (Ah/Bv/C),
– aus schwach lehmigem Sand als Bodenart (5–8 % Ton, 10–25 % Schluff, 67–85 % Sand),
– aus der Humusform Moder-Bodenhumus und
– zeigt ein Sickerwasser-Bodenfeuchte-Regime.

Die stabile Landschaftskomponente „Relieftyp Steilnordhang" besteht z. B. aus den für die Typisierung verwendeten Landschaftselementen Neigung (28°), Exposition (N), Wölbung (konkav) und Position (Unterhang).

> Stabile Landschaftskomponenten werden u. a. bei der Braunkohlen- und Kiesgewinnung im Tagebau mit absoluter Umformung des Reliefs, von geologischer Schichtung und natürlicher Bodenausbildung, beim Autobahnbau mit Dammschüttungen und Hangeinkerbungen usw. verändert.

Die Stabilität und Unveränderlichkeit bestimmter Landschaftskomponenten ermöglicht es aber auch, sie für das Erkennen von Landschaftsveränderungen in der Vergangenheit zu verwenden: Heute bewaldete Steilhänge an der Küste können als früher aktive Kliffabschnitte erkannt werden; überschüttete Bodenhorizonte in großer Tiefe bezeugen ehemalige Geländeoberflächen; Lehm mit Feuersteinen dokumentiert glaziale Entstehungsweise (↗ S. 144).

Labile Landschaftskomponenten sind typisierte Bestandteile der Landschaft meist organischer Herkunft. Sie sind unbeständig und unterliegen kurz- und mittelfristigen Veränderungen. Hierzu gehören Vegetations- und Humustypen, die Bodentierwelt und ihre Typen, die Moorbodentypen usw.

Die labilen Landschaftskomponenten können Umweltveränderungen anzeigen.

Da Pflanzen und Tiere und die aus ihnen hervorgegangenen Humus- und Torfbildungen an bestimmte Umweltbedingungen angepasst sind, haben ihre Veränderungen meist auch Umweltursachen. Aus diesem Grunde können labile Landschaftskomponenten oft als Indikatoren („Zeiger") für entsprechende Umweltveränderungen verwendet werden und so bestimmte Richtungen der Landschaftsentwicklung signalisieren. Voraussetzung für die Nutzung labiler Landschaftskomponenten als „Zeiger" für Umweltveränderungen sind allerdings eine gute Artenkenntnis sowie eine tiefgründige Kenntnis ihrer Zeigereigenschaften (↗ S. 168).

Weitflächig abgestorbene Bäume und neue Typen der Bodenvegetation signalisieren über Luft- und Bodenversauerung einen völligen Umbau der Landschaft.

Variable Landschaftskomponenten sind typisierte Bestandteile der Landschaft, deren Elemente sich durch Wetter und Witterung in kurzen Zeiträumen (in Stunden, Tagen, Wochen, Jahreszeiten) verändern. Variable Landschaftskomponenten sind beispielsweise Typen der Bodendurchfeuchtung mit ihren zeitlich unterschiedlichen Bodenfeuchtegehalten, die Geländeklimatypen mit und ohne Bodenfrost sowie mit oder ohne für Weinbau geeignetem Strahlungsgenuss, die Abflusstypen usw. Je kürzer die Abstände für die Messung derartiger Landschaftselemente gewählt werden, desto genauer sind zeitliche Veränderungen zu erfassen. Variable Landschaftskomponenten sind deshalb vor allem für die Erkenntnis und Voraussage von landschaftlichen Prozessen wichtig. Solche Prozesserkundung erfordert allerdings einen umfangreichen Geräteaufwand. Die größten Erfahrungen liegen derzeit bei der Messung meteorologischer und hydrologischer Größen vor.

Die variablen Landschaftskomponenten sind für die Erkenntnis und die Vorhersage von landschaftlichen Prozessen geeignet.

Die Abflussbildung in einem Flusseinzugsgebiet ist das Ergebnis des Zusammenwirkens aller Landschaftskomponenten (Gestein und Boden, Vegetation und Nutzung, Temperatur und Niederschlag).
Als Beispiel wird ein Hochwasserereignis in einem Flusseinzugsgebiet (Elsenz, linker Nebenfluss des Neckars, 542 km²) im März vorgestellt.
Die Temperatur lag bis zum 09.03. fast immer unter null. Daher war der Boden gefroren und die Niederschläge fielen als Schnee. Am 10.03. beendet ein Temperaturanstieg die Frostperiode.
Am 11. und 12.03. regnet es ausgiebig. Dadurch taut auch der Schnee. Schneeschmelz- und Niederschlagswasser fließen gemeinsam auf dem noch gefrorenen Boden oberflächlich ab. Dies führt zu einer Hochwasserspitze am 12.03. mit einem Abfluss von 90 m³/s.
Mit dem Aufhören der Niederschläge am 13.03. geht der Abfluss zwar rasch zurück, mit Beginn neuer Niederschläge steigen die Abflüsse aber wieder auf über 50 m³/s.
Mit dem Wasser gelangen auch Bodenteilchen in den Fluss und werden als „Schwebstoff" abtransportiert. Dieser wird in Gramm je Liter (g/l) gemessen.
Bei Bezug auf die gesamte abfließende Wassermenge kann man die „Schwebstofffracht" ermitteln. Sie wird in Kilogramm pro Sekunde (kg/s) angegeben. Für das Hochwasser vom 12.03. bis 17.03. ergibt sich eine Gesamtfracht von ca. 33 000 Tonnen.

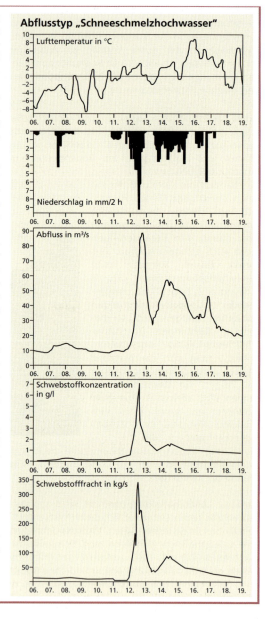

Abflusstyp „Schneeschmelzhochwasser"

Stabile, labile und variable **Landschaftskomponenten** können für das Erkennen früherer Zustände, gegenwärtiger Veränderungen und künftiger Entwicklungen der Landschaft genutzt werden.

2.3.3 Vertikal- und Horizontalstrukturen der Landschaft

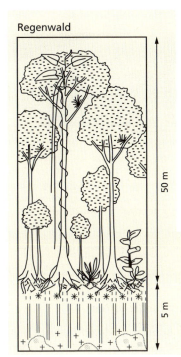

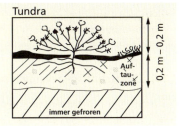

Landschaften sind vertikal und horizontal gegliedert. Obwohl der Mensch seinen Aktionsraum ständig sowohl in die Höhe als auch in die Tiefe ausdehnt, interessiert hier vorzugsweise der erdoberflächennahe Raum, der Landschaftsraum. Die **vertikale Erstreckung** von Landschaften kann einerseits etwa mit der Durchwurzelungstiefe der Pflanzen, der Tiefe der Bodenentwicklung oder der Grundwassertiefe und andererseits mit der Höhe von Bäumen, Schornsteinen oder Gebäuden umrissen werden.

Die Vertikalstrukturen von Regenwald- und Tundralandschaften unterscheiden sich stark.

Landschaften umfassen in **horizontaler Erstreckung** eigentlich die gesamte Erdoberfläche. Allerdings konzentriert sich die normale Landschaftsforschung nur auf das feste Land. Das Meer wird im Rahmen der Meeresforschung untersucht.

Landschaften können in ihrer horizontalen Erstreckung unterschiedlich groß sein. In Abhängigkeit von der Detailliertheit der inhaltlichen Beschreibung und ihrer Abbildung auf Karten gibt es unterschiedliche „Landschaftsdimensionen", die von überblickbaren **Kleinlandschaften** und **Landschaftsmosaiken** über mittelgroße und große **Landschaftsregionen** bis zu erdumfassenden **Landschaftszonen** reichen.
Das kann man sich wie folgt vorstellen: Aus einem Segelflugzeug oder einem Ballon überblickt man aus geringer Höhe nur einen kleinen Ausschnitt aus der Landschaftshülle, sieht aber alles sehr genau. Aus einem Düsenflugzeug kann man sehr viel größere Flächen überblicken, die Genauigkeit der Betrachtung lässt aber nach. Aus dem Weltall sieht man ganze Kontinente oder die Erde als Ganzes, kann aber nur allgemeine Sachverhalte erkennen und beschreiben. Auch die Möglichkeiten der kartografischen Darstellung sind in den verschiedenen **Landschaftsdimensionen** unterschiedlich. Für jede dieser Dimensionsstufen gibt es deshalb spezielle Verfahren der landschaftlichen Erkundung und Kennzeichnung sowie der kartografischen Darstellung.

Die unterschiedliche Erfassung der Landschaftshülle		
aus einem Ballon	vom Flugzeug aus	aus dem Weltraum

Da die Landschaftshülle etwas Zusammenhängendes ist, ändern sich ihre natürlichen Eigenschaften von Ort zu Ort nicht schroff, sondern meist nur allmählich. Neuerdings werden aber die Landschaftsgrenzen durch die Landnutzung auf ganz bestimmten Parzellen (Eigentumsgrenzen!) viel schärfer, vielfach sind sie sogar geometrisch exakt kartierbar.

> Landschaften sind dreidimensionale Räume mit bestimmten Eigenschaften, die sich zudem noch in der Zeit ändern.

2.3.4 Landschaftsökosysteme und Landschaften

Landschaft ist konkrete geografische Realität. Landschaften sind in tiefgründiger Kulturarbeit (oder durch Zerstörung) aus früheren Naturräumen hervorgegangen.

Die einzelnen unbelebt-natürlichen, belebten und technischen Landschaftsbestandteile wirken direkt oder indirekt in einem beliebig abgrenzbaren System als **Landschaftsökosystem** zusammen. Ein solches Landschaftsökosystem kann als Modell dargestellt werden (↗ S. 87). Räumlicher Ausdruck des Landschaftsökosystems ist die reale, objektiv existierende **Landschaft unterschiedlicher Größe** (Dimension). Die Landschaft ist also nichts „Beliebiges", sondern ein naturwissenschaftlich definierter dreidimensionaler Raum mit bestimmten Eigenschaften, mit spezifischer Dynamik und charakteristischen Verhaltensweisen.

Diese Landschaft wird aber weithin durch die Gesellschaft geprägt. Sowohl alle natürlichen Bestandteile als auch die gesellschaftlichen Maßnahmen wirken nach naturgesetzlichen Mechanismen in der Landschaft zusammen. Da die Gesellschaft in ihrer Existenz untrennbar mit den Landschaften verbunden ist, versucht sie über die Landschaftsplanung eine vorsorgliche **Landschaftsnutzung** zu gewährleisten.

Landschaftsnutzung ist immer mit veränderten **Stoff- und Energieströmen** verbunden. Heute sind anthropogen ausgelöste oder veränderte Stoffströme auf der Erde die größte Herausforderung an die Wissenschaften, an die Politik und das Landnutzungsmanagement. Diese Stoff- und Energieströme vermögen langfristig die natürlichen Gleichgewichte in den Landschaften zu stören und die Landschaftsentwicklung in unerwünschte Bahnen zu lenken. Derartige Veränderungen betreffen Landschaften aller Dimensionsstufen und die Erde als Ganzes.

Die Umgestaltung der geografischen Hülle

> **Landschaftsnutzung** (kürzer: Landnutzung) ist ein gesellschaftlich motivierter, aber meist mit technischen Mitteln durchgeführter Vorgang, der sich an der Naturausstattung der Landschaft orientiert.

Zur **Naturausstattung** gehören u. a.: (günstiger) Baugrund, (reichlich vorhandenes) Grundwasser, (hohe natürliche) Bodenfruchtbarkeit, abbauwürdige Bodenschätze.

Aus der Überschneidung verschiedener Interessen bei der Landnutzung (Gipsabbau – Erhaltung des Kleinklimas und der Lebensbedingungen) entwickeln sich oftmals Nutzungskonflikte.

Durch Nutzung veränderte Bestandteile und Stoffströme in einer Kleinlandschaft „stark geneigter und intensiv beackerter Lehm-Hang": Die Landschaftseigenschaften werden vom Relief, dem Boden, von den Nutzpflanzen des Landwirts, von den natürlichen Prozessen sowie von den ständigen technischen Eingriffen des Menschen (Pflügen, Düngen, Säen, Lockern, Ernten, Pflanzenschutz usw.) und von den dadurch veränderten Prozessen geprägt. Als Folge des Ackerbaus verarmt der Boden an Humus, verdichtet sich infolge ständigen Befahrens mit schwerem Gerät und liegt teilweise nach der Ernte wochenlang ohne Vegetation. Die in dieser Situation fallenden Starkregen werden beim Aufprall auf die Bodenoberfläche nicht von der Vegetation gedämpft, zerstören die Bodenkrümel und verschlämmen den Oberboden. Das Regenwasser kann nur noch teilweise in den Boden einsickern und fließt meist oberflächlich ab. Dabei werden Rillen und Furchen ausgespült und Bodenmaterial, Humus und Nährstoffe wegtransportiert. Am Hangfuß wird dieses Bodenmaterial meist wieder abgelagert. Das Wasser mitsamt den gelösten Nährstoffen gelangt in den nächsten Bach, in einen Fluss und schließlich ins Meer. Die ständige Wiederholung dieses Prozesses führt zur Bodenabtragung am Oberhang und zur Bildung von Kolluvium am Unterhang. Der Boden verarmt am Oberhang an Nährstoffen und Humus und wird insgesamt trockener. Am Unterhang wird der Boden mit Humus und Nährstoffen angereichert. Zudem vernässt er allmählich.

Kolluvium ist das im Hangfußbereich abgelagerte, vorher oberhalb abgetragene Bodenmaterial.

Die Verminderung der Bodenerosion ist zu einer wesentlichen Aufgabe der heutigen und zukünftigen Generationen geworden.

Will man die mit der Bodenerosion verbundenen Stoffströme verhindern oder wenigstens vermindern, muss man vielmehr überlegen, durch welche theoretisch gegebenen Möglichkeiten dies geschehen kann oder nicht:

1. Wenn mehr Wasser in den Boden einsickern könnte, würde davon weniger oberirdisch abfließen. Also müssten die Bodenhohlräume und Poren vergrößert werden. Diese sind vorzugsweise an die „Korngröße Sand" gebunden. Sande haben größere Hohlräume. In ihnen versickert das Wasser rascher. Also müssten die kleinen Korngrößen vergröbert werden („Lehm zu Sand machen = unsinnig")!
2. An kurzen Hängen fließt weniger Wasser ab als an langen Hängen. Also sollten die Hanglängen verkürzt werden (= unsinnig)!
3. Von ebenen Flächen fließt kein Wasser ab. Die Hänge müssten also eingeebnet (oder zumindest abgeflacht) werden (= unsinnig)!
4. Eine ständige und relativ dichte Bodenbedeckung durch Pflanzen dämpft die Bodenerosion oder verhindert sie vollständig. Deshalb müsste man für eine ständige Bodenbedeckung durch eine dichte Pflanzendecke sorgen (Dauergrünland oder Wald = sinnvoll)!
5. Es würde mehr Wasser in den Boden einsickern, wenn ein stabiles Krümelgefüge mit hohen Humusgehalten und vielen Regenwürmern im Oberboden vorläge. Also wäre der Humusgehalt zu vergrößern (gute Humuswirtschaft = sinnvoll)!
6. Bodenerosion würde ausbleiben, wenn es keine Erosivniederschläge, sondern nur noch Kleinniederschläge gäbe, die sich über einen langen Zeitraum erstrecken. Also müssten Erosivniederschläge verboten werden (= unsinnig)!

Stoffströme und Nutzungsmanagement einer Landschaftsregion „agrarisches Intensivgebiet":
Hier gibt es intensiven Ackerbau auf Lehmen sowie auf grundwassernahen Sanden und Niedermooren. Die Erträge wurden in den letzten Jahrzehnten durch erhebliche Düngermengen (Mineral- und organische Düngung) stark erhöht. Neben dem Ackerbau wird intensive Tierhaltung betrieben (Rinder-, Schweine- und Geflügelzucht). Dadurch fallen große Stallmist- und Güllemengen an, mit denen der Boden gedüngt wird. Durch das Missverhältnis zwischen Nutzviehanzahl und Flächenausstattung (für die Entsorgung der tierischen Exkremente) kommt es zu einer viel größeren Düngemittelausbringung auf die Felder, als die Kulturpflanzen überhaupt aufnehmen können.
In der Folge gelangen beispielsweise mehr Stickstoff und Phosphor in den Boden, als von den Kulturpflanzen überhaupt umgesetzt werden können. Die Folgen sind Nitratauswaschung bis in das Grundwasser, Phosphatanreicherung im Boden und die Verseuchung von pflanzlichen Nahrungsmitteln. Mancher Landwirt manipuliert diese nicht mehr beherrschbaren Stoffströme durch Güllehandel, durch Verfütterung spezieller Mittel („Phytase") zur Verminderung der Phosphorausscheidung der Tiere, durch Verkauf von Geflügeltrockenkot in andere Gebiete, durch technische Gülleaufbereitung (Fest-Flüssig-Trennung) mit Herstellung und Verkauf von Güllefeststoff als Bodenverbesserungsmittel und schließlich auch durch kriminelle illegale Gülleentsorgung im Wald.

NATURGEOGRAFISCHE GRUNDLAGEN 3

3.1 Gestein

Die Lithosphäre als Ganzes ist ein Gegenstand der Geologie. Diese untersucht Entstehung, Entwicklung und Veränderung des gesamten Erdkörpers einschließlich der die Erde in erdgeschichtlicher Zeit bewohnenden Lebewesen.

Gesteine sind die Hauptbestandteile der **Lithosphäre**. Das oberflächennahe **Gestein** bildet eine Teilhülle der Landschaftshülle (↗ S. 74). Es ist die Natur- bzw. Landschaftskomponente (↗ S. 87), die das Baumaterial für die Reliefformen (↗ S. 136) bereitstellt. Zerbricht die Lithosphäre, können Gesteinsschmelzen (Magma) aus tieferen Schalen des Erdkörpers als vulkanische Lava bis an die Erdoberfläche gelangen.

> Die Lithosphäre und die sich in ihr vollziehenden Vorgänge sind sowohl mit den tieferen Schalen des Erdkörpers als auch mit den Reliefformen an der Erdoberfläche untrennbar verbunden.

Die Lithosphäre und die ihr zuzuordnenden Prozesse haben bedeutenden Einfluss auf das Leben der Menschen. Diese entnehmen ihr Bodenschätze (↗ S. 242), sind aber auch Gefahren ausgesetzt (↗ S. 356).

3.1.1 Vorgänge in der Lithosphäre

Die Tektonik ist das Teilgebiet der Geologie, das den Bau der Lithosphäre, die in ihr stattfindenden Bewegungsvorgänge und die Kräfte, die diese Vorgänge verursachen, untersucht.

> In der Lithosphäre finden in erdgeschichtlichen Zeiträumen Vorgänge statt, die Gesteine und Oberflächenstrukturen verändern.

Gesteinsverändernde Vorgänge (↗ S. 104) und **strukturverändernde Vorgänge** (↗ S. 101) bedingen sich gegenseitig. So ist der Vulkanismus an strukturverändernde Vorgänge gebunden, führt aber gleichzeitig zur Gesteinsbildung bzw. -veränderung (↗ S. 106).

Vulkanische Erscheinungen – Beispiele für Vorgänge in der Lithosphäre		
Quellkuppe (Basalt)	Geysir (Wasserdampf)	Sinterterrassen

Zu den **strukturverändernden Vorgängen** gehören neben den exogenen Reliefformungsprozessen (↗ S. 140–147) Verbiegungen bzw. Verfaltungen und Verwerfungen. Diese werden durch **tektonische Bewegungen,** die im Bereich von Kontinenten bei Störungen des Gleichgewichts von Teilen der Erdkruste auf dessen Wiederherstellung gerichtet sind, verursacht. Bei *seitlicher Einengung* rufen tektonische Bewegungen **Faltung** und **Überschiebung** von Gesteinsschichten hervor. Bei *seitlicher Dehnung* und *vertikalem Versatz* bilden sich **Brüche** mit Klüften und **Verwerfungen** und entsprechenden Reliefformen (↗ S. 139). Als Folge tektonischer Bewegungen können Erdbeben auftreten.

Die Vorgänge in der Lithosphäre können aus dem vertikalen **Schalenbau des Erdkörpers,** der horizontalen **Gliederung der Lithosphäre** sowie aus den im Erdkörper wirkenden Kräften erklärt werden.

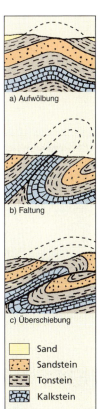

a) Aufwölbung

b) Faltung

c) Überschiebung

Sand
Sandstein
Tonstein
Kalkstein

> Der Erdkörper ist aus Schalen aufgebaut. Von außen nach innen nehmen Drücke, Temperaturen und Dichten bedeutend zu.

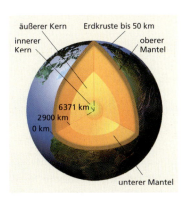

Die **Erdschalen,** die weiter unterteilt werden, sind Erdkruste, Erdmantel und Erdkern. Sie unterscheiden sich durch ihre Eigenschaften. Die Grenzflächen zwischen den Erdschalen heißen Diskontinuitäten, weil sich an ihnen messbare Eigenschaften, z. B. die Geschwindigkeit der Erdbebenwellen und die daraus ableitbaren Gesteinsdichten, sprunghaft ändern. Der obere Erdmantel ist nach dem Aggregatzustand der Materie jedoch nicht einheitlich beschaffen. Er gliedert sich in einen festen oberen Bereich und in einen fließfähigen unteren Bereich.

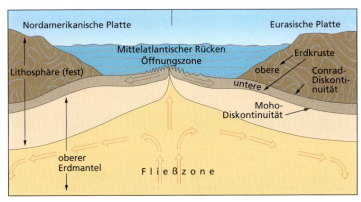

 Die Lithosphäre umfasst die Erdkruste und den oberen Erdmantel.

Naturgeografische Grundlagen

> Der feste Bereich des oberen Erdmantels bildet zusammen mit der insgesamt festen Erdkruste die **Lithosphäre**. Der fließfähige Bereich des oberen Erdmantels ist die Fließzone, die **Asthenosphäre**.

Die Lithosphäre ist horizontal in verschieden große **Lithosphäreplatten** gegliedert, die nicht mit Kontinenten oder Ozeanen übereinstimmen.

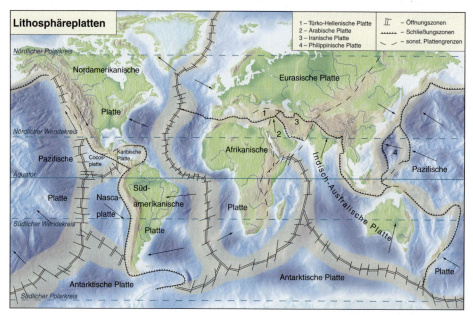

Lithosphäreplatten

1 – Türko-Hellenische Platte
2 – Arabische Platte
3 – Iranische Platte
4 – Philippinische Platte

– Öffnungszonen
– Schließungszonen
– sonst. Plattengrenzen

Kontinentale Platten(teile) sind 100 bis 140 km dick, **ozeanische** 70 bis 80 km. Die Ursache dafür ist, dass nur im Bereich der Kontinente die obere Erdkruste vollständig ausgebildet ist.

Die Strömungsgeschwindigkeit der zähflüssigen Schmelzen der Asthenosphäre beträgt etwa 3 bis 5 cm je Jahr. Dort, wo die beiden Strömungswalzen zusammenfließen, entstehen in der Erdkruste Zerrungen. Die Kruste öffnet sich.

Die Lithosphäreplatten sind auf der Fließzone, der Asthenosphäre, frei beweglich. Den Antrieb für die Bewegungen der Lithosphäreplatten stellen (Konvektions-)Strömungen der zähflüssigen Magmen der Asthenosphäre dar. Dadurch werden die Platten gleitend oder rotierend gegeneinander verschoben. Sie können sich voneinander weg, aufeinander zu oder aneinander vorbei bewegen. Mit jedem der drei möglichen Fälle der Plattenbewegungen sind jeweils andere geologische Vorgänge und Ereignisse verbunden, die vorwiegend an den Plattengrenzen stattfinden.

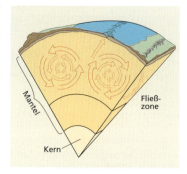

Werden Platten *voneinander weg* bewegt, dringt an der Plattengrenze Magma aus der Fließzone in die Lithosphäre ein. Solche Plattengrenzen werden als **Öffnungszonen,** Förderzonen oder Rifts bezeichnet. Aus dem aufsteigenden Magma bildet sich neuer Ozeanboden, die Basaltschicht der Erdkruste, bei starker Förderung in kurzer Zeit vulkanische Inseln. Der Ozean dehnt sich aus (↗ S. 101).

An den Plattengrenzen, an denen Lithosphäreplatten *aufeinander zu* bewegt werden, bilden sich **Schließungszonen** (Kollisionszonen). Sind an dieser Bewegung eine *ozeanische* Platte und eine *kontinentale* Platte beteiligt, wird die ozeanische Platte verschluckt (Verschluckungszone). Sie taucht unter und wird der Aufschmelzung in der Asthenosphäre zugeführt. Das Untertauchen führt zum Entstehen eines Tiefseegrabens. An der Plattengrenze entstehen Spannungen, die sich in Erdbeben entladen. Die kontinentale Platte wird gefaltet (Faltengebirge) und mit tiefen Spalten durchsetzt. Durch sie kann Magma aufdringen. Es bilden sich Vulkane und Plutone (↗ S. 106).

Ein Beispiel für eine Öffnungszone ist der Mittelatlantische Rücken.
Eine Schließungszone befindet sich an der Westküste Südamerikas.

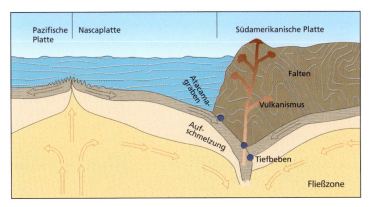

Werden *zwei kontinentale* Platten aufeinander zu bewegt, ist aufgrund ihres Gleichgewichts ein Untertauchen der einen unter die andere nicht möglich. Es kommt daher zur Faltung von Krustengesteinen und durch Heraushebung zu einem Hochgebirge, das Verwitterung und Abtragung ausgesetzt ist (↗ S. 137).

Bei tief in den oberen Erdmantel hinabreichenden Bruchlinien können sich Lithosphäreplatten *aneinander vorbei* bewegen, meist jährlich nur um wenige Zentimeter. Die festen Gesteine werden über Jahre und Jahrzehnte hinweg einem immer stärker werdenden Druck ausgesetzt, bis es zum Zerreißen der Lithosphäre kommt. Die dabei frei werdende Energie und die auftretende Reibung lösen dann Erdbeben aus.

Plattentektonische Bewegungen sind in einer bestimmten *Abfolge* verbunden. Sie beginnt mit dem Zerfall kontinentaler Platten an innerkontinentalen Tiefenbrüchen und der Bildung kontinentaler Gräben. Sie öffnen sich und Meerwasser kann eindringen. Es entsteht ein Ozean, der im Verlauf der Erdgeschichte mehrere Stadien durchläuft.

Der Himalaja ist das Ergebnis der Kollision von Eurasischer Platte und Indischer Platte.

Erst Kenntnisse über die Entstehung der Ozeane ermöglichten es, die plattentektonisch geprägte Entwicklung der Lithosphäre zu rekonstruieren.

> Durch tektonische Bewegungen entstehen in der Erdkruste Falten, Überschiebungen, Verbiegungen, Brüche, Gräben und bewegliche Platten. Erdbeben und Vulkantätigkeit sind Ausdruck solcher Bewegungen. Zugleich werden dadurch Gesteine verändert.

3.1.2 Gesteine, Minerale, Bodenschätze

Mit den strukturverändernden Vorgängen in der Lithosphäre (↗ S. 100) sind **gesteinsverändernde Vorgänge** verbunden. Es entstehen Gesteine, sie existieren eine bestimmte Zeit, sie werden umgewandelt und zerstört. **Gesteine** sind natürliche Gemenge von Mineralen.

> **Minerale** sind natürliche, fast ausschließlich anorganische chemische Verbindungen der Erdkruste, meist in Form von Kristallen.

Zu den ca. 100 **gesteinsbildenden Mineralen** gehören die **Silikate**, u. a. Quarz, die Feldspate Orthoklas und Plagioklas, die Glimmer Biotit und Muskowit, Olivin, Hornblende und Augit.

Minerale unterscheiden sich untereinander durch ihre chemische Zusammensetzung, die vielfältigen Kristallformen sowie durch die physikalischen Eigenschaften Härte, Bruch, Spaltbarkeit, Farbe, Glanz und Durchsichtigkeit. Die Kristalle erhalten ihre äußere Gestalt durch die Kombination von Flächen, Kanten und den Winkeln zwischen diesen. Ihre Formen beruhen auf der Anordnung der Atome zu Tetraedern und den verschiedenen Möglichkeiten ihrer Verknüpfung zu Gerüsten, Ketten, Bändern, Schicht- oder Blattstrukturen (Kristallgitter).

Tonminerale als weitere geologisch bedeutende Mineralgruppe sind wesentliche Gemengteile der Sedimentgesteine (↗ S. 106). Sie entstehen vor allem bei der Verwitterung (↗ S. 100) aluminiumreicher Silikate sowie bei der Bodenbildung (↗ S. 151).

Quarzkristall

SiO_2

Orthoklas

$K[AlSi_3O_8]$

Plagioklas

$Na[AlSi_3O_8]+Ca[Al_2Si_2O_8]$

Biotit

$K(Mg,Fe)_3[(OH,F)_2/AlSi_3O_{10}]$

Muskowit

$KAl_2[(OH,F)_2/AlSi_3O_{10}]$

Olivin

$(Mg,Fe)_2[SiO_4]$

Hornblende

$(Ca,Na,K)_{2-3}(Mg,Fe,Al)_5[(OH,F)_2/(Si,Al)_2Si_6O_{22}]$

Gesteine besitzen einen inneren Bau, das Gefüge. Das **Gesteinsgefüge** zeigt sich in der Struktur und der Textur von Gesteinen. Die **Struktur** gibt Auskunft über Größe, Form und Kristallentwicklung der Minerale, die **Textur** über deren räumliche Anordnung. **Granit** und **Gneis** haben eine *kristalline* Struktur. Die Textur ist beim Granit *richtungslos,* beim Gneis dagegen *gerichtet.* **Sandstein** besitzt eine *Einzelkornstruktur* und eine *geschichtete* Textur. Für **Glimmerschiefer** trifft eine *grobkörnige* Struktur und eine *schieferige* Textur zu. Das Gesteinsgefüge widerspiegelt die jeweiligen Bildungsbedingungen der Gesteine.

Unterschiedliche Gesteinsgefüge aus verschiedenen Strukturen und Texturen – Beispiele			
Granit	Gneis	Sandstein	Glimmerschiefer

Nach der Art ihrer Entstehung lassen sich **Gesteine** in **magmatische Gesteine** (Magmatite), **sedimentäre Gesteine** (Sedimente, Sedimentite) und **metamorphe Gesteine** (Metamorphite) ordnen.

Magmatische Gesteine (Magmatite)

Magmatische Gesteine erstarren aus dem Magma. Sie werden nach dem Ort ihrer Entstehung, nach ihrem Mineralbestand und nach ihrem Quarzgehalt unterteilt.

Kristallisieren magmatische Gesteine in der Tiefe der Erdkruste, entstehen **Tiefengesteine** (Plutonite). An der Erdoberfläche (Festland oder Meeresboden) erstarrte Gesteine sind **Ergussgesteine** (Vulkanite).

Während der Abkühlung spalten sich die Schmelzen in Teilschmelzen von unterschiedlicher Zusammensetzung auf, und bereits abgekühlte Teile kristallisieren aus. Dabei bilden sich Minerale. Die **Plutonite** haben eine einheitlich körnige Struktur mit annähernd gleich großen, miteinander richtungslos verwachsenen Kristallen, da durch ihre langsame Abkühlung in der Tiefe der Erdkruste ausreichend Zeit für die Kristallbildung vorhanden war. Die **Vulkanite** bestehen dagegen aus einer feinkörnigen bis dichten Grundmasse, in die oft größere Mineralkristalle als Einsprenglinge eingebettet sind. Es sind diejenigen Minerale, für deren Wachstum die wesentlich kürzere Abkühlungszeit an der Oberfläche ausreichend war.

Magma (lat.) = Teig

Magma befindet sich in der Erdkruste und im oberen Erdmantel. Die verschiedenen Magmen haben ihren Ursprung in den Tiefen des Erdmantels oder entstanden durch Aufschmelzen von Krustengesteinen.

Magmatische Gesteine, nach Entstehungsort und Schmelze unterschieden – Beispiele			
Granit	Rhyolit	Gabbro	Basalt
Plutonit, sauer	Vulkanit, sauer	Plutonit, basisch	Vulkanit, basisch

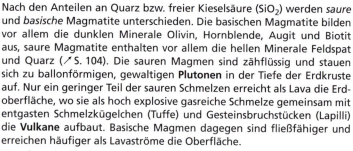

Basische Magmen haben 52–65 % SiO_2, saure Magmen >65 % SiO_2.

Nach den Anteilen an Quarz bzw. freier Kieselsäure (SiO_2) werden *saure* und *basische* Magmatite unterschieden. Die basischen Magmatite bilden vor allem die dunklen Minerale Olivin, Hornblende, Augit und Biotit aus, saure Magmatite enthalten vor allem die hellen Minerale Feldspat und Quarz (↗ S. 104). Die sauren Magmen sind zähflüssig und stauen sich zu ballonförmigen, gewaltigen **Plutonen** in der Tiefe der Erdkruste auf. Nur ein geringer Teil der sauren Schmelzen erreicht als Lava die Erdoberfläche, wo sie als hoch explosive gasreiche Schmelze gemeinsam mit entgasten Schmelzkügelchen (Tuffe) und Gesteinsbruchstücken (Lapilli) die **Vulkane** aufbaut. Basische Magmen dagegen sind fließfähiger und erreichen häufiger als Lavaströme die Oberfläche.

Von den physikochemischen Eigenschaften der Schmelzen hängt auch die Form, der Bauplan und die Tätigkeit der **Vulkane** ab. **Schichtvulkane** (Stratovulkane) sind die typischen Vulkankegel mit Gipfelkrater und Seitenkratern. Sie entstehen bei gemischter Förderung von *sauren* Laven und Tuffen, die schichtförmig gelagert werden. Am Ende des Ausbruchs können sich durch Einsturz **Calderen** bilden und in ihnen erneut Vulkane entstehen. Bei gasarmer, leicht fließfähiger *basischer* Lava bilden sich die gigantischen basaltischen **Schildvulkane** am Boden der Ozeane und die riesigen **Plateaubasalte** auf den Kontinenten.

Es gibt über 500 aktive Vulkane auf der Erde. Nach ihrem gegenwärtigen Zustand unterteilt man sie in tätige (↗ S. 397) und in untätige Vulkane. Hinzu kommen Tausende erloschener Vulkane. Auch **Geysire** gehören zum Vulkanismus.

vulkanische Decke

Schildvulkan

Maar

Aschenvulkan

Stratovulkan

Caldera

Sedimentgesteine (Sedimente, Sedimentite)

Die **Sedimentgesteine** entstehen durch Umlagerung und Ablagerung von festen und gelösten Verwitterungs- und Abtragungsrückständen. Der Sedimentation geht der Transport der Gerölle, Körner und Partikel voraus. Abgeschlossen wird die Sedimentation nach der Akkumulation der Massen durch Entwässerung und Verfestigung.

Nach dem Ort der Entstehung gibt es marine (im Meer) und terrestrische (auf dem Festland entstandene) Sedimente. Letztere werden in fluviale (von Flüssen), limnische (in Seen), äolische (durch Wind) und glazigene (durch Eis entstandene) Sedimente gegliedert.

Einteilung von Sedimentgesteinen nach ihrer Entstehung und ihrer Festigkeit

Art der Entstehung	Lockergestein	Festgestein
klastische Sedimente (Trümmergesteine)	Tone, Schluffe, Sande, Kiese, Gruse; Geschiebemergel, Löss	Tonsteine, Schluffsteine, Sandsteine, Konglomerate, Brekzien, Tephra/Tuffe
chemische Sedimente	Kalke, Dolomite, Mergel; Wiesenkalke, Kalktuffe	Kalkstein, Dolomitstein, Mergelsteine; Anhydrit, Gips; Steinsalz, Kalisalz
biogene Sedimente	Torf	Kohle

Sedimente sind Umlagerungs- und Ablagerungsrückstände. Sie sind auch wichtige Urkunden zur Rekonstruktion der Erdgeschichte.

Das wichtigste Merkmal der Sedimente ist die **Schichtung** (↗ S. 105). Sie kann z. B. als *Horizontalschichtung* oder als *Schrägschichtung* auftreten. Die **klastischen Sedimentgesteine**, die den größten Teil der Erdoberfläche mit einer dünnen Schicht bedecken (↗ S. 111), bestehen aus *Körnern* und *Bruchstücken* in einer Grundmasse sowie aus einem alle Bestandteile fest zusammenhaltenden *Bindemittel* (Matrix oder Zement).

Kies
– gerundete Körner
Grus
– kantige Körner
Konglomerat
– aus gerundeten Gesteinstrümmern
Brekzie
– aus kantigen Gesteinstrümmern

Metamorphe Gesteine (Metamorphite)

Metamorphe Gesteine sind umgewandelte Magmatite und Sedimente.

Fortschreitende Umwandlung eines Magmatits und eines Sediments zum Metamorphit

Granit ⟶ Granitgneis ⟶ Orthogneis

Sandstein ⟶ Quarzit ⟶ Granulit

Magmatische und sedimentäre Gesteine unterliegen in der Erdkruste vielfältigen Umwandlungen, **Metamorphosen.** Sie betreffen sowohl die Minerale als auch die Gesteinsgefüge. Die Umwandlung ist an die Versenkung der Gesteine in die Tiefe, an gebirgsbildende Prozesse sowie an das Eindringen magmatischer Schmelzen und damit an gestiegene Temperaturen und Drücke gebunden. Die Metamorphose führt zu einer Einregelung der Mineralneubildungen in das entstehende Gesteinsgefüge und zur Ausbildung von neuen Flächen (z. B. Schieferungsflächen).

Aufgrund ihrer Schieferigkeit tragen die Metamorphite auch die Bezeichnung „kristalline Schiefer". Ihre Namen leiten sich häufig von ihrem Stoffbestand und dem Gefüge ab, z. B. „Glimmerschiefer" oder „Granitgneis".

> **Metamorphe Gesteine** sind durch Druck und/oder hohe Temperaturen umgewandelte Gesteine.

Magmatische, sedimentäre und metamorphe Gesteine sind in den Prozessen des Werdens und Vergehens im **Kreislauf der Gesteine,** der auch das Magma der Asthenosphäre enthält, miteinander verbunden.

Die Sedimente sind nicht nur weit an der Erdoberfläche verbreitet, sie haben auch besondere Bedeutung für das Entstehen von Fossilien und damit für die fossilen Brennstoffe Kohle, Erdöl und Erdgas.
Die Sedimente sind auch für Altersbestimmungen in der erdgeschichtlichen Entwicklung außerordentlich bedeutsam.

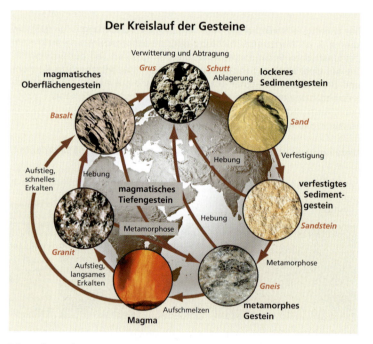

Der Kreislauf der Gesteine

Minerale und Gesteine, elementare Gase, Erdöl und Erdgas sowie das unterirdische Wasser sind **Bodenschätze** (↗ S. 242). Als natürliche mineralische **Rohstoffe** (↗ S. 342) finden sie in der Industrie und anderen Bereichen vielfältige Verwendung.
Ihre effektive Nutzung setzt genaue Kenntnisse über ihre Zusammensetzung und ihre Eigenschaften voraus. Die Nutzung mineralischer Rohstoffe sollte aber auch Einsichten in die zunehmende Notwendigkeit des nachhaltigen Umgangs mit der Natur einschließen (↗ S. 346).

3.1.3 Erdgeschichtliche Entwicklung

Die 4,6 Milliarden Jahre während erdgeschichtliche Entwicklung besitzt große Bedeutung auch für den heutigen Zustand der Lithosphäre. Die Erdgeschichte gehört zu den geologischen Vorgängen, die in der Regel messbar sind. Es werden die Erdzeitalter Erdfrühzeit, Erdaltertum, Erdmittelalter und Erdneuzeit ausgegliedert. Die bekannten ältesten Gesteine haben ein Alter von > 4 Mrd. Jahren.

Die Erdgeschichte wird in Zeitabschnitte oder in entsprechende Schichtfolgen unterteilt.

Systeme der Erdgeschichte
Quartär
Tertiär
Kreide
Jura
Trias
Perm
Karbon
Devon
Silur
Ordovizium
Kambrium

Die Erdgeschichte kann mit geologischen Methoden über einen Zeitraum von > 4 Milliarden Jahren zurückverfolgt werden.

Geologische Zeit und ihre Bestimmung

Die erdgeschichtlichen Ereignisse werden über die Zeit bzw. Zeitdauer bestimmt. Die **Altersbestimmung** von Gesteinen und Ereignissen ist eine wesentliche Fragestellung in der Geologie und in der Paläontologie. Trotz vieler Schwierigkeiten, die sich vor allem aus den unvorstellbar weit zurückliegenden Zeiträumen ergeben, kann die Wissenschaft bereits viele gesicherte Aussagen machen, um Ereignisse der Erdgeschichte, Gesteins-, Mineral- und Fossilfunde in ein zeitliches Nacheinander einzuordnen (↗ S. 402).

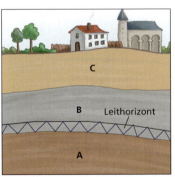
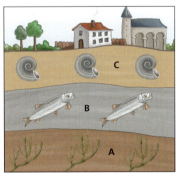

Zunächst war es nur möglich, eine **relative Altersbestimmung** vorzunehmen. Dabei werden die Lagerungsverhältnisse vor allem der Sedimentgesteine untersucht und die Lagebeziehungen einzelner Schichten und Formationen innerhalb eines Gesteinsprofils festgestellt, die eine charakteristische, unverwechselbare Abfolge besitzen. Die Bestimmung des relativen Alters wurde möglich, nachdem man erkannt hatte, dass in einem ungestörten Gesteinsprofil eine obere Schicht oder Formation stets jünger als eine darunter liegende ist. Die Altersbestimmung wurde durch Leithorizonte erleichtert.

stratum (lat.) = Schicht
chronos (grch.) = Zeit, Dauer
graphein (grch.) = schreiben

Diese Methode der **Lithostratigrafie** wurde ergänzt durch die **Biostratigrafie,** die die Evolution der Lebewesen zur Grundlage nimmt. Man erkannte, dass in unterschiedlicher Entwicklungsstufe befindliche Lebewesen charakteristischen und weltweit verbreiteten Sedimentgesteinen zugeordnet werden können. Grundlage der Biostratigrafie ist die Erkenntnis, dass die Lebensdauer bestimmter Tier- und Pflanzenarten als Zeitmarke für eine biologische Zeitrechnung dienen kann. Solche Tier- und Pflanzenarten werden als **Leitfossilien** benutzt (↗ S. 402 u. 403). Sie müssen leicht auffindbar, global verbreitet, über verschiedene Lebensräume verteilt und den Sedimenten zuordenbar sein.

Biostratigrafie = relative Altersbestimmung von Sedimentgesteinen mithilfe von Fossilien

Geochronologie = zeitliche Einstufung geologischer Strukturen und Prozesse und deren Einordnung in Zeitskalen mittels Halbwertszeiten beim radioaktiven Zerfall von Isotopen

Wenn Gesteinsschichten als **Leitarten** bestimmte Fossilien enthalten, so definieren sie durch ihr Vorkommen diese Schichten als *während der Lebensdauer ihrer Art entstanden*. Die in den tieferen Schichten der Schichtenfolgen aufgefundenen Fossilien sind stets biologisch älter als die in den höheren Schichten vorkommenden Fossilien.

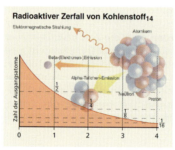

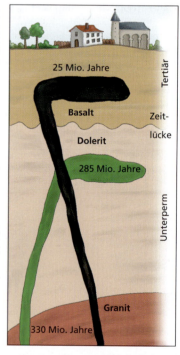

Radiometrische Methoden beruhen auf dem Vorkommen von radioaktiven Elementen und ihren natürlichen Isotopen in Mineralen und Gesteinen und auf der Messung ihres radioaktiven Zerfalls mithilfe der „Halbwertszeit".

Die radiometrischen Methoden gestatten Altersdatierungen von wenigen Tausend bis zu mehreren Milliarden von Jahren.

Die mithilfe der Leitfossilien aufgestellte relative zeitliche Gliederung reichte nicht für die Erforschung aller geologischer Zeiten aus. Für Magmatite und Metamorphite fehlten generell verlässliche Altersangaben. Die Berechnung der Dauer geologischer Prozesse ohne absolute Alterszahlen erwies sich als unmöglich. Abhilfe schaffte die **Geochronologie,** die sich u. a. *radiometrischer Methoden* bedient, die zu einer **absoluten Altersbestimmung** führen.

Mittels Biostratigrafie und Geochronologie können Gesteine hinsichtlich ihres relativen und absoluten Alters datiert werden.

Erdgeschichtliche Zeittafel und geologische Karte

> Erdgeschichtliche Zeittafel und geologische Karte sind wichtige Hilfsmittel, die durch bio- und lithostratigrafische Methoden erforschte zeitliche Abfolge erdgeschichtlicher Ereignisse und die räumliche Verbreitung ihrer Ergebnisse festzuhalten.

Die **erdgeschichtliche Zeittafel** (↗ S. 402 u. 403) zeigt die stratigrafische Gliederung der Erdgeschichte nach Gruppen, Systemen und Serien von Schichtfolgen. Eine weitere Unterteilung in Alter, Zonen und Schichten ist möglich. Diesen Schichtfolgen sind wichtige erd- und lebensgeschichtliche Ereignisse zugeordnet. Die erdgeschichtliche Zeittafel wurde nach dem „Vorbild" ungestörter Sedimentfolgen angelegt: Das Ältere befindet sich immer unter dem Jüngeren. Die zeitliche Abfolge erfordert das Lesen der Zeittafel von unten nach oben.

Ordnet man diesen Schichtfolgen Zeiteinheiten zu, heißen diese chronologischen Einheiten Ära, Periode, Epoche, Stufe, Phase und Moment.

In einer **geologischen Karte** sind vor allem Flächen ausgewiesen, die den Systemen in der erdgeschichtlichen Zeittafel entsprechen, also Schichtfolgen, denen bestimmte Gesteine (meist Sedimente) zuzuordnen sind und die in der Nähe der Erdoberfläche lagern. Magmatische und metamorphe Gesteine gehören nicht zu diesen Schichtfolgen.

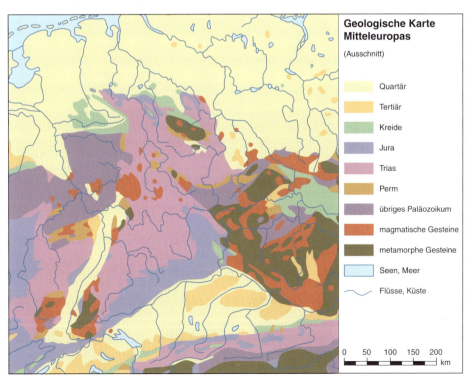

Geologische Karte Mitteleuropas (Ausschnitt)

Quartär, Tertiär, Kreide, Jura, Trias, Perm, übriges Paläozoikum, magmatische Gesteine, metamorphe Gesteine, Seen, Meer, Flüsse, Küste

3.2 Klima

Die Geowissenschaften, die das Klima untersuchen, sind Klimatologie und Meteorologie.

Das **Klima** stellt eine Natur- bzw. Landschaftskomponente dar (↗ S. 87). Es ist vor allem an die Teilhülle **Atmosphäre** und dabei an die oberflächennahe Luft gebunden (↗ S. 74). Die Atmosphäre, die an der Rotation der Erde teilnimmt, ist mit anderen Teilhüllen verbunden, insbesondere mit der Hydrosphäre (↗ S. 124) und der Biosphäre (↗ S. 160).

> Atmosphäre und Klima sind für die Lebensprozesse auf der Erde entscheidend. Vor allem über Temperaturen, Niederschläge und Wasserkreislauf beeinflusst das Klima die Pflanzen- und Tierwelt.

3.2.1 Die Atmosphäre und ihre Eigenschaften

Die Atmosphäre besteht in der Homosphäre (↗ S. 113) vor allem aus dem **Gasgemisch Luft**, das für die Bezeichnung Lufthülle maßgebend ist. Die Luft wird durch die Gravitation daran gehindert, in den Weltraum zu entweichen.

Hinsichtlich der stofflichen **Zusammensetzung der Atmosphäre** sind hauptsächlich ihre unteren 20 km entscheidend. Dort treten Gase, Hydrometeore und Aerosole auf.

Der restliche Anteil am Gasgemisch Luft verteilt sich auf Spurengase, die auch in Edelgase, Treibhausgase und luftchemische Schadstoffe unterteilt werden.

Unter den **Gasen** nehmen Stickstoff (78,08 %) und Sauerstoff (20,95 %) die Hauptanteile ein. Zusammen mit den Spurengasen, die wegen ihrer Absorbereigenschaften und ihrer langen Verweilzeiten in der Atmosphäre bedeutungsvoll sind, bilden sie die konstante Grundmasse der Atmosphäre. Diese Gase können unter atmosphärischen Druck- und Temperaturverhältnissen *nicht* in die flüssige oder feste Form übergehen. Der zunehmende Anteil des Spurengases CO_2 (Kohlenstoffdioxid) verändert den Wärmehaushalt der Erde (↗ S. 119) und damit das Klima (↗ S. 123 u. 362). Das Gasgemisch Luft kann **Wasserdampf** aufnehmen, der bei Verdunstungsprozessen entsteht. Sein Anteil schwankt räumlich und zeitlich deutlich. In Bodennähe liegt er zwischen 1 g/m^3 und 4 g/m^3. **Hydrometeore** umfassen Wassertropfen, Schnee- oder Eiskristalle, die als Dunst, Nebel, Wolken oder Niederschlag auftreten.
Als **Aerosole** werden feste und flüssige Substanzen bezeichnet, die nicht aus Wasser bestehen (Stäube, Rauch, Dämpfe, Mikroorganismen).

Die Quellen von Aerosolen sind sowohl natürlicher Art als auch durch die Tätigkeit des Menschen bedingt.

> Die stoffliche Zusammensetzung der Atmosphäre bleibt weitgehend konstant. Ausnahmen bilden Wasserdampf und CO_2.

Die Atmosphäre weist von der Oberfläche der Festländer und Ozeane aus bis zum Übergang in den Weltraum, der sich ab 500 km Höhe allmählich vollzieht, eine **Vertikalgliederung** auf. Die Gliederung nach den thermischen Verhältnissen führt in den unteren 100 km zu einem stockwerkartigen Aufbau in Troposphäre, Stratosphäre und Mesosphäre, der sich in Exosphäre und Thermosphäre fortsetzt (↗ S. 113).

Aufbau der Atmosphäre

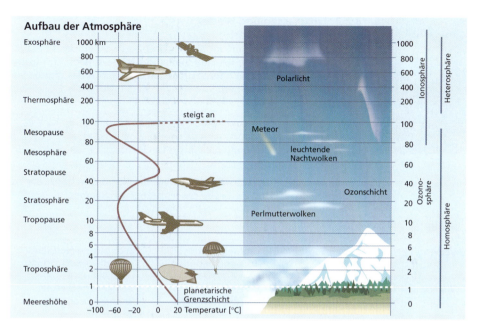

In der **Troposphäre** befinden sich etwa 80 % der Masse der gesamten Atmosphäre. Hier gibt es einen mittleren Temperaturgradienten von 0,5 bis 0,6 °C je 100 m Höhenzunahme (↗ S. 83). Zugleich konzentrieren sich hier der Wasserdampf und alle Wettervorgänge. Äußerer Ausdruck dieser überwiegend turbulenten Vorgänge sind Wind und Wolken.

Die untere Atmosphäre hat durch ihre stoffliche Zusammensetzung und die mit der Schichtung verbundenen Prozesse grundlegende Bedeutung für die Lebensprozesse auf der Erde.

Sie stellt den für die Atmung erforderlichen Sauerstoff bereit. Wasserdampf, CO_2 und andere Treibhausgase, aber auch Aerosole in der Troposphäre sorgen für den **natürlichen Treibhauseffekt**. Die in der **Stratosphäre** in 10 bis 30 km Höhe befindliche **Ozonschicht** schirmt die Erdoberfläche von der einfallenden tödlichen UV-B-Strahlung zu 95 % ab.

3.2.2 Luftmassen und Wetter

Die Eigenschaften der Luft in der Troposphäre, wie Temperatur, Luftfeuchte und Bewölkung, Art und Stärke des Niederschlags, Luftdruck, Windrichtung und -stärke oder Staubgehalt, bestimmen das **Wetter**. Sie werden zu **Wetterelementen**.

> **Wetter** ist der physikalische Augenblickszustand der Atmosphäre zu einem bestimmten Zeitpunkt an einem bestimmten Ort.

Wetter unterscheidet sich von **Witterung** und **Klima** u. a. durch die zu betrachtende Zeit und die Größe des einbezogenen Raumes.

Begriff	Zeit und Raum	Sachverhalt	Methode
Wetter	1 Stunde bis 1 Tag, kleinräumig	Strahlungswetter, Zyklonendurchgang	synoptische (vergleichende) Beobachtung
Witterung	mehrere Tage bis Monate, mittelräumig	kalter Winter, Altweibersommer	synoptische (vergleichende) Beobachtung
Klima	30 Jahre und länger, großräumig	allgemeine Zirkulation der Atmosphäre (Druckgebilde und Fronten) im jahreszeitlichen Gang	Mittelwertberechnung aus Beobachtungs- und Messdaten von Wetter und Witterung

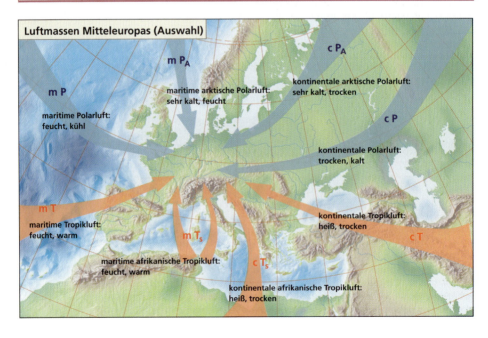

Luftmassen Mitteleuropas (Auswahl)

In den Mittelbreiten (zwischen Polarkreis und 45° Breite) wechseln Wetter und Witterung sehr kurzzeitig, oftmals täglich. Verursacht wird der schnelle Wechsel durch unterschiedliche **Luftmassen,** die in diese Regionen gelangen (↗ S. 114).

> **Luftmassen** sind Luftkörper mit großem Volumen (>500 km Horizontal- und >1 000 m Vertikalerstreckung) und nahezu einheitlichen Eigenschaften in Bezug auf die Wetterelemente.

Luftmassenkurzbezeichnungen:
P – Polarluft
T – Tropikluft
c – kontinental
m – maritim
A – Arktis
S – Sahara

Diese einheitlichen Eigenschaften erhalten die Luftmassen in ihrem Bildungsraum und auf ihrem Transportweg von ihrer Unterlage (Land, Meer, Eis oder Schnee ...), wenn sie dort mindestens 4 bis 5 Tage verweilen. Mit diesen Eigenschaften bestimmen sie die **Wetterlagen** in ihrem Wirkungsraum. In Mitteleuropa wechseln viele derartige Großwetterlagen, die jeweils mehrere Tage anhalten (↗ S. 114).

Welche Luftmassen als **Winde** in eine Region einströmen und welche Großwetterlage damit verbunden ist, hängt von Hoch- und Tiefdruckgebieten und ihrer Lage ab (↗ S. 77). Diese Gebiete mit unterschiedlichem **Luftdruck** sind die Folge unterschiedlicher Erwärmung der Unterlage.
Bei **Erwärmung** der Erdoberfläche steigt die Luft auf und führt in der Höhe zu höherem Luftdruck. Es entsteht ein **Hochdruckgebiet** (= H). Von dort fließen bald Luftteilchen horizontal in Gebiete geringeren Drucks ab (Divergenz). Durch das Aufsteigen von Luftteilchen und ihr horizontales Abfließen in der Höhe vermindert sich am Boden der Luftdruck. Es entsteht ein **Tiefdruckgebiet** (= T), was zur horizontalen Zufuhr von Luftteilchen führt (Konvergenz).
Bei **Abkühlung** der Erdoberfläche und der Luft sinken dagegen die Luftteilchen zum Erdboden, wo sich in Erdbodennähe ein Hochdruckgebiet, in der Höhe ein Tiefdruckgebiet ausbildet.

Der Luftdruck wird mit dem Barometer gemessen und in Hektopascal angegeben (hPa). Der Normaldruck in 45° Breite auf Meereshöhe beträgt 1 013,4 hPa (früher 760 mm Quecksilbersäule).

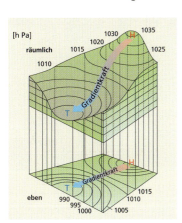

Die Druckunterschiede zwischen Hoch- und Tiefdruckgebieten erzeugen die **Gradientkraft,** durch die Luft als **Wind** transportiert wird. Je stärker die Druckunterschiede sind, desto stärker ist diese Kraft und folglich auch der Wind.
Die Gradientkraft ist senkrecht zu den Isobaren ausgebildet. Der Wind wird aber durch die rotierende Erdkugel abgelenkt (Corioliskraft, ↗ S. 77), auf der Nordhalbkugel nach rechts und auf der Südhalbkugel nach links. Am Äquator erfolgt keine Ablenkung. Deshalb sind auf der Nordhalbkugel die Windbewegungen in Hochdruckgebieten im Uhrzeigersinn, in Tiefdruckgebieten gegen den Uhrzeigersinn gerichtet (↗ S. 116).

Auf Wetterkarten werden Punkte gleichen Luftdrucks durch Linien verbunden. Diese Linien heißen Isobaren (grch. „iso" = gleich).

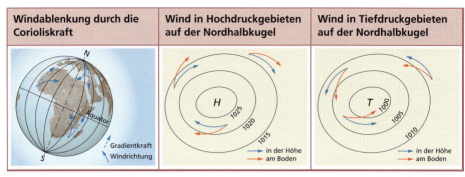

Windablenkung durch die Corioliskraft	Wind in Hochdruckgebieten auf der Nordhalbkugel	Wind in Tiefdruckgebieten auf der Nordhalbkugel

Neben den globalen (↗ S. 77) gibt es **lokale Windsysteme**. Hierzu gehören die Land-See-Winde, die Berg-Tal-Winde und der Föhn (↗ S. 83/84).

Luftmassen treten in Mitteleuropa (↗ S. 114) nicht immer vereinzelt auf. Bei den häufigen Westwetterlagen mit ihrer starken Veränderlichkeit von Wetter und Witterung werden tropisch-subtropische Warmluft und arktisch-polare Kaltluft verwirbelt. In den dabei entstehenden **Zyklonen** werden die Luftmassen durch **Fronten** getrennt, an denen meist lebhafte Wettervorgänge stattfinden.

Zusammen mit dem Warmluftsektor erreicht eine solche Zyklone einen charakteristischen Durchmesser von 1 500 km. Ein Zyklonendurchzug dauert 10 bis 12 Stunden.

Zyklonen sind ostwärts wandernde Tiefdruckgebiete mit charakteristischen Wirbeln, die durch stationäre Druckgebilde, wie Island- und Aleuten-Tief (↗ S. 77) gesteuert werden.

lat. „Okklusion" = Zusammenschluss von Fronten

In diesen Wirbeln wird Warmluft polwärts und Kaltluft äquatorwärts bewegt. An der Vorderseite bildet sich zwischen Kalt- und Warmluft die **Warmfront**, an der Rückseite zwischen Warm- und Kaltluft die **Kaltfront**. Dazwischen befindet sich der **Warmluftsektor**. An einer Warmfront gleitet aktive Warmluft auf Kaltluft auf und ruft Aufgleitniederschläge hervor. An einer Kaltfront bricht die sich schneller bewegende Kaltluft in die Warmluft ein, und es kommt zu Schauerniederschlägen aus Haufenwolken und gelegentlich auch zu Frontgewittern (↗ S. 117).

Die Warmfront wird schließlich von der Kaltfront erreicht, und es bildet sich eine **Okklusion**. Die bodennahe Kaltluft hebt die Warmluft ab, Temperaturgefälle und Bewegungsenergie des wandernden Tiefdruckwirbels verringern sich. Die Rotation der Luft erlischt. Das Bodentief ist aufgefüllt. Das geschieht über Nordosteuropa oder Westsibirien.

Klima

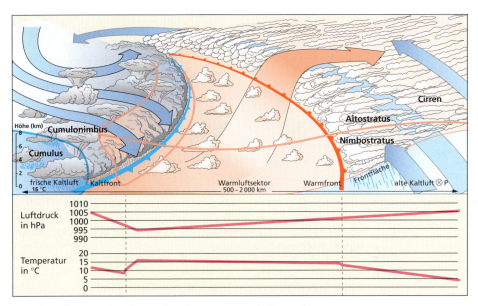

An Wetterlagen gebundener Ferntransport von kalten oder warmen Luftmassen verändert zu bestimmten Zeitabschnitten den Temperaturgang eines Jahres, der durch die Sonnenhöhe geprägt wird. Es treten Kälterückfälle oder zu warme Witterung auf. Diese **Singularitäten** treten mehr oder weniger regelmäßig an bestimmten Kalendertagen auf.

Der Witterungsablauf schwankt oft sehr stark. Häufig treten Anomalien auf, die zugleich mit **extremen Wetterlagen** und in der Folge mit lang anhaltenden Dürren, großräumigen Überschwemmungen, Sturmfluten, Wirbelstürmen usw. verbunden sind. **Tropische Wirbelstürme** (↗ S. 360) entwickeln sich überwiegend im Spätsommer und Herbst. Sie sind an Tiefdruckgebiete gebunden. Das Auge des Wirbelsturms ist ein windstiller Bereich von 20 bis 30 km Durchmesser, in dem die Luft vertikal aufsteigt und sich hoch reichende Gewitterwolken bilden. Aus ihnen gehen riesige Regenmengen nieder. Begleitet werden die Wirbelstürme von Flutwellen (↗ S. 128 u. 357). Erreicht der Sturm das Festland, verringert sich die Energiezufuhr. Er bricht deshalb zusammen.

Bekannte Singularitäten sind z. B. die Eisheiligen (zwischen dem 11. und 15. Mai), die Schafskälte (Mitte Juni), der Altweibersommer (2. Septemberhälfte/ Anfang Oktober) oder das Weihnachtstauwetter.

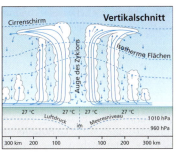

Tropische Wirbelstürme und andere Wetterextreme werden offensichtlich auch von vulkanischen Aktivitäten und von großräumigen Wechselwirkungen zwischen Ozeanen und Atmosphäre verursacht.

Wettervorhersagen gibt es für unterschiedliche Zeiträume: Kürzestfristvorhersage (2–12 Stunden: Katastrophenwarnungen), Kurzfristvorhersage (< 3 Tage), Mittelfristvorhersage 3–10 Tage, Langfristvorhersage (> 10 Tage).

Die Frage „Wie wird das Wetter?" bewegt den Landwirt ebenso wie den Urlauber und ist vor allem für den Verkehr und für viele Produktionsprozesse wichtig. Grundlage einer **Wettervorhersage** ist die aktuelle Wetterdiagnose mithilfe von synoptischen Wetterkarten, die aus gleichzeitigen und gleichartigen Beobachtungen an vielen Wetterstationen entstanden sind. Bedeutungsvoll sind dabei vor allem die Informationen für Druckänderungen in größerer Höhe, da hier die Steuerung der Zyklonen (T) und Antizyklonen (H) erfolgt (↗ S. 115). Die großen nationalen Wetterdienste haben außerdem Vorhersagemodelle entwickelt.

Wettervorhersagen gründen sich auf voraussichtliche Druckänderungen in großer Höhe.

Die zuverlässigsten Vorhersagen sind Kurzfristvorhersagen. Mittelfristige Vorhersagen sind noch bis zu 6,5 Tagen relativ zutreffend. Längerfristige Prognosen sind unsicher.

3.2.3 Das Klimasystem Erde und der Klimawandel

Der mittlere Zustand der Atmosphäre an einem Ort oder in einer Region und die Summe aller dort feststellbaren atmosphärischen Einflüsse einschließlich der häufigsten, mittleren und extremsten Werte werden als **Klima** bezeichnet (↗ S. 114).

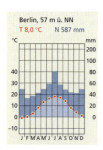

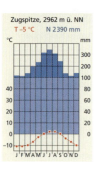

Bei Messreihen von mindestens 10 Jahren werden die Wetterelemente (↗ S. 114) zu **Klimaelementen**. Als Normalperiode für Messreihen wurden 30 Jahre festgelegt. Sie umfassen immer volle Jahrzehnte. Wichtige Klimaelemente werden in **Klimadiagrammen** (↗ S. 58) zusammengefasst, die vor allem für räumliche Klimavergleiche geeignet sind.

Das Klima wird von **Klimafaktoren** – auch Klima(wirk)faktoren –, die an den geografischen Raum gebunden sind, gesteuert und verändert. Es gibt **natürliche Klimafaktoren** (z. B. Breitenabhängigkeit der Strahlung, Länge von Tag und Nacht in ihrer jahreszeitlichen Variation, Land-Meer-Verteilung, Meeresnähe bzw. -ferne, Höhenlage, Hangneigung, Oberflächenform und Exposition) und **anthropogene Klimafaktoren** (z. B. Art der Bebauung, Industrie und Verkehr, Flächennutzung).

Die Klimawirkfaktoren und die Beziehungen zwischen ihnen sind Bestandteil des **Klimasystems der Erde** (↗ S. 114). Das Klima ist zwar eine Erscheinung der Atmosphäre, wird aber durch die Beziehungen zwischen allen Wirkfaktoren bestimmt. So sind Intensitätsunterschiede in der Sonnenstrahlung die Ursache für die Klimaschwankungen in den Kalt- und Warmzeiten der Vergangenheit. Auch die intensivere Nutzung der Erde durch den Menschen führt zwangsläufig zu Veränderungen von Teilen dieses Systems und damit auch des Gesamtklimas.

Klima

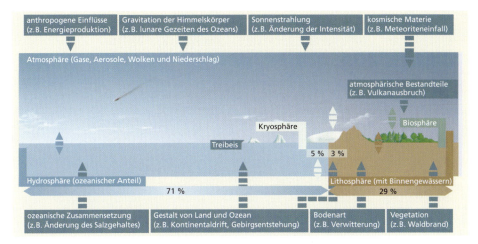

Der „Klimaapparat" der Erde wird von der Sonnenstrahlung angetrieben. Über die Umformung von Strahlung in Wärme ist der **Wärmehaushalt** der Erdoberfläche wesentlich durch die **Strahlungsbilanz der Erde** geprägt. Diese wird sowohl durch die verfügbare Strahlungsmenge als auch durch die Eigenschaften der Atmosphäre bestimmt. Für die gesamte Erde und ihre Atmosphäre ist diese Bilanz ausgeglichen.

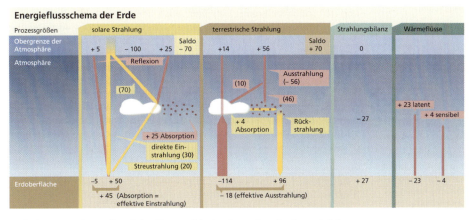

Teilbilanzen zeigen deutliche Unterschiede. So weist die Energiebilanz der Erdoberfläche im Mittel positive Werte auf (= Energieüberschuss), die der Atmosphäre ist dagegen negativ (= Energiedefizit). Dazwischen verlaufen Ausgleichsströme, die sowohl eine Überwärmung der Erdoberfläche als auch eine Auskühlung der Atmosphäre verhindern.

Die **Strahlungsbilanz** ist die Differenz zwischen der (kurzwelligen) Solarstrahlung und der (langwelligen) terrestrischen Strahlung.

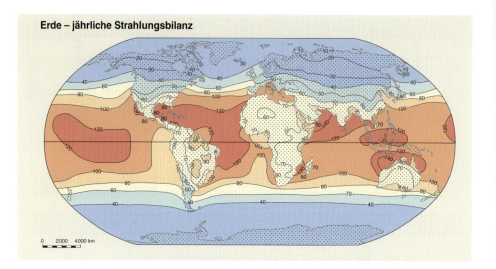

Erde – jährliche Strahlungsbilanz

Die Werte in der Karte sind in der Einheit kcal·cm^{-2}·a^{-1} angegeben.

In der Wärmebilanz gibt es erhebliche Unterschiede auf der Erde, die sich aus ihrer Kugelgestalt, ihrer Rotation und der Neigung der Erdachse (↗ S. 69/70), aber auch aus der Verteilung von Land und Meer oder der unterschiedlichen Bewölkung ergeben. Die höchsten Bilanzwerte erreichen die tropischen Meeresgebiete zwischen dem Äquator und 10° südlicher Breite. Hier liegt auch der energetische Antrieb der „Wärmekraftmaschine" der allgemeinen Zirkulation der Atmosphäre (↗ S. 121), die das Klima in den geografischen Zonen der Erde (↗ S. 171) bestimmt. Diese Zirkulation umfasst die Windsysteme der Erde, die für den großräumigen Ausgleich von Masse, Wärme- und Bewegungsenergie sorgen. Die unterschiedliche Energiezufuhr von der Sonne und die sich daraus ergebenden unterschiedlichen Luftdruckverhältnisse lösen diese Bewegungsvorgänge von Luftmassen in der allgemeinen Zirkulation aus. Die **mittlere Luftdruckverteilung** in Bodennähe macht die breitenparallele Anordnung von Hoch- und Tiefdruckgebieten deutlich (↗ S. 77).

Eine „Störung" der Passatzirkulation ist die **Monsunzirkulation,** die wegen der unterschiedlichen Erwärmung von Festländern und Meeren entsteht und im gesamten Tropengürtel von Mittelamerika bis Ozeanien vor allem auf der Nordhalbkugel auftritt. Besonders in Südasien prägt sie Landschaft und Landnutzung.

> Innerhalb der allgemeinen Zirkulation der Atmosphäre lassen sich die tropische **Passatzirkulation** und die **außertropische Wirbelzirkulation** (Westwindzirkulation) unterscheiden.

Die tropische Passatzirkulation strebt den Ausgleich der thermischen Unterschiede zwischen dem Äquator und den Wendekreisen an. Die von beiden Erdhalbkugeln zum Äquator wehenden Passate treffen in der Innertropischen Konvergenzzone (ITCZ) zusammen.
Die außertropische Wirbelzirkulation (↗ S. 116) resultiert aus dem polwärts gerichteten Temperatur- und Luftdruckabfall zwischen 30° und 65°. Aus dem Wirken der Corioliskraft ergibt sich ein breitenkreisparalleler Wind in West-Ost-Richtung: **Westwindzirkulation.**

Klima

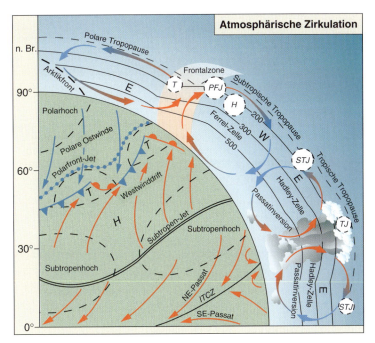

ITCZ = Innertropische Konvergenzzone
TJ = Tropenjet
STJ = Subtropenjet
PFJ = Polarfrontjet
E, W = Höhenströmungen und ihre Richtungen
H, T = Hoch- bzw. Tiefdruckgebiete
Jet = Strahlstrom

Die Energie des Windes wird auch auf die Meeresoberfläche übertragen, was zur ozeanischen Zirkulation führt (↗ S. 78 u. 127). Während die Atmosphäre zu 85 % am Stoff- und Energieaustausch im Klimasystem beteiligt ist, sind es bei den Meeresströmungen 15 %.

> Die solaren Strahlungsverhältnisse sind die Grundlage der **klimatischen Gliederung der Erde** in Gürtel und Zonen. Sie bestimmen nach Dauer und Intensität den Jahreszeitengang des Klimas und damit auch die Lebensvorgänge in der Biosphäre.

Daneben bestimmen aber auch erdgebundene Klimafaktoren, wie Land-Meer-Verteilung, Verlauf der Meeresströmungen, Reliefeigenschaften der Erdoberfläche mit unterschiedlichen Höhenlagen und Expositionen oder Lage zu den subtropischen Hochdruckgebieten (↗ S. 118 u. 76), die klimatische Differenzierung.

Die Grenzen der **Klimazonen** verlaufen entsprechend der astronomischen Gesetzmäßigkeiten annähernd breitenkreisparallel (↗ S. 69). Es gibt viele Möglichkeiten, die Klimate der Erde zu gliedern und zu typisieren. Man kann dabei entweder die Wirkungen des Klimas (z. B. auf die Vegetation) herausstellen oder die Ursachen der Klimate betonen. Diese beiden Herangehensweisen werden mit den Begriffen **effektive** bzw. **genetische Klimaklassifikation** beschrieben. Sie bildeten die Grundlage für eine Vielzahl von Klimakarten.

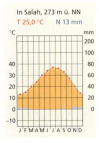

In Salah, 273 m ü. NN
T 25,0 °C   N 13 mm

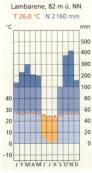

Lambarene, 82 m ü. NN
T 26,0 °C   N 2160 mm

Klimagürtel der Nordhalbkugel				
Name	Verbreitung	Bestrahlungsverhältnisse	Jahreszeitengang	Zirkulation
Polargürtel	Nordpol bis Polarkreis	Strahlen flach; Polarnacht und Polartag	strahlungsklimatischer Polarsommer/ Polarwinter	polare Ostwindzirkulation
Gürtel der Mittelbreiten	Polarkreis bis 45°	Strahlen mäßig steil; starker jahreszeitlicher Besonnungsunterschied	deutliches thermisches Jahreszeitenklima mit Hochwinter/Hochsommer	Westwindzirkulation mit großer täglicher Veränderlichkeit
Subtropengürtel	45° bis Wendekreis	Strahlen steil; Tageslängendifferenz zwischen Sommer und Winter groß	thermisches Jahreszeitenklima; hohe Strahlungsexposition	Sommer: Passatzirkulation (Subtropen-Hoch); Winter: Westwinddrift
Tropengürtel	Wendekreis bis Äquator	Strahlen steil bis sehr steil; zweimaliger Zenitstand der Sonne	thermisches Tageszeitenklima; ganzjährig sehr hoher Strahlungsgenuss	Passatzirkulation, innertropische Westwinde (ITC) und Monsunzirkulation

Ändert sich ein Element des Klimasystems der Erde (↗ S. 119), so ändert sich das gesamte System. Veränderlichkeit und Wandel sind naturgesetzlich bestimmte Eigenschaften des Klimas.

Klimawandel tritt in langfristigen globalen Klimaänderungen und kurzfristigen Klimaschwankungen auf. Der natürliche Klimawandel wird zunehmend ergänzt durch einen vom Menschen bewirkten („anthropogenen") Klimawandel, der weitreichende Folgen für globale Ökosysteme hat.

Eine **Klimaänderung** liegt dann vor, wenn sich großräumig oder global die Eigenschaften von Klimaelementen (↗ S. 118) deutlich ändern. Dieser Wandel verläuft in langen erdgeschichtlichen Zeiträumen.
Zu natürlichen Klimaänderungen kommt es durch
- äußere Ursachen (Veränderung der Sonnenstrahlung),
- astronomische Ursachen (Veränderung der Erdbahnenelemente),
- erdgebundene Ursachen (Veränderungen der Kontinent-Ozean-Anordnung, des Flächenanteils von Schnee- und Eisbedeckung, des Salzgehaltes im Weltmeer und der CO_2- und Spurengasgehalte in der Atmosphäre; Gebirgsbildungen, Vulkanismus).

Ausdruck solcher Klimaänderungen sind z. B. die Klimate der Kalt- und Warmzeiten.

Klima

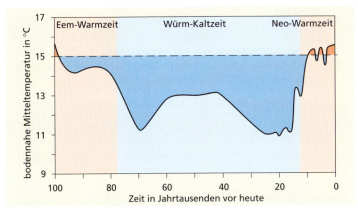

 Klimaforscher beobachten sorgenvoll die Klimaentwicklung in den letzten 100 Jahren. Anstieg der mittleren Lufttemperaturen und des Weltmeerspiegels, beschleunigtes Abschmelzen von Gletschern und Verkürzung der Schneebedeckung in den Gebirgen sind Indizien für eine zunehmende Erwärmung.

Klimaschwankungen umfassen Zeiträume von Jahrzehnten bis Jahrhunderten. Auch die nacheiszeitliche Klimaentwicklung ist von solchen Schwankungen in kühlfeuchte und trockenwarme Perioden geprägt.

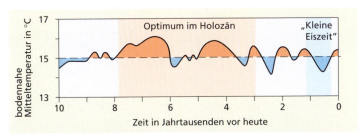

Ursachen für die gegenwärtige zunehmende Erwärmung sind der deutliche Anstieg der Treibhausgase in der Atmosphäre sowie der Abbau der Ozonschicht („Ozonloch"). Das alles geht u. a. auf die Energiegewinnung aus fossilen Brennstoffen und die Rodung der Wälder zurück.

 Ozonloch: räumlich-zeitlich sich ändernde Verdünnung bzw. Durchlöcherung der Ozonschicht durch Ozonabbau infolge menschlicher Aktivitäten. Dadurch können UV-Strahlen ungehindert in die Troposphäre eindringen.
Dies führt zu zunehmender Erwärmung und zur Schädigung von Organismen.

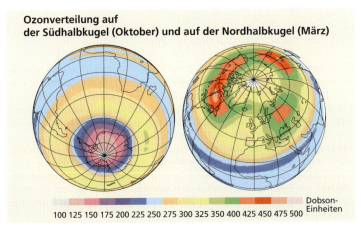

3.3 Wasser

Die Geowissenschaft, die sich mit dem Wasser beschäftigt, ist die Hydrologie. Ihre Teildisziplinen sind
- Meereskunde (Hydrologie des Meeres: Ozeanologie),
- Gewässerkunde (Hydrologie des Festlandes mit Fluss-, See- und Gletscherkunde).

Das **Wasser** bildet als Hydrosphäre eine Teilhülle der Landschaftshülle der Erde. Die Hydrosphäre durchdringt die Atmosphäre, die Lithosphäre, die Biosphäre und die Pedosphäre (↗ S. 74). Wasser ist im Bereich des Festlandes eine Landschaftskomponente (↗ S. 92).

> Das **Wasser** ist Voraussetzung für jegliches Leben auf der Erde und eine unverzichtbare Ressource für die Wirtschaft (↗ S. 216) der Menschen. Es ist durch sein Wirken bei Verwitterung und Materialtransport bedeutendster natürlicher Gestalter des Reliefs der Erde.

Das Wasser ist nahezu ausschließlich im Weltmeer vorhanden. Es nimmt fast 71 % der Oberfläche der Erde ein. Rechnet man noch die Binnenseen und Sümpfe, die Flüsse und Bäche hinzu, sind fast 75 % der Erdoberfläche wasserbedeckt. Doch die Ozeane und die Kontinente sind auf der Erde ungleichmäßig verteilt (↗ S. 396).

Bereits auf der „Landhalbkugel" überwiegt das Meer mit 51 %. Auf der „Wasserhalbkugel" nimmte es sogar ca. 91 % der Oberfläche ein.

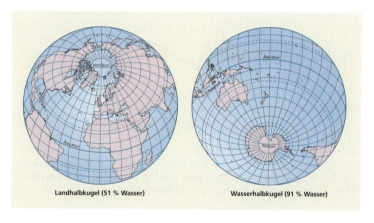

Landhalbkugel (51 % Wasser) — Wasserhalbkugel (91 % Wasser)

3.3.1 Die Wassermengen und der Wasserkreislauf

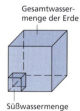

Gesamtwassermenge der Erde

Süßwassermenge

Die **Gesamtwassermenge** auf der Erde beträgt etwa 1,45 Mrd. km³. Davon nimmt das **Süßwasser** nur 1,94 % ein. Der „Rest" ist **Salzwasser** (↗ S. 127). Die größten Süßwasserspeicher der Erde sind das Inlandeis und die Gletscher. In Ihnen sind 85 % des Süßwassers der Erde gespeichert. Sollte im Rahmen einer Erwärmung der Erdatmosphäre das gesamte Inland- und Gletschereis abschmelzen, so reichte dies aus, den Meeresspiegel um 66,7 m ansteigen zu lassen. Ein derartiger Anstieg würde auch große Teile Norddeutschlands unter Wasser setzen.
Meeresspiegelschwankungen sind für die jüngste Erdgeschichte nichts Ungewöhnliches. Das heutige Meeresspiegelniveau wurde erst vor etwa 6 000 Jahren erreicht. Während der vorangegangenen Eiszeit lag der Meeresspiegel 95 m tiefer als heute.

Wasservorkommen	Wassermenge in km³	Anteil in %
Wasser im Weltmeer	1 370 323 000	93,96
Grundwasser, davon im Bereich des aktiven Wasseraustauschs	60 000 000 4 000 000	4,12 0,27
Wasser im Inland- und Gletschereis	24 000 000	1,65
Wasser in Salz- und Süßwasserseen, davon in Staubecken	280 000 5 000	0,019
Bodenfeuchte, davon Bewässerungswasseranteil	85 000 2 000	0,006
Wasser in der Atmosphäre	14 000	0,001
Wasser in Flüssen	1 200	0,0001
Gesamtwassermenge	1 454 193 000	100

Teile der Gesamtwassermenge der Erde nehmen am **Wasserkreislauf** teil. Dabei ändert das Wasser seine Aggregatzustände. Ohne den beständigen Wasserkreislauf wäre das Wasser auf der Erde ein mineralisiertes Wasser, ein Salzwasser. Allein über die Zufuhr von Sonnenenergie, die **Verdunstung,** das **Kondensieren** und den **Niederschlag** gelangt immer wieder Süßwasser auf die Erde zurück. Den Wasserkreislauf der Erde kann man mengenmäßig erfassen und in Formeln darstellen.

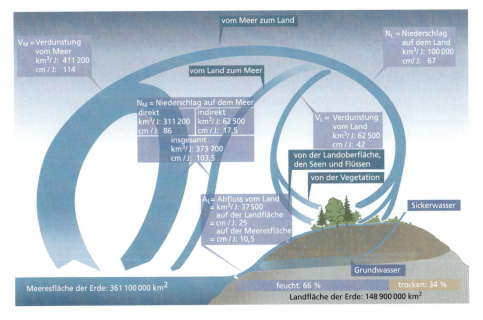

> Im **Wasserkreislauf** ändert das Wasser ständig seinen Zustand und Aufenthalt. Seine Hauptelemente sind Verdunstung, Niederschlag, Abfluss und atmosphärischer Wasserdampftransport.

Der Lauf des Wassers vom Berg zum Tal war für die Menschen von jeher faszinierend.

Die **Wasserkreislaufelemente** stehen in mathematischen Beziehungen zueinander, die durch Wasserhaushaltsgleichungen über den natürlichen **Wasserhaushalt** Auskunft geben.

Ein Wasser*kreis*lauf kann es nur sein, wenn die gesamte **Verdunstung** (V) auf der Erde (E) von allen **Niederschlägen** (N) auf der Erde wieder ausgeglichen wird. Als Grundgleichung für den **Wasserhaushalt der Erde** gilt deshalb: $V_E = N_E$

Diese Grundgleichung muss bereits für die **Landflächen** (L) und die **Meeresflächen** (M) der Erde präzisiert werden. Da auf dem Land nicht aller Niederschlag verdunstet, muss das Wasserkreislaufelement **Abfluss** (A) vom Land zum Meer berücksichtigt werden. Deshalb gilt
für die Landflächen: $V_L = N_L - A_L$ und
für die Meeresflächen: $V_M = N_M + A_L$

Aufgrund der klimatischen Gliederung der Erde (↗ S. 122) ist das Verhältnis zwischen Niederschlag und Verdunstung auf den Landflächen sehr unterschiedlich. Abfluss gibt es nur in **humiden Gebieten** der Erde, in **ariden Gebieten** fehlt er meist, sie sind häufig abflusslos. Deshalb gilt
für die humiden Landflächen: $N > V$ und
für die ariden Landflächen: $N < V$

Auf den humiden Landflächen fließt nicht alles Wasser, das mit dem Niederschlag dorthin gelangt, ab oder verdunstet. Abfluss und Verdunstung können um Wochen, Monate oder Jahrhunderte verzögert werden, wenn die Niederschläge als Haftwasser, Grundwasser, Eis und Schnee oder in der Vegetation gespeichert werden. Dieses Wasser wird als **Rücklage** (R) bezeichnet, ihre Verkleinerung als **Aufbrauch** (B). Beide Wasserkreislaufelemente müssen daher als **Vorratsveränderung** (R – B) in die Wasserhaushaltsgleichung der **Landflächen** einbezogen werden. Für Gebiete mit jahreszeitlicher Schnee/Eis-Speicherung gilt
für das ganze Jahr: $N_L = V_L + A_L + (R - B)$
für den Winter: $N_w = V_w + A_w + R$
für den Sommer: $N_s = V_s + A_s - B$

Der Wassertropfen, der den Gletscher an seinem Tor mit dem Gletscherbach verlässt, ist vor Jahrhunderten als Schneeflocke auf das Nährgebiet gefallen.

Unter Verwendung von – oftmals geschätzten – Werten kann man **Wasserbilanzen** z. B. für jeden Kontinent, jedes Flusseinzugsgebiet oder jedes einzelne Land der Erde aufstellen. Für die Bilanz eines Landes muss oft auch das Element **Zufluss** (Z) aus Nachbarländern berücksichtigt werden, da hier Wasser in die Berechung eingeht, das nicht aus Niederschlägen innerhalb der eigenen Grenzen stammt.

Zur weltweiten Wasserbilanz gehören die ca. 37 500 km³ Abfluss vom Festland, die von der Menschheit schadlos jährlich genutzt werden können und von denen etwa 5 000 km³ genutzt werden. Vor allem in den ariden Gebieten wird die Wasserfrage zur Überlebensfrage (↗ S. 348).

3.3.2 Das Weltmeer

Die **Bedeutung des Weltmeeres** geht über seine überragenden Anteile an der Oberfläche und an der Wassermenge der Erde hinaus.

> Das **Weltmeer** ist entscheidend für das Klima auf der Erde, stellt den größten Lebensraum für pflanzliche und tierische Organismen dar, enthält eine große Anzahl von Stoffen, ist Quelle direkt gewinnbarer Energie und ein außerordentlich wichtiger Verkehrsträger.

Der **Salzgehalt** des Meerwassers ist gewöhnlich konstant zusammengesetzt. Besonders die gelösten Calcium- und Magnesiumsalze machen das Wasser „hart". Der bittere Geschmack des Meerwassers rührt von Magnesiumsalzen, der salzige von Kochsalz (NaCl) her. Der Salzgehalt ist auf die Fähigkeit des Wassers zurückzuführen, universelles Lösungsmittel zu sein. Er hat Einfluss auf die Eisbedeckung des Meeres, vor allem aber auf vertikale und horizontale Wasserbewegungen. Der mittlere Salzgehalt des Meerwassers liegt bei 35 psu. Im offenen Weltmeer schwankt der Salzgehalt zwischen 32 und 38 psu. Nur im Roten Meer wächst er auf 41 psu an.

Der Salzgehalt wurde bisher in Promille angegeben (1 g Meersalz pro 1 kg Meerwasser = 1 ‰). Neuerdings gilt die Einheit psu („practical salinity unit"; 30 ‰ = 30 psu).

Der Salzgehalt des Toten Meeres ist so hoch, dass Badende nicht untergehen. Die Salzgewinnung aus dem Meer ist weit verbreitet.

Gliederungen des Weltmeeres erfolgen durch Kontinente, durch Inselketten, untermeerische Schwellen und auch durch internationale Abmachungen. Die Bezeichnungen von Meeren richten sich nach der geografischen Lage (Europäisches Nordmeer), ihren Entdeckern oder Erforschern (Barentssee) oder nach der Wasserfarbe (Rotes Meer, Gelbes Meer). Das Weltmeer lässt sich in drei große Ozeane gliedern. Ihre Lage, Größe und Form stellen in der Erdentwicklung immer nur einen Augenblickszustand dar.

Ozeane (einschl. Nebenmeere)	Fläche in Mio. km²	Volumen in Mio. km³	mittl. Tiefe in m
Pazifischer Ozean	181,34	714,41	3 940
Atlantischer Ozean	106,57	350,91	3 293
Indischer Ozean	74, 12	284,61	3 840
Weltmeer, gesamt	362,03	1 349,93	3 795

Die größten Tiefen der drei Ozeane sind Witjastiefe/Marianengraben (11 034 m), Milwaukeetiefe/Puerto-Rico-Graben (9 219 m) und Planettiefe/Sundagraben (7 455 m).

Naturgeografische Grundlagen

Von besonderer Wirkung sind die **Bewegungsvorgänge in den Meeren**. Sie beeinflussen auch die Küsten und küstennahen Regionen.

> Zu den Bewegungen in den Meeren gehören Wellen, Gezeiten und Strömungen.

Wellen sind sichtbarer Ausdruck für die Dynamik des Meeres. Anstöße dafür geben Winde, Gezeiten, Erdbeben oder Vulkanausbrüche unter dem Meeresspiegel. Besonders bedeutungsvoll sind die von Seebeben verursachten Wellen. Sie heißen **Tsunamis** (jap.). Ihre Wellenhöhe beträgt fern vom Ursprungsgebiet oft noch mehrere Meter. Die Wellenperioden liegen zwischen 10 und 20 Minuten. In Japan wird alle 15 Jahre mit einem Tsunami von rund 7,5 m Wellenhöhe gerechnet (↗ S. 357)

Am 1. April 1946 löste ein untermeerisches Erdbeben bei den Aleuten einen Tsunami aus, der mit etwa 700 km/h über den Pazifik raste, nach 4,6 Stunden Hawaii mit Wellenhöhen bis 10 m erreichte und schwere Verwüstungen anrichtete.

Gezeiten sind periodische Veränderungen der Wasserhöhe, die durch die Massenanziehung von Mond und Sonne in Verbindung mit der Erdumdrehung hervorgerufen werden. Es entstehen sehr lange **Gezeitenwellen**. Ihren Ausdruck finden die Gezeiten in **Ebbe** und **Flut**. Die Tagesschwankungen werden im Mondumlauf von 14-tägigen Rhythmen überlagert, die sich aus dem Zusammenwirken von Erde, Mond und Sonne erklären.

Ebbe führt zu Niedrigwasser, Flut zu Hochwasser.

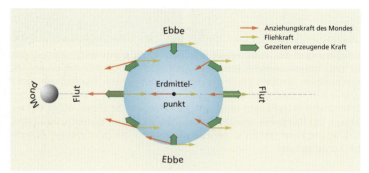

Bei Halbmond ist der Unterschied zwischen Ebbe und Flut (Tidenhub) minimal, er wird Nipptide genannt. Bei Neu- und Vollmond kommt es zu einem hohen **Tidenhub** (Springtide). Besonders eindrucksvoll sind die Gezeiten in Trichtermündungen und schmalen Buchten. Hier erreichen sie Höhenunterschiede bis zu 15 Metern. Diese werden teilweise zur Elektroenergiegewinnung genutzt. An Flachküsten, wie der deutschen Nordseeküste, fallen bei Ebbe riesige Wattflächen trocken. Die Gezeiten rufen große Probleme für die Schifffahrt hervor. In stark abgeschlossenen Meeren (z. B. Ostsee) sind die Gezeitenunterschiede kaum spürbar.

Wasser

Meeresströmungen (↗ S. 78) sind horizontale und vertikale Wasserbewegungen der Ozeane. Sie sind nicht nur an der Meeresoberfläche wirksam, sondern können auch bis zum Meeresgrund reichen.

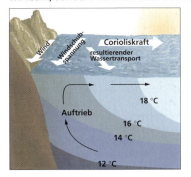

Die **Geschwindigkeiten** der Strömungen liegen durchschnittlich bei 0,2 m/s, reichen aber auch bis über 2 m/s. Der **Antrieb** der Strömungen sind Winde und ihre Schub- und Druckkräfte, Gezeiten erzeugende Kräfte und Dichteunterschiede des Wassers. Ihre **Richtung** wird von der Reibung, den ablenkenden Kräften der Erdrotation (Corioliskraft), von Inseln und Küstenformen beeinflusst.

Meeresströmungen haben unterschiedliche **Temperaturen**. Alle oberflächennahen polwärts gerichteten Strömungen sind warm, die äquatorwärtigen dagegen kalt. Die Temperaturen bewirken einen unterschiedlichen Bestand an **Organismen**. Hohe Temperaturen, hoher Salzgehalt, Nährstoffarmut und Fischarmut bedingen sich ebenso wie niedrige Temperaturen, geringer Salzgehalt, Nährstoffreichtum und Fischreichtum.

 Die **Corioliskraft** wirkt auch auf Luftströmungen. Sie wurde erstmals vom französischen Mathematiker und Physiker GASPARD GUSTAVE CORIOLIS (1792–1843) bemerkt.

 Vom Wind angetriebene Meeresströmungen heißen Triftströme.

> Meeresströmungen transportieren Wasser unterschiedlicher Temperaturen. Sie rufen damit Veränderungen in den Geoökosystemen an den von ihnen berührten Küstenabschnitten und ihrer Nähe hervor.

Mit dem relativ schnell fließenden Golfstrom (bis 2,5 m/s) und seiner riesigen Wasserführung (ca. 150 Mio. m³/s) werden zugleich enorme Wärmemengen aus dem Golf von Mexiko über 3 500 km bis zur Neufundlandbank polwärts transportiert. Im Wärmebild erscheinen „warm" rot und gelb, „kalt" grün, blau und pink. Sein Stromband ist 50 km breit, mäandriert und verwirbelt sich. Gewaltige Wasserringe werden dadurch gelöst. Im Nordatlantik wird der als Druckgefällestrom gestartete Golfstrom zum vom Westwind dominierten Nordatlantischen Strom und schließlich zum Norwegenstrom (Golfstrom-Trift).

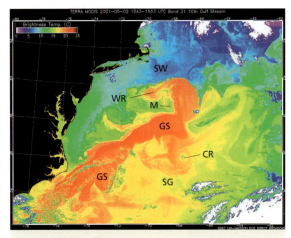

Wärmebild des Golfstromes

GS	= Golfstrom	WR	= Warmwasserring
SG	= Sargassosee	CR	= Kaltwasserring
SW	= Slop Water (kalt)	M	= Mäander

Art der Meeresströmungen (Beispiele)	Besondere Merkmale der Meeresströmungen
Triftströme der niederen Breiten (Kanarenstrom, Benguelastrom)	Schub durch Passate, auf den Äquator gerichtet, kaltes und nährstoffreiches Wasser quillt aus der Tiefe nach
abgelenkte Triftströme (Nord- und Südäquatorialströme)	in Äquatornähe westwärts abgelenkte Triftströme, stabile Schichtung ohne Wasserauftrieb, Nährstoffarmut
Druckgefällestrőme (äquatoriale Gegenstrőme; Golfstrom)	Ausweichen der an die Ostseiten der Kontinente treffenden Strőme nach Osten, z. T. auch Windschub
Triftströme der höheren Breiten (Westwinddrift)	Schub der Westwinde, auf der Südhalbkugel ungestört, häufig Stürme, tiefe Durchmischung, nährstoffreich
Strömungsringe der Hochdruckzonen	unbeständige, schwache Wasserbewegungen, starke Verdunstung und Salzgehalte, extrem nährstoffarm

3.3.3 Das Wasser des Festlandes

Zur Hydrosphäre der Erde (↗ S. 74) gehört neben den Meeren, der Luftfeuchtigkeit und den Wolken auch das **Wasser des Festlandes**. Es ist dort integrierter Bestandteil von Landschaften, eine variable Landschaftskomponente (↗ S. 93).

> Das Wasser in Flüssen und Seen, das Grundwasser, die Bodenfeuchte sowie das Inland- und Gletschereis sind das Wasser des Festlandes.

Flüsse

Die größten Flüsse sind die **Riesenströme der Erde**.

Flüsse (↗ S. 398) sind der sichtbarste Ausdruck des Wasserkreislaufs auf der Erde. Flüsse entstehen überall dort, wo der Niederschlag die Verdunstung und die Versickerung übersteigt (↗ S. 126), selbst wenn dies nur zeitweise geschieht.
Für den Abfluss des Wassers, das Verdunstung und Versickerung übersteigt, sind außerdem geneigte Flächen, Reliefunterschiede erforderlich.

Flussgebiet	Messstelle	Einzugsgebiet in km²	Abfluss m³/s		
			Mittel	Minimum	Maximum
Spree	Cottbus	2 327	14	1,6	238
Elbe	Darchau	131 950	703	128	3 840
Rhein	Rees	159 683	2 230	590	12 200
Kongo	Kinshasa	3 747 320	41 400	23 000	75 000

Flüsse bilden aus einem Haupt- und mehreren Nebenflüssen Flusssysteme. Die von einem **Flusssystem** entwässerte Fläche ist das Fluss- oder **Einzugsgebiet**. Die Grenze zum Nachbareinzugsgebiet bildet die **Wasserscheide**. Der **Abfluss** ist die Wassermenge, die an einem Punkt (Pegel) pro Zeiteinheit ein Flussgebiet verlässt. Der Abfluss wird in Liter (oder m³) pro Sekunde angegeben.

Wasserwirtschaftliche Nutzungen in Einzugsgebieten von Flüssen erfordern die Ermittlung von Wasserhaushaltsgrößen:

$$A_L = N_L - V_L$$

Zur direkten Messung des Abflusses benötigt man die Größen Querschnitt des Flussbettes und Fließgeschwindigkeit.

 Die Fließgeschwindigkeit wird an verschiedenen Stellen des Querschnitts mit einem Messflügel ermittelt.

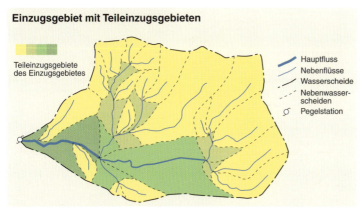

Einzugsgebiete von Flüssen bestehen aus mehreren hierarchisch geordneten Teileinzugsgebieten. Diese werden durch Nebenwasserscheiden voneinander getrennt.

Der **Abfluss** unterliegt oft starken Schwankungen. Ursachen dafür sind meist meteorologische Ereignisse (Starkregen, Schneeschmelze, Trockenperioden, Frostperioden). Dann wird entweder der Bodenspeicher überlastet (bereits gefüllt, gefroren, versiegelt) und große Wassermengen fließen als **Hochwasser** ab oder ausbleibende bzw. als Schnee fallende Niederschläge, erhöhte Verdunstung und zunehmender **Aufbrauch** der **Rücklagen** aus den Speichern führen zu **Niedrigwasser**. Manchmal trocknen Flussbetten sogar völlig aus.

Oft hat der Mensch die Rücklagemöglichkeiten der Natur durch Bebauung, Bodenverdichtung, Entwaldung (↗ S. 159) erheblich eingeschränkt, oder er entnimmt zu viel Grund- oder Oberflächenwasser. Durch **Talsperren** werden die Speicher- und Regulierungsmöglichkeiten verbessert.

Der **Jahresgang des Abflusses** – die Abflussschwankung im Laufe eines Jahres – wird von vielen Landschaftskomponenten und ihren Elementen (↗ Abschnitt 2.3.2) beeinflusst. Deshalb gibt es viele unterschiedliche **Abflusstypen** (Gletschertyp, Schneetyp, Regentyp). Diese sind wiederum unterscheidbar nach ozeanischer oder kontinentaler Prägung, nach subtropischer oder tropischer Art oder als Karsttyp zu kennzeichnen. Große Flussgebiete haben Anteil an unterschiedlichen Abflusstypen.

Abflusstypen werden auch als Abflussregime bezeichnet. Abflussregimes richten sich nach der geografischen Lage des Einzugsgebietes.

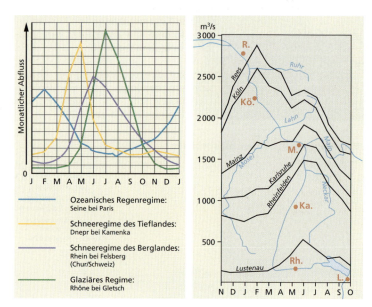

Ozeanisches Regenregime: Seine bei Paris

Schneeregime des Tieflandes: Dnepr bei Kamenka

Schneeregime des Berglandes: Rhein bei Felsberg (Chur/Schweiz)

Glaziäres Regime: Rhône bei Gletsch

Entlang eines Hauptflusses ändert sich der Abflusstyp.
Der Rhein wechselt vom Gletscher- und Schneetyp zum ozeanischen Regentyp.

Seen

Wenn sich Wasser in Geländehohlformen an der Erdoberfläche sammelt, entstehen **Seen**. In Abhängigkeit von den geografischen Verhältnissen, insbesondere von der Ausprägung der Landschaftskomponente Klima, enthalten Seen Süßwasser oder Salzwasser. Abflusslose Seen in ariden Gebieten (↗ S. 126) sind meist Salzwasserseen.

Seen haben eine recht unterschiedliche **Größe** (↗ S. 399). Diese hat jedoch keinen Einfluss darauf, wann ein wassergefülltes Becken als See bezeichnet wird. Deshalb sind auch **Weiher** und **Sümpfe** Seen. Die Größe einzelner Seen kann sich schnell ändern (Aralsee, Tschadsee), oder sie verschwinden ganz (Salziger See bei Eisleben). Oft ist menschliches Werk die Ursache (Wasserentnahme, Bergbau).

Große Seen werden auch als Meere bezeichnet (Kaspisches Meer, Totes Meer) oder haben einen „Zweitnamen" (Balaton – Ungarisches Meer, Bodensee – Schwäbisches Meer). Aber auch kleinere Seen heißen Meere: Steinhuder Meer, Ijsselmeer.

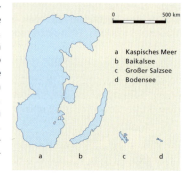

a Kaspisches Meer
b Baikalsee
c Großer Salzsee
d Bodensee

Die Geländehohlformen (Becken), in denen sich Seen bilden, haben eine unterschiedliche **Entstehung**. Becken wurden gebildet u. a. durch
- Erdkrustenbewegung (z. B. Baikalsee, Njassasee),
- Vulkanismus (Kraterseen, z. B. in der Eifel),
- Bergstürze und Erdrutsche (Seen in Hochgebirgen, z. B. in den Alpen),
- Gletscherbewegungen (Karseen, Rinnenseen, Zungenbeckenseen),
- Auslaugung (Karst- und Salzlösungsseen),
- Flusstätigkeit (Altwässer, Rückstauseen) oder
- Küstendynamik (Strandseen an Ausgleichsküsten).

Seen weisen infolge der ungewöhnlichen Dichte- und Volumenverhältnisse von Wasser (größte Dichte und Masse bei +4 °C) unter gemäßigtem Klima meist eine periodische **Wasserschichtung** auf.

Die Gewässereutrophierung betrifft vor allem Seen.

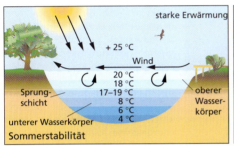

Sommerstabilität

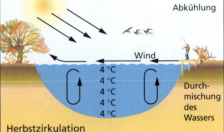

Herbstzirkulation

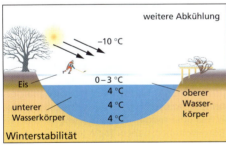

Winterstabilität

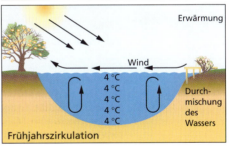

Frühjahrszirkulation

Von besonderer Bedeutung sind die **ökologischen Seentypen,** die nach ihrem natürlichen **Stoffhaushalt** unterschieden werden.

Seentyp	Eigenschaften
Klarwasserseen (nährstoffarm)	meist tief mit schmaler Uferbank; nährstoffarm, wenig Plankton; klar, blau bis grün; am Boden Tonschlamm
Trübwasserseen (nährstoffreich, biologisch produktiv)	flach mit breiter Uferbank; nährstoff- und kalkreich, reiches Plankton, oft „Wasserblüte"; im Sommer und Winter starker Sauerstoffschwund; trüb, grün bis blaugrün; am Boden Faulschlamm (oft Schwefelwasserstoff)
Braunwasserseen (gestört)	unterschiedlich tief, in Moorlandschaften; sauer, wenig Plankton, „Wasserblüte" selten; trüb, gelb bis braun; am Boden Torfschlamm

Bodenwasser und Grundwasser

In ariden Gebieten der Erde kann es zum Aufsteigen von mineralisiertem Bodenwasser im Kapillarsystem des Bodens kommen. Die Folge sind Salzböden oder die Versalzung von Böden.

Das **Bodenwasser** (↗ S. 148) setzt sich aus Sicker-, Kapillar- und Haftwasser zusammen. **Sickerwasser** bewegt sich in großen Bodenporen zum Grundwasser. **Kapillarwasser** füllt feinste Bodenhohlräume und wird entgegen der Schwerkraft dort durch Kapillarkräfte festgehalten. **Haftwasser** besteht aus dem dünnen und festen Wasserfilm um die Bodenteilchen (Adhäsion) und aus Wasser in den Porenwinkeln. Auch Grundwasser kann in den Boden eindringen.

Grundwasser sammelt sich über einem **Grundwasserstauer** in Hohlräumen und Poren der Böden und Gesteine unter der Erdoberfläche, füllt diese gänzlich aus und unterliegt nur der Schwerkraft. Grundwasserhaltige Speichergesteine sind zugleich die **Grundwasserleiter.** Grundwasser tritt entsprechend der Lage der Grundwasserleiter in unterschiedlich tiefen **Grundwasserstockwerken** auf. Diese sind durch Grundwasserstauer getrennt (↗ S. 365).

Die Böden und die Fest- und Lockergesteine weisen sehr unterschiedliche Hohlräume (z. B. Klüfte, Spalten, Blasen, Röhren, Poren, Karsthöhlen) auf, sind unterschiedlich porös. Sie haben eine verschiedenartige **Speicherkapazität.** Festgesteine können wenig, Lockergesteine viel Wasser speichern. Eine Maßzahl für eine mögliche Speicherung ist das **Porenvolumen.** Das höchste Porenvolumen haben Torfe (max. 85 Vol.-%) und Lockergesteine (26–47 Vol.-%). Torfe können sich deshalb wie ein Schwamm vollsaugen. Festgesteine haben geringe, nur in Klüften gute Speicherfähigkeit.

> Der Boden ist ein wichtiger Wasserregulator und Schadstofffilter in der Natur. Er nimmt in feuchten Jahreszeiten viel überschüssiges Wasser als Bodenwasser auf und speichert es für Trockenzeiten.

In nicht wenigen Ländern wird fossiles Grundwasser gefördert, das nicht in der Gegenwart entstanden ist. Damit sind Probleme für künftige Generationen vorprogrammiert.

Der Grundwasserspiegel schwankt im Laufe eines Jahres in Abhängigkeit von den Witterungsverhältnissen und von der Entnahmemenge durch den Menschen. Die Grundwasservorräte sind nicht unendlich. **Fossiles Grundwasser** wird nicht erneuert. Es bedarf großer Anstrengungen, die Grundwasservorräte langfristig zu schützen (↗ S. 365). Der beste **Grundwasserschutz** ist dabei der Bodenschutz (↗ S. 158 u. 159).

Inlandeis und Gletschereis

Das **Inlandeis** und das **Gletschereis** (16 Mio. km²) nehmen heute gemeinsam mit Frostbodenflächen (21 Mio. km²) nahezu ein Viertel der Festlandsfläche der Erde ein.

Inlandeis und Gletscher bilden sich dort, wo mehr Niederschlag in fester Form fällt als abschmelzen und verdunsten kann. Das sind die **Nährgebiete** des Eises. Dort verdichtet sich der Schnee vor allem durch den eigenen Druck in Firn, wandelt sich anschließend in Firneis und schließlich in Gletschereis um. Unter dem Einfluss des eigenen Druckes, des ständigen Nachschubs und des Gefälles bewegen sich die Gletscher. Sie schieben sich in die **Zehrgebiete** vor, in denen sie schließlich abtauen.

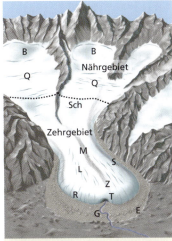

Aufbau eines Gletschers
B   Bergschrund   E   Endmoränen
Sch Schneegrenze   S   Seitenmoränen
Q   Querspalten   Z   Gletscherzunge
R   Randspalten   T   Gletschertor
L   Längsspalten   G   Gletscherbach
M   Mittelmoränen

Inlandeis bedeckt heute mit nahezu 14 Mio. km² vor allem den Kontinent Antarktika.

Das größte außerpolare **Gletscher**gebiet auf der Nordhalbkugel befindet sich in Alaska (Seward-Malaspina-System mit 4 275 km²).

Die **Geschwindigkeit** der Gletscherbewegungen ist von der Eismächtigkeit, vom Gefälle, der Eistemperatur und dem Nachschub abhängig. Sie schwankt zwischen 20 m und 20 000 m pro Jahr.

Die für den Eishaushalt bedeutsame Lage der **Schneegrenze** ändert sich in Abhängigkeit von vielen Einflussfaktoren, wie Schneemenge, Strahlung, Temperatur, Wind oder Geländegestaltung, ständig. Eine **zeitweilige** Schneegrenze gilt nur für den Winter. Dort, wo auf einer ebenen und sonnigen Fläche die sommerliche Sonnenwärme nicht mehr ausreicht, den im Laufe eines Jahres gefallenen Schnee zu schmelzen, befindet sich die **klimatische** Schneegrenze. Von da ab können sich Gletscher und Inlandeis bilden.

Eishöhe um 1870

Der Nordkaukasus zeigt bereits im Oktober eine zeitweilige Schneegrenze.

Die Zunge der Pasterze, des flächengrößten Gletschers der Ostalpen, schmilzt pro Jahr um 10 bis 20 m zurück.

Änderungen der **Eismasse** zeigen sich vor allem am Vorrücken oder Zurückweichen der Gletscherzungen und an der Volumenveränderung. Sie sind das Ergebnis von Veränderungen im Eishaushalt. Letztlich sind dafür **Klimaänderungen** maßgebend. Gegenwärtig befinden sich die Gletscher weltweit auf einem deutlichen Rückzug.

3.4 Relieformen

Die **Relieformen** oder das **Relief** sind die Oberflächenformen.

Die Wissenschaft, die sich mit den Relieformen der Erde, deren Gestalt, Anordnung und Entwicklung beschäftigt, ist die Geomorphologie. Sie ist eine von vielen Teildisziplinen der Physiogeografie (↗ S. 20).

geo (grch.) = Erde; morphe (grch.) = Gestalt, Form

Das Relief bringt als Grenz*fläche* oder *Haut* der Erde die äußere Form der Erdoberfläche zum Ausdruck. Es ist deshalb eigentlich keine dreidimensionale Hülle (↗ S. 74). Da aber das Relief niemals ohne seinen Baustoff verständlich wird, ist auch der Begriff *Reliefhülle* der Erde *(Morphosphäre)* hierfür anwendbar.

Bedeutsam sind nicht nur Kenntnisse über die Entstehungsweise des Reliefs, die Ausmaße und das Material der Relieformen, sondern vor allem über die Funktionen des Reliefs bei der Steuerung und Regelung von Naturprozessen in der Landschaft (↗ S. 88). Durch diese Sichtweise können ökologische Zusammenhänge in der Landschaft besser verstanden werden.

3.4.1 Baustoff der Relieformen und Verwitterungsprozesse

Das Herausbilden der Relieformen der Erde ist stark davon abhängig, ob *harte* oder *weiche* Gesteine vorliegen. Harte Gesteine sind gegenüber Verwitterungs- und Abtragungsprozessen sehr widerstandsfähig und bilden meist markante **Vollformen,** weiche Gesteine können schneller abgetragen werden, bilden abgerundete Formen, oft sogar **Hohlformen.**

Die Gesteinshärte ist das entscheidende Kriterium für die Reliefformung.

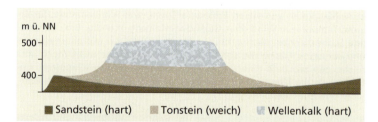

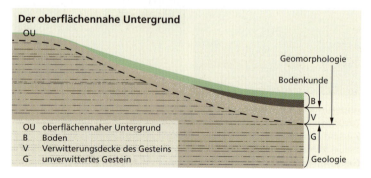

Der oberflächennahe Untergrund besteht aus dem Boden, der Verwitterungsdecke des Gesteins und aus den oberen, etwa 2 m des unverwitterten Gesteins.

Das anstehende feste Gestein (↗ S. 105) bildet nur in wenigen Fällen den direkten Bau*stoff* des Reliefs. Meist sind es lockere Verwitterungsmaterialien (oder Schuttdecken), Lockersedimente und die Böden mit ihren Substraten (↗ S. 151), die den unterschiedlich mächtigen oberflächennahen Untergrund bilden (↗ S. 136).

Die Gesteine haben unterschiedliche formbildende und formbeeinflussende Eigenschaften. Diese leiten sich vor allem aus den Gesteinseigenschaften ab (↗ S. 105–107).

Gesteins-
eigenschaften

↓

morphologische
Eigenschaften

↓

Bildung und
Beeinflussung
der Reliefform

Der Sandstein des Elbsandsteingebirges zeichnet sich vor allem durch senkrechte Klüftung und horizontale Bankung aus. Diese Eigenschaften bestimmen die morphologischen Eigenschaften des Gesteins (Porosität, Durchlässigkeit, Härte, Druckfestigkeit).

Die Locker- und Festgesteine werden vor allem über die physikalische und chemische **Verwitterung** (mit Lockerung und Zerstörung des Gesteinsgefüges sowie mit Bodenbildung) so aufbereitet, dass die nachfolgenden Reliefbildungsprozesse im oberflächennahen Untergrund mit Abtragung und Aufschüttung wirksam werden können.

Bei der **physikalischen Verwitterung** werden das Gestein und die Minerale, die das Gestein aufbauen, gelockert und schließlich in immer kleinere Korngrößen zerlegt. Das geschieht durch geringe Volumenzu- und -abnahme bei Temperaturveränderung. Besonders wirksam ist die physikalische Verwitterung beim ständigen Wechsel der Temperaturen um den Gefrierpunkt *(Frostverwitterung)* sowie durch den Kristallisationsdruck von auskristallisierenden Salzen *(Salzsprengung)*.

Die mit der physikalischen Verwitterung verbundene *Oberflächenvergrößerung* ist eine wichtige Voraussetzung für die nachfolgenden Prozesse der chemischen Verwitterung.

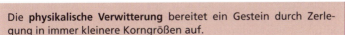

Die **physikalische Verwitterung** bereitet ein Gestein durch Zerlegung in immer kleinere Korngrößen auf.

Erste Formen der **chemischen Verwitterung** sind die Anlagerung von Hydrathüllen um die Kationen an den Grenzflächen und der Einbau von

Kolloide haben eine Teilchengröße von 1/1 000 bis 1/1 000 000 mm.

Wassermolekülen in die Kristallgitter von Silikaten. Mit dieser *hydrolytischen* Verwitterung vollziehen sich aber gleichzeitig intensive Stoffveränderungen. Basisch wirkende Kationen (Ca^{++}, Mg^{++}, K^+, Mg^{++}) werden ausgewaschen und Tonminerale in der Größenordnung der Kolloide neu gebildet. Welche Arten von Tonmineralen allerdings entstehen, hängt von den unterschiedlichen klimatischen Bedingungen (↗ S. 122) und von den jeweiligen Gesteinen ab.

Unter feuchtheißen Klimabedingungen nehmen Verwitterungsreste aus Basalt mit großen Aluminiumhydrat- und Roteisenanteilen leuchtend rote Farben an. Eine Entbasung wird durch natürliche Säuren, wie Kohlen- oder Huminsäuren, und durch sauren Regen (↗ S. 368) gefördert.

Karsthöhle in den rumänischen Westkarpaten

Die *Oxidationsverwitterung* führt unter Beteiligung von Sauerstoff zur Oxidation von Eisen, Mangan und Aluminium und zur Rot- und Braunfärbung des Substrats.
Lösungs- und Kohlensäureverwitterung bewirken das Wegführen von Salzen und Carbonaten aus den Gesteinen. Beide Prozesse sind außerordentlich formbildend wirksam, weil sie zu *Auslaugungsformen* führen und für die **Verkarstung** verantwortlich sind (↗ S. 145).

> Die **chemische Verwitterung** führt zur stofflichen Veränderung von Gesteinen. Sie beeinflusst damit deren Abtragungsempfindlichkeit und legt zugleich bestimmte Richtungen der Bodenbildung fest.

3.4.2 Formbildungsprozesse

Die Bildung von Reliefformen hängt von vielen physikalischen, chemischen und strahlungsklimatischen Ursachen ab. Letztlich gibt es aber bei jedem Reliefformungsprozess *die* alles entscheidende Kraft und *das* spezifische Medium für die Reliefformung. Die Erklärung vieler heutiger Reliefformen macht aber oft Schwierigkeiten, weil sie unter gänzlich anderen Naturraumbedingungen als in der Gegenwart entstanden sind.

Reliefformung durch außerirdische Einflüsse, Tektonik und Vulkane

Meteoritenkrater haben unterschiedliche Tiefen und Durchmesser.

Manche Reliefformen auf der Erde sind durch außerirdische Einflüsse entstanden: Einige große Hohlformen stellen **Meteoritenkrater** dar. Das sind große Einschlagstrichter von Meteoriten aus dem Weltraum. Sie sind von einem Wall aus Gesteinstrümmern umgeben, in denen das Mineral Coësit nachgewiesen wurde, das sich nur unter sehr großem Druck bildet. In Deutschland wird das Nördlinger Ries (25 km Durchmesser) als Meteoritenkrater gedeutet (↗ S. 355).

Im Ergebnis vertikaler Erdkrustenbewegungen (Tektonik) entstehen in harten Gesteinen **Bruchstufen**. Oftmals wurden solche Bruchstufen in unterschiedlichen geologischen Zeiträumen gebildet. Sie treten häufig parallel zueinander auf *(Staffelbrüche)*. Durch Auf- und Abschieben von Gesteinspaketen entstehen *Horste,* bei Kippung *Pultschollen.*

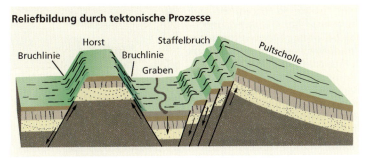

Grabenbrüche sind: Oberrheintalgraben, Ostafrikanischer Graben mit dem Roten Meer, Death-Valley in Kalifornien.
Das Erzgebirge stellt eine Pultscholle dar, Harz und Thüringer Wald sind Horste.

Die Längserstreckung von Bruchstufen erreicht oft Hunderte von Kilometern, ihre Sprunghöhen sind unterschiedlich (von wenigen Metern bis 3 000 m). Derartige tektonische Bewegungen sind meist *lang andauernd*. Bei Erdbeben können allerdings auch *plötzlich* Brüche entstehen. Im Ergebnis tektonischer Prozesse wird das Relief steiler. Die Abtragungsprozesse werden dadurch belebt.

Die Sprunghöhe gibt den Betrag der vertikalen Versetzung bei tektonischen Bewegungen an.

Wenn unterschiedlich widerständige Gesteinsschichten *wenig* geneigt sind, entstehen **Schichtstufen.**

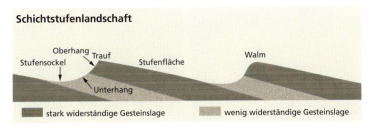

Schichtstufenlandschaften gibt es u. a. in Süddeutschland und in Thüringen.

Die Teufelsmauer am Nordharzrand – eine Schichttrippe

Sind die Gesteinsschichten *steil* oder gar *senkrecht* gestellt, werden **Schichttrippen** herausmodelliert.

Weiche Gesteine verbiegen sich bei Beanspruchung und bilden damit *Flexuren*. Oft werden hochgehobene weichere Gesteine abgetragen und ergeben schließlich Hohlformen. Tiefer liegende harte Gesteine werden dagegen freigelegt und zu Vollformen gestaltet. In solchen Fällen spricht man von einer **Reliefumkehr.** Beispiele hierfür gibt es im Thüringer Becken und im Weser-Leine-Bergland.

Das Relief erfährt eine außergewöhnliche Formung durch **vulkanische Prozesse** (↗ S. 106 u. 358). Dazu gehören die Bildung von Vulkanbergen (↗ S. 397) und die Tätigkeit von Geysiren und Schlammvulkanen.

Reliefformung durch Gravitation und Frost

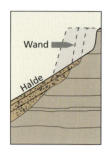

Die Formbildung an Hängen geht auf Gesteins- und Reliefeigenschaften und vor allem auf die Wirkung der **Gravitation** (Schwerkraft) zurück. So führen Fall- und Sturzvorgänge (Felssturz, Blocksturz, ...) zur Rückverlegung von Felswänden und zur Bildung von Lockersedimenthalden.

Hangabtragung in schmierig-bindigen Substraten wird als **Erdfließen** bezeichnet. In Hochgebirgen sind solche Stein- und Schlammabgänge als **Muren** (↗ S. 359) bekannt. Wenn bindige Gesteine an Hängen stark durchfeuchtet werden und Schichtflächen als Gleitbahnen fungieren, können plötzliche **Blockrutschungen** auftreten.

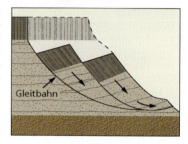

Sind die gravitativen Bewegungen langsam und erfassen nur obere Teile des Hangschutts, spricht man von **Hangkriechen**. Merkmale hierfür sind hangparallel angeordneter Schutt und Fußknicke bei Bäumen.

Vegetationslose Schuttströme im Hochgebirge oder Fußknicke von Bäumen an Hängen sind Zeichen für Abwärtsbewegungen des Hangschutts.

> Gravitative Prozesse prägen die Reliefformung vor allem in den Hoch- und Mittelgebirgen.

Kryosolifluktion = Bodenfließen an Hängen über Dauerfrost; kryos (grch.) = Kälte, Eis; solum (lat.) = Boden; fluere (lat.) = fließen

Besondere Reliefformen sind an sich ständig wiederholendes **Gefrieren** und **Auftauen** gebunden. In der Tundra sind sie besonders typisch, waren aber zur Eiszeit auch in Mitteleuropa weit verbreitet. Der tief gefrorene Boden taut in der kurzen Sommerzeit nur wenige Dezimeter oberflächlich auf. Das Schmelzwasser vermag nicht in den gefrorenen Untergrund einzudringen. Dadurch verwandelt sich der Oberboden in einen wasserhaltigen Gesteins-Feinerde-Brei. In geneigtem Gelände beginnt dieser Brei, langsam hangabwärts zu rutschen. Diese Form der **Solifluktion** heißt *Kryosolifluktion*. Sie überdeckt die Hänge mit Schutt.

Außerdem sammelt sich das Wasser in Geländehohlformen, wo es im Sommer zu Überfeuchtung und Versumpfung kommt. Die flachen, wassergefüllten Senkungswannen (Alassy) entstehen ringförmig um einen nicht aufgetauten Eiskern. Im Winter frieren Eislinsen aus, und es entstehen Hügel (Pingos).

 Die Hügel (Pingos) tauen ringförmig ab. Das im Innern des Pingos befindliche Resteis wird durch den randlich abrutschenden Boden sichtbar.

Durch wiederholtes Gefrieren und Auftauen mit entsprechenden Volumenänderungen wird auch das Bodenmaterial sortiert. Im Ergebnis entstehen **Frostmusterböden** mit Steinringen, an Hängen führt das Bodenfließen zur Bildung von Steinstreifen, Wülsten und Girlanden aus Lockermaterial.

| Auffrierhügel mit Eiskern | Böden mit Steinringen | Böden mit Steinstreifen |

In den deutschen Mittelgebirgen verhüllen **Schuttdecken** weitgehend die Festgesteine. Auch im Tiefland sind die oberen Teile der Lockersedimente durch derartige Frostprozesse verändert. Sie gehen in den meisten Fällen auf eiszeitliche Frostverwitterung und auf Bodenfließen zurück. Da derartige Schutte die Ausgangsmaterialien für fast alle mitteleuropäischen Böden darstellen, sind genaue Kenntnisse über ihre Eigenschaften wichtig.

> Ständige Gefrier- und Auftauprozesse führen zu Schuttdecken und Frostmusterböden. Sie sind heute vor allem in der Tundra verbreitet. In Mitteleuropa stellen sie Überreste aus der letzten Kaltzeit dar.

Reliefformung durch Wasser

Wasser spielt als Transportmedium und abtragende Kraft für die Reliefformung eine große Rolle.

Die **Abspülung** am Hang tritt vor allem als **Bodenerosion** (↗ S. 159) auf. Erosionsfördernde Faktoren sind hauptsächlich steile und lange Hänge, fehlende Vegetationsdecke, geringe Wasseraufnahmefähigkeit oder bereits völlige Wassersättigung des Bodens, leichter Zerfall der Bodenaggregate, Starkniederschläge und Bearbeitung senkrecht zum Hang.

 Bodenaggregate sind Bodenteilchen, die aus mehreren mineralischen Einzelkörnern bestehen. Diese haften selbst oder sind mit Humus verbacken.

Abspülung kann flächenhaft und linear erfolgen, *Flächenspülung* oder *Rinnen- und Grabenspülung* sein. Mit dem abfließenden Wasser werden Bodenmaterialien, Humus und Nährstoffe abtransportiert und an Stellen mit nachlassender Transportkraft wieder abgelagert. Durch die Bodenbearbeitung beseitigen die Landwirte kleinere Erosionsspuren rasch wieder. Da sich die Bodenerosion aber flächenhaft schleichend vollzieht, hat sie verheerende Wirkungen (↗ S. 151). In anderen Ländern kann Erosion zur völligen Degradierung (↗ S. 366) ganzer Landschaften führen. Die Bodenerosion erkennt man an Erosionsrillen und -rissen, an abgetragenen und überdeckten Böden sowie an der Ablagerung abgetragenen Bodenmaterials. In Bächen und Flüssen färbt das abgetragene Bodenmaterial das Wasser gelb oder braun. Abspülung führt langfristig zu einer Verminderung der Reliefenergie, langfristig zur Einebnung.

Die Flächenspülung an einem flachen Lösshang ist weniger spektakulär als die Landschaftsdegradation durch Grabenspülung.

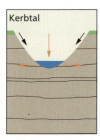

Kerbtal

Sohlenkerbtal

Überall dort, wo Regen fällt und das Gelände geneigt ist, können sich Bäche und **Flüsse** (↗ S. 130) bilden, sich in das umliegende Gelände erosiv einschneiden, aus dem Flussbett abgenagtes Material als Fracht mitführen und dies bei nachlassender **Transportkraft** auch wieder absetzen. Es bestehen enge Zusammenhänge zwischen Fließgeschwindigkeit und -verhalten, Erosion, Transport unterschiedlicher Korngrößen und Ablagerung. Diese Zusammenhänge bedingen

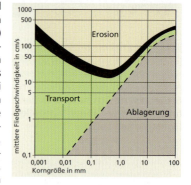

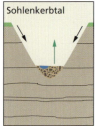

vielfältige Formen bildende Prozesse, die zu unterschiedlichen Flussbett- und **Talquerprofilen** führen. An ihrer Entstehung sind Tiefenerosion, Seitenerosion, Hangabtragung (Hangdenudation) und Aufschüttung (Akkumulation, Sedimentation) beteiligt.

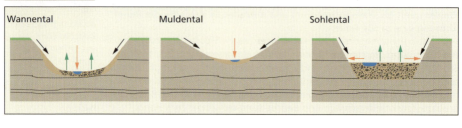

Reliefformen 143

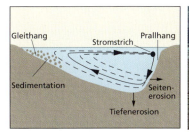

Klamm

Schlucht

Täler bestehen aus den *Talhängen* und dem *Talboden*, der an der tiefsten Stelle eine *Talsohle* ausgebildet hat. Wird eine Talsohle durch Hochwässer ganz oder teilweise überflutet, spricht man von einer *Talaue* mit entsprechenden Fluss-Sedimenten. Täler mit Torfablagerungen sind **Niederungen**.

Talquerprofile weisen in unterschiedlicher Höhe oft Reste alter Talböden auf. Diese werden als **Flussterrassen** bezeichnet. Sie wurden in früheren erdgeschichtlichen Epochen – meist in den Eiszeiten – angelegt.

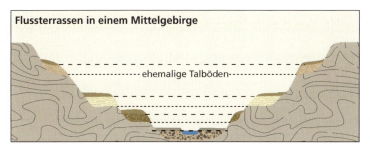

Flussterrassen in einem Mittelgebirge

Canon

Auch an den **Meeresküsten** vollziehen sich Abtragungs-, Transport- und Ablagerungsprozesse. Im Ergebnis entstehen unterschiedliche **Küstenformen**: *Steilküsten* mit Kliffs und *Flachküsten* aus Sanden oder Torfen.

Die Wellenenergie des Meeres besorgt den Transport feinen Materials. Grobmaterial bleibt auf der *Schorre* liegen. An Küstenabschnitten mit geringer Strömung wird das feine Sandmaterial in Form von *Sandbänken* oder *Nehrungen* abgelagert, bei Austrocknung sogar weggeblasen (↗ S. 145).

Kastental

Überflutet das Meer bestimmte Reliefformen, entstehen folgende **Küstentypen**: Fjord-, Förden-, Buchten-, Bodden-, Schären-, Riaküsten usw.

↑ Aufschüttung
↓ Tiefenerosion
← Seitenerosion
↙ Hangabtragung

Wasser ist die bedeutendste formbildende Kraft auf der Erde. Es tritt als spülendes, als fließendes und als Wasser an den Küsten auf.

Reliefformung durch Eis

Die von Gletschern geschaffenen Trogtäler (z. B. in Skandinavien) und Zungenbeckenseen (z. B. im Alpenvorland) erreichen oft gewaltige Ausmaße.

Reliefformung durch Gletschereis erfolgte vor allem in den Eiszeiten. Heute vollzieht sie sich in noch den vergletscherten Gebieten. Zur Gletscherbildung sind bestimmte klimatische Voraussetzungen erforderlich (↗ S. 135). Auffallendstes Ergebnis der Gletscherbewegungen sind U-förmige **Trogtäler**.

Die vom Eis abgeschürften Gesteine wurden zerkleinert und als Sedimente am Gletschergrund als Grundmoränenmaterial abgelagert, aber auch als Seiten- und Endmoränen, die frühere Seitenränder und Endbereiche des Gletschers markieren. Mit den Schmelzwässern wurden riesige Mengen von Schutt abtransportiert.

Die alpinen Gletscher erreichten während der Eiszeit das Alpenvorland, schürften tiefe Hohlformen aus, die heute meist **Seen** darstellen, schütteten Endmoränenwälle auf und bildeten weite Schotterebenen.

Die **Gletscher** der Hudson-Bay wuchsen mit dem grönländischen Inlandeis und mit den Hochgebirgsgletschern des Nordwestens Amerikas zusammen.

Das nordische europäische Inlandeis bildete sich während der Eiszeiten im Skandinavischen Gebirge. Es vereinigte sich im Westen mit den Gletschern des Schottischen Hochlands und Nordirlands, im Osten mit den Eisdecken der Barentssee und von Sewernaja Semlja. In Nordamerika nahmen die Gletscher ihren Anfang im Bereich der heutigen Hudson-Bay und verbanden sich mit anderen Eismassen.

Die abtragende Wirkung des Inlandeises hat in großen Teilen Skandinaviens von Gletschern geschliffene Gesteinsoberflächen hinterlassen. Südschweden und Dänemark waren dagegen ebenso wie Norddeutschland vor allem Ablagerungsgebiete mit den vielfältigen Aufschüttungsformen der **glazialen Serie** (↗ S. 29), deren Teile heute charakteristische Standort- und Nutzungseigenschaften aufweisen.

> **Inlandeis** und **Gebirgsgletscher** haben in der Eiszeit die Landformen erheblich verändert und große Gebiete mit einem völlig anderen oberflächennahen Untergrund als vorher ausgestattet.

Reliefformung durch Lösung: Verkarstung

In Kalk-, Gips- und Salzgesteinen werden durch Lösungsverwitterung vielfältige kleinere und größere Abtragungs- und Ablagerungsformen geschaffen. Es enstehen charakteristische **Karstlandschaften**, in denen Wasser in Höhlensysteme versickert und an starken Quellen zutage tritt.

Karst ist ursprünglich ein Gebirgszug bei Triest mit typischen Karsterscheinungen.

Kleinformen der Verkarstung sind Karren und Tropfsteine. Als Großformen gelten Auslaugungstäler und tropische Kegelkarstlandschaften.

Karstlandschaft mit Dolinen und Poljen

Karstformen:
Tr Trockental
P Polje   D Dolinen
Q Karstquelle
H Höhle mit Tropfsteinbildung und Bachlauf
Gestein:
K Kalkgestein   T Tongestein   A Auenlehm

Dolinen sind Karstformen.

Verkarstung geht auf Lösungsverwitterung zurück. Karstgebiete zeichnen sich durch einen gesteinsspezifischen Wasserhaushalt aus.

Reliefformung durch Wind

Wind als formende Kraft führt einerseits zum Ausblasen und Abschleifen und andererseits zum Ablagern von Staub und Feinsand (↗ S. 146). Der Materialtransport durch Wind ist von der Windgeschwindigkeit, dem Durchmesser und der Form der Materialteilchen sowie von der Dichte des Substrats abhängig. Der Windtransport wird auch stark von Bewuchs und Durchfeuchtung der Oberfläche beeinflusst. Deshalb ist die Windwirkung in trockenen und vegetationsfreien Gebieten besonders groß.

Windgeschwindigkeit in m/sec	Korndurchmesser in mm	Bezeichnung der Korngröße
0,1	bis 0,01	Staub
0,25–1,5	bis 0,10	Feinsand
1,8–6,0	bis 0,50	Mittelsand
7,5–12,4	bis 1,00	Grobsand

Reliefformung durch den Wind – Beispiele

Aufwirbelung	Dünenlandschaft (Namibia)	Lösslandschaft (VR China)

äolisch = vom Wind geschaffen;
Aiolus = grch. Gott der Winde

Nach der Ausblasung bleiben oft Steinpflaster zurück. Einzelne Steine werden windgeschliffen und poliert *(Windkanter)* oder als **Pilzfelsen** aus der Umgebung herausmodelliert. Vom Wind verwehter Sand kann zu kleinen Rippelmarken, zu Einzeldünen oder zu **Dünenlandschaften** aufgeweht werden.

Wirtschaftlich bedeutungsvoll sind die äolischen Sedimente Löss und Sandlöss, die ältere Gesteine in unterschiedlicher Mächtigkeit überdecken und sich durch günstige physikalisch-chemische Eigenschaften auszeichnen (↗ S. 155 u. 157). Große zusammenhängende Gebiete mit Löss werden auch als **Lösslandschaften** bezeichnet. Sie kommen u. a. als zusammenhängende Lössgürtel in Mitteleuropa und in China vor.

> Abtragung und Ablagerung durch Wind sind wichtige Relief formende Prozesse vegetationsarmer und trockener Landoberflächen.

Reliefformung durch den Menschen

Reliefformung bedarf in der Regel eines hohen Energieaufwands. Dieser Aufwand ist vom Menschen früher aufgrund nur geringer technologischer Entwicklung auf Einzelobjekte beschränkt geblieben (Aufschüttung von Hügelgräbern und hochwasserfreier Wurten, Bau von Burganlagen und Grenzwällen) oder war an die Landnutzung (↗ S. 96) gebunden (Ackerterrassen).

Reliefformung durch wirtschaftliche Tätigkeit des Menschen – Beispiele

Ackerterrassen	Tagebaurestloch	Tiefbauhalde

Heute ist der Mensch zunehmend in der Lage, größere Einzelobjekte zu bauen, aber auch flächenhaft umfangreichere Reliefformung vorzunehmen. Insbesondere der Bergbau (↗ S. 242) vermag durch Bergbaugroßgeräte charakteristische **Bergbauformen** zu schaffen: Hohl- und Vollformen mit Halden, Kippen und Restlöchern. Auch Gebäude (↗ S. 210) und Talsperren (↗ S. 131) sind anthropogene Reliefformen. Selbst im Hochgebirge wird planiert, geschliffen, abgetragen, aufgeschüttet und weggebaggert und so der „skigerechte Berg" geschaffen (↗ S. 359).

> Der Mensch vermag als reliefbildender Faktor zunehmend die Oberfläche der Erde zu prägen.

3.4.3 Formbildung und Klima

Die Formung des Erdreliefs erfolgt sowohl durch erdinnere (endogene) als auch durch erdäußere (exogene) Kräfte. Durch erdinnere Kräfte und durch sie ausgelöste Krustenbewegungen werden meist Großformen gebildet (↗ S. 101). Erdäußere Kräfte werden von Art, Häufigkeit, Dauer und Intensität von Verwitterungs-, Abtragungs-, Transport- und Ablagerungsprozessen beherrscht. Diese werden klimatisch gesteuert.

Die klimazonale Abwandlung der formbildenden exogenen Vorgänge auf der Erde						
klimatischer Gebietscharakter	glaziäre Formung	Frost-/Temperaturverwitterung	Hang- und Talformung	chemische Verwitterung	äolischer Transport	Verkarstung
vereist						
subarktisch kalt		mit Schuttbildung				
gemäßigt winterkalt			episodisch	mäßig		
gemäßigt winterkühl		mäßig	ganzjährig	mäßig		
gemäßigt warm		mäßig	ganzjährig/episodisch	mäßig		
subtropisch warm-dauerfeucht		mäßig	ständig	mäßig		intensiv
subtropisch warm-winterfeucht		mäßig	periodisch	mäßig		
heiß und trocken		mäßig	episodisch	mäßig		
tropisch dauerfeucht-heiß			sehr intensiv	intensiv		
tropisch wechselfeucht		wechselnd		wechselnd		
heißtrockene Randtropen		intensiv	periodisch			

3.5 Boden

3.5.1 Der Boden und seine Funktionen

Der **Boden** bildet als Pedosphäre eine Teilhülle der Landschaftshülle der Erde. Aufgrund der gegenseitigen Durchdringung der Teilhüllen enthält er Bestandteile und Elemente aller Teilhüllen (↗ S. 74). Als stabile Landschaftskomponente (↗ S. 92) besteht der Boden aus einem Komplex von Landschaftselementen (↗ S. 90).

> Der **Boden** ist eine Komponente der Landschaft. Er besteht aus Mineralkörnern, Humus, Organismen, Luft und Wasser und ist mit anderen Landschaftskomponenten durch physikalisch-chemische, ökologische und technische Prozesse verbunden.

Deshalb besitzt der Boden unter den Landschaftskomponenten wie unter den Umweltmedien eine besondere, häufig noch unterschätzte Bedeutung. Eine Vielzahl von **Funktionen des Bodens** sind für die menschliche Gesellschaft existentiell:

1. Boden ist Durchsickerungs-, Speicher- und Bereitstellungsraum für Wasser. Der Boden bestimmt die **Wasserregulierung** ganzer Landschaften, gewährleistet die Grundwasserneubildung, speichert Wasser in nassen Zeiten und gibt es in Trockenzeiten wieder ab.
2. Boden ist **Wasserfilter**, indem er viele im Bodenwasser schwebende oder gelöste Stoffe herausfiltert, und **Schadstoffpuffer**, weil er viele chemische Reaktionen abpuffert und Schadstoffe sowohl vom Grundwasser als auch von der Nahrungskette fern hält.

3. Boden ist **Standort** für Pflanzen, bietet ihnen Wurzelraum und Verankerung. Er versorgt die Pflanzen mit Wasser, Sauerstoff, Nährstoffen und Wärme, gewährleistet mit seiner Fruchtbarkeit die Biomasseproduktion und stellt damit eine Ernährungsgrundlage für Menschen und Tiere dar.
4. Boden ist **Lebensraum** für Bodenorganismen, fördert oder hemmt deren Lebensprozesse, vollbringt mit einem Millionenheer von Mikroorganismen sanitäre Leistungen. Organische Stoffe werden in den Böden zu mineralischen Endprodukten abgebaut, an den Oberflächen der Bodenteilchen gebunden und bei Bedarf auch wieder abgegeben.
5. Boden widerspiegelt als **Archiv** die Landschaftsgeschichte. Er archiviert natur- und kulturgeschichtliche Dokumente (Böden aus früheren Bodenbildungsphasen, begräbt Fossilien und Werkzeuge, dokumentiert alte Bewirtschaftungsformen).

Boden

Diese Bodenfunktionen können in Abhängigkeit von den konkret vorkommenden Böden mehr oder weniger stark ausgeprägt sein, örtlich können sie sogar fehlen. Aufgrund dieser Funktionen des Bodens ist er auch für die Verminderung von Umweltbelastungen unverzichtbar. Dem **Bodenschutz** kommt deshalb innerhalb des gesamten Umweltschutzes eine zentrale Bedeutung zu. Um seine Funktionen auch künftig zu gewährleisten, darf der Boden nicht überfordert werden.

Unterschiedliche Böden sind an Pedons leicht erkennbar, wenn sich ihre Merkmale deutlich unterscheiden.

> Der Boden ist im Landschaftshaushalt Wasserspeicher, Lebensraum, Pflanzenstandort, Wasserfilter, Schadstoffpuffer und Archiv der Landschaftsgeschichte. Mit diesen **Funktionen** vollbringt er für den Menschen unersetzliche Gratisleistungen.

Der Boden zeigt äußerlich unterschiedlich ausgeprägte Merkmale, wie Färbung, Humus-, Kies- und Kalkgehalt, Bodenart, Fleckung, Gefüge, Durchfeuchtung, Durchwurzelung, Bodenorganismen. Diese Merkmale können am kleinsten, räumlichen Ausschnitt aus der Bodenhülle, dem **Pedon** (= Bodenindividuum), erkannt werden.

> Ein **Pedon** umfasst den Boden *vertikal* von der Bodenoberfläche bis zum unveränderten Untergrund und *horizontal* bis zur nächsten markanten Veränderung der Bodenmerkmale.

Ein Pedon ist vollständig gleichartig aufgebaut. An ihm können sowohl der Materialtyp (z. B. Schutt, Kiessand, Löss über Moränenlehm) als auch der Bodentyp (↗ S. 152) erkannt werden. Ein Pedon ist damit der Grundbaustein für das Erkennen der räumlichen Verbreitung (↗ S. 156) und für die systematische Ordnung der Böden.

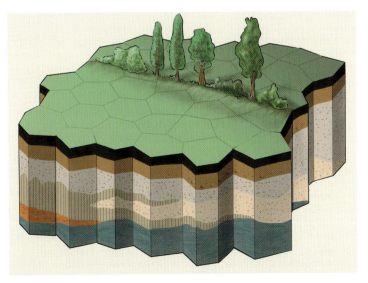

Pedons sind die kleinsten Ausschnitte aus der Bodenhülle der Erde, der Pedosphäre.
Meist gehen benachbarte Böden sehr allmählich ineinander über. Deshalb sind sie oft schwierig zu unterscheiden.

Der Begriff „Schicht" darf für Bodenhorizonte nicht verwendet werden, weil Schichten durch gesteinsbildende Vorgänge entstehen. „Schicht" ist ein geologischer Begriff.

Auf der Erde gibt es sehr unterschiedliche Böden (↗ S. 157). Sie spiegeln sich in unterschiedlichen Pedons wider. Die Grenzen zwischen ihnen sind meist nur unscharf. Deshalb ist das Erkennen verschiedener Böden und ihrer verwandtschaftlichen Beziehungen sowie die Darstellung von Grenzen der räumlichen Bodenverbreitung in Karten recht schwierig. Das gilt auch für die Entstehungsweise der Böden und ihre Stellung in der systematischen Ordnung der Böden.

Wendet man sich nur der vertikalen Ausdehnung eines Pedons zu, z. B. mittels eines Bodenschurfs, erhält man ein Bodenprofil (↗ S. 37). Ein **Bodenprofil** reicht von der Erdoberfläche bis in die Tiefe des unveränderten Gesteins. Vor allem die unterschiedlichen Färbungen des Bodens in einem Bodenprofil weisen auf einzelne **Bodenhorizonte** hin.

> **Bodenhorizonte** sind mehr oder weniger horizontal angeordnete Bereiche innerhalb eines Bodenprofils. Sie sind durch Bodenbildungsprozesse (↗ S. 152) entstanden.

Ein Bodenprofil mit drei Bodenhorizonten

Bodenhorizonte werden zunächst mit Großbuchstaben bezeichnet. Für mitteleuropäische Böden wird eine deutsche Klassifikation verwendet.

Ausgewählte Bodenhorizonte der deutschen Bodenklassifikation	
organische Bodenhorizonte (> 30 Masse-% organische Substanz)	
O	**O**rganischer Horizont aus mehr oder weniger zersetzter organischer Substanz, die dem Mineralboden aufliegt
mineralische Bodenhorizonte (< 30 Masse-% organische Substanz)	
A	Oberbodenhorizont
B	Unterbodenhorizont
C	Ausgangsgestein
S	Unterbodenhorizont mit **S**tauwassermerkmalen
G	Bodenhorizont mit **G**rundwassermerkmalen
M	Bodenhorizont aus humushaltigem Material, das im Laufe der Nacheiszeit (Holozän) sedimentiert worden ist (**M** von lat.: migrare = wandern), auch als Kolluvium bezeichnet

Um weitere Merkmale der Bodenhorizonte kennzeichnen zu können, wurden nachgestellte Kleinbuchstaben eingeführt. Dazu gehören z. B.:

- a – **a**nmoorig (15–30 % C, mit A)
- b – ge**b**ändert (mit B)
- c – Sekundär**c**arbonat
- d – **d**icht, stauend (mit S)
- e – **e**luvial, ausgewaschen (mit A)
- h – **h**umos (mit O, A, B, G)
- o – **o**xidiert, rostig (mit G)
- p – ge**p**flügt (mit A)
- r – **r**eduziert (mit S, G)
- s – angereichert mit Al_2O_3/Fe_2O_3
- t – **t**onangereichert (mit B)
- w – **w**asserleitend (mit S)

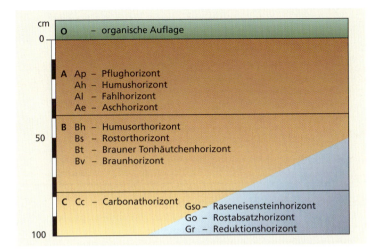

Die Kombinationen von Groß- und Kleinbuchstaben zur Bezeichnung von Bodenhorizonten können auch durch Begriffe beschrieben werden.

In Bodenprofilen werden die Horizontfolgen von oben nach unten mit Buchstabensymbolen benannt und mit Schrägstrich geschrieben z. B. Ah/Bv/C.

3.5.2 Bodenbildung und Bodentypen

Böden sind naturhistorische Bildungen. Sie entstehen durch das Wirken bestimmter **Bodenbildungsprozesse** in Abhängigkeit von bestimmten **Bodenbildungsfaktoren** auf Locker- und Festgesteinen. Ein Boden ist eine Funktion dieser Bodenbildungsfaktoren:

$$B = f\,(K, G, R, W, T, V) + (M, t)$$

Bodenbildungsfaktoren sind Klima (K), Gestein (G), Reliefeinfluss (R), Wassereinfluss oder Durchfeuchtung (W), Tiere (T), Vegetation (V), Wirtschaftsweise des Menschen (M) sowie die für die Bodenbildung erforderliche Zeit (t).

Beispiele für Lockergesteine als Ausgangsgesteine für die Bodenbildung:
– Sand/Kies,
– Geschiebemergel,
– Löss,
– Torf.

Beispiele für Festgesteine als Ausgangsgesteine für die Bodenbildung:
– Granit,
– Basalt,
– Schiefer,
– Sandstein,
– Kalkstein.

Diese Bodenbildungsfaktoren treten räumlich in unterschiedlicher Wichtung und Kombination auf. Deshalb haben sich oft auf kürzester Entfernung die unterschiedlichsten Böden herausgebildet. Andererseits können bei unveränderten Bodenbildungsfaktoren auf großen zusammenhängenden Flächen die gleichen Böden auftreten.

Von besonderer Bedeutung für die Bodenbildung ist die **Zeit**. Böden benötigen für ihre Entwicklung lange Zeiträume. Meist sind dafür mehrere Jahrtausende erforderlich. In einem Menschenalter können somit kaum Bodenbildungen und Bodenentwicklungen bemerkt werden. Unsensible Nutzung der Böden und zerstörerischer Umgang vernichten also jahrtausendealte Naturgüter für immer!

Naturgeografische Grundlagen

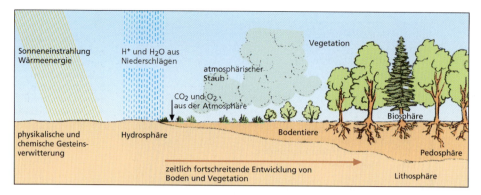

Bodenbildung vollzieht sich in Form von
- Umwandlung von Stoffen (Abbau, Aufbau, Veränderung) und
- Verlagerung von Stoffen (innerhalb des Bodens von oben nach unten und umgekehrt sowie Abtragung entlang von Hängen).

> Wichtige **Bodenbildungsprozesse** sind Verwitterung, Tonbildung und -verlagerung, Vernässung, Schwarzerdebildung, Verbraunung, Humifizierung, und Podsolierung.

Viele unserer heutigen Böden wurden durch mehrere nacheinander abgelaufene Bodenbildungsprozesse geprägt. Erkennungsmerkmale dafür sind ältere Bodenreste, „fossile" Böden und unter Sedimentüberschüttungen „begrabene" Böden.

Bodenbildungsprozesse führen zur Entstehung von **Bodentypen**. Zu Bodentypen werden Böden mit gemeinsamen Merkmalen (↗ S. 149) und einer immer wiederkehrenden, typischen Abfolge von Bodenhorizonten (z. B. O/Ae/Bh/Bs/C) zusammengefasst (z. B. zum Typ Podsol, ↗ S. 155).

> **Bodentypen** weisen ganz bestimmte Abfolgen und Mächtigkeiten von Bodenhorizonten auf. Sie sind Böden gleicher Entwicklungsstufe mit gemeinsamen Merkmalen und Entstehungsweisen.

Wichtige Bodentypen sind Braunerde, Parabraunerde und Fahlerde, Gley und Pseudogley, Schwarzerde, Podsol, Rendzina und Pararendzina sowie Vega. Sie sind auch in Deutschland weit verbreitet, für die Nutzung unverzichtbar und in ihren Funktionen (↗ S. 148) unersetzbar.
Man erkennt Bodenbildungsprozesse an bestimmten Bodenmerkmalen, da gleiche Bodenbildungsprozesse bei gleichartiger Ausprägung der Bodenbildungsfaktoren zu gleichen Bodentypen führen. Umgekehrt lassen gleiche Bodentypen (gleiche Bodenmerkmale) auf gleichartige Bodenbildungsprozesse schließen. Meist sind Böden jedoch durch mehrere, gleichzeitig oder nacheinander wirkende Bodenbildungsprozesse entstanden, liegen daher nur selten in typischer Ausprägung vor.

> Die deutsche **Bodenklassifikation** legt ihrer Einteilung die Horizontkombination der Böden, also vorzugsweise die Entstehungsweise der Böden (Bodengenese) zugrunde.

Verwitterungsprozesse und die Entstehung von Braunerde

Verwitterungsprozesse (↗ S. 137) sind Voraussetzung für die nachfolgende Bodenbildung. Vor allem die **chemische Verwitterung** ist mit Lösung (Entkalkung und Wiederausfällung von Kalk) und **Oxidation** (Gelb-, Braun- und Rotfärbung durch Eisenoxide und Eisenhydroxide) an der Bodenbildung beteiligt. In Abhängigkeit von den bei der Oxidation beteiligten Eisenoxiden ist **Verbraunung** bzw. **Rotfärbung** (Rubefizierung) das Ergebnis.
Durch Verwitterung von Mineralen (besonders von Glimmer) kommt es zur **Tonbildung** und -anreicherung sowie zur **Verlehmung** innerhalb des Bodens. Durch die Prozesse der Verlehmung und Verbraunung (Brauneisenbildung) entstehen Braunhorizonte.
Braunerden entstehen auf kalkarmen, silikatischen Ausgangsgesteinen (z. B. Sandersande, Gesteinsschutte) in kühlgemäßigtem Klima. Ihre Profil-Abfolge ist Ah/Bv/C.

Tonverlagerung und die Entstehung von Parabraunerde/Fahlerde

Bei guter Durchlässigkeit des Bodens und bei reichlichen Niederschlägen können im **Sickerwasser** schwebende feinste Bodenteilchen (< 0,002 mm Durchmesser) aus oberen Bodenhorizonten in untere verlagert und dort bei Austrocknung an Kluftflächen und in **Bodenporen** wieder abgelagert werden. Durch diese **Tonverlagerung** (franz.: Lessivierung) kann es zu **Verdichtung** und damit zu **Stau** von Sickerwasser kommen.
Die Tonverlagerung führt zur Entstehung von **Parabraunerden** und **Fahlerden**. Sie bilden sich auf Feinmaterial (z. B. Löss, Geschiebelehm). Es entstehen tonärmere Fahlhorizonte (Al) und tonreichere braune Tonhäutchenhorizonte (Bt) bzw. Bändchen-Tonhäutchenhorizonte (Bbt). Die Horizontkombinationen sind Ah/Al/Bt/C bzw. Ah/Al/Bbt/C. In den Bt- und Bbt-Horizonten verstopfen Tonteilchen oft die Bodenporen, sodass sich zeitweilig das Sickerwasser stauen kann.

Vernässung und die Entstehung von Gley

Wird der gesamte Porenraum eines Bodens mit Wasser gefüllt und die darin befindliche Luft verdrängt, geht Oxidation in Reduktion über. Ihr unterliegen auch Eisen und Mangan. Tritt das Bodenwasser als **Grundwasser** auf, kommt es zur **Vergleyung**. Das Ergebnis sind **Gleye**.
Im oberen Bodenteil kann zumindest zeitweilig durch gesunkenes Grundwasser Luftsauerstoff das Bodeneisen oxidieren. Dann entstehen gelbe oder rostfarbene Flecke. Im unteren Bodenteil sind alle Poren mit Grundwasser gefüllt. Deshalb gibt es dort keinen Luftsauerstoff. Das Bodeneisen wird reduziert und grau, bläulich und grünlich gefärbt.
Die Horizontabfolge ist meist Ah/Go/Go+Gr/Gr.
In vielen Gleyen ist das Grundwasser durch Melioration abgesenkt worden.

Wechsel von Vernässung und Austrocknung und die Entstehung von Pseudogley

Tritt das Bodenwasser als **Stauwasser** auf, kommt es zur **Pseudovergleyung**. Das Ergebnis sind **Pseudogleye**.
Pseudovergleyung vollzieht sich bei periodischem Wechsel von Wasserstau und Austrocknung in lehmigen Böden. Bei Stau (Nassphase) wird das Sickerwasser in den Bodenporen durch dichtes Material oder durch Tonhäutchenhorizonte am weiteren Versickern behindert. Es kommt zu kurzzeitigen Reduktionsprozessen der Eisen- und Manganverbindungen und zu ihrer engräumigen Verlagerung. Bleichflecke zeigen die Reduktion an.
Bei erneutem Luftzutritt (Trockenphase) wird die Reduktion von Oxidationsprozessen abgelöst.
Als Folge entstehen Wasser leitende Fleckenhorizonte (Sw) und dichte Marmorierungshorizonte (Sd).
Die Horizontabfolge ist Ah/Sw/Sd.

Humusbildung und Humusabbau

Die abgestorbene organische Substanz (Blätter, Holz, Wurzeln) unterliegt der Zersetzung und Verwesung. Bei dieser **Humifizierung** werden Huminstoffe und **Humus** neu gebildet. Ton- und Humusteilchen sind gemeinsam als **Ton-Humus-Komplexe** wichtige Nährstoffträger im Boden. Meist ist der Humus in den Oberboden (A-Horizont) eingearbeitet und färbt diesen dunkel- oder schwarzgrau.

Humus wird nach seinem Zersetzungsgrad in die Humusformen Rohhumus, Moder und Mull eingeteilt.

> **Humus** ist die Gesamtheit der organischen Bodenbestandteile. Die Humifizierung ist ein grundlegender Bodenbildungsprozess.

Gleichzeitig findet ständig die **Mineralisierung** statt, bei der Humus in anorganische Stoffe (CO_2, H_2O und mineralische Nährstoffe) umgewandelt wird. Diese Nährstoffe (z. B. K^+, Na^+, Ca^{2+}) gelangen in den **Stoffkreislauf** und werden daraus wieder von den Pflanzen aufgenommen.

Rohhumus: Pflanzenteile wenig zersetzt

Moder: Pflanzenteile stärker zersetzt

Mull: gute Vermischung

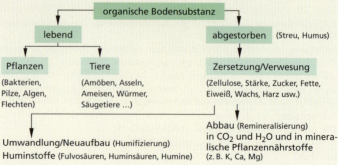

Gliederung der organischen Bodensubstanz

Humusanreicherung und Entstehung von Schwarzerde

Schwarzerden (russ. Tschernosem = schwarze Erde) sind das Ergebnis der **Schwarzerdebildung**.
Sie entstehen in Gebieten mit heißen und trockenen Sommern und Wintern mit längeren Frostperioden. In den Wintern wird die Zersetzung organischer Pflanzenrückstände stark verlangsamt und der **Humus** deshalb im Oberboden relativ angereichert. Außerdem begünstigen kalkhaltiges Lockergestein (Löss, Geschiebemergel), stickstoffreiche Gras- und Krautvegetation der Steppe und ein reges Bodenleben (Regenwürmer, Wühler) die Entstehung mächtiger, dunkler Humushorizonte. Die wühlenden Bodentiere verlagern Humusanteile in größere Bodentiefen. Die Horizontabfolge ist meist Ap/Ah/Ah+Cc/Cc, wobei Pflughorizont Ap und Humushorizont Ah zusammen mindestens 40 cm mächtig sind.
Die gegenwärtige Klimaerwärmung führt zu starkem **Humusabbau**.

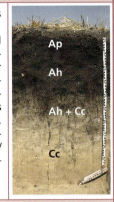

Podsolierung und die Entstehung von Podsol (Bleicherde)

Podsole (russ.) sind das Ergebnis der **Podsolierung**.
Dieser Prozess läuft unter kühlfeuchten Klimabedingungen mit hohen Niederschlägen, bei Vorhandensein gut durchsickerbarer, saurer und nährstoffarmer Lockergesteine (Dünen- und Beckensande, Gesteinsschutte) und schwer zersetzlicher und stickstoffarmer Nadelstreu ab.
Die im Sickerwasser gelösten aggressiven, stark sauren Huminsäuren führen Humus, Eisen- und Aluminiumverbindungen aus dem Oberboden nach unten. Der A-Horizont wird dadurch fast vollständig entfärbt und nimmt ein aschfarbenes Aussehen an (Ae – Aschhorizont). Im Unterboden, dem B-Horizont, werden die Metall-Humus-Verbindungen wieder ausgefällt. Dieser Bodenhorizont wird rostrot verfärbt. Die Ausfällungen sind oft stark verfestigt – Ortstein (Bs – Rostorthorizont).
Es entstehen O/Ae/Bs/C-Profile.

Rendzina (Pl.: Rendzinen) und Pararendzina

Gesteinsgeprägte Böden auf kalkhaltigem Festgestein (z. B. Muschelkalk, Dolomit, Foto) bzw. kalkhaltigem Lockergestein (z. B. Löss, Geschiebemergel) und einer Ah/C-Horizontabfolge; alle Horizonte gesteinsbedingt kalkhaltig.
Pararendzinen auf Lockergestein

Vega (Pl.: Vegen)

Boden auf sandig-schluffigen Hochwasserabsätzen (Auelehm) großer Flüsse; meist braune Färbung, da es sich um erodiertes ehemaliges braunes Bodenmaterial handelt; ab 80 cm Tiefe wird das Grundwasser wirksam. Horizontabfolge ist meist Ah/M/Go/Gr.

3.5.3 Verbreitung von Böden

Die räumliche **Verbreitung der Bodentypen** ist von großer Bedeutung für ihre Nutzung. Land- und Forstwirte müssen wissen, auf welchen Teilen ihrer Nutzfläche welche Pflanzen sinnvoll angebaut werden können oder wie und wann der Boden bearbeitet werden kann. Verwaltungen brauchen eine Übersicht über die Böden ihres Verantwortungsbereiches, um z. B. ein sachgerechtes Management von Grundwasserschutz und -nutzung organisieren zu können. Und für die Beurteilung der Möglichkeiten der Länder der Erde für die Ernährungssicherung (↗ S. 339) ihrer Bevölkerung sind Kenntnisse über die Verbreitung und den Anteil der verschiedenen Bodentypen erforderlich.

> Die räumliche Verbreitung der Böden muss in unterschiedlichen Größenordnungen (Dimensionen, Maßstäben) betrachtet werden. Dabei wird zwischen Pedotopen, Bodenlandschaften, Bodenregionen und Bodenzonen unterschieden.

Pedon und Pedotop

Viele **Pedons** (↗ S. 149) mit gleichen oder ähnlichen Bodeneigenschaften kann man zu einem größeren gleichartigen Bodenareal zusammenfassen und räumlich umgrenzen. Dieses Areal nennt man **Pedotop**. Ein Pedotop besteht fast ausschließlich aus gleichartigen Pedons. Es können aber darin auch Miniareale mit anderen Pedons vorkommen.

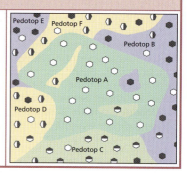

Pedotop und Bodenlandschaft

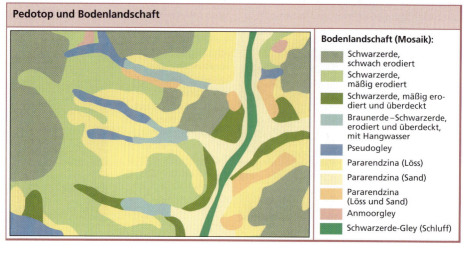

Bodenlandschaft (Mosaik):
- Schwarzerde, schwach erodiert
- Schwarzerde, mäßig erodiert
- Schwarzerde, mäßig erodiert und überdeckt
- Braunerde–Schwarzerde, erodiert und überdeckt, mit Hangwasser
- Pseudogley
- Pararendzina (Löss)
- Pararendzina (Sand)
- Pararendzina (Löss und Sand)
- Anmoorgley
- Schwarzerde-Gley (Schluff)

Jede Landschaft hat eine ganz spezifische Entstehungsgeschichte. Daher sind in ihr auch die Bodenbildungsfaktoren und -prozesse (↗ S. 151) ähnlich. Viele **Pedotope** bilden deshalb innerhalb einer bestimmten Landschaft ein charakteristisches Bodenmosaik, eine **Bodenlandschaft**. Solche Bodenlandschaften sind an eine gemeinsame Landschaftsentwicklung gebunden, wie sie in der flachwelligen Grundmoränenplatte des Jungmoränengebiets, in der vermoorten Meeressandniederung oder im trockenen Lösshügelland gegeben ist.

Bodenlandschaft und Bodenregion

Bodenlandschaften sind noch verhältnismäßig kleine räumliche Einheiten. Mehrere Bodenlandschaften gruppieren sich zu einer flächenmäßig noch größeren **Bodenregion**. In einer Bodenregion wird die Bodendecke von einem weit verbreiteten und damit regional repräsentativen Bodentyp dominiert. Dieser Bodentyp prägt die Struktur der Bodendecke. Grundlage dafür sind bestimmte gemeinsame geologisch-geomorphologische Rahmenbedingungen und ein relativ einheitliches Großklima („Normklima").
Die Bodenregion „trockenes Lössgebiet" mit der Magdeburger Börde, dem östlichen Harzvorland und dem Thüringer Becken wird durch den Bodentyp „Schwarzerde" (↗ S. 155) repräsentiert.
Die Bodenregion „feuchtes Lössgebiet" mit dem Mittelsächsischen Lösshügelland und dem Mulde-Lösshügelland ist demgegenüber durch den Bodentyp „Fahlerde-Pseudogley" (↗ S. 153/154) gekennzeichnet.
In jeder Bodenregion existieren neben dem „Normboden" jeweils weitere Bodentypen.

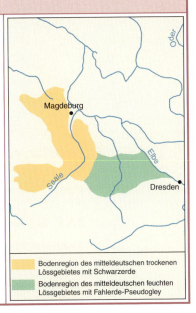

Bodenregion des mitteldeutschen trockenen Lössgebietes mit Schwarzerde
Bodenregion des mitteldeutschen feuchten Lössgebietes mit Fahlerde-Pseudogley

Die **Bodenregionen** sind ihrerseits in die weltumspannenden Bodenzonen (Pedozonen) eingeordnet. Für die Ausgliederung von Bodenzonen ist unter den Bodenbildungsfaktoren (↗ S. 151) das Klima mit seinen Durchfeuchtungs- und Wärmebedingungen entscheidend. Die erdweite Bodengliederung zeichnet die Wirkung von Durchfeuchtung und Trockenheit, von Wärme und Kälte als Faktoren der Bodenbildung nach. Da sich diese Faktoren von den Polen zum Äquator gesetzmäßig ändern, verändern sich auch die Bedingungen für die Bodenbildung und folglich auch die Böden. Im Ergebnis können Bodenzonen ausgegliedert werden, die etwa breitenparallel angeordnet sind und die von ganz bestimmten zonalen Böden geprägt werden. Eine solche Pedozone ist beispielsweise die Podsol-Braunerde-Torfboden-Zone der nördlichen Breiten mit borealen Nadelwäldern (Taiga).

Während bei Pedotopen und Bodenlandschaften als Bodenbildungsfaktoren Gestein, Relief und Wassereinfluss vorrangig sind, wird bei Bodenregionen und -zonen das Klima zum vorrangigen Bodenbildungsfaktor.

Die Böden der Erde

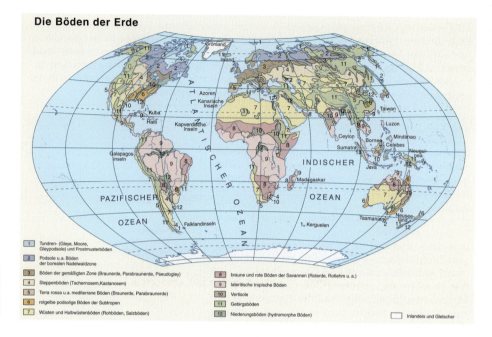

1	Tundren- (Gleye, Moore, Gleypodsole) und Frostmusterböden
2	Podsole u. a. Böden der borealen Nadelwaldzone
3	Böden der gemäßigten Zone (Braunerde, Parabraunerde, Pseudogley)
4	Steppenböden (Tschernosem, Kastanosem)
5	Terra rossa u. a. mediterrane Böden (Braunerde, Parabraunerde)
6	rotgelbe podsolige Böden der Subtropen
7	Wüsten und Halbwüstenböden (Rohböden, Salzböden)
8	braune und rote Böden der Savannen (Roterde, Rotlehm u. a.)
9	lateritische tropische Böden
10	Vertisole
11	Gebirgsböden
12	Niederungsböden (hydromorphe Böden)
	Inlandeis und Gletscher

3.5.4 Gefahren für den Boden

Böden werden vom Menschen für verschiedenste Zwecke intensiv genutzt. Derzeit werden sie dabei jedoch gefährdet und zerstört. Die Verbreitung der Böden wird zunehmend reduziert, und sie werden in ihren Funktionen (↗ S. 148) stark beeinträchtigt.

> Hauptursache der **Bodenzerstörung** ist die unsachgemäße Nutzung des Bodens.
> Gefahren für die Böden gehen vor allem von der Überbauung, der Beseitigung, der Erosion, der Versauerung, der Versalzung, der Eutrophierung, der Kontaminierung und der Verdichtung aus.

Überbauung und **Asphaltierung:** Siedlungsbau, Verkehrswegebau und Gewerbebau vermindern ständig die Bodenflächen.

Abgrabung und **Überschüttung:** Durch Bergbau und Baumaßnahmen werden Böden vernichtet oder von Deponien überdeckt.

 **Erodierung:** Der unsachgemäße Ackerbau und die fehlende Vegetationsdecke ermöglichen den Bodenabtrag durch Wasser und Wind.	 **Versauerung:** Saurer Regen fördert die Nährstoffverarmung sowie die Mobilität von Eisen. Die absterbenden Bäume zeigen dies an.
 **Versalzung:** Anhebung des Grundwasserspiegels durch Bewässerung u. Ä. führt zum Aufstieg salzhaltiger Lösungen bis an die Oberfläche.	 **Eutrophierung:** Von den Pflanzen nicht aufgenommene übergroße Düngergaben reichern sich in Boden, Seen und Grundwasser an.
 **Kontaminierung:** Die Böden und die Pflanzen werden durch Stäube, Schwermetalle und Pestizide verunreinigt und verseucht.	 **Verdichtung:** Das Befahren mit zu schweren Maschinen bei zu starker Bodendurchfeuchtung führt zur Verringerung des Porenvolumens.

 Um die Bodenversalzung zu verhindern, sind besondere Vorkehrungen erforderlich.

Zum Bodenschutz sind u. a. eine bodenangepasste und gut dosierte Düngung, eine extensivere Nutzung, eine schützende Vegetationsdecke und die maßvolle Anwendung von Agrochemikalien (Pestizide) erforderlich.

> **Bodenschutz** heißt vor allem Schutz des Bodens vor Nutzungsverfahren, die seine Funktionen schädigen.

3.6 Pflanzenwelt

Würde man die gesamte pflanzliche Substanz gleichmäßig auf der Erde ausbreiten, wäre sie nur einen halben Zentimeter dick.

Die Pflanzendecke der Erde bildet im Vergleich zur gesamten Geosphäre (↗ S. 74) eine nur relativ geringe Substanz. Sie hat aber trotzdem für den Menschen eine überragende Bedeutung. Sie
- ist der Primärproduzent der organischen Materie,
- hat den für Tiere und Menschen nötigen atmosphärischen Sauerstoff geschaffen und erhält die gleichbleibende Zusammensetzung der Luft,
- ist natürliche Ressource mit großer wirtschaftlicher Bedeutung,
- ist hervorragender Anzeiger für Umweltveränderungen,
- hat als bestimmendes Element des Landschaftscharakters für den Menschen emotionale und kulturelle Bedeutung.

> Die Pflanzendecke eines Gebietes bzw. der Erde insgesamt bezeichnet man als **Vegetation**.
> Die **Flora** dagegen ist die Gesamtheit der verschiedenen Pflanzenarten. Pflanzenarten bestehen aus Individuen.

3.6.1 Pflanzenarten und ihre Verbreitung

Auf der gesamten Erde sind bisher ungefähr 270 000 Arten von Samenpflanzen, 11 000 Arten von Farnen, 26 000 Arten von Moosen, 40 000 Arten von Algen und 110 000 Arten von Pilzen bekannt. Ein hoher Anteil von Pflanzenarten – wie von Tierarten – ist noch gar nicht wissenschaftlich erfasst und beschrieben. Andererseits sind in den letzten Jahrzehnten schon Tausende Arten vernichtet worden (↗ S. 170 u. 366).

Jede Pflanzenart besiedelt ein bestimmtes Verbreitungsgebiet, das ihren Ansprüchen gerecht wird. Es unterscheidet sich von dem anderer Arten mit anderen Ansprüchen. Alle Fundorte für eine Pflanzenart ergeben zusammen eine Fläche, die man als Wohngebiet der Art oder als ihr **Areal** bezeichnet. Das **potenzielle Areal** einer Art ist durch das Großklima bedingt. Das meist kleinere **reale Areal** kann durch unterschiedliche Faktoren bedingt sein, so durch Klima (↗ S. 118), Relief (↗ S. 136), Böden (↗ S. 148) oder Konkurrenz zwischen den Arten.

Die Ausbreitungsgeschwindigkeit einer Art hängt ab von
- der Menge der Verbreitungseinheiten,
- der Transportart,
- dem Standort,
- dem Blühreifealter.

Die **Arealbildung** wird sowohl durch die Ausbreitungsfähigkeit – mittels Wind, Vögel, Meeresströmungen und Mensch – als auch durch die Ansiedlungsmöglichkeit einer Pflanzenart bestimmt. Ist die Geschwindigkeit einer Klimaveränderung größer als die der Ausbreitung (in ein anderes Klimagebiet), besteht die Gefahr, dass die Art ausstirbt.

Ein Pflanzenareal muss nicht immer geschlossen sein, sondern kann auch aus mehreren Teilflächen bestehen, für deren Zustandekommen meist historische Ursachen (↗ S. 168) maßgebend sind. Vorrückendes bzw. sich zurückziehendes Inlandeis während der letzten Eiszeit löste z. B. Wanderungsbewegungen aus, in deren Verlauf es zu Trennungen vormals zusammenhängender Areale kam.

Die natürlichen Arealgrenzen einer Art (ohne Gebirge und Meere als Ausbreitungsschranken) verlaufen dort, wo durch die Umweltbedingungen die Wettbewerbsfähigkeit einer Art gegenüber den Konkurrenten so stark herabgesetzt wird, dass sie sich nicht mehr mit Erfolg entwickeln kann. Arten aus dem kontinentalen Osteuropa erreichen ihre Westgrenze meist dort, wo sie mit den im feuchten atlantischen Klima rascher wachsenden westlichen Arten nicht konkurrieren können.

 Das potenzielle Areal der europäischen Buche (Fagus sylvatica) ist vor allem durch das Großklima bedingt.

Die Größe der Pflanzenreale schwankt zwischen der gesamten Erde und sehr begrenzten Gebieten. Die Areale von Pflanzengattungen und -familien werden zur Gliederung der Flora der Erde in sechs **Florenreiche** genutzt.

 90 % der Pflanzenarten auf Hawaii kommen nur dort vor.

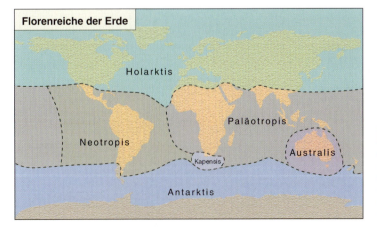

 Die Florenreiche lassen sich weiter in Florenregionen, Florenprovinzen und Florenbezirke untergliedern.

Gruppen von Pflanzenarealen mit weitgehender Deckungsgleichheit werden zu Arealtypen, zu **Florenelementen,** zusammengefasst. Diese werden von benachbarten Florenelementen beeinflusst.

Nach Mitteleuropa wirken unterschiedliche Florenelemente hinein. Dazu gehören Florenelemente aus dem Nordpolargebiet (arktisch), dem Bereich des kaltgemäßigten kontinentalen Klimas (boreal), dem Bereich des kühlgemäßigten Klimas (atlantisch), dem wechselfeuchten Bereich des Mittelmeeres (mediterran), dem Tiefland von Turan (turanisch), dem Bereich des nördlichen Schwarzen Meeres (pontisch) und dem Bereich Südsibiriens (südsibirisch).

Die obere **Waldgrenze** der Gebirge ist durch den Einfluss des Menschen (Holzeinschlag, Beweidung) häufig um mehrere hundert Höhenmeter herabgedrückt worden.

Die Florenelemente sind nicht nur horizontal angeordnet, sondern auch vertikal. Man kann mehrere **Höhenstufen** unterscheiden (↗ S. 81), von denen die alpine und nivale Stufe baumlos sind. Die obere **Waldgrenze** trennt die subalpine Stufe mit vielen borealen Florenelementen (z. B. Fichte) von der alpinen, in der viele arktische Elemente vertreten sind. Buche und Tanne sind in der montanen Stufe weit verbreitet.

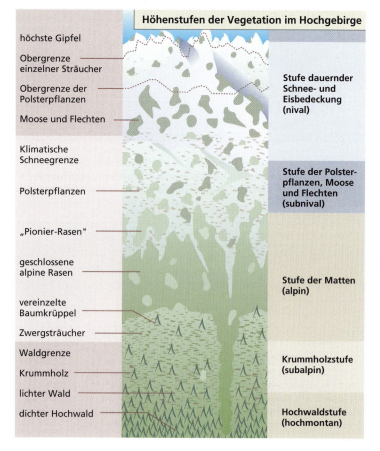

Höhenstufen der Vegetation im Hochgebirge

Die Höhenstufen sind je nach Breitenlage und Höhenlage eines Gebirges unterschiedlich ausgeprägt.

3.6.2 Pflanzenformationen und Pflanzengesellschaften

Die Vegetation der Erde lässt sich in **Pflanzenformationen** und in **Pflanzengesellschaften** gliedern.

Das äußere *Erscheinungsbild* der Pflanzen, ihre Physiognomie, sowie die von ihnen gebildeten Pflanzenbestände bilden gleich aussehende **Pflanzenformationen,** *Pflanzenarten* und ihre Vergesellschaftung dagegen **Pflanzengesellschaften.**

Pflanzenformationen gliedern die Vegetation der Erde nach den Gestalttypen der Pflanzen.

Den **Gestalttypen** liegt das gesamte Erscheinungsbild der Pflanzen, d. h. ihre Größe, Form und Gliederung, sowie ihre Lebensweise und Lebensdauer zugrunde. Sie sind von dem jeweiligen Landschaftsökosystem (↗ S. 96) abhängig. Die Pflanzen passen sich an bestimmte ökologische Faktoren, insbesondere an den Wasserhaushalt an. Pflanzenbestände, die von Natur aus ähnlich aussehen, bringen daher zugleich ähnliche ökologische Bedingungen zum Ausdruck.

Der Begründer der Pflanzengeographie ALEXANDER VON HUMBOLDT unterschied schon 1806 in seinem Buch „Ideen zu einer Physiognomik der Gewächse" 16 Hauptformen von Gestalttypen, z. B. Kaktus-, Bananen-, Palmen-, Lorbeerform, Heidekräuter, Gräser, Farne, Orchideen, Lianen.

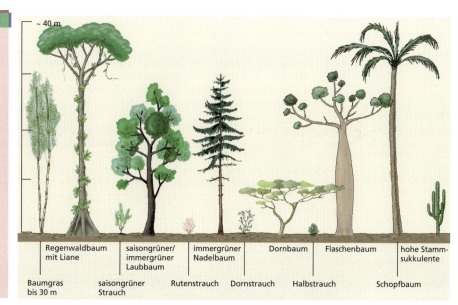

Während einzelne **Wuchsformen** Pflanzen mit ähnlichem Aussehen des Spross- und Wurzelsystems sind, werden unter **Lebensformen** Pflanzen mit ähnlichem Aussehen und ähnlichem Lebensrhythmus zusammengefasst. Besonders beachtet wird dabei, wie und mithilfe welcher Einrichtungen die Pflanzen Trocken- oder Kälteperioden überdauern.

Hauptgruppen der Lebensformen von Pflanzen

Bäume, Sträucher	Zwergsträucher, Polsterpflanzen	Rosettenpflanzen, Gräser	Knollen-, Zwiebel- und Rhizompflanzen	einjährige Pflanzen, auch Getreide
Überdauerungsorgane in beträchtlicher Höhe über dem Boden	Erneuerungsknospen bis maximal 25 cm über dem Boden	Überdauerungstriebe und Knospen unmittelbar am Boden	oberirdische Organe sterben ab, Überdauerungsorgane im Boden	Erneuerungsknospen überdauern in Form von Samen

In weit voneinander entfernten Regionen mit *ähnlichem* Klima (↗ S. 122) können Pflanzen mit *ähnlichen* Lebensformen wachsen. Sie haben sich aus Vorfahren *unterschiedlicher* Herkunft entwickelt. Gestalt- und Funktionseigentümlichkeiten der Pflanzen dienen z. B. dem Schutz vor Verdunstung, vor Kälte und Wind.

Ähnliche Lebensformen weisen z. B. die Kakteen in Amerika und die Wolfsmilchgewächse in Afrika auf.

Ähnliche Lebensformen und deren Kombinationen ermöglichen es, über die Kontinente hinweg **Pflanzenformationen** als **Vegetationszonen** zu bezeichnen. Entscheidend dafür sind gleiche Wuchsformengemeinschaften auf größeren Flächen. Die Arealtypen von Pflanzenformationen stimmen mit Klimagebieten, Höhenstufen oder Klimazonen überein (↗ S. 171). Sie bilden die Grundlage für *großräumige* Vegetationsgliederungen der Erde (↗ S. 165).

Ausgewählte Pflanzenformationen – Beispielfotos

sommergrüner Laubwald	Trockensavanne	Halbwüste

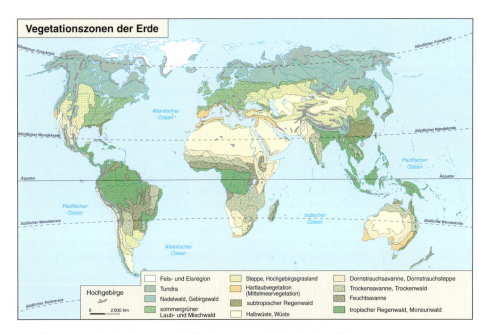

Für die genaue Beschreibung und Gliederung der *kleinräumigen* Vegetation (z. B. eines Waldstückes oder einer Wiese) muss man vor allem deren Artenzusammensetzung analysieren und die Vegetation als **Pflanzengesellschaften** definieren.

Pflanzengesellschaften sind unter bestimmten Standortbedingungen regelmäßig wiederkehrende Pflanzenbestände von ähnlicher Artenzusammensetzung und relativ einheitlicher Struktur.

Pflanzengesellschaften sind floristisch definiert (↗ S. 160). Deshalb müssen alle in ihrem Bereich wachsenden Pflanzen bestimmt und miteinander verglichen werden. Die Vegetationstypen eines Gebietes lassen sich nach dem Grad ihrer floristischen Ähnlichkeit ordnen und zu Verbänden zusammenfassen. Verbände bilden Ordnungen und Ordnungen Klassen. So ergibt sich ein System von Pflanzengesellschaftseinheiten.

Mit der Gliederung der Vegetation in verschiedene Pflanzengesellschaften beschäftigt sich die Vegetationskunde (Pflanzensoziologie).

Die Vegetationsgeographie untersucht die Gesetzmäßigkeiten der Vegetationsverbreitung auf der Erde.

3.6.3 Einflüsse auf die Vegetation der Erde

Vegetation und Flora der Erde sind ständig verschiedensten Einflüssen ausgesetzt, unter denen sie existieren können und sich verändern.

Wichtige Einflüsse auf Vegetation und Flora gehen von ihren Umweltbedingungen, von erdgeschichtlichen Ereignissen und in wachsendem Maße vom Menschen aus.

Einflüsse der Umweltbedingungen auf die Vegetation

Die Wissenschaft, die sich mit den Wechselwirkungen der Organismen untereinander und mit ihrer abiotischen Umwelt beschäftigt, ist die Ökologie.

Pflanzen haben ganz bestimmte Ansprüche an ihre Umwelt, ihren Lebensraum, ihren **Standort**. Die Gesamtheit der äußeren Lebensraumbedingungen für Organismen an einem bestimmten Ort sind die **Standortfaktoren**. Davon sind die **abiotischen Standortfaktoren** und die **Konkurrenz** der Lebewesen untereinander entscheidend für die Zusammensetzung und die räumliche Verteilung von Pflanzengesellschaften und Lebensgemeinschaften. Wenn eine stärkere Einwirkung des Menschen auf die Vegetation fehlt, passt sich die Artenzusammensetzung der Pflanzengemeinschaften den naturbedingten Standortverhältnissen an.

Pflanze und Standortfaktoren

> Licht, Wärme, Wasser, verschiedene chemische Faktoren (insbesondere Nährstoffe, Salze, Schwermetalle) und verschiedene mechanische Faktoren (Tierfraß, -tritt, Wind) sind **primäre Standortfaktoren**.

Alle anderen mit dem Standort verbundenen Faktoren sind im Hinblick auf die einzelne Pflanze ökologisch nur indirekt wirksam. Es sind **sekundäre Standortfaktorengruppen**.

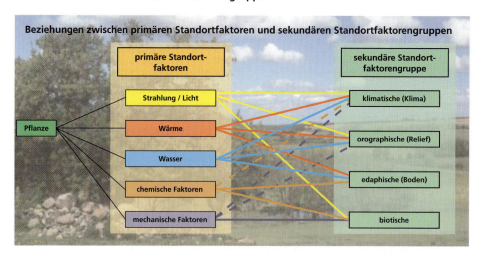
Beziehungen zwischen primären Standortfaktoren und sekundären Standortfaktorengruppen

Der **Standortfaktor Licht** ist unentbehrlich für die Entwicklung der grünen Pflanzen und das Leben überhaupt. Das sichtbare Licht der Sonnenstrahlung ermöglicht die **Fotosynthese**, bei der die Pflanze mithilfe des Chlorophylls aus Kohlenstoffdioxid und Wasser Biomasse aufbaut.

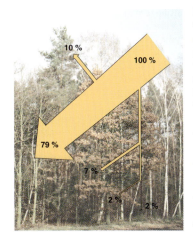

Für die Großgliederung der Vegetation spielt der Lichtfaktor jedoch *keine* Rolle. Eine umso größere Bedeutung hat er dagegen für die Struktur des Pflanzenbestandes, da die oberen Schichten mehr Licht empfangen als die unteren. Nur vor der Laubentfaltung im Frühjahr erhalten sommergrüne Mischwälder am Boden reichlich Licht, was von den Frühjahrsblühern, wie dem Buschwindröschen, ausgenutzt wird.
Nach der Beleuchtung an ihren natürlichen Standorten lassen sich die Pflanzen in Sonnen- und Schattenpflanzen einteilen.

Der **Standortfaktor Wärme** spielt für die Vegetation und ihre räumliche Gliederung eine entscheidende Rolle. Die täglichen und jahreszeitlichen Temperaturunterschiede (↗ S. 120) sind dabei für das Vorkommen von Pflanzenarten wichtiger als Mittelwerte. In mittleren und höheren Breiten sind die Pflanzen geringer Wärmezufuhr so angepasst, dass sie bereits bei 5 °C Monatsmitteltemperatur einen deutlichen Massegewinn durch Fotosynthese erzielen. In den Tropen reicht die Wärme für eine ganzjährige Vegetationsperiode.
Auch lokal wirkt sich Wärme auf die Vegetationsverbreitung aus. Nach Süden gerichtete Hänge erwärmen sich stärker und tragen eine wärmebedürftigere und trockenere Standorte bevorzugende Vegetation als die kühlen, schattigen Nordhänge. Im Gebirge sinkt die Temperatur mit zunehmender Meereshöhe ab, und es bildet sich eine klimabedingte Höhenstufung der Vegetation (↗ S. 162).

Der **Standortfaktor Wasser** verursacht vor allem in den Tropen, wo zumeist ganzjährig genügend Wärme für die Vegetationsentwicklung zur Verfügung steht, die räumliche Differenzierung der Vegetation. Aber auch kleinräumig können schon geringe Schwankungen in der Wasserversorgung die Zusammensetzung der Pflanzendecke erheblich verändern. Die Landpflanzen sind in den Kreislauf des Wassers (↗ S. 125) eingebunden.
Es haben sich bei Trockenpflanzen, Wasserspeicherpflanzen, Pflanzen mäßig feuchter Standorte, Feuchtpflanzen, Wasserpflanzen und Sumpfpflanzen jeweils besondere Anpassungsmerkmale an den Wasserhaushalt (↗ S. 126) herausgebildet.

Zu den **chemischen Standortfaktoren** gehören Nährstoffe, die von den Pflanzen in gelöster Form aus dem Boden aufgenommen werden. Stickstoff (N), Phosphor (P) und Kalium (K) spielen für die **Pflanzenernährung** die größte Rolle. In geringerem Umfang werden Schwefel (S), Calcium (Ca) und Magnesium (Mg) sowie Spurenelemente aufgenommen. Alle Nährstoffe müssen als Ionen in ausreichender Menge, in ausgewo-

Als Vegetationsperiode gelten die Monate mit Mitteltemperaturen > 5 °C.

Wechselfeuchte Pflanzen (Algen, Pilze, Flechten, Moose) sind nur bei hoher Luftfeuchte der Umgebung zu aktivem Leben fähig, eigenfeuchte höhere Landpflanzen (Blütenpflanzen und Farne) regulieren ihren Wasserhaushalt dagegen durch besondere Einrichtungen selbsttätig und sind so bis zu einem gewissen Grade unabhängig von den Feuchtebedingungen der Umwelt.

Brennnessel und Leberblümchen zeigen Stickstoff bzw. Kalk an.

genem Verhältnis zueinander und in pflanzenverfügbarer Form im Boden vorhanden sein. Abweichungen erzeugen Mangelerscheinungen und Stress mit auslesender Wirkung auf die Artenzusammensetzung. Wachstumsbegrenzend wirkt immer der in zu geringer Menge verfügbare Nährstoff, der **Minimumfaktor,** auch wenn alle übrigen Elemente ausreichend vorhanden sind. Einige Pflanzen bevorzugen bestimmte bodenchemische Eigenschaften und dienen dafür als **Zeigerpflanzen.**

Mechanische Standortfaktoren verformen oder zerstören die Pflanze. Dabei können Teile der Pflanze abgerissen oder die Pflanze gänzlich vernichtet werden. Bei anhaltender Einwirkung rufen sie bestimmte Wuchsformen hervor und führen zu einer Auslese unter den Pflanzen, bei der nur die am besten angepassten eine Überlebenschance haben. Die wichtigsten pflanzenökologisch wirksamen mechanischen Einflüsse sind Wind, Eis, Schnee, Blitzschlag, Feuer, Massenbewegungen (↗ S. 136 u. 355), Tierverbiss und -tritt, Holzeinschlag und Mahd.

Einflüsse erdgeschichtlicher Ereignisse auf die Vegetation

Die Umwelt der Pflanzen verändert sich u. a. durch geologische und klimatische Prozesse. Damit ändern sich nicht nur die Standortverhältnisse, sondern auch die Ausbreitungsbedingungen für die Pflanzen.

Die heutige Flora und Vegetation stellen lediglich Momentaufnahmen aus einer langen erdgeschichtlichen Entwicklung (↗ S. 402) in riesigen Zeiträumen dar.

Vegetationsentwicklung in Mitteleuropa seit 15 000 Jahren vor heute							
Späteiszeit/Spätglazial		Nacheiszeit/Postglazial (seit 10 000 Jahren vor heute)					
waldlose Zeit	subarktische Zeit	Vorwarmzeit	frühe Warmzeit	mittlere Warmzeit	späte Warmzeit		Nachwarmzeit
Tundra	Taiga aus Birke und Kiefer	Kiefernwald mit Hasel	gemischter Sommerwald aus Eiche, Linde, Ahorn, Esche und Ulme				Sommerwald, v. a. Buche

Auch heute unterliegen die Pflanzenbestände ständigen zeitlichen Veränderungen, so von einem Pionierstadium zu einem Endstadium. Diese **Sukzession** gibt es als **primäre Sukzession** (Rohboden, der erstmals von Pflanzen besiedelt wird) und als **sekundäre Sukzession** (z. B. Kahlschlag, der wieder besiedelt wird).

Sekundäre Sukzession

| Kahlschlag | bis 10 Jahre Pflanzen der Krautschicht | ca. 10–20 Jahre Pflanzen der Strauchschicht | ca. 20–100 Jahre Pflanzen des Jungwaldes | über 100 Jahre |

Einflüsse des Menschen auf die Vegetation Mitteleuropas

Die Entwicklung der Pflanzenwelt umfasst riesige Zeiträume. Nur im allerletzten und kürzesten Abschnitt hat der Mensch diese bisher natürliche Entwicklung der Biosphäre (↗ S. 74) massiv nach seinen Bedürfnissen umgestaltet. Über die Hälfte der Landoberfläche ist vom Menschen umgewandelt oder gestört worden. Das hat weit reichende Konsequenzen für das Ökosystem Erde.

Mitteleuropa war von Natur aus eine fast geschlossene Waldlandschaft, bevor der Mensch mit Rodungen – zunächst auf Rodungsinseln in klimatisch begünstigten Beckenlandschaften, weiten Flussauen und in fruchtbaren Lössgebieten – den Wald beseitigte.

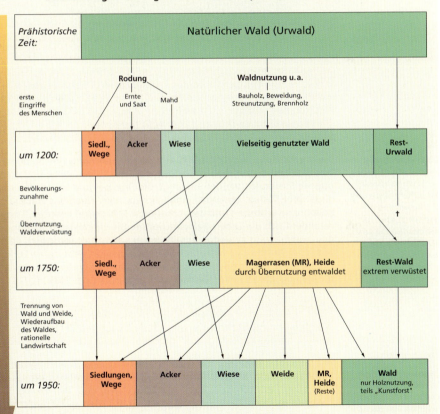

Nach 1950 beginnt die Zeit der Technisierung der Landwirtschaft. In der Landwirtschaft wird mechanisiert und industrialisiert. Flurbereinigung, Herbizidanwendung, Überdüngung und Verbrachung finden statt.

Seit dem 7. Jahrhundert haben sich die Anteile der Flächennutzungsarten in Deutschland mehrfach deutlich geändert.

Inzwischen werden mehr als 85 % der Landesfläche in Deutschland land- oder forstwirtschaftlich genutzt. Weitere 11–12 % sind durch Stadt- und Industrieflächen sowie durch Straßenbau versiegelt.

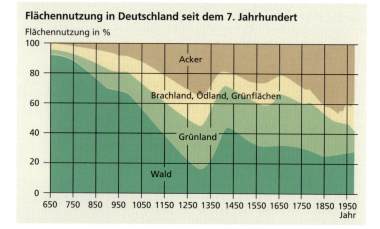

Flächennutzung in Deutschland seit dem 7. Jahrhundert

> Die heutige Landschaft ist das Produkt einer 5 000 bis 6 000 Jahre andauernden menschlichen Tätigkeit. Von den ursprünglichen **Naturräumen** sind nur noch wenige Prozent natürlich geblieben. Mitteleuropa ist eine **(Kultur-)Landschaft** geworden (↗ S. 87).

Obwohl nachweislich insgesamt 57 Pflanzenarten seit Beginn der Industrialisierung in Deutschland ausgestorben sind, hat sich absolut die Zahl der Pflanzenarten aufgrund der vielen eingeschleppten Arten stetig erhöht.

Die menschliche Nutzung führt zur Vereinheitlichung der Standortverhältnisse und zum Abbau der biotischen Vielfalt. Natürliche und anthropogene Strukturen werden beseitigt, die Feuchte- und Nährstoffverhältnisse großflächig einander angeglichen, der Strahlungshaushalt in Bodennähe verändert und das vorhandene Mikrorelief beseitigt. Dadurch verändern sich die Lebensgemeinschaften. Die Landschafts-, Biotop- und Artenvielfalt wird in weiten Bereichen der Landschaft verringert. Ein wesentlicher Teil der Attraktivität und Lebensqualität geht damit verloren. Zurzeit geht der Artenreichtum der Erde durch den Einfluss des Menschen mit erschreckender Geschwindigkeit zurück (↗ S. 368).

> Der Mensch verursacht derzeit ein rasches **Artensterben,** wodurch täglich etwa zwischen einer und 130 Arten für immer eingehen.

Da jede Art einzigartiger potenzieller Vorfahre von neuen Arten ist, hat beschleunigtes Aussterben tief greifende Konsequenzen für die Evolution des Lebens auf der Erde.

Seit dem Jahr 1600 sind mindestens 1 000 Tier- und Pflanzenarten (v. a. Wirbeltiere und Blütenpflanzen) ausgestorben. Darüber hinaus sind über 5 000 Tierarten (z. B. 25 % aller Säugetiere) und über 26 000 Pflanzenarten in ihrem Bestand gefährdet. **Rote Listen** gefährdeter Arten werden zunehmend länger. Wichtigste Ursachen für das gegenwärtige **Massenaussterben** sind Lebensraumzerstörung, Verschlechterung der Lebensraumqualität (z. B. Schadstoffe, Klimawandel), Zerschneidung und Verkleinerung von Lebensräumen, Jagd, Wilderei und Ausbeutung von Populationen sowie Invasion nicht einheimischer Arten.

3.7 Geografische Zonen

Geografische Zonen sind großräumige Ausschnitte aus der geografischen Hülle der Erde (↗ S. 75) mit mehr oder weniger gleichen landschaftlichen Merkmalen und mit ähnlich verlaufenden natürlichen Prozessen (↗ S. 277).

Synonyme Bezeichnungen für geografische Zonen sind: Landschaftszonen, Geoökozonen.

Viele Landschaftselemente und -komponenten (↗ S. 90) weisen bei globaler Sicht **zonale Anordnungsmuster** auf. Sie zeigen sich u. a. als Klima-, Boden-, oder Vegetationszonen (↗ S. 122 u. 165). Selbst Abfluss- und Reliefbildungsvorgänge (↗ S. 147) unterliegen gesetzmäßigen Abwandlungen vom Pol zum Äquator. Dieses globale Ordnungsmuster ist Ausdruck bestimmter *klimatisch* gesteuerter Vorgänge in der Landschaft: Wärme/Kälte und Durchfeuchtung/Trockenheit prägen in ihrer jahreszeitlichen Abfolge die Wachstumsbedingungen der Vegetation ebenso wie die Verwitterung von Gesteinen, die Zersetzung abgestorbener Pflanzenbestandteile, die Verlagerung und Durchmischung der Böden u. a. Kenntnisse zu den geografischen Zonen der Erde ermöglichen die Ableitung der landschaftlichen Normausstattung eines jeden beliebigen Ortes auf der Erde.

Das globale Ordnungsmuster wird durch nicht zonale Sachverhalte (Land-Meer-Verteilung, Ost-Westseiten-Effekte, Großrelief der Erde, Entwicklungsrelikte der Vergangenheit usw.) gestört.

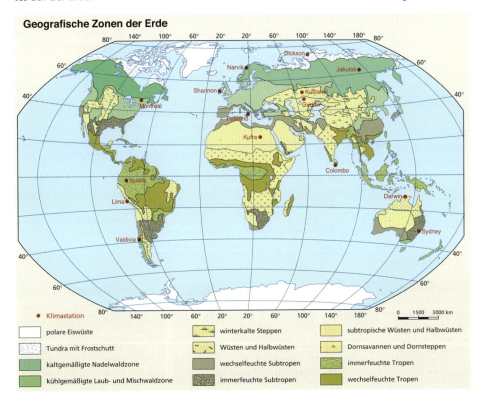

Strichstärke der Pfeile und Größe der Kreise und Kästchen widerspiegeln etwa die Stärke der Prozesse und den Umfang der jeweiligen Biomasse.

Die Vegetation spiegelt mit der Fotosynthese (Bruttoprimärproduktion) und den Verlusten durch Stoffwechselvorgänge (Atmungsverluste), mit dem Vorrat an Pflanzenmasse und der Geschwindigkeit ihrer Zersetzung, mit der Art der Anhäufung und der Menge von Humus und der Humusmineralisierung (↗ S. 154) den globalen Wandel besonders gut wider. Deshalb können diese Zusammenhänge jeweils durch ein zonentypisches **Ökosystem-Modell** (↗ S. 173, 175, 176 u. 179) charakterisiert werden.

3.7.1 Zone der polaren Eiswüste und der Tundra

Synonyme Bezeichnungen:
polar-subpolare Zone;
polare Kältewüste und subarktische Tundra.
Gesamtfläche:
22 Mio. km^2 = 15 % der Festlandsfläche

Die polaren Eiswüsten und Tundren sind sowohl um den Nord- als auch um den Südpol verbreitet (↗ S. 171). Die eisfreien Gebiete werden in die *Frostschutzzone* (ohne höhere Vegetation) und die **Tundra** untergliedert. Meist durchdringen sich beide.

Das charakteristische **Jahreszeitenklima** zeichnet sich durch einen halbjährlichen Tag-Nacht-Wechsel (Polartag–Polarnacht) aus. Die Niederschläge sind mit 200–300 mm/Jahr gering. Infolge der temperaturbedingten geringen Verdunstung existieren aber durchweg humide Bedingungen. Im Polarsommer ist trotz ganztägiger Einstrahlung die gelieferte Energie infolge des minimalen Einfallswinkels der Sonne gering. Die Strahlung wird am Anfang des Sommers größtenteils durch den Schnee reflektiert. Von der absorbierten und in Wärme umgeformten Energie werden große Teile für Schneeschmelze, Verdunstung und Transpiration verbraucht. Die verbliebene Restwärme reicht nur aus, die oberen Dezimeter des **Dauerfrostbodens** kurzfristig aufzutauen.

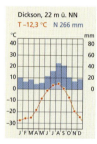

Infolge der Klimabedingungen dominiert die Frostverwitterung mit Schuttbildung. Ständiges Gefrieren und Auftauen fördert die Sortierung des Schutts und die Bildung von **Frostmusterböden** (↗ S. 141). Während sich in der Frostschutzzone nur Fels- und Schutt-Rohböden bilden können, rufen in der Tundra die sich im Sommer auf der Dauerfrosttafel im Boden stauenden Wässer Vergleyungsprozesse *(Frostgley)* hervor.

Die artenarme, baumfreie **Vegetation** der Tundra besteht aus Flechten, Moosen, Gräsern, Polsterpflanzen und aus niedrigen Sträuchern. Sie zeigen die lange Winterruhe mit schützender Schneedecke an. Mit abnehmender geografischer Breite verdichtet sich die Vegetation. Den Übergang in die Waldzone (↗ S. 173) vermittelt die *Waldtundra*.

Dauerfrostboden | weitflächige Vernässung | Zwergstrauchtundra

Es wird extrem wenig **Pflanzenmasse** gebildet. Geringfügig größer ist die Anhäufung von **Streu** auf dem Oberboden. Die Bodennässe führt in Verbindung mit dem rauen Klima und niedrigen Bodentemperaturen sowie den langsamen chemischen und biologischen Prozessen zu einer extrem langsamen Zersetzung der organischen Substanz. Trotz der geringen Biomasseproduktion bedeutet das eine enorme Anreicherung von **organischer Bodensubstanz**.

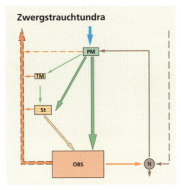
Zwergstrauchtundra

Der Wärmemangel in der Tundra bedingt nur eine kurze Vegetationsperiode mit geringer Biomasseproduktion. Deren nur langsame Zersetzung führt zur Anreicherung von organischer Bodensubstanz.

Die **Bevölkerung** lebt von nomadischer/halb nomadischer Rentierhaltung sowie von Fisch- und Robbenfang, in manchen Regionen vom Bergbau.

3.7.2 Kaltgemäßigte Nadelwaldzone

Die kaltgemäßigte Nadelwaldzone ist nur auf der Nordhalbkugel der Erde verbreitet (↗ S. 171). Die südlichsten Vorkommen liegen an den Ostseiten der Kontinente bei 50° N, an den Westseiten bei 60° N (Ost- und Westseiteneffekte, ↗ S. 80).

Das **Klima** dieser Zone wird von der Polarfront geprägt (kalte und lange Winter und kurze, mäßig-warmfeuchte Sommer). Die **Vegetationsentwicklung** dauert nur 4–6 Monate. Allerdings können Maritimität und Kontinentalität (↗ S. 78) die konkreten Klimaverhältnisse erheblich beeinflussen. Im Sommer sind die Tage lang, teils andauernd (↗ S. 70).

Der Wurzelraum für die Pflanzen ist oft durch Dauerfrost eingeschränkt. Es dominieren Podsole (↗ S. 155) und Torfe. Verbreitet sind artenarme Nadelwälder, die **Taiga**. Die Nadeln der Bäume überstehen den Winter ohne Schaden und können sofort mit Beginn des Sommers assimilieren.
Die **Nadelstreu** ist nur schwer zersetzbar und häuft sich am Boden an. Das Vorkommen von Birken, Pappeln und Erlen ändert daran nichts Grundsätzliches.

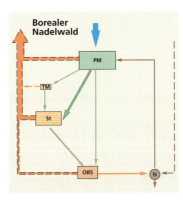
Borealer Nadelwald

Synonyme Bezeichnung:
boreale Nadelwaldzone.
Gesamtfläche:
20 Mio. km^2 = 13 % des Festlandes der Erde

Die Taiga besteht vor allem aus Fichten, Kiefern, Tannen und Lärchen (↗ S. 79).

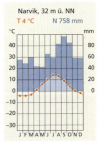
Narvik, 32 m ü. NN
T 4 °C   N 758 mm

Taigalandschaft	vorwiegend Nadelhölzer	große Baumabstände
	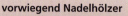	

Gelegentliche **Waldbrände** befördern den Abbau organischer Stoffe, verbessern den Wärmehaushalt und erhöhen den pH-Wert. Die Vertreter der **Tierwelt** (Elche, Hirsche, Bären, Wölfe, Füchse, Schneehasen u. a.) haben spezielle Strategien zur Überwinterung entwickelt (Winterschlaf, Lufthöhlen unter der Schneedecke) oder verlassen im Winter das Gebiet (Zugvögel).

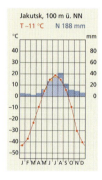

> Die Biomasseproduktion ist deutlich größer als in der Tundra. Es bildet sich jedoch weniger organische Bodensubstanz (OBS).

Die **Landnutzung** wird durch Holzfällerei und Torfabbau sowie örtlich durch Pelztierjagd geprägt. Ackerbau mit anspruchslosen Kulturen (Gerste, Hafer, Roggen, Kartoffeln) und Grünlandwirtschaft sind möglich, aber aufgrund klimatischer Ungunst und geringer Bodenfruchtbarkeit unbedeutend. Weit verbreitet ist dagegen nomadisierende Rentierhaltung an der nördlichen Verbreitungsgrenze sowohl in Sibirien als auch in Kanada und Alaska. Zunehmende Bedeutung erlangt der Tourismus mit organisierten Fahrten in die „nordischen Urwälder".

3.7.3 Kühlgemäßigte Laub- und Mischwaldzone

Synonyme Bezeichnungen: sommergrüner Laub- und Mischwaldgürtel der gemäßigten Zone; feuchte Mittelbreiten.
Gesamtfläche: 14,5 Mio. km² = 9,7 % der Festlandsfläche

Allen Verbreitungsgebieten (↗ S. 171) ist gemeinsam, dass sie sich in relativer Küstennähe sowie in der außertropischen Westwindzone befinden. Aus diesem Grunde ist ein unbeständiger Witterungsverlauf mit raschem Wechsel von Luftmassen unterschiedlicher Herkunft bei ausgesprochener *Regenverlässlichkeit* typisch (↗ S. 116).
Der thermische und solare Jahreszeitenwechsel bedingt vier Jahreszeiten mit ausgesprochener **Saisonalität von Naturprozessen** (Wechsel der Verwitterungsarten, Schwankungen im Abfluss, im Bodenwasserhaushalt, in der Bodenbildung usw.) und deutlichem Aspektwechsel der Vegetation (Keimung/Knospung, Blüte, Samenreife, Blattfall, Winterruhe).

Die Vegetation besteht vornehmlich aus mäßig artenreichen **sommergrünen Laub- und Mischwäldern**. Dazu gehören die Buchenwälder West- und Mitteleuropas (↗ S. 161), die subkontinentalen Laub-Nadel-Mischwälder Osteuropas sowie die Wärme liebenden Falllaub- und Mischwälder des östlichen Nordamerika und Ostasiens. Seltener treten **immergrüne Nadel- und Laubfeuchtwälder** auf. Sie sind auf Luvlagen

Geografische Zonen 175

hoher Gebirge an Westküsten mit sehr hohen, gleichmäßigen Niederschlägen beschränkt (Amerika, Neuseeland). Die pazifischen Nadelfeuchtwälder Nordamerikas (Foto) gehören zu den biomassereichsten, langlebigsten und ertragreichsten Waldformationen der Erde.

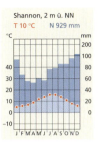

Shannon, 2 m ü. NN
T 10 °C   N 929 mm

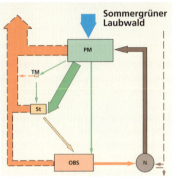

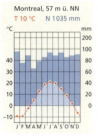

Montreal, 57 m ü. NN
T 10 °C   N 1035 mm

Von der jährlichen Bruttoprimärproduktion eines sommergrünen Laubwaldes werden beträchtliche Anteile in der **Pflanzenmasse** (Stämme, Äste, Blätter, Wurzeln) akkumuliert, deren abgestorbene oberirdische Teile (Blatt- und Holzabfälle) eine leicht zersetzliche **Streu** bilden. Die **organische Bodensubstanz,** die zu etwa gleichen Teilen aus der Streuzersetzung und aus Wurzelabfällen hervorgeht, wird rasch mineralisiert und bildet einen recht beträchtlichen **Nährstoffpool,** aus dem die Pflanzen ihren Nährstoffbedarf abdecken.

Da während der Eiszeiten meist grundlegende Substratveränderungen eintraten, gibt es auch fast durchweg junge (nacheiszeitliche) Böden, die sowohl durch die zonalen Bodenbildungsprozesse Verbraunung (Braunerden) und Lessivierung (Parabraunerden und Fahlerden) als auch durch Grund- und Stauwasser (Pseudogleye, Gleye, Moorböden) und durch besondere Gesteinseigenschaften (Lithosole, Regosole, Ranker, Rendzinen) geprägt sind (↗ S. 153 bis 155). Die meisten dieser Böden sind fruchtbar. Deshalb befinden sich große Anteile unter intensiver land- und forstwirtschaftlicher Nutzung (↗ S. 227 u. 237).

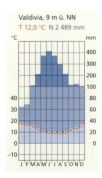

Valdivia, 9 m ü. NN
T 12,0 °C   N 2 489 mm

Die kühlgemäßigte Laub- und Mischwaldzone wird klimatisch von den zyklonalen Westwinden sowie von thermischen Jahreszeiten geprägt. Intensive landwirtschaftliche Nutzung ist typisch.

3.7.4 Winterkalte Steppen, Halbwüsten und Wüsten

Synonyme Bezeichnung: trockene Mittelbreiten.
Gesamtfläche: 16,5 Mio. km² = 11,1 % des Festlandes der Erde

Winterkalte Grassteppen, Halbwüsten und Wüsten gehören zu den Trockengebieten der Erde. Da sie sich in ausgesprochen innerkontinentalen Gebieten oder in Leelagen befinden (↗ S. 171), zeichnen sie sich durch hohe Einstrahlung, aber auch durch große nächtliche Ausstrahlungsverluste aus. Die hohen täglichen Temperaturschwankungen führen zu einer Beschleunigung der physikalischen Verwitterung (Frostsprengung). Die Unterteilung erfolgt zunächst nach dem Vorhandensein von Winterkälte und der Dauer der Vegetationsperiode, weiterhin nach Aridität (↗ S. 126), Böden, Pflanzenformationen und Nutzungsmöglichkeiten.

	Dauer der Vegetationsperiode (Monatsmittel = 5 °C)	
	< 2 Monate	2 bis 5 Monate
Winterkälte (Monatsmittel des kältesten Monats < 0 °C)	winterkalte Wüsten und Halbwüsten	winterkalte Steppen

Zum Teil andere Teilräume ergeben sich nach den Niederschlägen in der Vegetationsperiode:
a) = 100 mm: Steppe;
b) 50–100 mm: Halbwüste;
c) < 50 mm: Wüste.

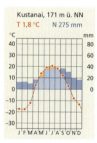

Die **Steppe** ist eine baumarme bis baumfreie Vegetationsformation, die unter natürlichen Bedingungen von Gräsern und Kräutern bestimmt wird. Steppenpflanzen müssen ihren vor Winterkälte und Sommerdürre eingeschränkten Entwicklungszyklus in wenigen Monaten durchlaufen, wobei sie die ungünstigen Phasen mithilfe unterirdischer Organe (Zwiebeln usw.) oder als Samen überstehen (↗ S. 164). In Abhängigkeit von abnehmender Durchfeuchtung bilden sich unterschiedliche **Steppentypen** (Wald-, Langgras-, Mischgras-, Kurzgras-, Trockensteppe) mit unterschiedlichen Böden heraus.

Die **Vegetation** aus mehrjährigen Gräsern und Kräutern bildet eine große Wurzelmasse aus, die bei Zersetzung unmittelbar in die **OBS** übergeht. Dieser Bodenhumus prägt die mächtigen Ah-Horizonte der Schwarzerde (↗ S. 155). Die oberirdische **Pflanzenmasse** ist leicht zersetzlich und wird innerhalb eines Jahres abgebaut, sodass sich kaum **Streu** ausbildet. Ein Teil der toten Pflanzenmasse überdauert als STM den Winter, wird aber später ebenfalls dem Boden zugeführt. Der Bodenhumus ist zugleich eine wichtige Nährstoffreserve. Nach seiner Mineralisierung können die **Nährstoffe** erneut von den Pflanzen aufgenommen werden.

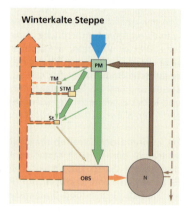

Regionale Bezeichnungen für Steppen:
Pampa (Südamerika),
Prärie (Nordamerika)

Die winterkalten Steppen werden als „Kornkammern der Erde" (Langgrassteppen des Mittleren Westens der USA und Eurasiens) bzw. durch extensive Weidewirtschaft (Kurzgrassteppen; Ranching, Voll- oder Halbnomadismus) genutzt.

| Waldsteppe mit Ackerland | Weizen-„Langgrassteppe" | Kurzgrassteppe mit Herde |

Trockensteppen leiten zu den **Halbwüsten** über. Diese sind Übergangsräume zwischen Steppe und Wüste. Die Vegetation ist wegen der Konkurrenz um das spärliche Bodenwasser so stark aufgelockert, dass der größte Teil der Bodenoberfläche vegetationsfrei ist (↗ S. 164). Die Böden werden von aufsteigenden mineralisierten Bodenwässern geprägt, was zur Anreicherung mit Kalk, Gips oder Salzen an der Oberfläche führt. Pflanzenanbau ist nur mithilfe von künstlicher Bewässerung möglich.
Wüsten sind über einen langen Zeitraum des Jahres völlig vegetationslos. Nur kurzlebige Pflanzen kommen nach den seltenen Regenfällen zum Vorschein.

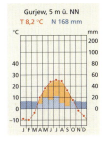

Gurjew, 5 m ü. NN
T 8,2 °C   N 168 mm

| Trockensteppe mit Wermut | Salzkruste in der Halbwüste | Wüstenkurzzeitpflanzen |

3.7.5 Wechselfeuchte Subtropen

Die **wechselfeuchten Subtropen** sind vorzugsweise an den Westseiten der Kontinente verbreitet (↗ S. 171). Sie zeichnen sich durch ein deutliches **Jahreszeitenklima** mit sommerlicher Trockenzeit und winterlicher Regenzeit aus.
Die Jahreszeiten widerspiegeln sich auch in den Naturprozessen und in der Nutzung: Erosion, Abtragung, Geröll- und Schwebstofftransport der Flüsse, Bodendurchschlämmung u. a. finden fast nur im Winter, Bodenaustrocknung und Feuer im Sommer statt. Die Böden auf Kalkgestein sind infolge des Wechsels von Durchfeuchtung und Austrocknung rot und rotbraun gefärbt *(Rubefizierung)* und stark erodiert. Diese **Landschaftsdegradierung** ist meist anthropogen verursacht. Es gibt eine deutliche Höhenstufung der Landschaften.

Die **Vegetation** besteht aus immergrünen **Hartlaubwäldern** (Steineichen- und Korkeichenwälder, Pinienwälder, Ölbaum-Pistazien-Busch-

Synonyme Bezeichnungen:
winterfeuchte bzw. sommertrockene Subtropen;
Winterregengebiete;
Gebiete mit mediterranem oder Mittelmeerklima.
Gesamtfläche:
2,5 Mio. km² = 1,7 % des Festlandes

Macchie (ital./franz.) = bis 3 m hohes, dichtes Dorngebüsch mit einzelnen Bäumen.
Garrigue (ital./franz.) = kniehohe Polsterflur aus aromatischen Pflanzen und Zwiebelgewächsen

wälder u. a.). Diese sind heute meist zu Gebüsch- und Zwergstrauchformationen (*Macchie, Garrigue* u. a.) degradiert. Häufige sommerliche Brände fördern Flächenabfluss und Tiefenversickerung mit Erosion und **Verkarstung** (↗ S. 145), die weit verbreitet ist. Viele Pflanzenarten haben sich mit einer hohen Regenerationsfähigkeit den Bränden angepasst und schützen sich gegen übermäßige Transpiration durch Hartblättrigkeit mit Wachsüberzügen, Stechlaub, kleine Spaltöffnungen usw. Sie bilden dicke Borke oder Kork aus, besitzen kleinere Blätter für Trockenzeiten oder Organe zur Feuchtespeicherung, z. B. bei Kakteen. Der Charakterbaum der wechselfeuchten Subtropen ist der Öl- oder **Olivenbaum**.

| Macchie | Garrigue | Olivenhain |

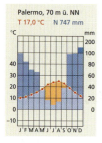

Palermo, 70 m ü. NN
T 17,0 °C   N 747 mm

Natürliche Ungunstfaktoren (↗ S. 225) für die Nutzung sind die Sommertrockenheit mit Nachteilen für den Regenfeldbau, mit Wasserknappheit für Bewässerung, Brauch- und Trinkwasserversorgung sowie die Existenz von forst- und weidewirtschaftlich wertlosen Strauchformationen. Gunstfaktor ist das warmheiße Klima, das den Anbau von Sonderkulturen und die Entwicklung des Tourismus (↗ S. 273) ermöglicht.

> Die wechselfeuchten Subtropen weisen halbjährliche Trocken- und Regenzeiten und daran angepasste Natur- und Nutzungsprozesse auf. Vegetation und Böden sind fast durchweg und unumkehrbar geschädigt, meist infolge des Handelns des Menschen.

3.7.6 Immerfeuchte Subtropen

Gesamtfläche: 6 Mio. km² = 4 % des Festlandes

Die immerfeuchten Subtropen befinden sich ausschließlich an den Ostseiten der Kontinente zwischen 25° und 35° nördlicher und südlicher Breite (↗ S. 171). Ihre Vorkommen sind an Gebiete mit **sommerlichen Monsunniederschlägen** *(sommerfeuchtes Ostseitenklima)* gebunden (↗ S. 120). Außerdem treten normale Winterniederschläge auf, die zugleich mit einem entsprechenden Temperaturabfall, manchmal sogar mit einzelnen Frösten verbunden sind. Episodische Wirbelstürme (Hurrikane, Taifune) sind typisch (↗ S. 117).

Die Vegetation wird an den Küsten und luvseitigen Berghängen von **immergrünen subtropischen Feuchtwäldern** geprägt, die landeinwärts mit abnehmenden Niederschlägen von **immergrünen Lorbeerwäldern** und diese von **Laub abwerfenden Monsun-** oder **Trockenwäldern** abgelöst werden.

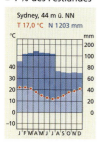

Sydney, 44 m ü. NN
T 17,0 °C   N 1203 mm

Der Anbau Wärme liebender mehrjähriger **Nutzpflanzen** (Zitrusfrüchte, Tee) ist infolge der Frostgefährdung risikoreich. Dagegen gedeihen einjährige Wärme liebende Arten gut (z. B. Mais, Erdnüsse, Reis, Soja, Baumwolle oder Tabak). In Neuseeland hat sich der Anbau der Kiwifrucht entwickelt.

Die immerfeuchten Subtropen an den Ostseiten der Kontinente weisen sommerliche Monsunniederschläge auf. Die Vegetationsbedeckung verändert sich von immergrünen Feucht- über Lorbeer- zu Laub abwerfenden Monsun- und Trockenwäldern.

3.7.7 Trockene Subtropen und Tropen

Die trockenen Subtropen und Tropen umfassen Wüsten und Halbwüsten sowie Übergangsräume. Letztere sind sommerfeuchte Dornsavannen und Dornsteppen (auch als **Sahel** bezeichnet) sowie winterfeuchte Gras- und Strauchsteppen.

Die Trockengebiete liegen meist in den tropisch-subtropischen Hochdruckzellengürteln (↗ S. 77) beiderseits der Wendekreise (↗ S. 171). Da die Luft trockenstabil geschichtet und wasserdampfarm ist, bilden sich kaum Wolken. Deshalb sind tagsüber Sonneneinstrahlung und Erwärmung der Luft sehr groß. Allerdings beeinflussen die großen nächtlichen Ausstrahlungsverluste die Strahlungsbilanz deutlich (↗ S. 120). Die seltenen und geringen sowie über das Jahr sehr unregelmäßig fallenden Niederschläge sind wenig wirksam, weil große Anteile davon verdunsten, bevor sie die Pflanzenwurzeln erreichen. Unsicherheit und Trockenstress für Pflanzen, Tiere und Menschen sind die Folge (↗ S. 228).

Aufgrund dieser klimatischen Verhältnisse wird die **Verwitterung** in Trockengebieten von der physikalischen Verwitterung mit Salz- und Temperatursprengung (Abplatzen, feinkörniger Zerfall) mit Bildung von Schutten und Sanden geprägt. Chemische Verwitterung tritt infolge Wassermangels etwas zurück (↗ S. 147). Außerdem können Verwitterungsprodukte kaum ausgewaschen und weggeführt werden. Die Bodenwasserbewegung ist meist von unten nach oben gerichtet. Dabei werden auch wasserlösliche Substanzen mitgeführt und ausgefällt. Neben Anreicherungshorizonten aus leicht löslichen Salzen entstehen **Hartkrusten** und **Rinden** aus Gips, Kalk, Silikat, Eisen oder Aluminium.

Die wesentlichsten formbildenden Prozesse sind Ausblasung von trockenen Lockermaterialien durch den **Wind** mit Bildung von Wüstenpflastern und Ausblasungswannen. Außerdem schleifen die Sandkörner Felsen und Steine wie bei einem Sandstrahlgebläse ab *(Windschliff, Windkanter)*. Bei der Ablagerung von Sand entstehen **Dünen** (↗ S. 146) mit unterschiedlichen Formen sowie Windrippeln.

Synonyme Bezeichnung: tropische und subtropische Trockengebiete. Gesamtfläche: 31 Mio. km² = 20,8 % des Festlandes

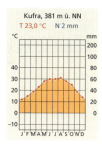
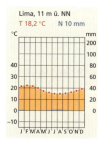

Auf der Nordhalbkugel fehlt der Trockengürtel in Südostasien (SW-Monsun wirkt weit landeinwärts).

Wegen der seltenen und kurzen Niederschläge ist der Abfluss nur episodisch, dann aber meist mit hoher Fließgeschwindigkeit und großer Transportkraft verbunden. Infolge Verwitterung, Ausräumung durch Flusstätigkeit, Abtransport und Ablagerung bilden sich gesetzmäßige Abfolgen von **Landschaftstypen** mit flachgründigen, grobkörnigen, humusarmen und salzhaltigen Böden.

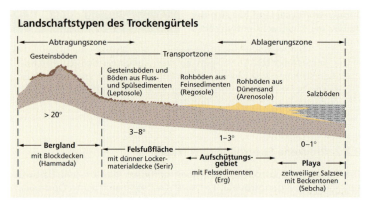

Zu den Vegetationsformationen der Tropen gehören ebenfalls die Trocken- und die Feuchtsavannen, zu denen der Subtropen auch die Hartlaubgehölze und die Lorbeerwälder. Ähnlichkeiten gibt es auch mit den Wüstensteppen der trockenen Mittelbreiten.

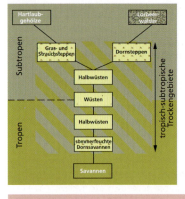

Die Vegetationsformationen der tropisch-subtropischen Trockengebiete stellen den Übergang zwischen den wechselfeuchten bzw. immerfeuchten Subtropen (↗ S. 178 u. 179) und den wechselfeuchten Tropen (↗ S. 181) dar. Die Vegetation ist lückig und an lange Trockenheit und Salzstress angepasst. Bioproduktion und Pflanzenmasse variieren je nach Feuchteangebot. Feuer und Tierfraß verschärfen die Futterkonkurrenz zwischen Wild- und Weidetieren.

Die Landnutzung ist von Wanderweidewirtschaft (Halb- und Vollnomadismus, ↗ S. 228) sowie von stationärer Beweidung geprägt.

3.7.8 Wechselfeuchte Tropen

Die wechselfeuchten Tropen werden durch **Feuchtsavannen** und **Trockensavannen** mit Regen- und Trockenzeiten geprägt.

Die Verlagerung der innertropischen Konvergenzzone (↗ S. 121) verursacht eine *einfache* oder eine *doppelte Regenzeit*. Charakteristisch ist eine geschlossene Gras- und meist auch eine zusammenhängende Baum- und Strauchdecke. Abhängig von der Durchfeuchtung bilden sich zwei **Savannentypen** heraus. In den Trockenzeiten finden Wachstumsruhe und Laubabwurf statt.

Synonyme Bezeichnungen: sommerfeuchte Tropen; periodischfeuchte Tropen; Savannenzone.
Gesamtfläche: 25 Mio. km² = 16 % der Festlandsfläche

Die Savannen werden durch eine Kombination von Gräsern und Bäumen geprägt, die auch funktionelle Wechselbeziehungen untereinander aufweisen. So gewährleisten die unterschiedlichen Wurzelsysteme von Bäumen und Gräsern eine Wasser- und Nährstoffaufnahme aus verschiedenen Bodentiefen. Die Gräser nutzen auch Beschattungswirkung und Laubfall (geringere Transpiration; Nährstoffzufuhr). Die unterschiedlichen **Savannentypen** weisen zugleich auch verschiedenartige rote tropische Böden auf. Die **tropischen Roterden** (Ferralsole: ferrum = Eisen, al = Aluminium) sind fast immer nährstoffarm. Häufig sind *Savannenbrände*. Diese setzen eine Mindestmenge an brennbarer Trockenmasse voraus. Sie fördern feuerresistente Arten, verändern den Wärme- und Wasserhaushalt der Böden, erhöhen deren Erosionsanfälligkeit, kurzfristig aber auch den Nährstoffgehalt.

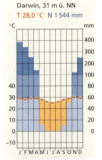

In der Landnutzung dominiert ein kleinbetrieblicher Regenfeldbau mit Einschluss mehrjähriger Brache (↗ S. 230). Als flächenintensives Nutzungssystem gilt der Bewässerungsreisbau in Südostasien (↗ S. 231).

3.7.9 Immerfeuchte Tropen

Die immerfeuchten Tropen befinden sich in Südamerika, Afrika und auf den Großen Sundainseln Asiens in unmittelbarer Äquatornähe (↗ S. 171). In den immerfeuchten Tropen gibt es keine Jahreszeiten. Sie haben vielmehr ein **Tageszeitenklima** mit stets hohen Temperaturen und sehr viel Niederschlägen *(Zenitalregen)*. Ein besonderes *Bestandsklima* hat der

Synonyme Bezeichnungen: Gebiet mit äquatorialem Regenwaldklima; immergrüne Regenwaldzone.
Gesamtfläche: 12,5 Mio. km² = 8,4 % des Festlandes

weit verbreitete immergrüne **tropische Regenwald,** der die zonale **Vegetation** darstellt. Er ist allerdings stark der Rodung ausgesetzt. Die Waldzerstörung wirkt sich ökologisch verheerend aus (↗ S. 367).

Diese Klimabedingungen lassen die chemische **Verwitterung** sehr intensiv ablaufen. Die Folge sind mächtige *Gesteinszersatzzonen* und tiefgründige *rote Böden*, die oftmals 50 m mächtig sein können. Der Lösungsabtrag kann zur **Verkarstung** (↗ S. 145) und zur Herausbildung von tropischem *Kegel-* und *Turmkarst* führen.

Der tropische Regenwald zeichnet sich aus durch großen *Artenreichtum* und große Artenanzahl pro Grundfläche, durch generell *große Wuchshöhe* der Bäume (> 40 m Höhe) mit Ausbildung vieler (lichtabhängiger) *Waldstockwerke,* durch ein *unregelmäßiges Kronendach* mit Überbäumen, durch das Auftreten *unterschiedlicher Lebensformen* (Bäume, Lianen, Epiphyten), durch Ausbildung *unterschiedlicher Durchwurzelungstypen* (Wurzelmatten, Brett-, Luft-, Stelz- und Stützwurzeln), durch *häufige Symbiosen* zwischen Wurzeln und Pilzen (Mykorrhiza), durch *fehlenden jahreszeitlichen Aspektwechsel* (keine Jahresringe), durch *weitgehend geschlossenen Stoffkreislauf* mit schneller Zersetzung der **Streu**, geringem Humusgehalt der Böden, rascher Mineralisierung und Nährstoffaufnahme durch die Pflanzenwurzeln und durch *enorme Biomasseproduktion* und großen Bestandsvorrat bei gleichzeitig hohen Atmungsverlusten.

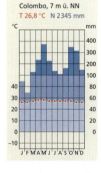

Einer riesigen **Pflanzenmasse** steht eine vergleichsweise geringe Bodenfruchtbarkeit gegenüber. Über einen kurzen geschlossenen Stoffkreislauf werden die für die Biomasseproduktion erforderlichen Nährstoffe aus der **organischen Bodensubstanz** bereitgestellt.

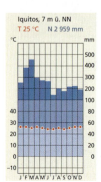

Der traditionelle Brandrodungs-**Wanderfeldbau** (↗ S. 229) war bei geringer Bevölkerungsdichte und fast unbegrenzter Flächenverfügbarkeit über viele Jahrtausende eine durchaus akzeptable Nutzungsstrategie für die Selbstversorgung. Durch die Zunahme der Bevölkerung vergrößerte sich der Landbedarf und verkürzten sich Brache- und Regenerationsphasen des Waldes. Zudem ist das Verfeuern großer Mengen von Biomasse ökologisch unsinnig. Deshalb bedarf es neuer Nutzungsformen mit einem ökologisch angepassten Anbau, z. B. **Ecofarming** (↗ S. 345).

GESELLSCHAFTS-GEOGRAFISCHE GRUNDLAGEN

4

4.1 Bevölkerung

4.1.1 Bevölkerungsentwicklung

> Unter **Bevölkerungsentwicklung** versteht man die Veränderungen der Anzahl der auf der Erde insgesamt und in den jeweiligen abgegrenzten Räumen (Kontinenten, Staaten, Kreisen, Regionen, Städten, Gemeinden u. a.) lebenden Menschen.

Totenmaske des Tutanchamun (Ägypten, 14. Jh. v. Chr.)

Die Bevölkerung der Erde wuchs in der Zeit seit dem Auftreten des jetzigen Menschen (Homo sapiens) vor ungefähr 40 000 Jahren v. Chr. zunächst sehr langsam. Die Menschen beschafften ihre Nahrung als Jäger und Sammler. Ab ungefähr 8 000 v. Chr. erfolgte der Übergang zu Ackerbau und Viehzucht. Die Menschen wurden sesshaft und betrieben Vorratswirtschaft. Die Bewässerungswirtschaft wurde um 4 000 v. Chr. eingeführt. Dadurch konnten mehr Menschen ernährt werden, als in der Landwirtschaft tätig waren. Es entstanden in den Tälern von Euphrat, Tigris, Nil, Indus und Hwangho die ersten **Hochkulturen** der Erde.

Die Römer nutzten die Erfahrungen mit der Bewässerungs- und Vorratswirtschaft. Sie errichteten ein großes Reich. Man schätzt die Anzahl der Menschen, die um die Zeitenwende in ihrem Herrschaftsgebiet von Schottland über die Mittelmeerländer bis Mesopotamien lebten, auf etwa 55 Millionen. Insgesamt wird vor 2 000 Jahren eine Zahl von 200 Millionen Menschen auf der Erde angenommen. 1 000 Jahre früher waren es ca. 100 Millionen.

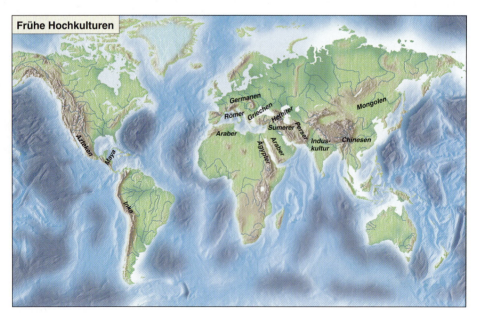

Frühe Hochkulturen

Die Bevölkerungszahl nahm nach der Zeitenwende zunächst nur wenig zu. Erst durch die Gewinnung neuer Ackerflächen durch Rodungen, die spätere Einführung der Dreifelderwirtschaft sowie die Entwicklung von Handel und Städten im Mittelalter kam es zu einem deutlichen Bevölkerungswachstum. Doch Hungersnöte infolge von Dürren, Seuchen (z. B. Pest) und Kriege, die in einigen Regionen der Erde auch zur Zerstörung der Bewässerungsanlagen führten, brachten immer wieder Rückschläge.

Nach 1800 begann das rasche Bevölkerungswachstum auf der Erde, welches im 20. Jahrhundert zur **Bevölkerungsexplosion** führte.
Folgende Gründe führten dazu:
– Das Einsetzen der industriellen Entwicklung, die auch zur Erhöhung der landwirtschaftlichen Produktion führt,
– das Absinken der **Sterberate** und die Erhöhung der **Lebenserwartung** der Menschen durch Fortschritte in der Medizin und in der Ernährung vor allem in den wirtschaftlich entwickelten Ländern und
– weiterhin hohe **Geburtenraten** in den Entwicklungsländern aus traditionellen Gründen und zur Nutzung der Kinder als Arbeitskraft sowie zur Altersabsicherung.

 Das Königstor in Hattuşa zeugt von der hohen Kultur der Hethiter.

 Noch nimmt die Anzahl der Weltbevölkerung zu.

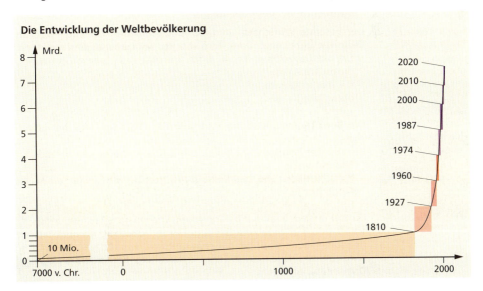

Die Entwicklung der Weltbevölkerung

4.1.2 Bevölkerungsverteilung und -dichte

Die Bevölkerung der Erde ist sehr ungleichmäßig über die Landoberfläche verteilt. Es gibt dabei große Unterschiede zwischen den Kontinenten und Ländern. Diese Unterschiede, die ihre Ursachen sowohl in natürlichen als auch in gesellschaftlichen Verhältnissen haben, werden sich in Zukunft noch verstärken.

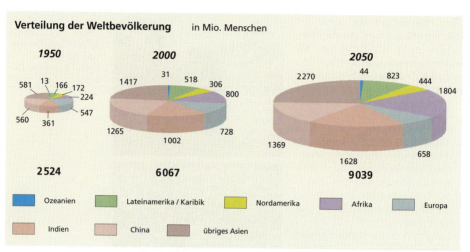

Verteilung der Weltbevölkerung in Mio. Menschen

Die Bevölkerungszahl der einzelnen Länder ist nur teilweise durch deren Größe bedingt. Zwar gibt es große Länder mit mehr Bevölkerung als kleine, ebenso aber gleich große Länder mit sehr unterschiedlicher Bevölkerungszahl, und umgekehrt stehen Ländern mit annähernd gleicher Einwohnerzahl sehr unterschiedliche Flächen zur Verfügung.

Ökumene (grch.) = bewohnter Erdkreis;

Anökumene = unbewohnte Erde

Der gesamte Wirtschafts- und Siedlungsraum der Menschen wird als **Ökumene** bezeichnet. Diese wird von der **Anökumene,** dem vom Menschen nicht besiedelten Raum, durch drei Arten von Grenzen getrennt:
– die polare Kältegrenze,
– die Trockengrenze,
– die Höhengrenze (↗ S. 226).

Die **Bevölkerungsverteilung** innerhalb der Ökumene wird beeinflusst durch:
– natürliche Faktoren, wie Relief, Klima, Böden, Wasserverhältnisse und Bodenschätze,
– wirtschaftliche und gesellschaftliche Verhältnisse sowie technische Möglichkeiten.

Dichter besiedelt sind z. B. fruchtbare Ebenen mit Bewässerungswirtschaft und Küstengebiete der Kontinente außerhalb Europas infolge der kolonialen Eroberungen. Große industrielle und städtische Verdichtungsräume entstanden mit der Entwicklung der Industrie und des Dienstleistungssektors.

Bevölkerung

Rund 77 % aller Menschen leben auf nur 8 % der Landoberfläche.

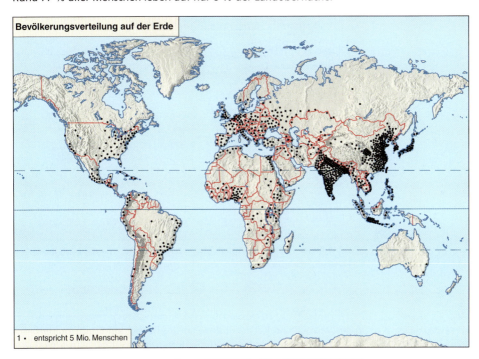

Bevölkerungsverteilung auf der Erde

1 • entspricht 5 Mio. Menschen

Unter **Bevölkerungsdichte** (auch: Einwohnerdichte) versteht man das Verhältnis der Anzahl der Menschen zu der von ihnen bewohnten Fläche. Maßeinheiten: Einw./km^2; Einw./ha

Die Bevölkerungsdichte gibt keine Auskunft über die wirkliche Bevölkerungsverteilung in einem bestimmten Gebiet, sondern stellt immer einen Durchschnittswert für das zugrunde gelegte Gebiet dar. Der Wert für ein Land wird mit kleineren Gebietseinheiten immer weiter differenziert. Dabei wird der jeweilige Wert immer auf ganze Zahlen gerundet.

Tatsächliche Bevölkerungsverteilung und Bevölkerungsdichte

• 1 Einwohner

20 Einw./km^2

1 km

500 Einw./km^2 = 5 Einw./ha

BR Deutschland:	82 424 700 Einw.:	357 021 km^2 =	231 Einw./km^2
Berlin:	3 392 026 Einw.:	891 km^2 =	3 801 Einw./km^2
Stadtbezirk Treptow-Köpenick:	233 800 Einw.:	168,4 km^2 =	1 400 Einw./km^2
Stadtb. Friedrichshain-Kreuzberg:	256 000 Einw.:	20,16 km^2 =	12 698 Einw./km^2

(Werte für 2005)

Gesellschaftsgeografische Grundlagen

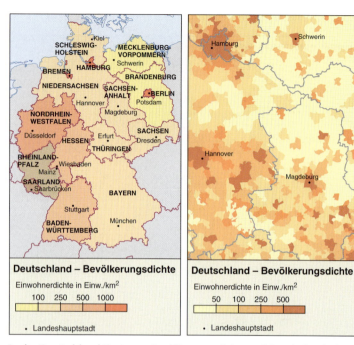

Deutschland – Bevölkerungsdichte
Einwohnerdichte in Einw./km²
100 250 500 1000
• Landeshauptstadt

Deutschland – Bevölkerungsdichte
Einwohnerdichte in Einw./km²
50 100 250 500
• Landeshauptstadt

Die Bevölkerungsdichte kann auch in dreidimensionalen Karten anschaulich dargestellt werden.

In der Deutschland-Karte zur Bevölkerungsdichte auf Bundesländerbasis (linke Karte) besitzt jedes Bundesland nur einen einheitlichen Wert für seine Bevölkerungsdichte. Er wurde mathematisch aus dem Verhältnis von Einwohnerzahl und Fläche des Landes ermittelt. Er ist folglich ein Durchschnittswert, der nicht der realen Situation entspricht, denn die Bevölkerung ist nicht gleichmäßig über die Fläche eines Bundeslandes verteilt.

Karten zur Bevölkerungsdichte auf Kreisbasis und auf Gemeindebasis (rechte Karte) geben ein immer differenzierteres und wirklichkeitsnäheres Bild. Doch selbst innerhalb einer Gemeinde gibt es keine einheitliche Dichte der Bevölkerung. Es zeigen sich unterschiedlich dicht bewohnte Flächen. Diese Situation ist an der Dichte, am Grund- und am Aufriss der Wohnhäuser erkennbar (s. Foto). In Bevölkerungsdichtekarten auf Gemeindebasis werden benachbarte Flächen gleicher Werte zusammengefasst und dabei Gemeindegrenzen nicht hervorgehoben.

4.1.3 Bevölkerungsstruktur

Unter **Bevölkerungsstruktur** versteht man die Untergliederung der Bevölkerung in verschiedene Gruppen.

Die Untergliederung der Bevölkerung erfolgt nach unterschiedlichen Merkmalen. Es werden biologische Merkmale und soziale Merkmale (↗ S. 193) herangezogen.

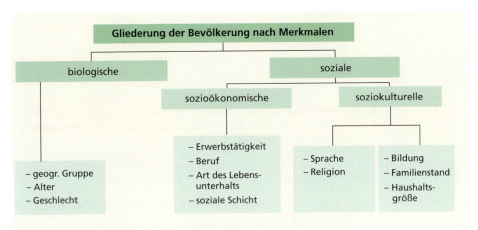

Zu den **biologischen Merkmalen** der Bevölkerungsgliederung gehören geografische Gruppen-, Geschlechts- und Altersmerkmale.

Geografische Gruppen von Menschen haben gleiche Abstammung und angeborene, erbliche Körpermerkmale. Sie unterscheiden sich z. B. nach der Haut-, Haar- und Augenfarbe, oder nach bestimmten Körper-, Kopf- und Gesichtsformen.

Negride

Mongolide

Europide

Menschengruppen werden auch als typologische Kategorien bezeichnet.
Zu den Negriden, Mongoliden und Europiden kommen noch Australiden, Pygmiden und Polynesiden hinzu.

Die **Geschlechtsstruktur** gibt das Zahlenverhältnis zwischen Frauen und Männer an. Sie wird beeinflusst durch:
– die Geburt (biologisch bedingt kommen auf 100 Mädchen 105–106 Jungen),

Verhältnis von Mädchen und Jungen bei der Geburt		
Land	Mädchen	Jungen
China	80	100
Indien	93	100

– die höhere Sterblichkeitsrate von Jungen und Männern,
– die Stellung der Frauen in der Gesellschaft (führt z. T. zur Abtreibung von Mädchen und höheren Sterberaten von Mädchen und Frauen),
– den erhöhten Anteil von Männern bei Migrationen (S. 198).

Die **Altersstruktur** gibt Auskunft über die Untergliederung der Bevölkerung nach dem Alter. Sie erfolgt meist nach Altersgruppen. Hauptaltersgruppen sind:
unter 15 Jahre – Bevölkerung im Kindesalter,
15 bis 65 (60) Jahre – Bevölkerung im arbeitsfähigen Alter,
über 65 (60) Jahre – Bevölkerung im Rentenalter.

Für internationale Vergleiche wird das Rentenalter einheitlich ab 65 Jahren angegeben.

Anteil der Altersgruppen an der Gesamtbevölkerung			
Land	< 15 Jahre	15 – 65 Jahre	> 65 Jahre
Deutschland	14,4 %	66,7 %	18,9 %
Japan	14,3 %	66,2 %	19,5 %
Indien	31,2 %	63,9 %	4,9 %
Angola	43,4 %	53,7 %	2,9 %

(Werte für das Jahr 2006)

Weltweit sind zwei **Grundtypen der Altersstruktur** erkennbar.
1. Hoher Anteil der Kinder und Jugendlichen in den Entwicklungsländern: Er führt zu hohen Kosten für Schul- und Berufsbildung, einem ständig höheren Bedarf an Arbeitsplätzen, Wohnungen usw. Dieser Bedarf wird in Zukunft kaum gedeckt werden können. Der erreichte wirtschaftliche Zuwachs wird aufgebraucht.
2. Wachsender Anteil von Rentnern in den entwickelten Industrieländern: Er führt zu höheren Kosten für Renten, altersgerechte Einrichtungen und medizinische Betreuung, die durch einen kleiner werdenden Teil der Bevölkerung im arbeitsfähigen Alter getragen werden müssen.

Die Alters- und Geschlechtsstruktur der Bevölkerung wird u. a. in Form einer **Bevölkerungs-** oder **Alterspyramide** dargestellt. Sie wird auch „Lebensbaum" genannt.

Die Bevölkerungspyramide lässt neben der Alters- und Geschlechtsstruktur noch die Aufnahme weiterer Merkmale zu, z. B. den Familienstand oder Angaben über die Ursachen für eine geringe Bevölkerungszahl in bestimmten Altersgruppen. Darin spiegelt sich die Geschichte der letzten Jahrzehnte eines Volkes wider.

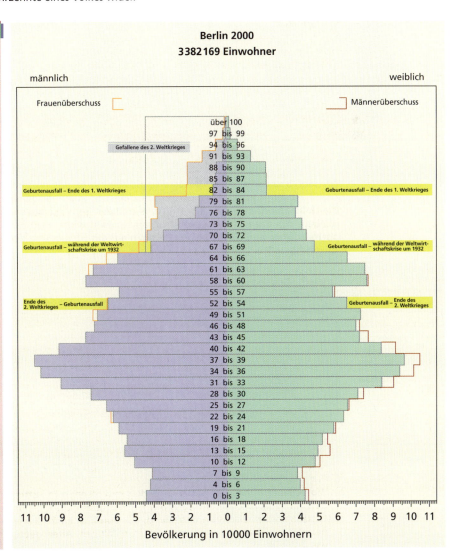

Um die Altersstrukturen verschiedener Länder vergleichen zu können, werden bei ungefähr gleichen Bevölkerungszahlen in den Bevölkerungspyramiden absolute Werte benutzt.

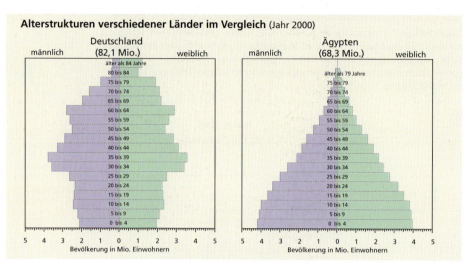

Alterstrukturen verschiedener Länder im Vergleich (Jahr 2000)

Bei sehr unterschiedlichen Bevölkerungszahlen wird der prozentuale Anteil der Altersgruppe an der Gesamtbevölkerung zugrunde gelegt. Die Unterschiede zwischen den Industrie- und den Entwicklungsländern spiegeln sich auch in den Bevölkerungspyramiden wider. Es treten typische Formen auf, die Schlussfolgerungen auf die Entwicklung der Bevölkerungszahl eines Landes zulassen.

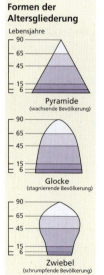

Formen der Altersgliederung

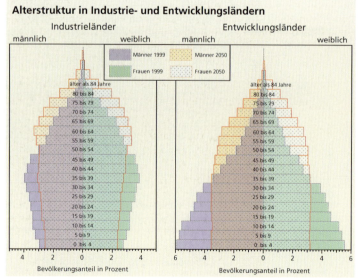

Alterstruktur in Industrie- und Entwicklungsländern

Zu den **soziokulturellen Merkmalen** der Bevölkerungsgliederung gehören Religionen und Sprachen.

Es gibt viele unterschiedliche **Religionen** auf der Erde. Sie prägen das Leben vieler Menschen. Die genaue Zahl der Gläubigen kann oft nur geschätzt werden.

Die gemeinsame **Sprache** ist von großer Bedeutung für Bildung und Zusammenhalt von Menschen. Es gibt mehr als 3 000 Sprachgruppen und unzählige Dialekte.

Nach soziokulturellen Merkmalen werden Kulturerdteile ausgegliedert (↗ S. 286).

Die Verkehrssprache dient zur Verständigung in Ländern, in denen verschiedene Sprachen existieren.

Religion	Anhänger in Mio.
Christen	1 900
Muslime	1 300
Hindus	830
Buddhisten, Lamaisten	900
Konfuzianer, Taoisten	338
Stammesreligionen	100
Schintoisten	60
Sikhs	20
Juden	13

Sprache	Sprecher in Mio.
Chinesisch	1 100
Englisch	320
Spanisch	350
Hindi	350
Russisch	145
Arabisch	130
Japanisch	130
Portugiesisch	120
Bengali	120
Deutsch	100
Türkisch	95
Französisch	90

Eine Gruppe von Menschen mit gleicher Sprache, Kultur, Geschichte und Lebensweise wird auch als **ethnische Gemeinschaft** bezeichnet. Je nach ihrer Größe können **Stämme, Stammesgruppen** und **Völker** unterschieden werden.

2003 gab es in Deutschland 2,5 Mio. türkisch sprechende Bürger und 5 Mio. russisch sprechende Aussiedler.

Die Bevölkerung kann nach den **sozioökonomischen Merkmalen** Erwerbstätigkeit und Art der Sicherung des Lebensunterhaltes bei den Menschen, die nicht arbeiten, gegliedert werden.

Gliederung der Gesamtbevölkerung nach Erwerbstätigkeit und Unterhalt	
Erwerbspersonen	**Nichterwerbspersonen**

Arbeitslose   *Beschäftigte*
      * nach Stellung im Beruf
        – Selbstständige
        – Mithelfende Familienangehörige
        – Abhängige: • Arbeiter
                            • Angestellte
                            • Beamte
                            • Lehrlinge
      * nach Zuordnung zu Wirtschaftssektoren, -bereichen, -zweigen
      * nach Berufsgruppen
	* Unterhalt durch Angehörige
	     – Kinder / Schüler
	     – Studenten
	     – Hausfrauen (nicht arbeitslos gemeldet)
	 * Unterhalt durch Renten, Pensionen, Sozialhilfe u. Ä.
	 * eigenes Vermögen

Für Ländervergleiche ist die Zuordnung der Beschäftigten zu den **Wirtschaftssektoren** (↗ S. 217) wichtig. Ein hoher Anteil der Beschäftigten im Agrarsektor ist charakteristisch für viele Entwicklungsländer. Für wirtschaftlich entwickelte Länder ist dagegen ein sehr kleiner Anteil in diesem Sektor und ein hoher Anteil im Dienstleistungssektor typisch.

Linden Apotheke

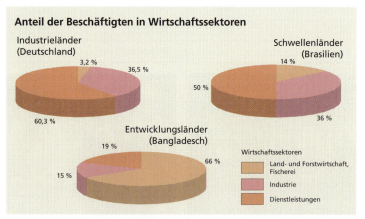

Anteil der Beschäftigten in Wirtschaftssektoren

Industrieländer (Deutschland): 3,2 %; 36,5 %; 60,3 %

Schwellenländer (Brasilien): 14 %; 50 %; 36 %

Entwicklungsländer (Bangladesch): 66 %; 19 %; 15 %

Wirtschaftssektoren:
- Land- und Forstwirtschaft, Fischerei
- Industrie
- Dienstleistungen

Die heutigen Anteile der Beschäftigten in den Wirtschaftssektoren an der Gesamtheit der Beschäftigten in den wirtschaftlich entwickelten Ländern sind langfristig entstanden. In Deutschland war im Jahre 1900 noch die Landwirtschaft mit 37 % Anteil an den Beschäftigten der führende Wirtschaftssektor, gefolgt von der Industrie mit 33 % und den Dienstleistungen mit 30 %.

Bei der Gliederung der Wirtschaft nach einem **Vier-Sektoren-Modell** wird ein Informationssektor ausgewiesen. Er umfasst Teilbereiche von Industrie und Dienstleistungen, u. a. in der **Informationswirtschaft**.

4.1.4 Bevölkerungsbewegungen

Bevölkerungsbewegungen führen zur Veränderung der Bevölkerung eines bestimmten Gebietes nach Anzahl und Zusammensetzung. Sie werden in natürliche und in räumliche Bewegungen der Bevölkerung unterteilt.

> Unter **natürlicher Bevölkerungsbewegung** versteht man die Veränderungen der Anzahl der Menschen durch Geburt und Tod innerhalb eines bestimmten Gebietes.

Die natürliche Bevölkerungsbewegung wird von vier Kennziffern bestimmt:
Die **Geburtenrate** (GR) gibt die Anzahl der Lebendgeborenen pro 1 000 Einwohner an. Die **Sterberate** (SR) gibt die Anzahl der Gestorbenen pro 1 000 Einwohner an. Als **Wachstumsrate** (WR) wird das Verhältnis von Geburtenrate und Sterberate angegeben. Die durchschnittliche Anzahl der pro Frau geborenen Kinder gibt die **Gesamtfruchtbarkeitsrate** (FR) an. Soll die Bevölkerungszahl eines Landes gleichbleiben, muss jede Frau zwei Kinder lebend gebären.

Die Wachstumsrate wird meist in Prozent angegeben.

Land	GR	SR	WR	FR
Guinea	37 ‰	17 ‰	2,1 %	5,0
Deutschland	9 ‰	10 ‰	0,0 %	1,3

Die hohen Geburtenraten in den Entwicklungsländern haben vor allem *wirtschaftliche Gründe*: Die Armut zwingt dazu, dass Kinder durch Arbeit zum Familieneinkommen beitragen müssen. Kinder müssen die Eltern im Alter oder bei Krankheit versorgen.
Für die hohen Geburtenraten gibt es weitere Gründe:

Die natürliche Bevölkerungsbewegung kann durch Maßnahmen der Bevölkerungspolitik (↗ S. 199) beeinflusst werden.

– Religionen und Traditionen begünstigen hohe Kinderzahl (z. B. Islam),
– fehlende Bildung, u. a. mangelndes Wissen zur Familienplanung,
– fehlende Rechte der Frau auf Selbstbestimmung und Entscheidung,
– hohe Kindersterblichkeit wird ausgeglichen.

Die durchschnittliche **Lebenserwartung** gibt die im statistischen Mittel zu erwartende Lebensdauer eines Neugeborenen bei zu diesem Zeitpunkt gültiger Sterberate an. Weltweit steigt die Lebenserwartung u. a. durch bessere medizinische Betreuung. Ausnahme sind einige Länder in Afrika mit extrem vielen AIDS-Erkrankungen.

Die Lebenserwartung beträgt in Deutschland 78, in Japan 82, in Uganda 43 und in Malawi 38 Jahre. Sie lässt keine Aussagen zur Lebensdauer des Einzelnen zu.

Die natürliche Bevölkerungsbewegung verläuft historisch in mehreren Phasen. Das zeigt das **Modell des demografischen Übergangs**.

Größenordnungen:
hohe Geburten-
rate: > 40 ‰
hohe Sterbe-
rate: > 30 ‰
niedrige Geburten-
rate: < 15 ‰
niedrige Sterbe-
rate: < 12 ‰

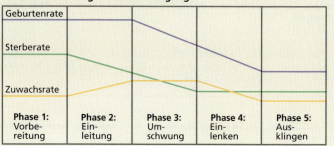

Länder und
Phasen, 2000:
1 – Urvölker
2 – Guinea
 GR: 42 ‰
 SR: 18 ‰
3 – Ägypten
 GR: 26 ‰
 SR: 6 ‰
4 – Thailand
 GR: 16 ‰
 SR: 7 ‰
5 – Deutschland
 GR: 9 ‰
 SR: 11 ‰

Kennzeichen der Phasen **der natürlichen Bevölkerungsbewegung:**

Vorbereitung: Hohe Geburtenraten, aber – durch Hungersnöte, Seuchen und Kriege bedingt – auch hohe Sterberaten. Dadurch tritt nur ein geringes Wachstum der Bevölkerungszahl auf.

Einleitung: Die hohen Geburtenraten bleiben erhalten (Traditionen u. Ä.). Durch verbesserte Hygiene und medizinische Versorgung sinkt die Sterberate. Die Bevölkerungszahl nimmt stark zu.

Umschwung: Die Sterberate sinkt durch die medizinische Vorsorge weiter. Veränderungen in der Bildung, der Stellung der Frauen in der Gesellschaft und Maßnahmen der Familienplanung führen zum Absinken der Geburtenrate. Aber die Zuwachsrate bleibt hoch.

Einlenken: Die Sterberate pendelt sich auf niedrigem Niveau ein. Die Geburtenrate sinkt weiter, sodass die Zuwachsrate kleiner wird und die Bevölkerungszahl langsamer steigt.

Ausklingen: Durch geänderte Lebensbedingungen und Wertvorstellungen sinkt die Geburtenrate, z. T. bis unter die Sterberate. Die Bevölkerungszahl nimmt kaum zu bzw. sogar ab.

Demografie =
Beschreibung der Bevölkerungsbewegung

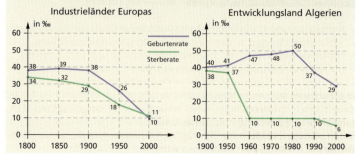

Bevölkerung

> **Räumliche Bevölkerungsbewegungen** – auch **Wanderungen** genannt – sind Bewegungen von Personen über Verwaltungsgrenzen hinweg. Sie finden vor allem als **Pendelwanderungen** zwischen Arbeitsort und Wohnort und als **Migrationen** zur Veränderung des Wohnsitzes statt.

Auch Urlaubsreisen, Nomadismus und Umzüge vom Stadtzentrum an den Stadtrand sind räumliche Bevölkerungsbewegungen.

Pendelwanderungen führen u. a. Erwerbstätige, Schüler, Auszubildende aus, wenn sie bei Beibehaltung ihres Wohnsitzes Gemeindegrenzen überschreiten, um die Arbeits- bzw. Ausbildungsstätte zu erreichen.
Diese Pendler zählen in der Wohngemeinde als **Auspendler**, in der Arbeitsgemeinde als **Einpendler**. Ziele der Pendelwanderungen müssen sich nicht in unmittelbar benachbarten Gemeinden befinden.

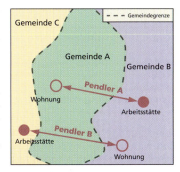

Anzahl der täglichen Berufspendler deutscher Großstädte 1995			
Stadt	Frankfurt	Hamburg	München
Einpendler	277 846	248 064	263 346
Auspendler	44 981	64 082	86 096

Bei einer **Binnenwanderung** erfolgt ein Umzug über Gemeindegrenzen hinweg, aber noch innerhalb eines Staates. Sie ist eine Ursache für die weltweite Zunahme der städtischen Bevölkerung.
In den Entwicklungsländern findet eine **Landflucht**, d. h. eine Land-Stadt-Wanderung statt. Ursachen dafür sind:
Push-Faktoren (abstoßende Sachverhalte) im Heimatgebiet, z. B. Armut, Besitzlosigkeit, Arbeitslosigkeit, mangelnde Bildungsmöglichkeiten, und
Pull-Faktoren (anziehende Sachverhalte) in der Stadt, Erwartungen, z. B. Arbeit und entsprechendes Einkommen, Ausbildungsmöglichkeiten, medizinische Betreuung, städtisches Leben.
In den Industrieländern ziehen dagegen immer mehr Menschen in das Umland der Städte. Eine Stadt-Land-Wanderung findet statt.

Der Anteil der Stadtbevölkerung an der Gesamtbevölkerung wird weltweit von jetzt 45 % auf 65 % im Jahr 2025 steigen. 1999 waren es in
Südamerika 78 %
Afrika 33 %
Europa 73 %

Wird der Wohnsitz über Ländergrenzen hinweg verlegt, so handelt es sich um **internationale Wanderungen**. Bei Verlassen eines Staates bezeichnet man sie als **Auswanderung (Emigration)**, bei der Einreise in einen Staat als **Einwanderung (Immigration)**. Diese Migrationen erfolgen freiwillig oder erzwungen, auf Dauer oder nur für längere Zeit.

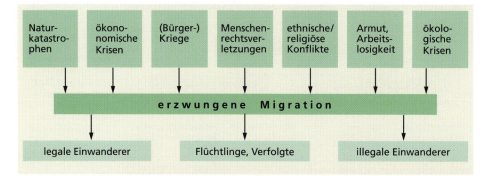

In Deutschland lebten 2003 7,3 Mio. Ausländer, davon 6,2 Mio. **Arbeitsmigranten** einschließlich ihrer Familien und 1,1 Mio. **Flüchtlinge**.

Noch immer sind zahlreiche Kriege und gewaltsame Konflikte Ursachen von Flüchtlingsströmen (↗ S. 333).

Gruppen von internationalen Migranten	
auf Dauer bleibend	auf Zeit bleibend
Aussiedler (z. B. Deutsche aus Polen oder der Russ. Föderation)	– Arbeitsmigranten (Gastarbeiter) – Flüchtlinge

Schwerpunkte **weltweiter Flüchtlingsströme** sind meist Kriegsgebiete und Katastrophenregionen in Afrika und Südwestasien. Die aufnehmenden Länder sind oft selbst sehr arm. Hinzu kommen hier noch viele **Binnenflüchtlinge**, d. h. Menschen, die innerhalb eines Landes aus ihren angestammten Wohngebieten vertrieben wurden.

Aufnahmeländer für Flüchtlinge 1995	
Aufnahmeland	Anzahl (in 1 000)
Iran	2 236,4
Zaire	1 724,4
Pakistan	1 055,0
Deutschland	1 004,6
Tansania	883,3
Sudan	727,2
Verein. Staaten	591,7
Guinea	553,2
Côte d'Ivoire	360,1
Äthiopien	348,1

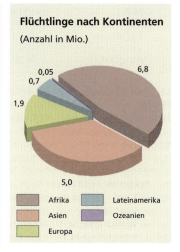

Flüchtlinge nach Kontinenten (Anzahl in Mio.)

Unter **Bevölkerungspolitik** versteht man alle Maßnahmen der Regierung eines Landes, um die **Zahl der Bevölkerung** und die **Verteilung der Bevölkerung** zu beeinflussen.

Die **Einflussnahme auf die Bevölkerungszahl** erfolgt unterschiedlich: In einer Reihe von **Industrieländern** werden Anstrengungen unternommen, um die Geburtenzahlen zu erhöhen, z. B. durch finanzielle Unterstützung von Familien.

Es gibt Länder, deren Regierungen hinsichtlich der Bevölkerungspolitik nicht aktiv werden.

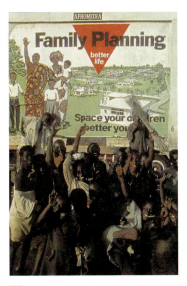

In vielen **Entwicklungsländern** geht es um die Senkung der Geburtenrate. Dazu ist eine Kombination von gesetzlichen, wirtschaftlichen, frauenpolitischen, medizinischen und familienplanerischen Maßnahmen notwendig. Als besonders wirksam haben sich erwiesen:
– Veränderung der Stellung der Frauen in der Gesellschaft, z. B. durch Zugang zur Bildung, bezahlte Beschäftigung und Entscheidungsmöglichkeiten für Empfängnisverhütung,
– Familienplanung mit Beratung und finanziellen Anreizen,
– Senkung der Säuglingssterblichkeit durch medizinische Versorgung.

In der **Volksrepublik China** gelten u. a. folgende Maßnahmen:
– Anhebung des Heiratsalters (Männer 25 Jahre, Frauen 23 Jahre),
– Vergünstigungen für Einzelkinder und deren Eltern, z. B. höherer Lohn; bessere Versorgung mit Wohnungen, Arbeit und Kindergartenplätzen; kostenlose medizinische Betreuung,
– Strafen bei Geburt des 2. Kindes, z. B. Geldstrafe und Zurückzahlung des erhöhten Lohnes, mehr Steuern, z. T. Verlust von Wohnung und Arbeit.

Als bevölkerungspolitische Maßnahmen kennzeichnet man auch Projekte der **räumlichen Umverteilung der Bevölkerung**, bei denen es vorrangig um die Entlastung überbevölkerter Räume oder um Umsiedlungen von Menschen aus politischen Gründen geht.

Mit dem Umsiedlungsprojekt „Transmigrasi" in **Indonesien** wurden folgende Ziele angestrebt:
– Verringerung des Bevölkerungsdruckes auf der überbevölkerten Insel Java,
– wirtschaftliche Entwicklung peripherer Landesteile,
– Integration ethnischer Minderheiten („Javanisierung").

In **Indonesien** wurden von 1952 bis 1989 3,7 Mio. Menschen durch **Transmigrasi** umgesiedelt.

4.2 Siedlungen

4.2.1 Siedlungen und ihre Funktionen

Auch Lager der Steinzeitmenschen unter überhängenden Felsen oder bewohnte Höhlen sind Siedlungen.

> Eine **Siedlung** ist jede menschliche Wohn- oder Arbeitsstätte. Sie kann zeitweise (z. B. Nomadenlager, Almsiedlung) oder auf Dauer errichtet werden. Die weltweit verbreiteten Grundtypen der Dauersiedlungen sind Stadt und Dorf.

In den Siedlungen leben und wirtschaften die Menschen. Hier leben sie in Gemeinschaft, bilden, erholen und versorgen sich. Die Tätigkeiten der Menschen zur Lebensbewältigung und Deckung der wichtigsten Bedürfnisse, die **Daseinsgrundfunktionen** (auch Grunddaseinsfunktionen, ↗ S. 216), finden in den Siedlungen ihre bauliche Entsprechung.

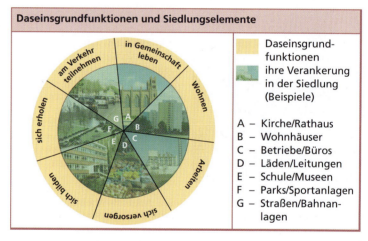

Daseinsgrundfunktionen und Siedlungselemente

Daseinsgrundfunktionen
ihre Verankerung in der Siedlung (Beispiele)

A – Kirche/Rathaus
B – Wohnhäuser
C – Betriebe/Büros
D – Läden/Leitungen
E – Schule/Museen
F – Parks/Sportanlagen
G – Straßen/Bahnanlagen

Auf die **Lage der Siedlungen** hatten verschiedene Faktoren Einfluss:
– Nähe zu den Lebensgrundlagen (z. B. Wasser, fruchtbarer Boden, Wald, Gewässer für Fischfang, Rohstoffe),
– sicherer, möglichst ebener Baugrund, geschützt vor Naturereignissen (z. B. Überschwemmungen, Lawinen, Sturm),
– Nähe von Heiligtümern oder Kultstätten,
– Schutz vor Überfällen (z. B. auf Bergen oder Pfahlbauten in Seen),
– wichtige Handelswege, Flussübergänge, Meeresbuchten.

Die äußere **Gestalt der Siedlungen** wird durch Grund- und Aufriss bestimmt. Der **Grundriss** einer Siedlung drückt sich im Straßensystem, in den Grundflächen der Häuser, ihrer Stellung zur Straße und der Form der Grundstücke aus. Siedlungen und ihre Gebäude fallen vor allem durch ihren **Aufriss** (Silhouette, Skyline) auf. Die Hausformen sind oft vom vorhandenen Baumaterial genauso geprägt wie von der Anpassung an das Klima. So findet man in den Trockengebieten der Erde Häuser aus Lehmziegeln mit flachen Dächern, während in regenreichen Gebieten steilere Dächer gebaut wurden.

Beide Siedlungen – im Jemen und in Deutschland – weisen sowohl auf die jeweiligen klimatischen Verhältnisse als auch auf örtlich vorhandene Baumaterialien hin.

4.2.2 Ländliche Siedlungen

Ländliche Siedlungen liegen innerhalb der überwiegend land- bzw. forstwirtschaftlich genutzten Gebiete der Erde. Ihre Bewohner arbeiten vorwiegend in diesen Wirtschaftsbereichen.

Eine oder mehrere Siedlungen werden zusammen mit den dazugehörigen land- und forstwirtschaftlichen Flächen verwaltungsrechtlich als **Gemeinde** bezeichnet.
Die gesamte Fläche einer Gemeinde ist die **Gemarkung**.
Gemeinschaftlich genutzte Weiden, Wälder und Gewässer einer Gemeinde nennt man **Allmende**.

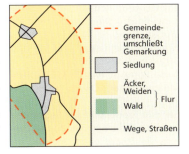

Weiler: kleine unselbstständige Siedlung mit 3–20 Höfen

Dorf: mehr als 20 Höfe

In China gibt es Dörfer mit mehr als 10 000 Einwohnern.

Gehöftformen

Die Gebäude in den ländlichen Siedlungen dienen dem Wohnen, Arbeiten, der Lagerung der Ernte und des Viehfutters, der Unterbringung des Viehs zum Schutz vor Kälte bzw. Raubtieren oder der Aufbewahrung der Geräte. Die Wohn- und Wirtschaftsgebäude eines landwirtschaftlichen Betriebes werden als **Gehöft** bezeichnet. Je nach klimatischen Bedingungen, regionalen Traditionen, unterschiedlichem Baumaterial und wirtschaftlichen Gründen bestehen sie aus mehreren einzelnen Gebäuden (Wohnhaus, Scheune, Stall), die in bestimmter Weise zueinander angeordnet sind. Eine Sonderform stellt das **Einheitshaus** dar, bei dem alle diese Funktionen unter einem Dach vereint werden. Diese Häuser sind z. T. durch einen Gang in der Mitte längs geteilt (z. B. Niederdeutsches Hallenhaus), oder die Räume sind hintereinander getrennt angeordnet (quer geteiltes Haus, z. B. Schwarzwaldhaus).

Im Unterschied zum Gehöft umfasst der Hof die Gesamtheit des landwirtschaftlichen Betriebes, also auch Felder und Wälder.

Weitere Gebäudeformen sind Zweiseit- und Vierseitgehöft sowie Niederdeutsches Hallenhaus und Neubauernhaus.

Gehöft	Einheitshaus
Mitteldeutsches Dreiseitgehöft	Schwarzwaldhaus

Dorfformen

Die Dorfform bezeichnet die Form des Ortes nach der Lage der Gebäude zueinander, die der Grundriss ausdrückt. Nach ihrem Grundriss lassen sich hauptsächlich drei **Dorfformen** unterscheiden: Haufendörfer, Reihendörfer und Platzdörfer.

Haufendörfer sind größere geschlossene Siedlungen mit unregelmäßigem Grundriss und Straßenverlauf. Die unterschiedlich großen Gehöfte liegen dicht aneinander. Die Felder und Weiden liegen außerhalb des Dorfes.
Diese Form ist typisch für allmählich gewachsene Dörfer.

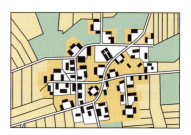

Hufe: historisches Flächenmaß, umfasst durchschnittlich 7 ha bis 10 ha; soll das Auskommen einer Familie sichern

Bei den **Reihendörfern** liegen die Gehöfte dicht beieinander beiderseits der Straße oder locker an einer Straße, einem Fluss oder Bach. Sie sind meist geplante Dörfer zur Erschließung neuen Landes. Es gibt **Straßendörfer** und **Hufendörfer**. Zu letzteren gehören **Wald-** und **Marschhufendörfer**.

Platzdörfer wurden im Zuge der Kolonisation besonders im mittleren Osteuropa, in Südosteuropa, in Afrika und Amerika angelegt.

Der Grundriss der **Platzdörfer** ist durch einen zentralen, in Gemeindebesitz befindlichen Platz bestimmt, um den sich die Gehöfte und Gemeinschaftsbauten anordnen. Der Platz kann lang gestreckt (**Angerdörfer**), rund (z. B. **Rundlinge, Krale**) oder viereckig (z. B. **Forta, Plaza**) sein.

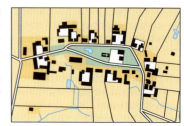

In einer **Streusiedlung** liegen die Gehöfte inmitten ihrer Felder und Wiesen, meist unregelmäßig über ein größeres Gebiet verteilt. Streusiedlungen gibt es im Norden Deutschlands oder im Südschwarzwald.

In den USA erfolgte ab 1785 eine **Landvermessung**. Quadratische Townships mit 6 Meilen Länge (= 9,6 km) wurden so aufgeteilt, dass jeder Siedler zunächst etwa 64 ha (800 m x 800 m) erhielt. Die Farmer bauten ihre Häuser auf ihrem Besitz, sodass riesige Streusiedlungen entstanden. Man spricht auch von den USA als dem „Land ohne Dörfer".

Flurformen

Die **Flur** einer Siedlung setzt sich aus den Grundstücken (Parzellen) zusammen, die die einzelnen Bauern bzw. Gesellschaften besitzen und die sie landwirtschaftlich oder forstwirtschaftlich nutzen (Felder, Wiesen, Wald). Nach Form der Parzellen unterscheidet man unterschiedliche Flurformen. Diese spiegeln natürliche Gegebenheiten, gesellschaftliche Prozesse sowie Nutzungen technischer Möglichkeiten (z. B. Nutzbarmachung von Land durch Be- und Entwässerung, Rodungen, Vergabe von Land durch Landesherren, Klöster) wider. Verbreitet sind unregelmäßige, meist rundliche Formen (z. B. beim Wanderfeldbau, ↗ S. 229), **Blockfluren** und **Streifenfluren**. Liegen mehrere streifenförmige Parzellen nebeneinander in einer Richtung, so bilden sie ein **Gewann**, welches durch Wege von anderen Gewannen abgetrennt ist.

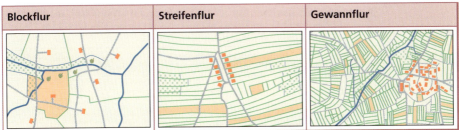

Blockflur	Streifenflur	Gewannflur

Parzellengröße und -form wurden auch durch das **Erbrecht** beeinflusst. Bei der **Realerbteilung** werden sie immer kleiner. Das führte zur **Flurzersplitterung**, z. B. in Südwestdeutschland, die kaum noch eine moderne Bodenbearbeitung zuließ. Deshalb wurden **Flurbereinigungen** durchgeführt. Man versteht darunter die Zusammenlegung von kleinen Parzellen zu großen Flurstücken, um sie mit Maschinen bearbeiten, be- oder entwässern zu können und neue Wege anzulegen. Dabei werden die Besitzverhältnisse neu geordnet. Einzelne Höfe werden aus dem Dorf an den Rand verlegt, um sie erweitern zu können (**Aussiedlerhöfe**).

Schwerpunkt der **Flurbereinigungen in Deutschland** war die Zeit nach 1950. Sie wurden auch schon im 19. Jh. durchgeführt.

Flurbereinigungen in Deutschland betreffen auch Gebiete mit Sonderkulturen (Weinanbau).

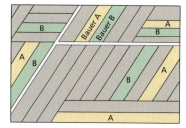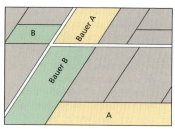

Nicht nur Flurformen verändern sich. Es gibt auch **Veränderungen im Dorfbild**. Landwirtschaftlich geprägte Dörfer entwickeln sich zu Gemeinden mit stärker städtischem Charakter. Dabei werden

- alte Gebäude abgerissen oder umgebaut (z. B. Wirtschaftsgebäude zu Garagen oder Ferienwohnungen),
- Neubauten mit städtischem Charakter errichtet (z. B. Pensionen, Wohnhäuser, Sparkasse, Supermarkt),
- am Dorfrand oder auf freiem Feld Wohnanlagen und Gewerbegebiete mit regelmäßigem Grundriss errichtet,
- Dorfstraßen ausgebaut (Asphaltierung) und Gehwege angelegt,
- die Infrastruktur (Verkehrsanbindungen, Wasserleitungen, Kanalisation, Kindereinrichtungen, Arztpraxen usw.) verbessert.

Aus abgelegenen Dörfern wandern junge Menschen ab, um in den Städten zu arbeiten. Überalterung der Bevölkerung und Verfall der Dörfer können die Folge sein.

Für diesen **Wandel der Dörfer** wirken folgende *Ursachen:*
- vermehrter Einsatz von Technik in der Landwirtschaft,
- Umwandlung von Voll- in Nebenerwerbsbetriebe oder Aufgabe von landwirtschaftlichen Betrieben, verbunden mit einem Berufswechsel,
- Zuzug von Bürgern mit nicht landwirtschaftlichen Berufen, z. B. aus nahe gelegenen Städten,
- Ausrichtung auf den mehr Geld einbringenden Tourismus.

Insgesamt wird dadurch die Siedlungsfläche größer, die **Zersiedlung der Landschaft** schreitet fort. Die Einwohnerzahl erhöht sich, die Bevölkerung wird jünger, und ihre Lebensweise verändert sich (↗ S. 212).

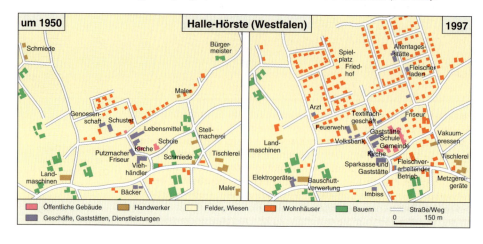

4.2.3 Städtische Siedlungen

> **Städtische Siedlungen** sind neben den ländlichen Siedlungen die Hauptsiedlungsform auf der Erde. Ihre Bewohner sind nicht an die Beschäftigung in der Land- und Forstwirtschaft gebunden.

In Deutschland erhalten heute Gemeinden mit mehr als 2 000 Einwohnern den Titel „Stadt" auf Antrag verliehen.

Merkmale von Städten sind:
- geschlossene, dichte Bebauung und eine hohe Bevölkerungsdichte,
- Konzentration von Gewerbe (Handwerk, Industrie), Handel, Dienstleistungen und Verkehrsanlagen,
- Konzentration von politischen und kulturellen Funktionen, die über die Stadt hinaus von Bedeutung sind (z. B. Sitz der weltlichen und geistlichen Herrscher, Verwaltungen, Bildungs- und Kultureinrichtungen).

Die älteste Stadt der Welt ist Jericho (hebr. Yĕrîhô; arab. Ariha). Sie liegt im Westjordanland, in der Jordansenke, ca. 15 km vom Toten Meer entfernt, 250 m u. NN. Sie ist damit auch die tiefstgelegene Stadt der Welt. Sie existierte im 9. Jahrtausend v. Chr., was dank der Quelle Ain As Sultan, der Elisaquelle, in einer Oase möglich war. Die Stadt wurde um 7000 v. Chr. mit Mauern, Turm und Graben befestigt.

In Deutschland wurden Städte seit dem Mittelalter mit eigenen Rechten ausgestattet, z. B. mit eigener Verwaltung und Gerichtsbarkeit, mit Marktrecht und dem Recht, eine Stadtmauer zu bauen.

Größenklassen von Städten in Deutschland	
Bezeichnung	**Einwohnerzahl**
Zwergstädte	weniger als 2 000
Landstädte	2 000 – 5 000
Kleinstädte	5 000 – 20 000
Mittelstädte	20 000 – 100 000
Großstädte	mehr als 100 000
Millionenstädte	mehr als 1 Million

Im Mittelalter galten Städte über 6 000 Einwohner und um 1800 Städte über 20 000 Einwohner als Großstädte. Rom hatte im 2. Jahrhundert n. Chr. rund 1 Million Einwohner.

Gesellschaftsgeografische Grundlagen

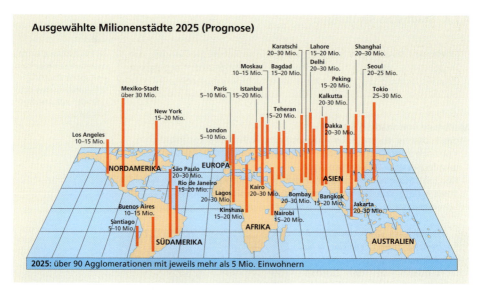

Ausgewählte Milionenstädte 2025 (Prognose)

2025: über 90 Agglomerationen mit jeweils mehr als 5 Mio. Einwohnern

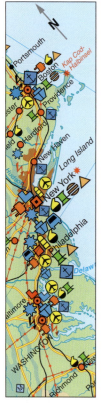

Auf der Erde gab es 1870 erst sieben Millionenstädte (Berlin, Wien, London, Paris, New York, Peking, Tokio). Jetzt sind es mehr als 400. Die meisten Städte mit mehr als 5 Mio. Einwohnern liegen in den Entwicklungsländern. Städte mit mehr als 8 Mio. Einwohnern werden als **Megastädte** bezeichnet. Für das Jahr 2015 wird mit 36 dieser Städte gerechnet, in denen ingesamt ca. 4 Mrd. Menschen leben werden, 54 % der Weltbevölkerung. Wachsen mehrere Millionenstädte zusammen, so bezeichnet man dieses Gebiet als **Megalopolis**.

Der Begriff Megalopolis wurde zuerst für das ca. 1 000 km lange verstädterte Gebiet an der Nordostküste der USA – von Boston über New York, Philadelphia, Baltimore bis Washington reichend – verwendet. Hier leben über 20 % der Bevölkerung auf 3 % der Fläche der USA. Jetzt bezeichnet man auch entsprechende Gebiete in anderen Ländern (z. B. in Japan: Tokyo – Nagoya – Osaka – Kobe) so.

Typische Stadtgrundrisse

Die Wirtschafts- und Lebensweisen sowie die jeweiligen Kulturen führten in *Europa*, dem *Orient* und *Asien* vor Jahrhunderten zur Entstehung typischer Stadtgrundrisse mit den Gebäuden der Herrschaft (Burg, Palast, religiöse Bauten) im Zentrum und einer Stadtmauer zum Schutz. Diese Städte haben sich vor allem seit dem 19. Jahrhundert stark verändert (koloniale Eroberung und/oder Entwicklung der Industrie, starkes Bevölkerungswachstum mit rasanter Vergrößerung der Siedlungsfläche, Übernahme von westlichen Ideen). Deshalb findet man die typischen Stadtformen heute nur noch z. T. in den Zentren der Städte.

Die Siedlungen der Kolonisten in *Nord- und Südamerika, Afrika* und *Australien* wurden planmäßig, meist schachbrettartig angelegt.

Typische Stadtgrundrisse in Mitteleuropa

Art der Städte/Merkmale	Grundriss
Römische Gründungen **Zeit:** früheste Städte in Mitteleuropa, bis 5. Jh. **Merkmale:** rechteckiger Grundriss, nach Himmelsrichtungen ausgerichtete Straßen, Forum, Stadtmauern und -tore **Beispiele:** Köln, Trier, Mainz, Koblenz, Regensburg, Wien, Xanten	Legende: Mauer, Tor, Forum, Markt
Mittelalterliche Marktorte **Zeit:** 8. Jh. bis 15. Jh. **Merkmale:** Kirche, Markt, Rathaus im Zentrum, Mauern, Türme und Gräben, enge verzweigte Straßen, bis 12. Jh. bei Klöstern oder Burgen **Beispiele:** Nürnberg, Braunschweig, Brunswick, Magdeburg	Legende: Mauer, Tor, 1 Markt, 2 Kirche, 3 Rathaus, Gräben
Mittelalterliche Gründungen des Adels **Zeit:** 12. bis 15. Jh. **Merkmale:** regelmäßiger Straßenverlauf, mehrere und größere Marktplätze, Mauer, Wall und Graben, Häuser teils direkt an der Stadtmauer **Beispiele:** Freiburg, Offenburg, Goslar, Lübeck, Hagen, Lüneburg	Legende: Mauer, 1 Markt, 2 Kirche, Graben, Wall
Absolutistische Gründungen **Zeit:** 16. bis 18. Jh. **Merkmale:** geplante neue Städte, aber auch Ausbau vorhandener Städte, Residenzstädte, im Zentrum Schloss bzw. Festungsbau mit Bastionen **Beispiele:** Karlsruhe, Mannheim, Ludwigsburg, Dresden, Berlin	Legende: 1 kath. Kirche, 2 Rathaus, 3 ev. Kirche, Schloss, Wohnen, Grünfläche, Hauptstraße, Nebenstraße, Gewässer
Industrie- und Verwaltungsstädte **Zeit:** 1830 bis nach 1950 **Merkmale:** geplante Städte sowie Zusammenschlüsse, Industriebetriebe im Zentrum, Eisenbahnanschluss, Vermischung von Wohnungen und Betrieben **Beispiele:** Gelsenkirchen, Wolfsburg, Eisenhüttenstadt, Schwedt	Legende: Industrie, Gewerbe, Verwaltung, Wohnen, Grünfläche, Eisenbahn, Hauptstraße, Nebenstraße, Gewässer

Typische Stadtgrundrisse in Asien und in Amerika

Orientalische Stadt

Grundriss: verzweigte Sackgassen, winklige Knickgassen, Parzellierung unregelmäßig
Stadtmitte: Moschee, Basar, Karawansereien
Wohnviertel: der Muslime, Juden, Griechen mit Basar, Trennung nach Sozialschichten

Indische Stadt

Grundriss: Hauptstraßenkreuz nach Himmelsrichtungen, Nebenstraßen netzförmig mit kurzen Sackgassen
Stadtmitte: Kreuz der Basarstraßen
Wohnviertel: nach Kasten getrennt, Mischung der Reichen und Armen

Chinesische Stadt

Grundriss: schachbrettartig mit Knickgassen, Orientierung nach Haupthimmelsrichtungen
Stadtmitte: Verbotene Stadt (ummauerter Sitz des Herrschenden) bzw. Glockenturm
Wohnviertel: nachbarschaftliche Kulturgemeinschaften

Lateinamerikanische Stadt

Grundriss: Schachbrettform (auf Anordnung des spanischen Königs 1521)
Stadtmitte: Plaza, Kathedrale, Bürgerrats-, Gerichts- und Bankgebäude
Wohnviertel: nach Sozialschichten getrennt

Nordamerikanische Stadt

Grundriss: Schachbrettform, oft nach Himmelsrichtungen ausgerichtet
Stadtmitte: Hauptgeschäftszentrum (City)
Wohnviertel: nach ethnischen Gruppen und sozialen Schichten getrennt

4.2.4 Räumliche Prozesse im Siedlungssystem

Zwischen den Siedlungen eines Raumes (eines Landes, einer Region) bestehen vielfältige Zusammenhänge. Die Siedlungen bilden ein System. Sowohl die einzelnen Siedlungen als auch das Siedlungssystem verändern sich in der Zeit durch räumliche Prozesse (↗ S. 204).

> Wichtige **räumliche Prozesse** im Siedlungssystem sind die Bildung unterschiedlicher Stadtviertel, die Beziehungen zwischen verschiedenen Siedlungen, Verstädterung und Urbanisierung, Suburbanisierung und Reurbanisierung sowie die Entstehung neuer Städte.

Bildung unterschiedlicher Stadtviertel

Die Entwicklung der Industrie, der Bau der Eisenbahnen und Veränderungen auf dem Land führten seit dem 19. Jahrhundert zu einem starken Anwachsen der Bevölkerung in den Städten und zu wesentlichen Veränderungen im Stadtbild. Stadtmauern und Festungsanlagen wurden abgetragen (geschleift), neue Straßen und Gleisanlagen gebaut, Wohnungen (u. a. Mietskasernen) und Industrieanlagen geschaffen. Sie liegen gürtelförmig und entlang von Ausfallstraßen, Flüssen, Kanälen und Eisenbahnlinien.

Es kam zur Differenzierung der Stadt, zur **Bildung von** räumlich getrennten **Stadtvierteln.** Diese haben unterschiedliche Funktionen (z. B. Wohnviertel, Industrie- und Gewerbegebiet, Mischgebiete), Bebauungen (z. B. Altbauviertel, Neubauviertel) und Sozialstrukturen (z. B. Arbeiterwohnviertel, Villenviertel der Reichen). Die Stadtviertel weisen oft unterschiedliche Lage, Bauweise, Alter und Zustand auf.

> Die erste deutsche Ferneisenbahn, die Leipzig–Dresdner Eisenbahn, wurde am 7. und 8. April 1839 in Betrieb genommen.

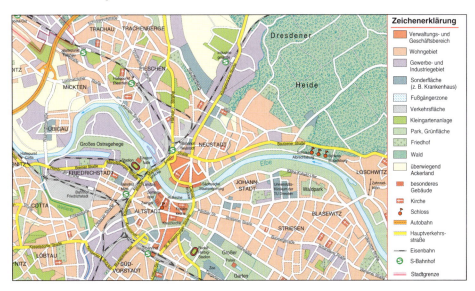

Merkmale einer City		
meist hohe Bebauung	Fußgängerzonen mit Läden	viele Dienstleistungen

In der City von **London** gibt es weniger als 5 000 Einwohner, aber es arbeiten dort ungefähr 500 000 Menschen.

Eine besondere Form der Herausbildung von Stadtvierteln ist die **Citybildung**. Die Zentren der Großstädte wandelten seit dem 19. Jahrhundert ihre Funktionen. Der größte Teil der Wohnbevölkerung wanderte in andere Stadtteile ab, und es kam zur Nutzung dieses Gebietes durch Geschäfte und Dienstleistungsbetriebe.

Folgende Merkmale prägen eine City:
– hohe Bodenpreise und Mieten,
– Konzentration von Handelseinrichtungen
  (z. B. Warenhäuser, Spezialgeschäfte, geschlossene Ladenfronten),
– Konzentration von Dienstleistungseinrichtungen
  (z. B. Verwaltungen, Banken, Versicherungen, Arztpraxen, Anwaltbüros, Hotels, Gaststätten, Theater, Kinos), damit von sehr vielen Arbeitsplätzen im tertiären Bereich (↗ S. 217),
– überwiegende Nutzung der Gebäude durch Geschäfte und Büros, dadurch nur geringe Anzahl der Wohnbevölkerung (Nachtbevölkerung) und sehr große Anzahl der dort Arbeitenden (Tagbevölkerung),
– hohe Verkehrsdichte mit tageszeitlich sehr unterschiedlich gerichteten Verkehrsströmen,
– geschlossene Bauweise mit überdurchschnittlich hohen Gebäuden (oft Hochhäuser), z. T. Fußgängerpassagen und Fußgängerzonen.

Beziehungen im Siedlungssystem

Zwischen den Städten und den umliegenden Siedlungen gibt es vielfältige Beziehungen. Sie werden als **Stadt-Umland-Beziehungen** bezeichnet. Die ländlichen Gemeinden beliefern die Städte mit Nahrungsmitteln und Rohstoffen, bieten Wohnmöglichkeiten und Erholungsräume, sind Standorte für Wasserwerke, Klärwerke und Deponien, während die Städte diese Gemeinden mit Gütern und Dienstleistungen (z. B. Ärzte, Verwaltungs-, Kultur- und Bildungseinrichtungen) versorgen und viele Arbeitsplätze zur Verfügung stellen. Dadurch gibt es starke Pendlerströme (↗ S. 197) zwischen der Stadt und ihrem Umland.

Als **Stadtregion** bezeichnet man die Gebiete, in denen die Stadt-Umland-Beziehungen sehr eng sind, die Städte über die Stadtgrenzen hinauswachsen und die Bewohner der Umlandgemeinden einer Stadt nur noch zu einem kleinen Teil in der Landwirtschaft tätig sind.

Siedlungen

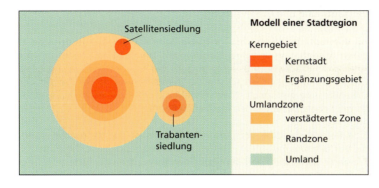

Modell einer Stadtregion

Satellitensiedlung:
Gemeinde mit überwiegender Wohnfunktion

Trabantensiedlung:
Gemeinde, die zusätzlich viele Arbeitsplätze und Versorgungseinrichtungen besitzt

Prozesse im Siedlungssystem haben zu einer Ungleichverteilung städtischer Siedlungen geführt. Es entstanden **Verdichtungsräume (Ballungsräume, Agglomerationen).** Sie haben eine hohe Bevölkerungsdichte, eine große Anzahl von Arbeitsplätzen und ein dichtes Verkehrsnetz.
Als Grenzwerte gelten:
Auf einer Fläche von mindestens 100 km² leben mehr als 150 000 Einwohner, und es ist eine Bevölkerungsdichte von wenigstens 1 000 Einw./km² vorhanden.

Städte bieten über den Eigenbedarf hinaus Güter und Dienstleistungen für ein bestimmtes Umland an. Für dieses Umland stellen sie Zentren, **zentrale Orte** dar. Je größer das versorgte Gebiet ist, desto höher ist ihre Bedeutung. Es besteht eine Stufung der Orte nach ihren zentralen Funktionen.

Zentrale Orte und ihre Merkmale	
Bezeichnung	**Merkmale**
Oberzentren (OZ)	Sitz höherer Behörden, Hochschulen, Universitäten; Warenhäuser, Spezialgeschäfte, Theater, Spezialkliniken; alle Großstädte (über 100 000 Einwohner)
Mittelzentren (MZ)	meist Kreisstädte; Krankenhäuser, Spezialgeschäfte, höhere Schulen; oft mehr als 40 000 Einwohner
Unterzentren (UZ)	Deckung allgemeinen und z. T. speziellen Bedarfs; z. T. höhere Schulen; ca. 10 000 Einwohner
Kleinzentren	Grundversorgung des täglichen Bedarfs

Verstädterung und Urbanisierung

Als **Verstädterung** bezeichnet man die Zunahme der Anzahl der Städte, deren Ausdehnung und Bevölkerungszahl. Damit ist das Wachstum des Anteils der städtischen Bevölkerung an der Gesamtbevölkerung eines Landes verbunden (↗ S. 197). An die Verstädterung ist der Prozess der **Urbanisierung** gekoppelt. Man versteht darunter die Ausbreitung städtischer Lebensweisen in den ländlichen Raum.

Eine Besonderheit im Verstädterungsprozess ist die **Metropolisierung**, die vor allem in vielen Entwicklungsländern vor sich geht. Sie führt zur Zunahme der Anzahl und der Größe der Metropolen der Erde.

> **Metropolen** sind Städte, die nicht nur eine überragende Größe gegenüber anderen Städten eines Landes besitzen, sondern auch in wirtschaftlicher und verwaltungsmäßiger Hinsicht dominieren.

> 40 % aller Chilenen leben in der Hauptstadt **Santiago**. Diese nimmt lediglich 0,04 % der Landesfläche ein.

Die meisten Metropolen sind zugleich Hauptstädte. Ausnahmen gibt es z. B. in den Vereinigten Staaten oder Australien. Einige Städte haben sich zu internationalen Metropolen entwickelt, in denen sich die wichtigsten weltweit tätigen Banken, Konzerne und Dienstleistungsbereiche (z. B. Börsen, Versicherungen) konzentrieren. Die wichtigsten **Weltmetropolen** sind London, New York und Tokio.
In vielen Ländern konzentriert sich das Bevölkerungswachstum auf eine einzige Stadt, meist die Hauptstadt. Diese nennt man **Primatstadt** (Primary City). Der Abstand zur zweitgrößten Stadt ist sehr groß.

Einwohnerzahl Primatstadt – nächstgrößte Stadt (2005)		
Primatstadt	nächstgrößte Stadt	Verhältnis
Bangkok (Thailand) 6,64 Mio.	Semut Prakan 280 000	15,3 : 1
Lima (Peru) 6,95 Mio.	Arequipa 860 000	8,1 : 1

> Die **Marginalsiedlungen** (lat. „marginal" = am Rand liegend) der Städte tragen je nach Region unterschiedliche Namen:
> „favela" – **Brasilien**,
> „barrida" – **Peru**,
> „clongs" – **Thailand**.

Zum raschen Anwachsen der Bevölkerung vor allem in den Metropolen der Entwicklungsländer hat die **Landflucht** (↗ S. 197) geführt. Die Stadtentwicklung kann damit nicht Schritt halten.
Zu den Folgen in den Städten gehören:
- riesige Elendsviertel (Marginalsiedlungen) am Stadtrand und Slums im Stadtgebiet,
- fehlende Arbeits- und Bildungsmöglichkeiten,
- unzureichende Versorgung mit Wasser, Strom, fehlende Kanalisation,
- Überlastung der öffentlichen Verkehrsmittel, fehlende Verkehrsanbindung großer Stadtteile,
- Umweltprobleme (Müll, Luft- und Wasserverschmutzung).

Mexiko-Stadt ist zur Zeit die größte Stadt der Welt mit mehr als 22,1 Millionen Einwohnern (2002, geschätzt). Jährlich ziehen über 400 000 Menschen dorthin. Das entspricht der gesamten Bevölkerung von Bochum oder von Wuppertal!

Suburbanisierung und Reurbanisierung

Die Entwicklung der Städte und ihres Umlandes ist in Industrieländern durch die Prozesse der Suburbanisierung und Reurbanisierung geprägt:

Mit dem Begriff **Suburbanisierung** bezeichnet man eine Stadt-Land-Wanderung. Der Ausbau der Verkehrsnetze, die zunehmende Motorisierung der Menschen und die hohen Preise für Grundstücke in den Städten führten in den letzten Jahrzehnten zu einer Verlagerung der Wohnungen in die sich verstädternden Dörfer im Umland der Städte. Später zogen Gewerbe- und Dienstleistungsbetriebe nach (↗ S. 204 u. 212). Probleme bestehen in der hohen Verkehrsbelastung, der damit verbundenen Luft- und Lärmbeeinträchtigung und der Zerstörung von Naturlandschaften. Ähnliches gilt für die Schaffung von großen Einkaufszentren „auf der grünen Wiese", am Stadtrand.

Die Suburbanisierung setzte zunächst in den Vereinigten Staaten ein. Etwa seit 1945 zogen die Menschen aus den belasteten und damit unattraktiv gewordenen Innenstädten („down-towns") in sich ausdehnende Vororte („suburbs"), um dort in eigenen Häusern zu wohnen. Riesige Siedlungsbänder zwischen den Großstädten entstanden auf bis dahin anders genutzten Flächen. Die Grenzen zwischen Stadt und Land verschwanden. Es entstanden sog. **Stadtlandschaften**.

Zu den Stadtlandschaften der **Vereinigten Staaten** gehört **Los Angeles**.

Die **Reurbanisierung** stellt einen gegenläufigen Vorgang dar. Seit einiger Zeit ziehen wieder mehr Menschen in die erneuerten und z. T. völlig umgestalteten Viertel der Innenstädte (z. B. „Docklands" in London). Es sind meist jüngere Menschen ohne Kinder und mit einem hohen Einkommen.

Entstehung neuer Städte

In vielen Metropolen der Erde ging es zunächst darum, das Wachstum der Kernstädte zu stoppen und die Innenstädte zu entlasten. Daher wurde am Stadtrand der Ausbau von **Nebenzentren** mit Geschäften, Verwaltungen und Büros sowie modernen Wohnhäusern vorangetrieben (↗ S. 211). Ein Beispiel ist La Défense in Paris.

Darüber hinaus wurden in Entfernungen von 30 km bis mehr als 100 km von den Stadtzentren **Entlastungstädte** gebaut. Sie werden als „neue Städte" bezeichnet: „Villes Nouvelles" um Paris, „New Towns" um London. Sie entstanden an wichtigen Verkehrs- und Entwicklungsachsen.
Diese neuen Städte sollen großzügigen Wohnraum für viele Menschen bereitstellen und Versorgungs- und einrichtungen vor Ort bieten (z. B. Schulen, Geschäfte, Sportplätze, Parks). Durch Ansiedlung von Betrieben und Dienstleistungen werden Arbeitsplätze geschaffen und das Pendeln in die Kernstadt vermieden. So lebten 1990 insgesamt mehr als 600 000 Menschen in den fünf Villes Nouvelles um Paris.

La Défense liegt an der Metroschnellbahn zwischen dem Zentrum von Paris und Cergy-Pontoise, einer der fünf Villes Nouvelles.

4.2.5 Stadtökologie

Städte unterscheiden sich u. a. durch die Dichte der Bebauung und der Bevölkerung von ihrem Umland. Große Flächen sind überbaut, versiegelt oder verdichtet. Doch auch innerhalb der Städte gibt es neben Industrieanlagen, Büro- und Wohnhochhäusern sowie Verkehrsbauten auch Grünanlagen und Parks, Kleingärten und Sportanlagen, Reste einstiger Naturräume sowie Flüsse oder Teiche. Auch deshalb stellen Städte einen Typ von Ökosystemen (↗ S. 96) dar.
Doch die vom Menschen in Gang gehaltenen **urban-industriellen Ökosysteme** weisen große Besonderheiten auf. Eine Stadt ist durch Stoff- und Energieströme mit dem Umland verbunden: Sie ist auf die Zufuhr von Energie, Wasser, Rohstoffen und Nahrungsmitteln angewiesen, während Müll, Abfälle und Abwasser entsorgt werden müssen. Die Menschen beeinflussen mit den von ihnen geschaffenen technischen Systemen die Pflanzen und Tiere, verändern das Relief, den Boden, den Wasserhaushalt und tragen zur Entstehung eines eigenen **Stadtklimas** bei.

Siedlungen

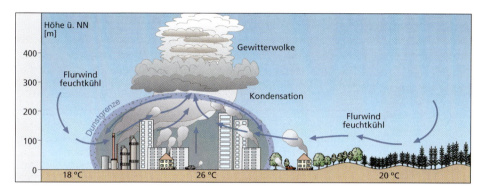

Klimamerkmal	Unterschied zum Umland
Einstrahlung	−20 %
Sonnenschein	−5 bis −15 %
Jahrestemperatur	+0,5 bis +2 K
Jahresniederschlag	+5 bis +10 %
Schneefall	−5 bis −10 %
Jahresverdunstung	−30 bis −60 %
Windgeschwindigkeit	−20 bis −30 %

Kaum eine deutsche Großstadt weist so ausgeprägte stadtklimatische Probleme auf wie Stuttgart. Sie breitet sich großräumig im Neckarbecken aus und ist durch Schwarzwald, Schwäbische Alb, Schurwald sowie Strom- und Heuchelberg gegen Winde abgeschirmt. Das Stadtzentrum liegt in einer Senke, fast vollständig von einer Bergumrahmung eingeschlossen.

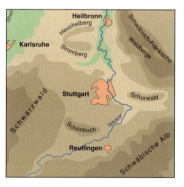

Stuttgart ist die Hauptstadt des Bundeslandes **Baden-Württemberg**.

Eine ökologische Stadtentwicklung ist u. a. ausgerichtet auf:
- Schutz von Luft, Boden, Gewässern sowie die Verringerung von Lärm,
- Erhalt und Förderung der städtischen Natur,
- Sicherung von Freiflächen zur Erholung,
- Verringerung des Energieverbrauchs (Wärme, Strom, Kraftstoffe),
- Nutzung vorhandener Ressourcen (auch von Bauflächen),
- Föderung von Recyclingprozessen.

4.3 Grundzusammenhänge in der Wirtschaft

Sachgüter sind z. B. Nahrungsmittel.

> Die **Wirtschaft** ist der Bereich der menschlichen Tätigkeit, der auf die Herstellung, Beschaffung und Verwendung von Gütern und Dienstleistungen zur Sicherung der Existenz der Menschen und zur Befriedigung weiterer Bedürfnisse (z. B. Kultur, Reisen) gerichtet ist.

Wirtschaften dient der Befriedigung von **Bedürfnissen** und ist eine wichtige Voraussetzung zur Erfüllung der **Grunddaseinsfunktionen** (auch: Daseinsgrundfunktionen, ↗ S. 200). Bedürfnisse können nach ihrer Notwendigkeit unterteilt werden.

Bedürfnisse		
Grundbedürfnisse	**Kulturbedürfnisse**	**Luxusbedürfnisse**
Nahrung Kleidung Wohnung	Bücher Kino-/Theaterbesuch Konzertbesuch	exklusive Kleidung besonderer Schmuck Weltreisen

Dienstleistungen sind z. B. Transporte.

Die Mittel zur Bedürfnisbefriedigung sind **Güter**. Es werden **Sachgüter** von **Dienstleistungen** unterschieden.

Die menschlichen Bedürfnisse sind praktisch unbegrenzt. Demgegenüber sind die zur Bedürfnisbefriedigung geeigneten Güter von Natur aus quantitativ knapp, und sie stehen nicht an allen Orten ausreichend zur Verfügung. Aus dem daraus entstehenden Spannungsverhältnis zwischen Bedarf und seinen Deckungsmöglichkeiten erwächst der **Zwang zum Wirtschaften**. Wirtschaften geschieht vernünftigerweise unter Beachtung des **ökonomischen Prinzips** (auch: Wirtschaftlichkeitsprinzip).

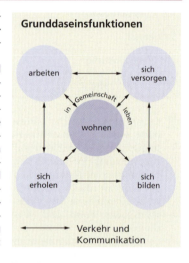

Grunddaseinsfunktionen

Mit Grunddaseinsfunktionen werden grundlegende menschliche Tätigkeiten und Leistungen zur Bewältigung von Lebenssituationen bezeichnet. Verkehr und Kommunikation sind Voraussetzungen für diese Aktivitäten.

Das ökonomische Prinzip bedeutet, dass der Mensch mit den knappen Gütern so sparsam umgeht, dass ein möglichst großes Maß an Bedürfnisbefriedigung erreicht werden kann. Letztlich laufen alle planvollen Tätigkeiten des Wirtschaftens darauf hinaus, die bestehende mengenmäßige und räumliche Knappheit der Güter – gemessen an den menschlichen Bedürfnissen – zu verringern. Dabei kommt es darauf an, eine hohe **Produktivität** als Maß für die Ergiebigkeit der Erzeugung von Gütern zu erreichen. Das ist beispielsweise dann gegeben, wenn mit einem geringen Aufwand an **Produktionsfaktoren** (Arbeit, Boden, Kapital) ein größtmöglicher Ertrag in Form des Produktionsergebnisses erzielt wird.

4.3.1 Die Gliederung der Wirtschaft

Die Wirtschaft eines Landes (Volkswirtschaft) kann unterschiedlich gegliedert werden. Durch die Gliederung der Wirtschaft nach einzelnen **Wirtschaftssektoren,** in denen wirtschaftliche Aktivitäten vollzogen werden, kann die **Wirtschaftsstruktur** eines Gebietes erkannt werden.

Die **Wirtschaftsstruktur** gibt Aufschluss über Aufbau und innere Gliederung der Wirtschaft eines Gebietes. Sie kann ausgewogen oder einseitig beschaffen sein.

In einem **Wirtschaftssektor** werden Teile der Wirtschaft zusammengefasst, die ähnliche Zwecke verfolgen.

Meist wird die Wirtschaft in den **primären Sektor,** den **sekundären Sektor** und den **tertiären Sektor** unterteilt. Mitunter wird zusätzlich ein **quartärer Sektor** ausgegliedert. Er umfasst höherwertige Dienstleistungen auf den Gebieten der Lehre, Forschung und Erziehung, der Produktion von Know-how, aber auch den Bereich des Firmen-Managements.

Gliederung der Wirtschaft nach drei Wirtschaftssektoren – deren Zwecke		
primärer Sektor	sekundärer Sektor	tertiärer Sektor
Zweck: Gewinnung von Rohstoffen (↗ S. 342) unmittelbar aus der Natur, **Urproduktion**	Zweck: Umformung von Urprodukten zur Gebrauchsfähigkeit, **Güterproduktion**	Zweck: räumliche Verbreitung von Gütern und Bereitstellung sonstiger **Dienstleistungen**

Den drei Wirtschaftssektoren (↗ S. 194) werden **Wirtschaftsbereiche** und **Wirtschaftszweige** zugeordnet.

	primärer Sektor	sekundärer Sektor	tertiärer Sektor
Wirtschaftsbereiche	Land- und Forstwirtschaft, Fischerei	produzierendes Gewerbe	Dienstleistungen
Wirtschaftszweige	Landwirtschaft, Fischereiwirtschaft, Bergbau (ohne Aufbereitung)	verarbeitendes Gewerbe (Industrie, Handwerk), Energiegewinnung, Wasserversorgung, Aufbereitung von Bergbauprodukten, Bauwesen	Handel, Verkehr, Verwaltung, Bildungs- und Schulwesen, freie Berufe (z. B. Ärzte, Rechtsanwälte, Architekten), Banken und Versicherungen

4.3.2 Der Ablauf der Wirtschaft

Herstellung, Beschaffung und Verwendung von Gütern (↗ S. 216) stellen Phasen des **Wirtschaftsablaufs** dar. Sie finden ihren Ausdruck in der Produktion, dem Handel und der Konsumtion.

Die **Produktion** ist die planvolle und kostengünstige Erzeugung von Sachgütern (Rohstoffgewinnung, Bearbeitung, Verarbeitung zu materiellen Gütern) sowie die Bereitstellung von Dienstleistungen.

Durch den **Handel** erfolgt der Austausch bzw. die räumliche Verteilung von Sachgütern und Dienstleistungen. Er dient der Vermittlung zwischen der Produktion und der Konsumtion. Diese Vermittlung erfolgt z. B. durch Kontaktaufnahme, Informationsübermittlung, Beratungstätigkeit, aber auch durch Transport und Lagerung von Gütern.

Unter **Konsumtion** wird der Verbrauch von Sachgütern und von Dienstleistungen zur unmittelbaren Bedürfnisbefriedigung verstanden.

4.3.3 Die historische Entwicklung der Wirtschaft

Die **Wirtschaftsentwicklung** der Menschheit lässt sich in vier Hauptetappen gliedern: Wildbeutergesellschaft, Agrargesellschaft, Industriegesellschaft und Dienstleistungs-/Informationsgesellschaft.

Die **Wildbeutergesellschaft** nahm den größten zeitlichen Rahmen der Menschheitsgeschichte ein. Diese primitive Stufe, auf der der Steinzeitmensch im Einklang mit der Natur lebte, wird als **Sammel- und Aneignungswirtschaft** bezeichnet. Die Wirtschaft war ausschließlich auf das physische Überleben ausgerichtet. Jagen, Sammeln und Fischen galten als Haupttätigkeiten des Menschen.

Nach dem jeweils höchsten Anteil der Beschäftigten in den drei Wirtschaftssektoren werden die drei Abschnitte der gesellschaftlichen Entwicklung auch Agrargesellschaft, Industriegesellschaft und Dienstleistungsgesellschaft genannt.

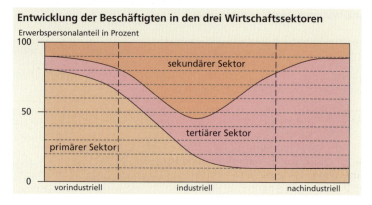

Entwicklung der Beschäftigten in den drei Wirtschaftssektoren

Die **Agrargesellschaft,** in der der größte Teil der Menschen in der Land- und Forstwirtschaft arbeitete (↗ S. 218), ist im Unterschied zur Wildbeutergesellschaft durch eine **Produktionswirtschaft** gekennzeichnet. Nahrungsgüter werden nicht mehr gesammelt und gejagt, sondern mit Feldbau und Tierhaltung produziert.

Mit der Arbeitsteilung (↗ S. 8) und den damit verbundenen Produktionserfahrungen wurde ein Mehrprodukt an Nahrungsgütern erzielt. Das ermöglichte nicht nur ein deutliches Wachstum der Bevölkerung, sondern eine vertiefte berufliche Arbeitsteilung. Neben dem Bauerntum bildeten sich weitere soziale Schichten, wie Handwerker, Beamte, Krieger, Priester oder Gelehrte heraus. Diese Entwicklung führte *innerhalb* der Agrargesellschaft in den Städten des Mittelalters zur **Stadtwirtschaft.** Unter Einbeziehung des Umlandes kam es gezielt zu Gemeinschaftsleistungen, z. B. zum Bau von großen Bewässerungsanlagen.

So reicht die Agrargesellschaft von einer sehr wenig differenzierten Wirtschaft bzw. Erwerbsstruktur auf relativ niedriger Kulturstufe bis zu den Anfängen der industriellen Gesellschaft.

Für die Übergangsstufe von der Wildbeuter- zur Agrargesellschaft ist die **Subsistenzwirtschaft** typisch. Sie dient der Eigenversorgung der Familie. Alles, was man zum Leben benötigt, wird selbst erzeugt (**Selbstversorgungswirtschaft**). Diese Wirtschaftsweise ist auch heute noch in vielen Entwicklungsländern der Erde verbreitet (↗ S. 230).

subsistieren (lat.) = seinen Lebensunterhalt haben

In der zweiten Hälfte des 18. Jahrhunderts wurde relativ sprunghaft die arbeitsteilige Massenproduktion von Gebrauchsgütern in den Fabriken eingeführt. Wesentliche Voraussetzung für die **Industriegesellschaft** war die Ablösung der Muskelkraft durch leistungsstärkere Energiequellen, die zudem weitestgehend ortsunabhängig zur Verfügung gestellt werden konnten (Dampfmaschine, Verbrennungs- und Elektromotoren). Sie verhalfen den Menschen nicht nur zur industriellen Großproduktion, sondern auch zur Entwicklung eines für ihr Funktionieren unverzichtbaren leistungsfähigen Verkehrswesens (Eisenbahn). Diese Energiequellen ermöglichten im Zusammenhang mit anderen Erfindungen den technologischen Fortschritt, der die weitere **Industrialisierung** als Form des rationellen arbeitsteiligen Wirtschaftens maßgeblich beförderte.

Kennzeichnend für die Industrie-, aber auch noch für die nachfolgende Dienstleistungs- bzw. Informationsgesellschaft ist die Konzentration von Wirtschaft und Bevölkerung in **Verdichtungsräumen,** in denen intensive Verflechtungen in wirtschaftlicher und sozialer Hinsicht gegeben sind.

In der **Dienstleistungs- und Informationsgesellschaft** bestimmt nicht mehr die industrielle Produktion die sozioökonomischen Strukturen (↗ S. 189), sondern ein vielfältig gegliederter Dienstleistungssektor sowie der Anteil der Berufstätigen, die sich mit der Gewinnung, Speicherung, Verarbeitung, Vermittlung und Nutzung von Informationen, die auch Wissen umfassen, beschäftigen. In der Industrie gewinnen Zweige an Bedeutung, die neue Produkte mit neuen Technologien erzeugen.

Als Verdichtungsraum wird eine regionale Konzentration von Wohnbauten, Wirtschaftseinrichtungen, Bevölkerung mit den entsprechenden Arbeitsplätzen und der notwendigen Infrastruktur verstanden.
Meist gehören dazu mehrere größere Städte, die mit ihrem Umland z. B. durch Pendlerströme oder Verwaltungsstrukturen in engen funktionalen Beziehungen stehen (↗ S. 197 u. 211).

4.3.4 Die Wirtschaftsordnung

Als **Arbeitgeber** werden Personen oder Institutionen bezeichnet, die einen oder mehrere Arbeitnehmer beschäftigen und dafür ein Entgelt zahlen.

Arbeitnehmer sind Personen, die gegen Entgelt (Lohn bei Arbeitern, Gehalt bei Angestellten) eine Arbeits- bzw. Dienstleistung erbringen.

An der Wirtschaftstätigkeit sind Produzenten, Händler, Konsumenten, Arbeitgeber und Arbeitnehmer beteiligt. Ihre unterschiedlichen Interessen können zu Konflikten führen. Zu ihrer Beilegung bedarf es entsprechender Regeln des Wirtschaftens, einer Wirtschaftsordnung.

> Die **Wirtschaftsordnung** setzt die Rahmenbedingungen, an denen sich die Wirtschaftsabläufe zu orientieren haben. Diese Bedingungen werden von der Gesellschaft bzw. vom Staat rechtlich geregelt.

Für die **Steuerung der Wirtschaftsabläufe** gibt es unter Berücksichtigung der Eigentumsverhältnisse prinzipiell zwei Möglichkeiten: den Wettbewerb, der durch Angebot und Nachfrage auf dem Markt geregelt wird, und die zentrale Planung. Dementsprechend unterscheidet man die **freie Marktwirtschaft** von der **zentralen Planwirtschaft**.

Vergleich der Wirtschaftsordnungen		
	freie Marktwirtschaft	zentrale Planwirtschaft
Wirtschaftsgrundlage	Privateigentum an Produktionsmitteln	Staatseigentum an Produktionsmitteln
Steuerung	Markt, Preisbildung durch Angebot und Nachfrage im Wettbewerb; Staat schafft Rahmenbedingungen, sorgt für Ordnung und Rechtssicherheit	Zentralstelle (häufig: Staat, Staatspartei) entwickelt – Bedarfspläne – Produktionspläne – Verteilungspläne
Güterproduktion	breite Produktionspalette an neuartigen Konsumgütern	eingeschränkte Produktionspalette an Konsumgütern
Bedarfsdeckung	Massenkonsum; bestmögliche Bedürfnisbefriedigung	eingeschränkter Massenkonsum, z. T. Unterversorgung, Engpässe
Probleme	Gefahr der Machtkonzentration; möglicher eingeschränkter Beschäftigungsgrad; Überangebot bei bestimmten Produkten	fehlende wirtschaftliche Handlungsfreiheit der Betriebe; mangelnde Flexibilität beim Reagieren auf Kundenwünsche

In der Weltwirtschaft existieren heute überwiegend Mischformen zwischen beiden Wirtschaftsordnungen. Eine dieser Formen ist die **gelenkte Marktwirtschaft**. Bei ihr zielen die Eingriffe des Staates in den Leistungs- und Preiswettbewerb auf einen allgemeinen Ausgleich möglicher sozialer Härten. In der Bundesrepublik Deutschland existiert eine **soziale Marktwirtschaft,** in der Vollbeschäftigung, Preisstabilität, soziale Sicherheit und Vermögensbildung für alle Bevölkerungsschichten angestrebt werden.

4.3.5 Der Wirtschaftsstandort

Auch jede wirtschaftliche Tätigkeit ist an einen geografischen Ort gebunden, der Lagebeziehungen zu anderen Orten besitzt (↗ S. 19).

> Der Ort, an welchem ein Wirtschaftsbetrieb aktiv tätig ist, wird **Wirtschaftsstandort** genannt. Ihm sind **Standortfaktoren** eigen.

Arten von Wirtschaftsstandorten

Industriestandort	Agrarstandort	Dienstleistungsstandort
Baustandort	Fischereistandort	Verkehrsstandort

Die Arten von Wirtschaftsstandorten, die oft gemischt sind, unterscheiden sich hinsichtlich der **Flächenbeanspruchung** wesentlich. Die jeweils erforderliche Fläche ist einer von vielen **Standortfaktoren,** die die Qualität eines Standortes bestimmen. Standortfaktoren beinflussen die Wahl eines geeigneten Ortes für die wirtschaftliche Tätigkeit.
Standortfaktoren sind auch das Angebot an Arbeitskräften, deren Qualifikationsniveau, ein günstiges Lohngefüge, die Verkehrsanbindungen und Transportkosten, geeignete Produktionsräume, Fühlungsvorteile oder Absatzmärkte. Bei Landwirtschaftsbetrieben spielen die Klima- und Bodenbedingungen sowie die Geländeformen eine zusätzliche Rolle. Für die Standorte des Bergbaus und der Wasserbetriebe ist die natürliche Beschaffenheit der Lagerstätten wichtig. Sie alle sind **harte Standortfaktoren.** Sie sind unter Beachtung des ökonomischen Prinzips produktionswirtschaftlich maßgeblich.
Bei der Standortwahl von Unternehmern erlangen zunehmend auch die **weichen Standortfaktoren** Bedeutung. Das sind z. B. die Nähe zu Einrichtungen des tertiären Sektors (↗ S. 217), wie Bildungsstätten, Freizeitanlagen, Museen oder Theater. Ihre Nutzung trägt indirekt zu einer Erhöhung der Produktionserträge und damit des Gewinns bei.

Fühlungsvorteil ist ein Standortfaktor, der schnelle Kontakte zu Zulieferern, gleichartigen Betrieben, Dienstleistungsunternehmen, Behörden sowie Kunden ermöglicht.

4.3.6 Wirtschaftsräume

Das Erkennen der Gliederung der Erde nach Wirtschafts-räumen und deren Darstellung gehört zu den Aufgaben der Wirtschaftsgeografie (↗ Abschnitt 5.1.3).

> Ein **Wirtschaftsraum** ist ein Landschaftsausschnitt, der durch soziale und ökonomische Strukturen (↗ S. 189) und Verflechtungen sowie durch wirtschaftliche Entwicklungen gekennzeichnet wird.

Sozioökonomische Verflechtungen sind die Gesamtheit der sozialen und wirtschaftlichen Beziehungen innerhalb eines Wirtschaftsraumes oder zwischen mehreren dieser Räume. Geografisch bedeutsame **Entwicklungen** können z. B. durch das Erfassen von Pendlerströmen im Abstand mehrerer Jahre aufgezeigt werden (↗ S. 197).

Dimensionen von Wirtschaftsräumen

Wirtschaftsräume gibt es in verschiedenen Dimensionen (Größenordnungen):
- lokal: **Standort** (↗ S. 221) als kleinster Wirtschaftsraum
- regional: **Wirtschaftsgebiet,** an die Verwaltungsgliederung (z. B. Stadtregion, Kreisgebiet) angelehnt
- national: **Staatsterritorium,** umschließt alle wirtschaftlichen Einrichtungen, Vorgänge und Verflechtungen in einem Staat
- international: **Wirtschaftsunion** als übernationaler wirtschaftlicher Zusammenschluss
- global: **Weltwirtschaftsraum** als Gesamtheit der Volkswirtschaften der Erde in ihren wirtschaftlichen Verflechtungen.

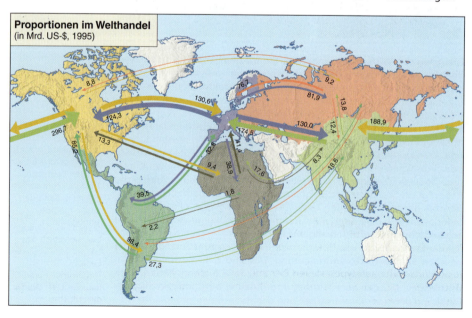

Proportionen im Welthandel (in Mrd. US-$, 1995)

Typen von Wirtschaftsräumen

Unabhängig von ihrer Dimension besitzen Wirtschaftsräume unterschiedliche charakteristische Merkmale. Häufig werden sie nach der **Produktionsstruktur** unterschieden. Grundtypen von Wirtschaftsräumen sind danach Agrarräume und Industrieräume.

Agrarräume sind durch das Vorherrschen der landwirtschaftlichen Produktion gekennzeichnet. Die Beschäftigtenstruktur (↗ S. 194) weist aus, dass mehr als zwei Drittel der Arbeitnehmer (↗ S. 220) in der Landwirtschaft tätig sind. Der Anteil an Industriebeschäftigten ist gering. Agrarräume bestehen meist aus kleineren, häufig verstreut liegenden Siedlungen (↗ S. 202) mit den entsprechenden großen Produktionsflächen. Das Verkehrsnetz ist weitmaschig.
In der Gliederung nach **Raumkategorien** (↗ S. 320) sind Agrarräume **ländliche Räume** (↗ S. 325) oder **strukturschwache ländliche Räume** mit starken und sehr starken Entwicklungsproblemen. Die **Wirtschaftspolitik** fördert solche Räume, um eine Strukturverbesserung anzustreben.

Industrieräume sind durch das Vorherrschen der industriellen Produktion gekennzeichnet und von der Industrie geprägt. Arbeitnehmer in der Industrie überwiegen gegenüber denen in der Landwirtschaft. Industrieräume zeichnen sich durch ein stark entwickeltes städtisches Siedlungsnetz, einen hohen Urbanisierungsgrad (↗ S. 212) sowie ein engmaschig ausgebautes, stark frequentiertes Verkehrs- und Versorgungsnetz aus.
Häufig konnten Industrieräume auf der Grundlage von Bodenschätzen und einer hervorragenden Verkehrslage entstehen (z. B. Ruhrgebiet, Raum Halle-Leipzig oder Raum Pittsburgh in den Vereinigten Staaten).
In der Gliederung nach **Raumkategorien** (↗ S. 320) sind Industrieräume meist **Verdichtungsräume** (↗ S. 219).

Die Produktionsstruktur eines Wirtschaftsraumes gibt an, welche produktiven Wirtschaftszweige und -bereiche in ihm mit welchen Anteilen vorhanden sind.

Agrarraum	Industrieraum

In Agrar-Industrie-Räumen erzielt die Landwirtschaft das höhere finanzielle Ergebnis.
In Industrie-Agrar-Räumen trifft das für die Industrie zu.

Beide Wirtschaftsraumtypen stellen Extreme dar. Zwischen ihnen liegen Mischtypen, zu denen Agrar-Industrie-Räume und Industrie-Agrar-Räume gehören.

4.4 Land- und Forstwirtschaft

Die Land- und Forstwirtschaft gehört zum primären Wirtschaftssektor (↗ S. 217). Dieser Wirtschaftsbereich ist in hohem Maße von den naturräumlichen Bedingungen (↗ S. 171) abhängig.

> Die **Landwirtschaft** ist der Wirtschaftszweig der Urproduktion, der den Boden bewirtschaftet und Viehzucht betreibt.

Der Zweck der Landwirtschaft besteht in der Produktion von Nahrungsmitteln pflanzlicher und tierischer Herkunft, von Futtermitteln sowie von biotischen Rohstoffen (↗ S. 342). Zur Landwirtschaft gehören Ackerbau, Viehwirtschaft, Gartenbau, Gemüsebau, Obstbau sowie Weinbau. Außerdem zählen alle Baum- und Strauchkulturen dazu, die zur Gewinnung pflanzlicher Rohstoffe angebaut werden.

> Die **Forstwirtschaft** betreibt die pflegerische Bewirtschaftung des Waldes zum Zwecke seiner möglichst rationellen Nutzung.

Viehwirtschaft | Obstbau | Forstwirtschaft

4.4.1 Einflussfaktoren auf die Land- und Forstwirtschaft

Bei der **Fotosynthese** bilden Pflanzen, in denen Chlorophyll enthalten ist, aus Wasser und anorganischen Stoffen des Bodens sowie aus dem Kohlenstoffdioxid der Luft unter Energieaufnahme körpereigene organische Stoffe (Glucose). Dabei wird Sauerstoff als „Abfallprodukt" frei.

Auf die Land- und Forstwirtschaft wirkt eine Vielzahl von natürlichen und von sozioökonomischen Einflussfaktoren.

Natürliche Grundlage jeder pflanzlichen Produktion ist die **Fotosynthese** (↗ S. 166), ein Reduktionsprozess, für den die erforderliche Energie aus der Solarstrahlung (↗ S. 119) gewonnen wird. Die Intensität der Solarstrahlung und die jeweilige Strahlungsbilanz (↗ S. 120) sind vor allem abhängig von der geografischen Breitenlage einer Region und von der Verteilung von Land und Meer. Auch die übrigen physisch-geografischen Bedingungen, insbesondere Wasserhaushalt (↗ S. 126) und Bodentypen (↗ S. 158), wirken äußerst differenzierend auf das Pflanzenwachstum (↗ S. 166). Damit ergibt sich ein sehr verschiedenartiges Gefüge **natürlicher Einflussfaktoren** auf die Land- und Forstwirtschaft.

Durch die Natur **begünstigte Nutzungsräume** sind ausgestattet u. a. mit
- einer hohen natürlichen Bodenfruchtbarkeit,
- einer langen Vegetationsperiode,
- einem geringen Ertragsrisiko,
- einer langfristigen Stabilität der Ökosysteme.

Die **natürliche Bodenfruchtbarkeit** hängt ab von dem komplexen Zusammenwirken physikalischer, chemischer und biologischer Faktoren. Ein hoher Feinerdeanteil, eine ausgeprägte Krümelstruktur, ein günstiges Porenvolumen, eine hinreichende Durchlüftung, ein ausreichendes Wärme- und Wasserspeichervermögen, ein optimaler Gehalt an Nährstoffen, Spurenelementen und Humusstoffen, ein ausreichendes Sorptionsvermögen sowie ein vielfältiges Wirken von Bakterien, Pilzen und Bodentieren gehören zu den Voraussetzungen hoher **Bodenfruchtbarkeit**.

Die **Vegetationsperiode** ist abhängig von bestimmten Schwellenwerten der Temperatur und des Niederschlags. Sie umfasst die Anzahl der Tage im Jahr, an denen die Mitteltemperaturen über 5 °C betragen sowie genügend Feuchtigkeit für Wachstum und Entwicklung der Pflanzen verfügbar ist.

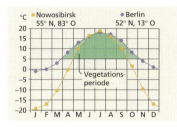

Die Vegetationsperiode sollte mindestens 90 Tage im Jahr betragen, um einen rentablen Ackerbau zu gewährleisten. Eine kürzere Vegetationszeit beschränkt den Anbau auf wenige kurzlebige Pflanzen (Gerste, Kartoffeln) und engt die Zeiten für Feldbestellung und Ernte ein.

Außer den natürlichen existiert eine Vielzahl von **sozioökonomischen** und **politischen Einflussfaktoren**. Dazu gehören:
- wirtschaftliche Faktoren (z. B. **Produktionsfaktoren,** Agrarmärkte, Agrarbetriebe),
- individuelle und soziale Faktoren (z. B. Persönlichkeit des Betriebsleiters, soziale Gruppen),
- politische Faktoren (z. B. staatliche Agrarpolitik, regionale Differenzierung der Agrarpolitik).

Produktionsfaktoren in der Landwirtschaft	
betriebswirtschaftliche Faktoren	**volkswirtschaftliche Faktoren**
– Güter (z. B. Boden, Gebäude, Maschinen) – Dienste (z. B. Unternehmertätigkeit, Lohnarbeit, Dienstleistungen) – Rechte (z. B. Weide-, Wasser-, Lieferrechte)	– Boden (Betriebsfläche) – Arbeit (Unternehmertätigkeit, Tätigkeit von Familienangehörigen, Lohnarbeit, Dienstleistungen) – Kapital (z. B. Gebäude, Maschinen, Vieh, Geldmittel)

Die **Größe der landwirtschaftlichen Nutzfläche** auf der Erde (↗ S. 340) beträgt mit ca. 48 Mio. km² lediglich ein Drittel der Landoberfläche (ca. 149 Mio. km²). Davon entfallen wiederum nur ein Drittel (ca. 14,5 Mio. km²) auf Acker- und Dauerkulturland, die übrigen zwei Drittel sind extensives Weideland. Zum Anbau von Nahrungsmittelpflanzen steht somit nur ein Zehntel der Festlandsfläche der Erde zur Verfügung.

Die Anteile des Ackerlandes an der Landesfläche sind ebenfalls sehr unterschiedlich.

Hinsichtlich der **Anteile des Ackerlandes** an den jeweiligen Gesamtflächen der Kontinente gibt es große Unterschiede. Europa besitzt aufgrund der Klimagunst mit ca. 28 % seiner Gesamtfläche den höchsten Anteil von Ackerflächen, während Afrika (6,2 %), Australien/Ozeanien (6,0 %) und Südamerika (5,8 %) die geringsten Prozentsätze aufweisen, dafür aber über erheblich größere Weideflächenanteile verfügen.

Die **Bodennutzung** ist an Flächen gebunden, deren Grenzen vor allem durch die Wechselbeziehungen zwischen den natürlichen und sozioökonomischen Bedingungen bestimmt werden.
Bedeutungsvoll sind **biologische Anbaugrenzen**.

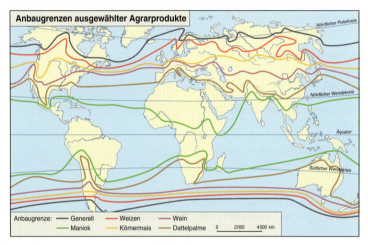

Diese biologischen Anbaugrenzen sind agronomische Trockengrenzen, Polargrenzen und agronomische Höhengrenzen.
- **Agronomische Trockengrenzen** zeigen den Beginn eines unzureichenden Angebots an natürlicher Feuchte am Pflanzenstandort an. Diese Trockengrenzen für bestimmte Kulturen werden durch Dauer und Intensität der humiden Jahreszeit (↗ S. 58 u. 126) angegeben. So benötigt Hirse drei humide und drei semiaride Monate, Erdnüsse brauchen drei humide und einen semiariden Monat.
- **Polargrenzen** des Anbaus zeigen den Beginn von Wärmemangel an. Sie liegen auf der Nordhalbkugel bei etwa 60° Breite, auf der Südhalbkugel bei 42° Breite. Für den Getreidebau beispielsweise ist in den Monaten Juni bis August eine Bodentemperatur von über 10 °C erforderlich.
- **Agronomische Höhengrenzen** sind vor allem Wärmemangelgrenzen. Sie werden großräumig von den Klimazonen (↗ S. 82), kleinräumig durch Gesteinsart, Bodentyp (↗ S. 152), Hangneigung, Exposition zu Sonne und Hauptwindrichtung beträchtlich beeinflusst. Die größte Anbauhöhe wird in den trockenen Randtropen und in den Subtropen (↗ S. 122) sowie im Inneren ausgedehnter hoher Gebirge erreicht. So reicht der Kartoffelanbau in Bolivien (↗ S. 386) bis in 4 300 m Höhe, der Gerstenanbau in Tibet (↗ S. 390) bis in 4 750 m.

humid:
Niederschlag ist höher als die mögliche Verdunstung.

arid:
Verdunstung ist höher als der Niederschlag.

semiarid:
Verdunstung ist insgesamt höher als der Niederschlag, doch drei bis fünf Monate sind humid.

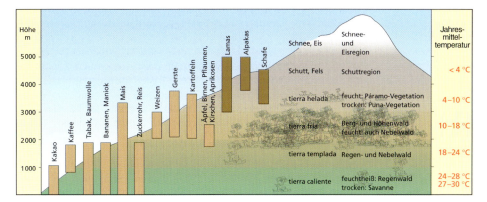

Sozioökonomische Bedingungen für die Bodennutzung sind vor allem:
- **demografische Faktoren** (↗ S. 196), die ein Ausweiten der Anbaufläche erzwingen bzw. deren Schrumpfen verursachen können,
- **ökonomische Faktoren**, die in der marktorientierten Landbewirtschaftung das Verhältnis von Aufwand und Ertrag bestimmen (↗ S. 220),
- **ökologische Faktoren**, die Anbaugrenzen beeinflussen können, wie Klimaschwankungen (↗ S. 123), witterungsbedingte Missernten oder vom Menschen verursachte Bodenschädigungen (↗ S. 159 u. 366).

Die ökonomischen Einflussfaktoren auf die Bodennutzung werden über den Vergleich von Anbaukosten und Produktpreisen wirksam.

4.4.2 Agrarregionen der Erde

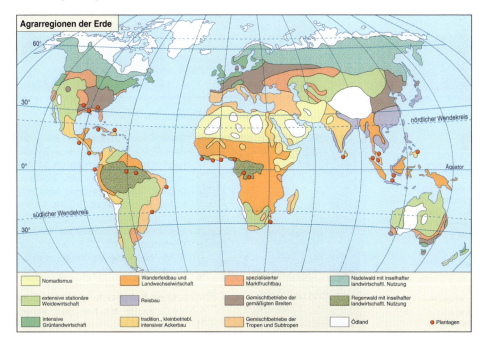

> Auf der Erde werden verschiedene **Agrarregionen** ausgegliedert. Sie stellen räumliche Ausschnitte aus der geografischen Hülle der Erde (↗ S. 74) dar und werden voneinander mithilfe agrarwirtschaftlicher Merkmale abgegrenzt.

Solche **agrarwirtschaftlichen Merkmale** können naturräumlicher, ethnischer (↗ S. 193) oder wirtschaftstechnischer Art sein. Sie hängen auch mit räumlich-zeitlichen Aspekten der Bodennutzung zusammen.

Agrarregionen der nomadischen Weidewirtschaft

Riesige Trockengebiete mit spärlichem, jahreszeitlich wechselndem Futterangebot zwischen Atlantik und Zentralasien werden von der **nomadischen Weidewirtschaft** (↗ S. 227) genutzt. Ihre Merkmale sind u. a.:
– Die wirtschaftliche Grundlage ist die Viehhaltung auf Naturweiden.
– Die geringe Biomasseproduktion (↗ S. 166) auf diesen Weiden erzwingt eine großräumige Herdenwanderung (↗ S. 299).
– Die Nomaden wechseln mit den Herden ihre Siedlungsplätze und nehmen ihren Besitz (Zelte, Kochgeräte, persönliche Gegenstände ...) mit. Der Wohnplatzwechsel erfolgt häufig mittels Traktorengespannen. Viele Beduinen sind heute Halbnomaden bzw. ganz sesshaft geworden.

Nomadisierende Beduinen in Syrien		
Familie am Wohnplatz	Blick ins Wohnzelt	abendliches Melken

Agrarregionen der extensiven stationären Weidewirtschaft

Mit extensiver Nutzung bezeichnet man eine Wirtschaftsweise mit geringem Einsatz der Produktionsfaktoren Kapital und Arbeit (↗ S. 225).

Diese Räume liegen wie auch die des Nomadismus in den Savannen- und Steppengebieten jenseits der agronomischen Trockengrenze. Allerdings wird hier mit völlig anderen Produktionsmethoden gewirtschaftet.

Die **extensive stationäre Weidewirtschaft** (↗ S. 227) wird u. a. durch folgende Merkmale charakterisiert:
– Die Bewirtschaftung erfolgt durch Großbetriebe mit z. T. über 100 000 ha Fläche, auf denen Tausende von Tieren weiden.

- In den hoch spezialisierten Betrieben erfolgt eine marktorientierte Produktion, die zumeist auf *eine* Tierart beschränkt ist. Oft wird weiter spezialisiert, wie bei den australischen Schafzüchtern, die Fleischschafhalter oder Wollschafhalter sind (↗ S. 228).
- Infolge der tierischen Monoproduktion bestehen hohe naturbedingte Risiken (z. B. Dürren, Seuchen), und es kann zu Absatzproblemen durch Preisschwankungen kommen.

Agrarregionen der intensiven Grünlandwirtschaft

Die **intensive Grünlandwirtschaft** (↗ S. 227) wird auf ehemals bewaldeten, durch den Menschen gerodeten Regionen der gemäßigten Breiten betrieben. Intensiv bedeutet, dass der Landwirt mit vielfältigen Methoden, wie Bewässern, Walzen, Abbrennen, Kalken, Düngen oder Einsaat wertvoller Gräser und Kleearten, ein Dauergrünland managt. Einen derartigen Aufwand für die Rinder- und Schafhaltung können sich nur wohlhabende Länder, wie die Vereinigten Staaten, Kanada, die europäischen Industrieländer oder Neuseeland, leisten.

Unter intensiver Nutzung wird eine Wirtschaftsweise mit hohem Kapital- und Arbeitseinsatz (z. B. durch Düngung, Bewässerung, Schädlingsbekämpfung) verstanden.

Die Bewirtschaftung von Dauergrünland hat einerseits ökologische Vorteile gegenüber dem Ackerbau, die sich aus dem Erosionsschutz, der Humusanreicherung sowie der geringen Anfälligkeit gegenüber Pflanzenschädlingen ergeben. Andererseits weist intensiv genutztes Dauergrünland eine geringe ökologische Vielfalt auf.

Agrarregionen des Wanderfeldbaus und der Landwechselwirtschaft

Diese Agrarregionen sind heute noch in den Tropen verbreitet und betreffen ausschließlich Entwicklungsländer (↗ S. 227). Etwa 250 Mio. Menschen ernähren sich durch diese Wirtschaftsformen.

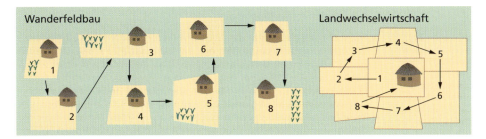

Beim **Wanderfeldbau** werden Anbauflächen und Siedlungen regelmäßig verlegt, um z. B. die negativen Folgen der Bodenermüdung durch Nährstoffmangel zu umgehen. Die nicht mehr genutzten Flächen werden – oft für Jahrzehnte – der Natur überlassen, damit sich wieder Vegetation entwickeln und Humus ansammeln kann. Das ist aber nur bei sehr großen Landreserven möglich, damit das immer wieder praktizierte

Abschlagen und Verbrennen der Vegetation (↗ S. 23 u. 367) nicht zu schweren ökologischen Schäden führt.

Die Marktproduktion in der Landwirtschaft stellt landwirtschaftliche Produkte für den Markt her. Sie setzt ein Mehr an Produkten, als die Bauernfamilien selbst benötigen, voraus.

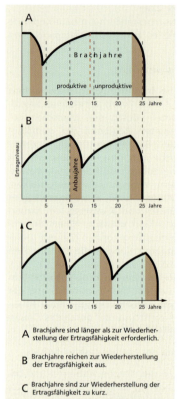

A Brachjahre sind länger als zur Wiederherstellung der Ertragsfähigkeit erforderlich.

B Brachjahre reichen zur Wiederherstellung der Ertragsfähigkeit aus.

C Brachjahre sind zur Wiederherstellung der Ertragsfähigkeit zu kurz.

Durch den starken Bevölkerungszuwachs in diesen Regionen, aber auch infolge des zunehmenden Überganges von der **Subsistenzwirtschaft** (↗ S. 219) zur **Marktproduktion** erfolgt heute eine stärkere Ablösung dieser urtümlichen Wirtschaftsweise durch intensivere Formen der Agrarproduktion.
Eine erste Intensivierungsstufe bildet die **Landwechselwirtschaft**. Bei ihr wechseln nur die jeweiligen Anbauflächen, während die Siedlungen nicht mehr verlegt werden. Werden dabei noch die Brachejahre verkürzt, ist eine Regeneration der Wald- oder Savannenvegetation und damit eine Wiederherstellung der Ertragsfähigkeit des Bodens nicht mehr möglich. Es entstehen relativ offene Agrarlandschaften mit Bodendegradation (↗ S. 366).
Zu den mit dem Rückgang der tropischen Regenwälder um jährlich etwa 0,8 % verbundenen Auswirkungen auf die globalen Ökosysteme gehören die Freisetzung von Kohlenstoffdioxid und das Artensterben (↗ S. 170).

Agrarregionen des Reisanbaus

Als **Hauptnahrungsmittel** werden die wichtigsten der Ernährung des Menschen dienenden Stoffe bezeichnet. Sie können im Rohzustand sein oder sich in einer bestimmten Be- und Verarbeitungsstufe befinden.

Für mehr als die Hälfte der Weltbevölkerung stellt die Kulturpflanze Reis das Hauptnahrungsmittel dar. Sie kann darüber hinaus aber auch zu anderen Produkten verarbeitet werden. Reis wird auf etwa einem Fünftel der Weltgetreidefläche angebaut. 90 % der Produktion findet in den bevölkerungsreichen Räumen Süd-, Südost- und Ostasien statt.
Eigenständige **Agrarregionen des Reisanbaus** (↗ S. 227) bestehen, weil Reis ohne negative Folgen für den Boden am gleichen Ort dauerhaft angebaut werden kann. Reis hat geringe Ansprüche an den Boden, jedoch sehr hohe an Temperatur, Einstrahlung und Wasserversorgung. Während der Hauptwachstumszeit sind Temperaturen um 30 °C, eine lange Sonnenscheindauer sowie Niederschläge um 1500 mm optimal.
Man unterscheidet den **Nassreisbau,** der weit verbreitet ist und dessen Felder während der Hauptwachstumszeit gleichmäßig mit Wasser bedeckt sind, vom **Trockenreisbau** in den Bergen („Bergreis") mit häufigen Ertragsschwankungen und allgemein niedrigeren Flächenerträgen.

Land- und Forstwirtschaft 231

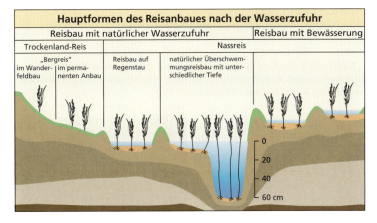

Beim Reisanbau sind meist mehrere Zyklen von der Feldvorbereitung bis zur Ernte in einem Jahr möglich. Dafür ist neben den erforderlichen klimatischen Bedingungen auch eine ausgefeilte Organisation der Feldarbeiten vonnöten.

Reis ist vielseitig verwendbar:
Reiskörner – Nahrungsmittel;
Bruchreis – Reiswein, Bier, Stärke, Reismehl;
Reismehl und Reiskleie – Viehfutter;
Reisstärke – Klebstoff, Wäschestärke;
Reisstroh – Viehfutter, Einstreu, Flechtwaren, Papier, Hüte, Besen, Dachbelag;
Reispuder – kosmetische Produkte.

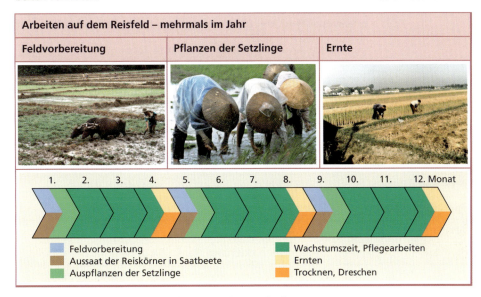

Agrarregionen des kleinbetrieblichen intensiven Ackerbaus

Die **Agrarregionen des traditionellen kleinbetrieblichen intensiven Ackerbaus** weisen im Weltmaßstab eine relativ geringe Verbreitung auf (↗ S. 227). Sie sind jedoch bedeutungsvoll, weil hier die größte Anzahl von traditionellen Agrarbetrieben der Entwicklungsländer zu finden ist. Es sind Ackerbauregionen, in denen unterschiedliche Kulturpflanzen mit verschiedenen Techniken angebaut werden (↗ S. 232). Gemeinsam ist ihnen, dass sie über

- kleine Betriebsgrößen verfügen,
- mit einem niedrigen Kapitaleinsatz wirtschaften,
- einen mittleren bis hohen Arbeitsaufwand betreiben,
- eine mittlere bis hohe Flächenproduktivität erreichen,
- hinsichtlich der Arbeitsproduktivität sehr gering bewertet werden.

Innerhalb dieser Agrarregionen bestehen z. B. **Oasenlandwirtschaftsbetriebe** oder Kakaobaumpflanzungen.

Oasen sind Teile der Landschaftssphäre, die innerhalb einer wüstenhaften Umgebung durch reiches Pflanzenwachstum aufgrund vorhandenen Grund-, Quell- oder Flusswassers gekennzeichnet sind. Oasen sind zur Wüste scharf abgegrenzt.

Agrarregionen des spezialisierten Marktfruchtanbaus

Gemeinsam ist diesen **Agrarregionen des spezialisierten Marktfruchtanbaus** (↗ S. 227) die Beschränkung auf die Erzeugung einiger weniger pflanzlicher Produkte. Derartige Regionen liegen fast ausschließlich in den gemäßigten Breiten.

Im Hinblick auf die Betriebsgrößen gibt es dabei große Unterschiede, die sich z. T. auch in bestimmten Merkmalen des Anbaus zeigen.

Merkmale des Anbaus	Großbetriebe	Kleinbetriebe
Arbeitseinsatz	niedrig	hoch
Kapitaleinsatz	hoch	hoch
Flächenproduktivität	hoch	sehr hoch
Arbeitsproduktivität	sehr hoch	sehr hoch
Spezialisierungsgrad	sehr hoch	sehr hoch
Art der Arbeitskräfte	Lohnarbeiter	Familienangehörige
Produkte	Getreide, Zuckerrüben, Raps	Obst, Gemüse, Zierpflanzen

Spezialisierter Marktfruchtanbau trifft u. a. auf den Getreideanbau in Kanada und in der Ukraine oder auf den Weinbau in Kalifornien zu. Diese Spezialisierung können sich nur solche Länder leisten, die bereits über eine ausgeprägte Arbeitsteilung, eine entwickelte Geldwirtschaft sowie über intensive Fernhandelsbeziehungen ver-

fügen. Im Hinblick auf die Betriebsgrößen gibt es dabei große Unterschiede, die sich z. T. auch in bestimmten Merkmalen des Anbaus zeigen.

Plantagenregionen

Die Plantagenwirtschaft ist eine spezifische Form des Marktfruchtanbaus innerhalb der Tropen und Subtropen. Bis ins 20. Jahrhundert wurden aufgrund der hohen Arbeitsintensität zahlreiche Plantagenarbeiter benötigt, die – zunächst als Sklaven, später als Kontraktarbeiter, meist aus fremden Ländern kommend – auf den weiträumigen Flächen mehrjährige Nutzpflanzen oder **Dauerkulturen,** wie Zuckerrohr, Bananen, Kaffee, Tee, Kautschuk oder Sisal, anbauten.
Die moderne Wirtschaft in den **Plantagenregionen** (↗ S. 227) besitzt u. a. folgende Merkmale:
- Großbetriebe mit ausgedehnten Anbauflächen,
- hoher Mechanisierungsgrad,
- großer Einsatz an Arbeit und Kapital,
- intensive Wirtschaftsweise mit Tendenz zur **Monokultur,**
- Eigentümer und Führungskräfte meist aus Nordamerika und Europa stammend,
- Weltmarktorientierung bezüglich der pflanzlichen Erzeugnisse.

Dauerkulturen sind Pflanzenbestände, die im Gegensatz zu einjährigen oder mehrjährigen Kulturpflanzen über viele Jahre Ernten ermöglichen.

Monokultur: Vorherrschen einer bestimmenden Bodennutzung ohne Wechsel der Kulturpflanzen (auf den Bildern Sisal und Bananen) und überwiegend auf großflächigen Feldern

Agrarregionen der Gemischtbetriebe

Landwirtschaftliche Gemischtbetriebe betreiben sowohl Ackerbau als auch Viehwirtschaft.
Ihre wichtigsten Merkmale sind:
- Integration der Betriebszweige Ackerbau und Viehwirtschaft,
- Vielfalt von Feldfrüchten (Getreide, Hackfrüchte, Grünfutterpflanzen) und Nutztieren (Rinder, Schweine),
- vorwiegend Familienbetriebe,
- hoher Vermarktungsanteil, geringer Selbstversorgungsanteil.

Es gibt **Gemischtbetriebe der gemäßigten Breiten** und **Gemischtbetriebe der Tropen und Subtropen** (↗ S. 227).

Gemischtbetriebe gehören zu den produktivsten Agrarbetrieben und sind auch in ökologischer Hinsicht recht stabil, da in ihnen Stoffkreisläufe weitgehend verwirklicht werden können. Dennoch gehören sie aus weltweiter Sicht zu den Sonderfällen landwirtschaftlicher Produktion. Gegenwärtig geht der Trend der Landwirtschaft vor allem in den Industrieländern in Richtung spezialisierter Betriebe.

Gesellschaftsgeografische Grundlagen

4.4.3 Die Nutzung der Wälder

Aus wirtschaftlicher Sicht sind Wälder vor allem Rohstofflieferant für die Erzeugung von Produkten, wie Bauholz, Möbel, Papier oder Pappe, und von Energie (Brennholz, Holzkohle). Doch natürliche Wälder sind weit mehr als eine Ansammlung von Holz, sie sind Ökosysteme mit vielen lebenswichtigen Funktionen (↗ S. 367). Diese werden mit dem weiteren Rückgang der Wälder in starkem Maße gefährdet (↗ S. 170).

Weltweit gibt es 90 verschiedene Definitionen des Begriffs Wald.
Nach FAO-Festlegung müssen die Bäume im Reifestadium >5 m hoch sein und 10 % der Bodenoberfläche abschirmen.

Seit dem 16. Jahrhundert haben 11 Länder mehr als 90 % und 18 Länder mehr als 95 % ihrer ursprünglichen Waldfläche verloren. In 25 Ländern sind die Wälder völlig verschwunden. Die erste große Waldvernichtung auf der Erde fand in Mitteleuropa statt (↗ S. 169).
Auch gegenwärtig gibt es einen **Rückgang der globalen Waldfläche.** Sie wurde z. B. zwischen 1990 und 1995 um 56,3 Mio. ha verkleinert. Dies geschah ausschließlich in den **Entwicklungsländern,** in denen der Verlust sogar 65,1 Mio. ha betrug (↗ S. 367). Die Differenz zum globalen Rückgang wurde durch einen Zuwachs von Waldfläche in den **Industrieländern** von 8,8 Mio. ha ausgeglichen.

Die Waldfläche der Erde 1995	
Waldfläche, gesamt	3 869 Mio. ha
	(≙ 29 % der Landfläche)
Waldfläche je Bewohner der Erde	0,6 ha
Waldfläche in den Industrieländern	1 493 Mio. ha
Waldfläche in den Entwicklungsländern	1 961 Mio. ha
Entwicklung der Waldfläche von 1990 bis 1995 (Beispiele)	
Europa + 4,1 %	Asien/Ozeanien – 6,4 %
Nordamerika +2,6 %	Afrika – 10,5 %

Asien/Ozeanien 565 Mio. ha — 16,4 %
Nordamerika 457 Mio. ha — 13,2 %
Europa 146 Mio. ha — 4,2 %
ehem. UdSSR 816 Mio. ha — 23,6 %
Lateinamerika/Karibik 950 Mio. ha — 27,5 %
Afrika 520 Mio. ha — 15,1 %

> Die Erde wird von den Wäldern der gemäßigten nördlichen Breiten und den tropischen Wäldern gürtelförmig umschlossen (↗ S. 165).

Die **Wälder der gemäßigten nördlichen Breiten** (↗ S. 227) sind heute in ihrer Ausdehnung weitgehend stabil. Die größte zusammenhängende Waldfläche der Erde stellt darin mit mehr als 670 Mio. ha die Taiga dar. Sie ist größer als die Regenwälder Brasiliens und nach der Auffassung vieler Wissenschaftler noch wichtiger für die Stabilität des Weltklimas (↗ S. 123) als die Regenwälder.
Doch auch der Zuwachs der Wald*fläche* in den Industrieländern sagt nichts über den Zustand der Wälder aus. Die forstwirtschaftlichen Hauptprobleme ergeben sich hier aus einer Zunahme der Waldschäden, die sich besonders am Nadel- und Blattverlust zeigen. Hervorgerufen werden die Waldschäden vor allem durch Luftschadstoffe, insbeson-

dere durch Schwefeldioxid, Stickstoffoxide, Ammoniak und bodennahes Ozon (↗ S. 368), sowie die Bodenversauerung.
Auch vor Abholzung – zum Teil durch Kahlschlag – sind die Wälder des Nordens nicht geschützt. So ist im kanadischen British Columbia und im US-amerikanischen Oregon der einst riesige Wald zu einem „Flickenteppich" zusammengeschrumpft. In der sibirischen Taiga haben sich nach dem Zusammenbruch der Sowjetunion amerikanische, japanische und koreanische Konzerne zu günstigen Bedingungen Einschlagsrechte für riesige Waldgebiete gesichert. Die gesamte Einschlagsfläche in den sehr langsam wachsenden nördlichen Wäldern wird auf jährlich 3 Mio. ha geschätzt.

Die Taiga ist die letzte Bastion der größten Raubkatze der Erde, des Sibirischen Tigers. Für das Überleben der 1995 gezählten 415 bis 475 Tiere ist die großflächige Erhaltung seines Lebensraums nötig.

70 % der weltweiten Biomasse werden in **tropischen Wäldern** (↗ S. 227) produziert. Damit besitzen sie eine große Bedeutung für den globalen Kohlenstoffhaushalt. Doch hier wird der Wald am stärksten zurückgedrängt. Ursachen dafür sind die Ausweitung der Plantagen (allein in Asien von 1980 bis 1995 um 190 %), die Ausdehnung der Weideflächen, der Zuzug von Kleinbauern in Regenwaldgebiete, die übermäßige Beweidung der Niederwald- und Strauchgebiete in den trockenen Randtropen, das viel zu starke Einschlagen von Brennholz, die Neugewinnung von Land zur Ausdehnung von Siedlungsflächen, der Export tropischer Hölzer in Industrieländer sowie in Schwellenländer Asiens.

Seit dem Jahr 2000 werden jährlich 17 Mio. ha Wald abgeholzt. Das entspricht täglich 46 600 ha.

Es gibt zahlreiche Bemühungen zur Erhaltung, nachhaltigen Nutzung und Entwicklung naturnaher Wälder. Jedoch konnten bisher noch keine völkerrechtlich verbindlichen Regelungen getroffen werden. Auch das 1997 bekräftigte Internationale Tropenholzabkommen, vom Jahr 2000 an nur noch Holz aus **nachhaltiger Forstwirtschaft** zu handeln, wird nicht von allen Staaten und Unternehmern befolgt.

Nachhaltige Forstwirtschaft bedeutet die stetige und optimale Sicherung sämtlicher materieller und immaterieller Waldfunktionen zum Nutzen heutiger und künftiger Generationen.

4.4.4 Landwirtschaft in Entwicklungs- und in Industrieländern

Die Landwirtschaft der Erde ist nicht nur durch die verschiedenen Agrarregionen (↗ S. 227) geprägt, sondern auch durch die jeweiligen gesamtgesellschaftlichen Bedingungen in den einzelnen Ländern und Ländergruppen (↗ Abschnitt 5.1.3). Zusammenhänge bestehen zwischen der Landwirtschaft und der Ernährungssituation der Bevölkerung (↗ S. 339).

> Die gegenwärtige Situation der Landwirtschaft in den Entwicklungsländern (↗ S. 304) unterscheidet sich deutlich von der in den Industrieländern (↗ S. 300).

Probleme und Lösungsansätze in den Entwicklungsländern

Auf die Landwirtschaft in den Entwicklungsländern haben vor allem Einfluss
- eine leistungshemmende Agrarpolitik, die ländliche Räume zugunsten städtischer Entwicklungen vernachlässigt,
- Land-Stadt-Wanderungen (↗ S. 197) vorwiegend der jüngeren männlichen Bevölkerung, sodass den Älteren und Frauen der Hauptteil der Arbeit überlassen bleibt (↗ S. 345),
- der Rückgang der Bodenfruchtbarkeit (↗ S. 230) durch Übernutzung, mangelhafte Düngung und Bodenpflege, Erosion und Brandrodung,
- zu geringe Produktivität infolge Fehlens moderner Technologien, hochwertigen Saatgutes sowie ausreichender Düngemittel,
- hohe Ernte- und Lagerungsverluste durch unzureichende Transportmittel und Verkehrswege,
- fehlende Vermarktungsmöglichkeiten in Verbindung mit ungenügender Infrastrukturausstattung.

In allen Entwicklungsländern ist der Produktionsfaktor **Kapital** in seinen verschiedenen Erscheinungsformen knapp und teuer. Kapital kann nur sparsam und für nötigste Zwecke, z. B. für den Ankauf von Maschinen, eingesetzt werden. Zum Teil lässt sich der Kapitalmangel durch verstärkten Einsatz von **Arbeit** ausgleichen. **Arbeitskräfte** sind oft im Überfluss vorhanden, sodass auf den Feldern, die zum Teil nicht einmal die Haltung eines Zugtieres erlauben, eine arbeitsintensive Wirtschaftsweise betrieben wird, bei der der Boden effektiv genutzt wird. Eine besondere Last bei den Feldarbeiten übernehmen die Frauen.

Frauen beim Düngen | Frauen beim Ernten | Frauen beim Bewässern

Hinsichtlich des Produktionsfaktors **Boden** bestehen erhebliche Unterschiede innerhalb der Entwicklungsländer und ihrer Regionen. Bei niedriger Bevölkerungsdichte, wie in Amazonien, ist Boden noch im Überfluss vorhanden und billig zu haben, sodass extensiv gewirtschaftet wird, etwa in der Form des Wanderfeldbaus (↗ S. 229), mit allen negativen ökologischen Folgen. Dagegen ist in Ländern, wie Ägypten, Bangladesch oder auf der Insel Java, das geeignete Land sehr knapp und teuer.

> Lösungsansätze für die Entwicklung der Landwirtschaft in den armen Ländern bestehen in der Schaffung von Beschäftigungs- und damit von Einkommensmöglichkeiten für die Bevölkerung.

Dabei wird die Unterstützung der höher entwickelten Länder benötigt. Mit steigender Kaufkraft können langfristig viele Probleme selbst gelöst werden, um die Ernährung aus eigener Kraft zu sichern.

Probleme und Lösungsansätze in den Industrieländern

Die Landwirtschaft hat in allen Industrieländern in den vergangenen Jahrzehnten im Hinblick auf ihr wirtschaftliches Gewicht den größten Bedeutungsverlust erlitten. Sie ist heute von den drei Wirtschaftssektoren (↗ S. 217) mit Abstand der unbedeutendste. Gemeinsam sind der Landwirtschaft der Industrieländer hohe Kosten des Produktionsfaktors **Arbeit** und ihre reichliche Ausstattung mit **Kapital**.
Durch die zunehmende Industrialisierung landwirtschaftlicher Produktion wurde der Einsatz von Arbeitskräften durch vermehrten Kapitaleinsatz ersetzt, damit erhöhte sich die Arbeitsproduktivität erheblich.

1950 konnte ein Landwirt in Deutschland 10, heute über 100 Personen ernähren.

Unterschiede ergeben sich dagegen zwischen den Industrieländern beim Einsatz des Produktionsfaktors **Boden**. So ist in den USA der Boden erheblich billiger als in Mitteleuropa oder gar in Japan. Daher kann der amerikanische Farmer auf wesentlich größeren Betriebsflächen wirtschaften und braucht ertragssteigernde Produktionsmittel nicht im gleichen Umfang einzusetzen wie seine Kollegen in anderen Industrieländern, um ein auskömmliches Familieneinkommen zu erzielen.

In Japan wird ähnlich wie in anderen Ländern mit hoher Bevölkerungsdichte jeder geeignete Quadratmeter intensiv genutzt.

DDT Sprühmittel

Die Probleme in der Landwirtschaft wohlhabender Länder liegen in der Tatsache begründet, dass immer weniger Menschen auf einer kleiner werdenden Fläche (↗ S. 340) mit wachsendem Einsatz von Kapital, Düngemitteln, Schädlingsbekämpfungsmitteln (↗ S. 159) und Wachstumsmitteln zunehmend größere Mengen von Nahrungsmitteln zu immer höheren Werten produzieren.

Agrarüberschüsse und ihre Vernichtung, mangelnde Wettbewerbsfähigkeit, negative Auswirkungen auf die Umwelt (Rückgang von Artenvielfalt und -dichte, nachteilig veränderte Landschaftsbilder, verstärkte Belastung der Böden, Gewässer, Luft) und Tierseuchen sind einige der negativen Folgen dieser Entwicklung (↗ S. 364).

> Lösungsansätze zum Abbau der Probleme der Landwirtschaft der Industrieländer bestehen in der Schaffung einer **umweltverträglichen Landwirtschaft** und in der Fortsetzung des Strukturwandels.

Zur Verwirklichung der Lösungsansätze gehören Maßnahmen wie
- Abbau von Subventionen zur Produktionssteigerung,
- Förderung der Stilllegung von Flächen und Betrieben,
- Umstellung der Betriebe auf nachwachsende Rohstoffe,
- Produktionsbegrenzungen (u. a. bei Milch),
- Extensivierung, z. B. durch Gestaltung von Brachlandschaften.

4.4.5 Strukturwandel in der Landwirtschaft

Wie in der Wirtschaft insgesamt gehen auch in der Landwirtschaft ständig kurzfristige und langfristige Veränderungen vor sich. Die Landwirtschaft muss sich an veränderte natürliche, sozioökonomische und politische Bedingungen anpassen.

> Eine längerfristige und meist unumkehrbare Anpassung der Struktur der Landwirtschaft an veränderte Bedingungen wird als **Strukturwandel in der Landwirtschaft** bezeichnet.

Beispiele für Erfordernisse hinsichtlich der		
natürlichen Bedingungen	**sozioökonomischen Bedingungen**	**agrarpolitischen Bedingungen**
– Düngung, – Schädlingsbekämpfung, – Bewässerung, – Züchtung, – Pflanzenaufzucht in Treib- und Gewächshäusern	– Flurbereinigung, – Mechanisierung, – Spezialisierung, – Industrialisierung, – Vergrößerung der Betriebe, – Abbau von Arbeitskräften	– Versorgungssicherheit, – Angebot an preisgünstigen Nahrungsmitteln, – angemessener Lebensstandard für Landwirte, – Subventionen für bestimmte Produkte

Beim landwirtschaftlichen Strukturwandel ändert sich die **Agrarstruktur** als die Gesamtheit der in einer Region zu einem bestimmten Zeitpunkt bestehenden Verhältnisse für die Produktion und die Vermarktung von Agrarerzeugnissen. Dieser Strukturwandel äußert sich u. a. in der veränderten Anzahl und Größe von Betrieben, im veränderten Anteil von Anbaukulturen oder im veränderten Umfang des Maschineneinsatzes. Gerade in den Industrieländern hat die Umstrukturierung in der Landwirtschaft gewaltige Ausmaße angenommen.

Der mehrfache Strukturwandel in der deutschen Landwirtschaft nach 1945	
1950–1960	Zunahme der landwirtschaftlichen Nutzfläche durch Kultivierung von Ödland zur Sicherung der Ernährung
1960–1990	– Ertragssteigerung und Ausweiten der übrigen Wirtschaft führen zur Verringerung der landwirtschaftlichen Fläche, besonders bei Grünland. – Verändertes Verbraucherverhalten sowie hoher Arbeitsaufwand schränken Kartoffelanbau ein. – Viehbestände, bis auf Rinder (bedingt durch Milchquotenregelung) und Pferde (bedingt durch Ablösung als Zug- und Arbeitstier durch Maschinen), weiten sich aus. – Verringerung der Zahl landwirtschaftlicher Betriebe durch Aufgabe von Betrieben als Ergebnis des Wettbewerbs, der Suche nach einer attraktiveren Beschäftigung oder des Eintritts in das Rentenalter – Vergrößerung der Betriebsflächen infolge sinkenden Preisniveaus landwirtschaftlicher Erzeugnisse – Spezialisierung der Betriebe auf wenige Produktionszweige der Bodennutzung und Tierhaltung
nach 1990	– in den neuen Bundesländern beim Übergang von der Plan- zur Marktwirtschaft Umwandlung der Landwirtschaftlichen Produktionsgenossenschaften (LPG) und Volkseigenen Güter (VEG) in Betriebe unterschiedlicher Rechtsformen, z. B. **Agrargenossenschaften** oder **Wiedereinrichter**

Entwicklung der Anzahl und Durchschnittsgröße der landwirtschaftlichen Betriebe in Deutschland (2000 mit n. BL)			
Jahr	Anzahl der Betriebe	landwirtschaftliche Nutzfläche in ha	durchschnittliche Betriebsgröße in ha
1949	1 978 090	13 458 263	6,8
1960	1 709 084	13 183 200	7,7
1970	1 243 798	12 758 900	10,3
1980	797 378	12 172 452	15,3
1990	629 740	11 773 400	18,7
2000	471 960	11 067 300	36,1

Eine Agrargenossenschaft ist ein größerer landwirtschaftlicher Betrieb, in dem mehrere Bauern gemeinsam wirtschaften.

Wiedereinrichter sind Einzellandwirte, die einen Betrieb unter Nutzung eigener Wirtschaftsgebäude und früher in den LPG bewirtschafteter Flächen führen.

Gesellschaftsgeografische Grundlagen

Die weitere **Intensivierung der Agrarproduktion** in den Industrieländern ist ein Prozess, der auch mit weiteren sozioökonomischen und mit ökologischen Wirkungen verbunden ist.

Zu den **sozioökonomischen Wirkungen** gehören die Tendenz zunehmender Entleerung ländlicher Räume durch Abwanderung von Menschen aus ihnen, die Schwächung der dort bestehenden Infrastruktur (z. B. Schulen, Post, Einkauf), verbunden mit der Verschärfung des Gegensatzes zwischen ländlichen Räumen und Verdichtungsräumen (↗ S. 320).

Mögliche **ökologische Wirkungen** ergeben sich u. a. aus der Gefahr der Anreicherung von Schadstoffen in Boden und Grundwasser (↗ S. 365), der Verarmung von Flora und Fauna durch Großflächenwirtschaft und Monokulturen, der Gefahr der verstärkten Bodenerosion (↗ S. 366), Mängeln bei der artgerechten Viehhaltung und Zweifeln an der gleichrangigen Qualität der so erzeugten Nahrungsmittel.

Beim Strukturwandel wurde auch nach **alternativen Produktionsformen** in der Landwirtschaft gesucht, und das nicht nur in Ackerbau und Viehwirtschaft, sondern auch im Garten-, Gemüse-, Obst- und Weinbau.

Strukturwandel einer Gemüsegärtnerei in Süddeutschland
- bis 1927 Weinbau und Milchviehhaltung
- ab 1927 Gemüsebau und Milchviehhaltung
- 1966 Spezialisierung auf Gemüsebau
- 1972 erstes beheizbares Glasgewächshaus
- seit 1979 Ausbildungsbetrieb
- 1994 Beginn der Umstellung auf kontrolliert ökologischen Anbau
- seit 1995 Bioland-Betrieb

Biogemüse-Angebot im Jahreslauf

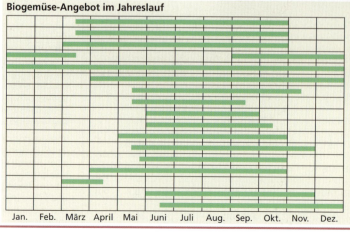

Zu den alternativen Produktionsformen in einer **nachhaltigen Landwirtschaft** zählt der **ökologische Landbau**.

> Im **ökologischen Landbau** wird der Einsatz chemischer Hilfsmittel und der Zukauf von Futtermitteln vermieden. Der landwirtschaftliche Betrieb wird als geschlossenes ökologisches System geführt.

Der **ökologische Landbau** wird auch als biologischer Landbau bezeichnet.

Merkmale des ökologischen Landbaus – Beispiele

Anbau von Leguminosen	Verwendung von Stalldung	Eigenfutter für Tierbestände

Gegenüber der konventionellen (herkömmlichen) Landwirtschaft ist beim ökologischen Landbau der Arbeitsaufwand höher, sind die Durchschnittserträge im Pflanzenbau und die Milchleistung pro Kuh geringer, sind die Preise für Produkte höher, ist der Unternehmeraufwand bis auf Löhne und Gehälter geringer und sind die Einkommenserwartungen höher. Sein höherer Arbeitskräftebedarf macht den ökologischen Landbau besonders für die Bundesländer im Osten Deutschlands interessant.

Der ökologische Landbau verändert die Anbaustruktur (Beispiel Uckermark)

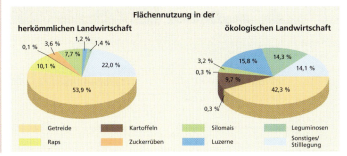

Anteile am ökologischen Landbau

Obwohl seit den 80er Jahren in mehreren Industrieländern eine kontinuierliche Steigerung des ökologischen Landbaus zu verzeichnen ist, besitzt diese Bewirtschaftungsform insgesamt gesehen gegenwärtig nur einen geringen Stellenwert. Ursachen dafür sind z. B. mangelnde Erfahrung, unzureichende Beratung, begrenzter Marktzugang, hoher Arbeitskräftebedarf, hohe Kosten und geringere Einkommen während der Umstellungsphase.

4.5 Bergbau und Industrie

In den letzten Jahrzehnten hat sich zumindest in den hoch entwickelten Ländern eine Dienstleistungsgesellschaft (↗ S. 219) herausgebildet. Dennoch besitzen Bergbau und Industrie weiterhin grundlegende Bedeutung in der Wirtschaft. In den Entwicklungsländern werden sie noch auf lange Sicht entscheidende Wachstumsfaktoren sein.

Obwohl Bergbau und Industrie zu unterschiedlichen Wirtschaftssektoren gehören (↗ S. 217), gehen Rohstoffgewinnung (durch den Bergbau) und Aufbereitung sowie Verarbeitung von Bergbauprodukten (durch die Industrie) vielfach ineinander über. Daher können sie auch zusammenhängend dargestellt werden.

4.5.1 Bergbau

> Der **Bergbau** erkundet und fördert verwertbare Bodenschätze. Teilweise bereiten Bergbaubetriebe die geförderten Bodenschätze auf.

Der Bergbau erfolgt als Tagebau (↗ S. 92) oder als Tiefbau. Gefördert werden metallische, nichtmetallische und Energierohstoffe.

Besonders beim Tagebau werden die Bergbaubetriebe häufig schon zur Rekultivierung der Landschaft nach der Förderung verpflichtet.

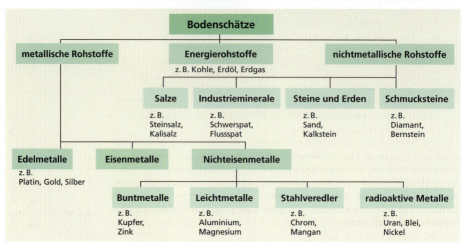

Bergbau und Industrie 243

Bodenschätze (↗ S. 342) sind natürliche Anreicherungen nutzbarer mineralischer Rohstoffe in Form ober- und unterirdischer Lagerstätten. Sie stellen ebenso wie **Kapital** und **Arbeit** Produktionsfaktoren (↗ S. 216 und 225) dar. Ihre Verteilung auf der Erde ist sehr unterschiedlich (↗ S. 316). Der Bergbau der Erde konzentriert sich mit ca. 60 % auf die GUS (ehemals Sowjetunion), die Vereinigten Staaten, Australien, Kanada, China und Südafrika.

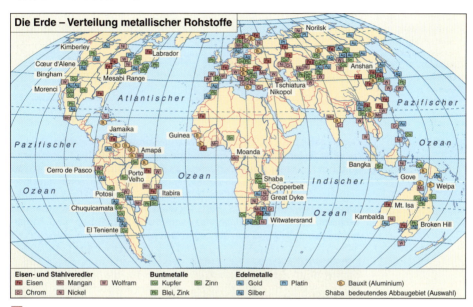

Die Republik **Südafrika** ist der weltgrößte Produzent von **Gold**. Sie verdankt ihre wirtschaftliche Entwicklung vor allem dem Abbau des begehrten Bodenschatzes. Die jährliche Ausbeute dieses Edelmetalles betrug im Jahr 2000 ca. 450 Tonnen. Um eine Tonne Gold zu produzieren, werden etwa 50 Bergarbeiter benötigt.

Das Land verfügt weiterhin über größere Vorkommen an Diamanten, Uran, Kupfer und Kohle. Von strategischer Bedeutung sind die Bodenschätze Chrom, Mangan, Platin, Vanadium und Antimon, die für die Automobil-, Flugzeug- und Waffenproduktion benötigt werden. Mit 45 bis 75 % der Weltförderung besitzt Südafrika daran einen derart hohen Anteil, dass ein Ausfall der Exporte den Wirtschaften der Industrieländer und ihren Waffenproduktionen beträchtlichen Schaden zufügen könnte.

Auch viele andere **Entwicklungsländer** in Afrika, Lateinamerika und Asien exportieren ihre bergbaulich gewonnenen Bodenschätze in die Industrieländer, um mit den Deviseneinnahmen den wirtschaftlichen Aufbau ihrer Länder, insbesondere aber auch den Schuldendienst von Krediten bedienen zu können (↗ S. 304). Daher wirken sich die **schwankenden Weltmarktpreise** für Rohstoffe direkt auf die Entwicklungsmöglichkeiten dieser Länder aus.

 83 Entwicklungsländer beziehen > 50 % ihrer Exporterlöse aus dem Verkauf von nur zwei bis drei Rohstoffen.

Abhängigkeit vom Rohstoffexport:
- Nigeria 97,7 % (Erdöl, Erdgas)
- Kuwait 95 % (Erdöl, Erdgas)
- Libyen 90 % (Erdöl, Erdgas)
- Saudi-Arab. 90 % (Erdöl, Erdgas)
- Sambia >80 % (Kupfer)
- Guinea >70 % (Bauxit)

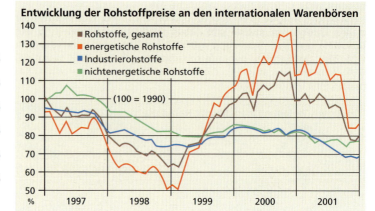

Gegenwärtig sind die Weltmarktpreise für Rohstoffe sehr niedrig. Demgegenüber liegen die Kosten für Industriegüter, die die Entwicklungsländer einführen müssen, wesentlich höher als früher. Weltweit gibt es bei fast allen Bergbauprodukten ein ausreichendes **Angebot**, z. T. sogar ein Überangebot, das mit der vielfach stagnierenden bzw. rückläufigen **Nachfrage** zusammenhängt (↗ S. 346). Angaben über **Rohstoffressourcen** und **-reserven** (↗ S. 342) sind abhängig vom Stand der Abbau- und Fördertechnik, vom Preis und von der Lagerstättenerkundung (↗ S. 346).

Bei der Suche nach neuen Lagerstätten für die langfristige Sicherung des Rohstoffbedarfs werden neben traditionellen Methoden, wie Bohrungen oder anderen bergmännischen Verfahren, auch moderne Techniken der Fernerkundung durch Satelliten eingesetzt.
Dabei wird im Satellitenfoto nach bestimmten Oberflächenstrukturen und Farbzusammensetzungen gesucht, die auf verwertbare Lagerstätten von Bodenschätzen im Gesteinsuntergrund schließen lassen.

Im Meerwasser enthaltene chemische Elemente:

Rohstoff	Menge in Tonnen
Chlor	$29 \cdot 10^{15}$
Natrium	$16 \cdot 10^{15}$
Calcium	$600 \cdot 10^{12}$
Brom	$90 \cdot 10^{12}$
Kalium	$600 \cdot 10^{12}$
Phosphor	$110 \cdot 10^{9}$
Iod	$93 \cdot 10^{9}$
Silber	$164 \cdot 10^{6}$
Gold	$8 \cdot 10^{6}$
Molybdän	$800 \cdot 10^{6}$

In zunehmendem Maße werden **Ozeane als Rohstoffquelle** erschlossen. Das Meerwasser selbst dient als wichtige Quelle für verschiedene wirtschaftsbedeutsame Elemente, wie Natrium (↗ S. 127) oder Magnesium. Daneben gibt es große Ressourcen auf oder unter dem Meeresboden (↗ S. 246). Dazu gehören Manganknollen auf dem Tiefseeboden, Erdöl und Erdgas sowie die Methangashydrate an den Kontinentalhängen, denen ein größerer Kohlenstoffgehalt zugeordnet wird als allen Kohle-, Erdöl- und Erdgaslagerstätten zusammen.

Bergbau und Industrie

Die vom Bergbau geförderten **Energierohstoffe** sind fossile Energieträger. Sie haben gegenwärtig weltweit unter allen genutzten Energieträgern den weitaus größten Anteil.

Energieträger sind Stoffe oder Körper, die Energie gespeichert haben. Fossile Energieträger sind in geologisch weit zurückliegenden Zeiten entstanden, sie können nicht erneuert werden.

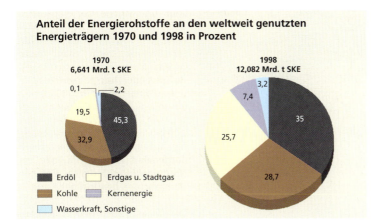

Anteil der Energierohstoffe an den weltweit genutzten Energieträgern 1970 und 1998 in Prozent

Die Energierohstoffe sind ungleichmäßig verteilt. Förderregionen und Verbraucherregionen von Energierohstoffen liegen räumlich oft weit auseinander. Das führt zu Ferntransporten von fossilen Energieträgern.

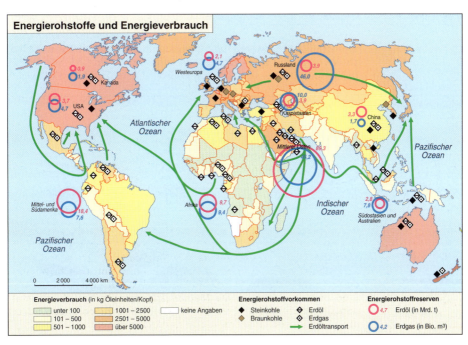

Energierohstoffe und Energieverbrauch

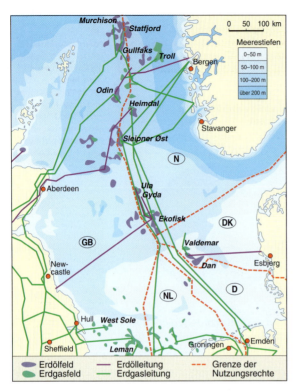

Der weltweit steigende Energieverbrauch erfordert, zunehmend auch die unter dem Meeresboden lagernden Erdöl- und Erdgasvorkommen zu nutzen. Es soll sich allein bei Erdöl um über ein Viertel aller weltweiten Ölvorräte handeln, die im Bereich des Weltmeeres lagern. Mit immer aufwendigerer Technik kann man heute bereits Meerestiefen erschließen, die weit über den Offshore-Bereich (bis zu einer Tiefe von 200 m) hinausgehen. Die Erdölförderung soll bis auf eine Wassertiefe von 2 000 m und die Erdgasförderung bis auf ca. 2 500 m Meerestiefe ausgedehnt werden. Im Falle der Nordsee wirkt sich die Nähe zu den Verbrauchern begünstigend aus.

Der Meeresraum besitzt weitere Potenzen zur Energiegewinnung, die die auf dem Festland genutzten **erneuerbaren Energieträger** ergänzen können. Zu diesen erneuerbaren (auch: regenerativen oder alternativen) Energieträgern gehören Wasserkraft, Windkraft, Solarstrahlung, Erdwärme und Biomasse. Ihre Nutzung trägt nicht nur zur Verringerung des Ausstoßes von Luftschadstoffen (↗ S. 347 u. 362) bei, sondern auch zum Schutz von Wasser (↗ S. 365) und der Fläche.

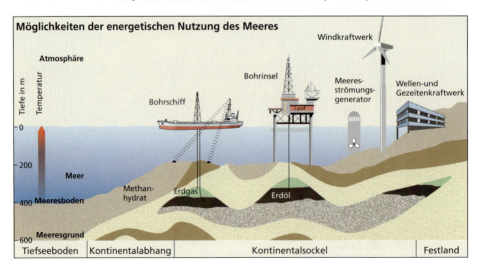

Bergbau und Industrie 247

Nicht unproblematisch ist ebenfalls die friedliche Nutzung der Kernenergie, wie Reaktorkatastrophen und die Schwierigkeiten bei der Endlagerung hochgefährlicher radioaktiver Abfälle beweisen. In der Geschichte der menschlichen Zivilisation dürfte das fossil-nukleare Zeitalter insgesamt betrachtet nur eine kurze Phase darstellen. Doch im 21. Jahrhundert wird es noch einen **Energiemix** geben.

Auch wenn nahezu alle mineralischen Rohstoffe gegenwärtig ausreichend vorhanden sind (↗ S. 244), sind sie auf der Erde nicht unbegrenzt vorhanden. Ein *nachhaltiger Umgang* mit mineralischen Ressourcen ist erforderlich (↗ S. 338 u. 344). Eine wesentliche Maßnahme dazu ist das **Recycling**.

> **Recycling** sind die Prozesse der Rückgewinnung von Stoffen aus dem nicht vermeidbaren Abfall. Die rückgewonnenen Stoffe werden als **Sekundärrohstoffe** wieder eingesetzt.

Hauptgrund für Recycling in der Gegenwart ist der **Umweltschutz,** der eine abfallarme Kreislaufwirtschaft mit stofflicher und energetischer Verwertung von Abfällen erfordert. Recycling vermindert das Anwachsen von Mülldeponien und Bergbauanlagen sowie die Belastung von Luft, Böden und Gewässern mit Schadstoffen bei der Förderung, beim Transport und bei der Verarbeitung mineralischer **Primärrohstoffe**.

Rohstoff-Recycling in Deutschland
Recycling-Raten für
– Blei, Silber, Zinn, Glas, Papier: über 60 %,
– Eisen, Kupfer, Aluminium, Zink, Platin: zwischen 35 und 55 %.
Angestrebtes Recycling-Ziel: 75 %,
Voraussetzungen: • verbesserte Abfallsortierung,
• konsequente Wiederverwendung.

Den Entwicklungsländern allerdings wird eine derartige Strategie zumindest kurzfristig nicht bei ihren Problemen helfen, müssen sie doch als Lieferländer von Rohstoffen mit Absatzeinbußen und verringerten Deviseneinnahmen rechnen. Auch aus dieser Sicht ist eine Anhebung der Weltmarktpreise für Rohstoffe von existenzieller Bedeutung.

2060 (Prognose)

Energetische Verwertung von Abfällen zur Verringerung von Deponieflächen – Beispiele		
Müllverbrennungsanlagen	Müll-Pyrolyse-Anlagen	bakteriologische Zersetzung

In Deutschland müssen durch den Bergbau zerstörte oder beeinträchtigte Landschaften – wenn sie nicht aus ökologischen Gründen sich selbst überlassen bleiben – rekultiviert werden. Das geschieht mit einem großen Aufwand an Technik, Personal und Material.

> Als **Rekultivierung** werden die Maßnahmen zur Wiederherstellung von Landschaften bezeichnet, die durch den Menschen zerstört wurden. Das Ziel sind planmäßige Folgenutzungen, die einer ökologisch orientierten Regionalplanung entsprechen.

ausgekohlter Tagebau	Rekultivierungsmaßnahmen	Nachfolgelandschaft

4.5.2 Industrie

> Als Wirtschaftszweig des produzierenden Gewerbes (↗ S. 217) stellt die **Industrie** in meist größeren Betrieben mithilfe von Maschinen und Energie arbeitsteilig Halb- und Fertigprodukte in großer Menge für einen überregionalen Markt her.

Die Industrie ist stark spezialisiert. Eine kapitalintensive Mechanisierung und Automatisierung führt ständig zur Rationalisierung der Produktion. Es werden ungelernte, angelernte und fachlich qualifizierte Arbeitskräfte beschäftigt.

Industriebereiche sind die **Grundstoffindustrie** (Produktion industriell verwendbarer Grundstoffe, z. B. Metall, Metalllegierungen, Chemikalien, Zement) und die **verarbeitende Industrie** (Produktion von Halbfertig- und Fertigwaren als Investitionsgüter oder Konsumgüter).

Investitionsgüter sind Wirtschaftsgüter von meist langer Lebensdauer, die für die Produktion hergestellt werden (z. B. Werkzeuge, Maschinen).

Konsumgüter sind Sachgüter und Leistungen, die der unmittelbaren Bedürfnisbefriedigung der Bevölkerung dienen (z. B. Nahrungs- und Genussmittel, Bekleidung).

Die Industriebereiche werden in einzelne **Industriezweige** (Branchen) gegliedert. Darunter befinden sich **Wachstumsindustrien** und **schrumpfende Industrien**. Es gibt unterschiedliche Industriezweiggliederungen.

Die Industrie siedelt sich an **Standorten** an. Sie werden damit zu **Industriestandorten** (↗ S. 221). Bei der *Wahl des Standortes* für einen Einzelbetrieb kommt es für den Unternehmer darauf an, dort einen möglichst hohen ökonomischen Nutzen erzielen zu können. Auch auf die gesellschaftliche Anerkennung, die mit der **Standortentscheidung** verbunden ist, achtet der Unternehmer.

Industriezweige im EU-Bereich sind z. B.:
– Ernährungsgewerbe und Tabakverarbeitung,
– Textil- und Bekleidungsgewerbe,
– Ledergewerbe,
– Holzgewerbe,
– Papier-, Verlags- und Druckgewerbe,
– Kokerei, Mineralölverarbeitung,
– chemische Industrie,
– Maschinenbau.

> Für die Standortwahl maßgeblichen Einflussgrößen, die sich aus den örtlich vorhandenen Sachverhalten und Bedingungen ergeben, werden als **Standortfaktoren** bezeichnet (↗ S. 221).

Bei diesen Standortfaktoren werden neben den physisch-geografischen Bedingungen, wie Topographie und geologischer Bau, **harte Standortfaktoren** und **weiche Standortfaktoren** unterschieden.

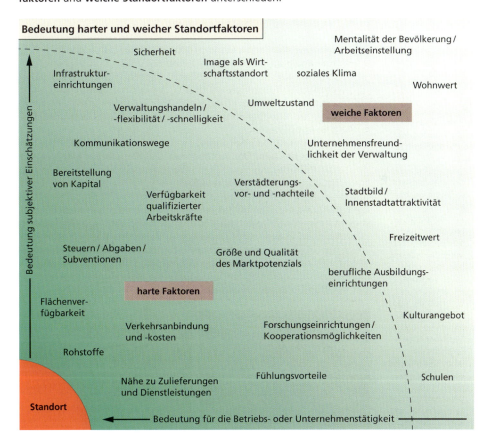

Bedeutung harter und weicher Standortfaktoren

Standortfaktoren sind nicht überall auf der Erde in gleicher Weise vorhanden. Immer mehr Regionen und Länder (EU, Globalisierung) treten in den Wettbewerb um Standortentscheidungen zu ihren Gunsten ein. Die Standortfaktoren werden entsprechend der konkreten **Standortanforderungen** der Betriebe unterschiedlich bewertet. Diese sind entsprechend der Funktionen des Unternehmens und des Ansiedlungstyps (z. B. Unternehmensgründung, Zweigbetrieb) sehr unterschiedlich.

Wesentliche Standortanforderungen	
– eines Produktionsbetriebes: • erschlossenes Grundstück • Erweiterungsmöglichkeiten • gute Verkehrsanbindung	– eines Betriebes mit Forschungs- und Entwicklungsaufgaben: • ruhig gelegenes Grundstück • attraktive Lage

Standortfaktoren haben für den einzelnen Betrieb unterschiedliche **Bedeutung**. Sie hängt von seiner Branchenzugehörigkeit, von den Märkten, vor allem vom jeweiligen Entwicklungsstand einer Volkswirtschaft, aber auch von der jeweiligen konjunkturellen Situation ab. Je nach dominierendem Standortfaktor haben Betriebe Rohstoff-, Energie-, Arbeits-, Transport- oder Absatzorientierung.

Bedeutung des harten Standortfaktors Verkehrsanbindung
- für Länder am Beginn der Industrialisierung:
  Lage an Kanälen oder schiffbaren Flüssen (für Massenguttransporte, z. B. Rohstoffe),
- für Industrieländer:
  Lage an Eisenbahnlinien (vorwiegend für Stückguttransporte, z. B. Maschinen),
- für hoch entwickelte Länder:
  Lage in der Nähe von Autobahnen und Flugplätzen (vorwiegend zur Beförderung von Führungskräften und von höherwertigen Stückgütern, z. B. Modeartikeln).

Die Bedeutung des **Standortfaktors Verkehrsanbindungen** wird von den stark abnehmenden Kosten für den Transport von Waren, Personen und Informationen in den höher entwickelten Volkswirtschaften sowie vom Trend zur Miniaturisierung bei der Fertigung höherwertiger Produkte beeinflusst. Außerdem stehen neue Transport-, Informations- und Kommunikationstechnologien zur Verfügung, die Flexibilität und Schnelligkeit des Transports gewährleisten.

betriebs- und unternehmensbezogene weiche Standortfaktoren:
- Wirtschaftsklima,
- Qualität der Forschungseinrichtungen,
- Verhalten und Unternehmerfreundlichkeit der öffentlichen Verwaltung bzw. der politischen Entscheidungsträger,
- Technologie- und Dienstleistungsorientierung,
- Mentalität der Arbeitnehmer,
- Innovationsfreundlichkeit einer Region,
- Offenheit für neue Technologien und Entwicklungen.

Mit steigendem Wohlstand und steigender Qualifikation der Arbeitskräfte werden die **weichen Standortfaktoren** (↗ S. 249), die eng mit der Lebensqualität der Bevölkerung zusammenhängen, für die Standortwahl eines Unternehmens immer bedeutungsvoller. Im Unterschied zu den harten Standortfaktoren gehen sie nicht direkt in die Kosten- und Ertragsrechnung der Betriebe ein, besitzen also keine *direkte* ökonomische Bedeutung. Außerdem sind sie mehr durch subjektive Einschätzungen geprägt. Allerdings gibt es unter ihnen auch betriebs- und unternehmensbezogene Standortfaktoren (↗ S. 250). In den hoch entwickelten Industrieländern sind gerade diese weichen Standortfaktoren von besonderer Bedeutung für die Ansiedlung von Unternehmen und die Wirksamkeit und Leistungsfähigkeit der Produktion.

Bedeutung des weichen Standortfaktors Image

Die subjektive Raumbewertung eines Standortes ist ein inhaltlich vielfältiger betriebs-, aber auch personenbezogener Faktor und deshalb schwer zu quantifizieren.

Merkmale des Images	Beispiel Erfurt	
wirtschaftliche Funktionen (prägende Wirtschaftszweige, innovative Betriebe, wichtige Unternehmen)	Oberzentrum, bedeutender Industrie- und Dienstleistungsstandort (High-Tech-Unternehmen, Mikroelektronik, Umformtechnik, Baubetriebe, Milchproduktion; Güterverkehrszentrum, Medienstandort)	
Kultur (bedeutende Bauwerke, Veranstaltungen, Existenz von Forschungs- und Bildungseinrichtungen, Mentalität der Bevölkerung)	mittelalterlicher Stadtkern mit Mariendom, Severikirche, Krämerbrücke; zahlreiche Kunststätten; Domfestspiele und andere Kulturprojekte; Universität, Fachhochschule; aufgeschlossene, gastfreundliche Thüringer	
historische Funktionen der Stadt oder der Region	bedeutender europäischer Handels- und Messeplatz am Kreuzungspunkt von Via regia (W-O) und Nürnberger Geleitstraße (S-N), vielfältige Wirtschaftsstruktur, Gartenbautradition, drittälteste Universität Deutschlands	
klein- und großräumige Lagebeziehungen	Landeshauptstadt (politisches, wirtschaftliches, kulturelles Zentrum Thüringens), Lage im Thür. Becken mit seiner gut erreichbaren Gebirgsumrahmung (Harz, Thür. Wald u. a.), in der Mitte Deutschlands und Europas	

> Industriebetriebe sind an ihrem Standort und darüber hinaus durch inhaltliche und räumliche **Verflechtungen** vielfältig mit anderen Lebensbereichen verbunden.

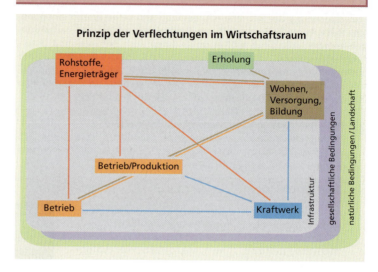

Prinzip der Verflechtungen im Wirtschaftsraum

Verflechtungen ergeben sich u. a. aus den Standortbedingungen Führungsvorteile, Nähe zu Zulieferungen und Verbrauchern oder Forschungseinrichtungen (↗ S. 249).

Betriebe und ihre Neugründung haben *positive Wirkungen,* wie
– Verbesserung der **gesamtwirtschaftlichen Situation** in der Region (z. B. durch erweiterte Möglichkeiten der Wertschöpfung, Stabilisierung bzw. Ansiedlung von Zulieferindustrie und Dienstleistungsunternehmen oder Aufwertung der Infrastruktur),
– Verbesserung der **sozialen Bedingungen** in der Region (z. B. durch Schaffung von Arbeitsplätzen, Möglichkeiten zur günstigeren Gestaltung von Beschäftigungs-, Qualifikations- und Sozialstrukturen oder Erhöhung der Einkommen.

Gleichzeitig sind oft *ungünstige Aspekte* mit der Industrieansiedlung verbunden, wie
– Belastungen für Menschen (z. B. durch Zunahme der Stressfaktoren, vermehrten Ausstoß von Schadstoffen),
– ökologische Wirkungen (z. B. Waldschäden, Wasser- und Luftverschmutzung, Versiegelung von Böden).

Nicht selten werden zur Gewinnmaximierung Produktionsprozesse in Länder verlagert, in denen Umweltgesetze weniger streng sind als in hoch entwickelten Industrieländern.

Bereits in der Planung (Umweltverträglichkeitsprüfung) und mittels neuer, umweltfreundlicher Technologien wird zumindest in den hoch entwickelten Industrieländern – nicht zuletzt aufgrund staatlicher Auflagen – versucht, die ökologischen Bedingungen verträglicher zu gestalten und damit den Standortfaktor Image (↗ S. 251) zu verbessern.

> Standortentscheidungen (↗ S. 249), die aufgrund von Standortanforderungen (↗ S. 250) und Standortbedingungen (↗ S. 249) erfolgen, sind eng mit **Unternehmensstrategien** verbunden.

> Die wichtigsten **Unternehmensstrategien** sind auf die Sicherung des Fortbestands des Unternehmens und auf die Erlangung von Wettbewerbsvorteilen gegenüber anderen Unternehmen (↗ S. 255) gerichtet. Sie haben auch räumliche Auswirkungen.

Zur Sicherung des Fortbestands des Unternehmens, die auch mit der Anzahl von Arbeitsplätzen zusammenhängt, gehören solche Maßnahmen, wie die Verlagerung des Unternehmens oder seiner Teile an andere Standorte, die Veränderung der Größe des Unternehmens, die Entwicklung neuer Managementkonzepte, Produkt- und Prozessinnovationen, die Optimierung der Anzahl der Zulieferanten, die Just-in-time-Anlieferung (↗ S. 255) oder die Nachfrage- und Kundenorientierung.

Eine **Verlagerung des Unternehmens** kann erfolgen, wenn sich die Bedingungen am bisherigen Standort (z. B. durch Erhöhung der Mieten) erheblich verschlechtern oder an anderen Standorten wesentlich günstiger geworden sind (z. B. bessere Verkehrsanbindung durch Entstehen eines Güterverkehrszentrums oder Erschließung neuer Märkte).

In der Wirtschaft wird mit Fusion die Verschmelzung zweier oder mehrerer Kapitalgesellschaften verstanden.

Die **Veränderung der Größe des Unternehmens** erfolgt durch Kapazitätsabbau oder -ausbau, Aufkäufe, Beteiligungen, Fusionen oder Verkäufe. Allgemein geht der Trend zu größeren, aber stark spezialisierten Unternehmen, um auf dem Weltmarkt bestehen zu können.

Die **Entwicklung neuer Managementkonzepte** findet ihren Ausdruck in
– der Konzentration auf Kerngeschäfte, d. h. auf eine Branche oder Teile von ihr, in denen man kompetenter als andere Unternehmen ist,
– der Umstrukturierung des Unternehmens zur Verbesserung von Produktivität und von Produkten oder
– in der „Verschlankung" des Unternehmens durch Reduzierung des Koordinierungsaufwandes von planenden und ausführenden Tätigkeiten.

Mit Management ist die Durchsetzung von Entscheidungen im Rahmen von planenden, koordinierenden oder kontrollierenden Tätigkeiten gemeint.

Veränderungen beim amerikanischen Unternehmen ITT	
– in den 70er Jahren des 20. Jh. breite Produktpalette:	
• vom Toastbrot bis zum Telefon, • von Hotels bis zu Hydraulikpumpen • von Fertighäusern bis zu Versicherungen	Das Einzelunternehmen war betriebswirtschaftlich nicht mehr wirksam zu steuern.
– heute Aufgliederung in drei spezialisierte selbstständige Unternehmen:	
• Luxushotels, Spielcasinos, Sportartikel • Versicherungen • Autoteile, Elektromotoren, Maschinen	Alle drei Unternehmen erweisen sich auf internationalen Märkten als kompetent und können flexibler auf Änderungen reagieren.

254 Gesellschaftsgeografische Grundlagen

Der Begriff Innovation bezeichnet neues Wissen, neue Produkte oder neue Verfahren.

Bei der Umstrukturierung des Unternehmens zur Verbesserung von Produktivität und von Produkten werden auch verstärkt moderne Produktions- und neue Informations- und Kommunikationstechnologien genutzt. Beispiele für Innovationen sind Roboter oder Glasfaserkabel und Satelliten.

Die **Optimierung der Zahl der Zulieferanten** führt zu einer Verstärkung der Zusammenarbeit mit den Lieferanten, die technisch hochwertige Komponenten als Systeme herstellen, und zur Einstellung der Zusammenarbeit mit Lieferanten, die nur geringwertige Teile produzieren.

Bei einer **Just-in-time-Anlieferung** werden die Teile eines Produkts erst zum Zeitpunkt ihres Produktionseinsatzes, also fertigungssynchron, angeliefert. Dadurch erübrigt sich eine teure Lagerhaltung.

Die **Erlangung von Wettbewerbsvorteilen** – eine weitere Unternehmensstrategie (↗ S. 253) – kann durch Internationalisierung und Globalisierung von Unternehmen oder durch Veränderungen der Zusammenarbeit zwischen Unternehmen (↗ S. 257) erfolgen.

Internationalisierung und **Globalisierung** (↗ S. 310) von Unternehmen ist die Entwicklung von einem nationalen zu einem internationalen, multi- oder transnationalen und schließlich globalen Unternehmen. Die ökonomische Globalisierung bringt für die Unternehmen Vorteile im Hinblick auf die Beschleunigung der technologischen Entwicklung und die Verbesserung der Produktivität mit sich. Sie kann aber andererseits auch zur Verringerung der Anzahl von Arbeitsplätzen und zur Verschärfung des Strukturwandels (↗ S. 257) führen. Für die Industrieländer erschließen sich neue Märkte. In den Entwicklungsländern, insbesondere den Schwellenländern (↗ S. 307), werden weitere Investitionen und damit neu entstehende Arbeitsplätze erwartet.

Gegenüber nationalen Unternehmen sind multi- oder transnationale Betriebe nicht an die wirtschaftlichen und politischen Bedingungen eines Landes gebunden, werden weniger von konjunkturellen Schwankungen und Wechselkursänderungen getroffen und erkennen Marktchancen und Innovationen früher als ihre Konkurrenten. Heute entfallen bereits drei Viertel des gesamten Welthandels auf internationale Unternehmen. Große exportintensive Betriebe sind in allen Kernräumen des Welthandels präsent (↗ S. 256).

 Multinationale Unternehmen sind Unternehmen mit mehreren eigenständigen Betriebsteilen, von denen mindestens einer in einem fremden Land produziert oder investiert.

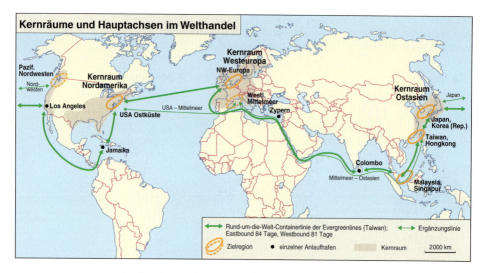

An der Spitze der Unternehmen, die sich globalen Herausforderungen stellen, stehen die **Global Players** – multinationale Konzerne, die weitgehend unabhängig von nationalen Grenzen operieren und die ganze Welt als Absatzmarkt und Produktionsstandort betrachten.

Siemens AG
- eines der weltweit größten Unternehmen der Elektrotechnik,
- Umsatz 2000: 74,858 Mrd. US-$ (Rang 23 in der Welt),
- 450 000 Mitarbeiter, davon ca. 270 000 im Ausland,
- in mehr als 190 Ländern aktiv.

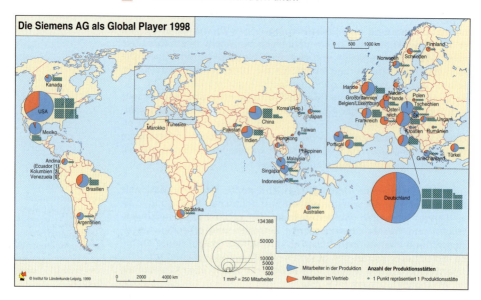

Der immer schärfer werdende Wettbewerb zwischen Ländern und Standorten, verbunden mit der Suche nach kostengünstigen Produktionsmöglichkeiten und dem Zwang zur Marktnähe, erfordert inzwischen auch von immer mehr **mittelständischen Unternehmen,** allein oder mit Partnern im Ausland zu produzieren.

Veränderungen der Zusammenarbeit von Unternehmen ergeben sich besonders in kapital- und technologieintensiven Branchen, wie Biotechnologie, neue Materialien, Computer, Software, Telekom oder Luftfahrt. Durch Ausgliederung von Funktionen nimmt die Zusammenarbeit mit Lieferanten, auch mit ehemaligen Konkurrenten, zu. Neue Kooperationsformen, sog. **strategische Allianzen,** vergrößern den Handlungsspielraum der wirtschaftlich selbstständigen Unternehmen.
Allein im Biotechnologiebereich gibt es heute weltweit ca. 850 dieser Allianzen, wobei der Anteil der entwickelten Länder bei 99 % liegt.

In den Industrieländern findet in den letzten Jahrzehnten ein **Strukturwandel** von der Industriegesellschaft zur Dienstleistungsgesellschaft statt (↗ S. 218).

> Der **Strukturwandel** in der Wirtschaft führt zur dauerhaften Veränderung der Industrie und der sich in ihr vollziehenden Prozesse.

Vor allem sind folgende **Veränderungen in der Industrie** eingetreten:
- Neuorganisation der Betriebe ab ca. 100 Beschäftigten mit dem Ziel, schnellere innerbetriebliche Informations- und Entscheidungsabläufe, z. B. durch Abbau der Verwaltung, zu erreichen,
- Abbau des Personals in der Produktion bei gleichzeitigem Anheben des Qualifikationsniveaus, z. B. durch Verknüpfung von Fertigungs- und Steuerungs-Know-how,
- Zunahme der planenden und informationsverarbeitenden Tätigkeiten in den Betrieben,
- Konzentration der Produktion auf hochwertige Qualitätsprodukte,
- Einsatz neuester Technologien,
- zunehmende flexible Spezialisierung,
- Abnahme der Stückzahlen in Verbindung mit der Ausrichtung auf kundenspezifische Anforderungen,
- deutlicher Ausbau der Serviceleistungen,
- verstärkte Berücksichtigung ökologischer Aspekte bei Produktneu- und -weiterentwicklungen.

Diese Veränderungen bewirken einen Strukturwandel von traditionell arbeitskräfteintensiven zu kapitalintensiven Industriezweigen mit deutlicher Zunahme des Anteils von Dienstleistungen.

> Der Wandel der zweiglichen Struktur der Industrie führte auch zu Veränderungen der räumlichen Struktur in den einzelnen Industrieräumen. Dieser **räumliche Strukturwandel** hat ökonomische, ökologische und soziale Aspekte.

Strukturwandel im Ruhrgebiet

Das Ruhrgebiet war ehemals gekennzeichnet durch die Montanindustrie, vor allem durch den Steinkohlenbergbau und die Eisen- und Stahlindustrie.

Krisen des Steinkohlenbergbaus in den 50er Jahren des letzten Jahrhunderts – ausgelöst durch den Import preiswerten Erdöls und billiger Steinkohle aus Übersee – und der Eisen- und Stahlindustrie in den 70er Jahren des 20. Jh. – ausgelöst durch den Import billigeren Stahls sowie seinen Ersatz durch Kunststoffe und Aluminium – leiteten den **ökonomischen Strukturwandel** des bis dahin **monostrukturierten Raumes** ein.

Das Verkehrsnetz, vor allem die Autobahnen, wurde ausgebaut. Zusätzliche Betriebe der Textil-, Kunststoff- und Metallverarbeitung siedelten sich an. Der Aufbau neuer Strukturen im Dienstleistungs- und High-Tech-Bereich, insbesondere die Entstehung von Universitäten, von Wissenschaftsinstituten und Labors waren die notwendigen Voraussetzungen neuer Technologiefelder. Umwelttechnik, Mikroelektronik, Sensorik und Biotechnologie wurden profilbestimmende Branchen. Vor allem die Umwelttechnik ist auf die regionalen Umweltprobleme orientiert.

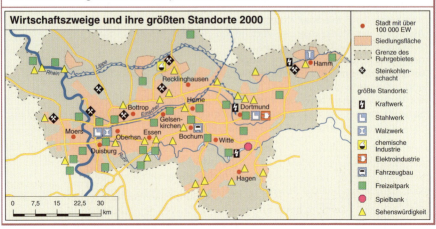

Bergbau/Hüttenindustrie	ehemalige Industriefläche	moderne Zweige

Mit dem ökonomischen Wandel konnte zugleich auch ein **ökologischer Wandlungsprozess** eingeleitet werden. Es erfolgte zunächst eine Entlastung von Luft, Boden und Wasser von Schadstoffen. Nachfolgend begann eine naturnahe Umgestaltung von Gewässern und die Wiederherstellung ehemaliger Auen, die Schaffung von durchgehenden Grünflächen (z. B. Emscherpark-Radweg), die Einrichtung einer umweltgerechten Abfallwirtschaft sowie die Altlastensanierung auf ehemaligen Zechenarealen und Industriebrachen. Darüber hinaus fand ein **sozialer Wandlungsprozess** statt. Er ist mit einem Bevölkerungsrückgang von 5,7 Mio. Menschen (1961) auf 5,4 Mio. (2000) verbunden. Der Ausländeranteil erhöhte sich auf 11,5 %. Die Erwerbstätigenstruktur veränderte sich.

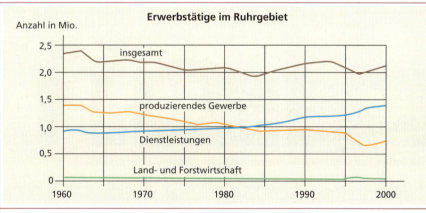

Erwerbstätige im Ruhrgebiet

Der Anstieg im Dienstleistungssektor kann die nach wie vor zurückgehende Anzahl von Arbeitsplätzen im produzierenden Gewerbe nicht ausgleichen. Demzufolge ist die Arbeitslosenquote von 12,4 % (2001) für Verhältnisse in den Altbundesländern sehr hoch. Sie betrifft vor allem ältere Personen sowie jüngere Menschen ohne oder mit geringer Ausbildung. Nicht zuletzt auch deshalb wird inzwischen im Ruhrgebiet, dem größten Ballungsraum Europas, der beruflichen Aus- und Weiterbildung größere Bedeutung beigemessen. In deren Mittelpunkt steht die Förderung zukunftsorientierter Qualifikationen der Arbeitnehmer. Damit wird ein weiterer Impuls dafür gegeben, den sich über viele Jahrzehnte vollziehenden ökonomischen, ökologischen und sozialen Strukturwandel im Ruhrgebiet fortzuführen.

Zum Vergleich: Die durchschnittliche Arbeitslosenquote in den alten Bundesländern betrug im März 2002 8,0 %, in den neuen Bundesländern 18,8 %. Der Arbeitsamtsbezirk Neubrandenburg hatte zum gleichen Zeitpunkt eine Quote von 24,4 %.

4.6 Dienstleistungen

> Der Wirtschaftsbereich **Dienstleistungen** des tertiären Sektors umfasst alle Wirtschaftszweige, die der Versorgung des Menschen mit materiellen und nicht materiellen Gütern dienen (↗ S. 217).

Materielle Güter sind z. B. Nahrungsmittel, Kleidung oder Elektroenergie, nicht materielle z. B. Nachrichten, Bildung oder Rechtsauskünfte.

Die vielfältigen Wirtschaftszweige des Wirtschaftsbereichs Dienstleistungen können nach unterschiedlichen Gesichtspunkten geordnet werden, so nach der Qualität, nach der Häufigkeit der Nutzung oder nach Art und Zielgruppe der Dienste.

Gliederung der Dienstleistungen nach der Qualität		
einfach	höherwertig	produktionsorientiert
Handel, Verkehr, Schlüsseldienst, Friseur, Reinigung	Forschung, Entwicklung, Lehrtätigkeit, Beratung	Maschinenwartung, Anlagenreparaturen
Gliederung der Dienstleistungen nach der Häufigkeit der Nutzung		
täglich	periodisch	episodisch
Einzelhandel, Nahverkehr	medizinische Betreuung	Versicherungsabschluss
Gliederung der Dienstleistungen nach Art und Zielgruppe der Dienste		
öffentlich	konsumorientiert	unternehmensorientiert
Verkehr, Gesundheitswesen, Schulen, Verwaltungen	Handel, Tourismus, Freizeitparks, Unterhaltung	Wirtschafts-, Rechts- oder Ingenieurberatung

4.6.1 Entwicklungen im Wirtschaftsbereich Dienstleistungen

In der Wirtschaftsentwicklung der Menschheit gewinnen die Dienstleistungen und damit der tertiäre Sektor immer mehr an Bedeutung. Das wird u. a. am wachsenden Anteil der Beschäftigten in diesem Sektor deutlich (↗ S. 218). Man spricht daher von der **Tertiärisierung der Wirtschaft**.

Die Ursache für diese Veränderungen ist die mit dem wissenschaftlich-technischen Fortschritt verbundene ständig wachsende Produktivität in den produzierenden Wirtschaftssektoren (↗ S. 217). Damit können die dort frei werdenden Arbeitskräfte im tertiären Sektor beschäftigt werden. Gleichzeitig erhöht sich durch Einkommenserhöhungen bei einem Teil der Bevölkerung die Nachfrage nach Dienstleistungen.

> Die **Bedeutung des tertiären Sektors** ist mit der allgemeinen wirtschaftlichen Entwicklung verbunden. Sie ist daher vor allem in den wirtschaftlich hoch entwickelten Ländern groß (↗ S. 300).

Der allgemeine wirtschaftliche **Strukturwandel** lässt sich auch für Deutschland (↗ S. 301) nachweisen.

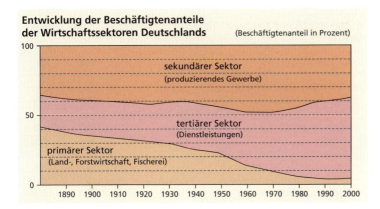

In allen wirtschaftlich hoch entwickelten Ländern hat der tertiäre Sektor die höchsten Anteile an den Beschäftigten.

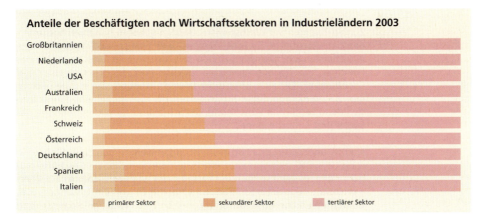

Die Bedeutung des tertiären Sektors in den wirtschaftlich hoch entwickelten Ländern lässt sich auch an seinem wachsenden Anteil am Bruttoinlandsprodukt (BIP, ↗ S. 301) nachweisen. Er gilt als Indikator für die wirtschaftliche Leistungsfähigkeit eines Landes.

Die **Abgrenzung des tertiären Sektors** gegenüber den beiden produzierenden Sektoren (↗ S. 217) ist recht schwierig, weil auch innerhalb der materiellen Produktion Dienstleistungen erbracht werden. Diese werden aber von der Statistik den produzierenden Bereichen hinzugerechnet. Daher ist der Anteil des tertiären Sektors an der wirtschaftlichen Leistungskraft und an den Beschäftigten eigentlich noch größer.

> Die einzelnen **Zweige des Dienstleistungsbereichs** entwickeln sich unterschiedlich. Es gibt *wachsende* Zweige und *stagnierende* bzw. *schrumpfende* Zweige.

Die Angaben für 2010 stellen eine Prognose dar.

Entwicklung des Anteils von Dienstleistungszweigen an den gesamten Dienstleistungen (Anteile von Erwerbstätigen in Prozent)

Dienstleistungszweige	1985	2010
einfache Dienstleistungen		
– allgemeine Dienste (Reinigung, Gastronomie, Transport, Lagerung)	15,4	13,8
– Bürotätigkeit	16,5	11,8
– Handel	10,5	10,6
höherwertige Dienstleistungen		
– Betreuung/Beratung/Lehre	11,9	18,4
– Organisation/Management	5,8	9,7
– Forschung/Entwicklung	5,1	7,3
produktionsorientierte Dienstleistungen		
– Reparatur	6,2	4,9
– Maschineneinrichtung/-wartung	8,2	11,2
– Dienstleistungen bei der Herstellung	20,5	12,2

Zu den Zweigen mit **Wachstumstendenzen** gehören höherwertige unternehmensorientierte Dienstleistungen, wie Finanz- und Versicherungsdienstleistungen, Dienstleistungen mit verteilender und vermittelnder Funktion, wie Transportgewerbe, Verkehr, Post, Nachrichtenwesen und Großhandel, aber auch **öffentliche Dienstleistungen,** wie soziale Leistungen zur Versorgung vom Kindergarten bis zum Altenheim, Einrichtungen der öffentlichen Verwaltung, des Schul- und Ausbildungswesens, des Sport- und Kulturbereiches.

Finanz- und Versicherungsdienstleistungen werden durch die Globalisierung (↗ S. 310 u. 369) immer intensiver in internationale Geschäfte eingebunden. In den Zweigen mit verteilender und vermittelnder Funktion erleichtern neue arbeitssparende Technologien und Einrichtungen, z. B. Containerverkehr oder Güterverkehrszentren, derartige Prozesse und bewirken zudem eine Erhöhung der Beschäftigtenproduktivität.
Bei den öffentlichen Dienstleistungen steigt in den hoch entwickelten Volkswirtschaften der Bedarf aufgrund der Veränderungen im Altersaufbau der Bevölkerung (↗ S. 192) besonders in der medizinischen Versorgung und in der Altenpflege.

Soziale Leistungen erbringen neben dem Staat auch Kirchen, Wohlfahrtsverbände und gemeinnützige Organisationen.

Zu den Zweigen mit **Stagnations- und Schrumpfungstendenzen** hinsichtlich der Beschäftigtenzahlen gehören einfachere produktionsorientierte Dienstleistungen sowie konsumorientierte Dienste. Das hängt unmittelbar mit dem Einsatz neuer, Personal sparender Technologien, wie Personalcomputer oder Telekommunikationssysteme, zusammen. Ebenso trägt seit geraumer Zeit die verstärkte Nutzung von *langlebigen* Konsumgütern, wie PKW, Staubsauger, Waschmaschinen, dazu bei, dass einfachere, auf Endverbraucher orientierte Dienste (z. B. Boten-, Reinigungsdienste, Wäschereien) immer stärker ersetzt werden.

Das Erbringen und die Nutzung einer Dienstleistung fallen oft *räumlich* und *zeitlich* zusammen. Dieser Zusammenhang wird zum wichtigsten **Standortfaktor** (↗ S. 249) von Dienstleistungsunternehmen. Daher ist die unmittelbare Nähe zu Nachfragern (Kunden) von Vorteil. Wichtig für die Ansiedlung von Dienstleistungsunternehmen ist aber auch das Nachfragevolumen (Anzahl und Höhe der Aufträge).

4.6.2 Handel und Verkehr

Handel und **Verkehr** sind Wirtschaftszweige des Wirtschaftsbereichs Dienstleistungen mit großer wirtschaftlicher Bedeutung und besonderen Wirkungen auf die geographischen Räume. Sie beeinflussen u. a. Siedlungs- und Standortstrukturen, das räumliche Versorgungsverhalten der Menschen sowie die sich daraus ergebenden Verkehrsströme.

> **Handel** ist jeder Austausch materieller Güter infolge der gesellschaftlichen Arbeitsteilung. Er erfolgt entweder als Tauschhandel oder über das Tauschmittel und den Wertmaßstab Geld.

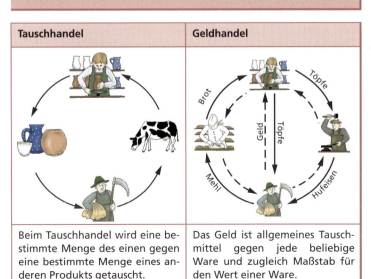

Tauschhandel	Geldhandel
Beim Tauschhandel wird eine bestimmte Menge des einen gegen eine bestimmte Menge eines anderen Produkts getauscht.	Das Geld ist allgemeines Tauschmittel gegen jede beliebige Ware und zugleich Maßstab für den Wert einer Ware.

In der historischen Entwicklung wurde zunächst Warengeld verwendet, später Metallgeld – erst Goldmünzen, dann Scheidemünzen – und seit dem 7. Jh. Papiergeld (in China).

Funktionen und zweigliche Struktur des Handels

Die **Funktionen des Handels** sind vor allem die Vermittlung zwischen Produzenten und Konsumenten, aber auch die Kontaktaufnahme zum Kunden, die Informationsübermittlung an den Kunden (z. B. durch Zeitungen und Werbebroschüren), die Beratung von Kunden sowie Transport und Lagerung von Gütern.

Der Großhandel vermittelt Waren von Produzenten zum Einzelhandel sowie an Weiterverarbeiter und gewerbliche Verbraucher.
Der Einzelhandel verkauft Waren an den Endverbraucher (Konsumenten).

Zweiglich wird der Handel in **Großhandel** und **Einzelhandel** sowie in **Binnenhandel** (innerhalb der Grenzen eines Staatsgebietes oder einer Staatengemeinschaft, ↗ S. 312) und **Außenhandel** (grenzüberschreitend) gegliedert.

Prozesse und Strukturen im Einzelhandel

Der **Einzelhandel** ist in allen Industrieländern einer der größten Wirtschaftszweige. Schätzungsweise 10 % aller Beschäftigten sind dort tätig.

> Seit mehreren Jahrzehnten läuft im Einzelhandel ein **Strukturwandel** ab, der zu tief greifenden Veränderungen geführt hat.

Zu diesen Veränderungen gehören
- die Vergrößerung der Verkaufsfläche insgesamt und je Betrieb,
- die Umstellung auf Selbstbedienung (SB-Läden),
- die Verringerung des Personals,
- das Aufgeben kleiner und umsatzschwacher Läden und
- der Anschluss von Einzelbetrieben an Einkaufsgenossenschaften oder Handelsketten bis hin zur völligen Aufgabe der Selbstständigkeit.

Wichtige Betriebsformen des Einzelhandels sind:
– Bedienungsladen,
– Discounter,
– Fachmarkt,
– Fach-/Spezialgeschäft,
– Filiale,
– Kauf-/Warenhaus,
– SB-Laden/-Markt,
– Supermarkt,
– Verbrauchermarkt/ SB-Warenhaus,
– Shoppingcenter.

Diese Prozesse erfassten zunächst den Lebensmitteleinzelhandel und dehnten sich schließlich auch auf den Handel mit Möbeln, Textilien und Bekleidung, Haushaltswaren, Elektrogeräten usw. aus. In den Vereinigten Staaten ist diese Umstrukturierung inzwischen bereits abgeschlossen, während sie in Europa noch anhält.

Die größten Veränderungen sind in *Deutschland* ebenfalls erfolgt. So verschwanden in den 90er Jahren bis auf wenige Ausnahmen (z. B. Delikatessen-, Spezialitäten-, Bioläden) die Bedienungsläden. An ihre Stelle sind Einkaufsmöglichkeiten in SB-Läden (bis 400 m^2 Verkaufsfläche), in Supermärkten (bis 1 500 m^2) und in Verbrauchermärkten bzw. SB-Warenhäusern (über 1 500 m^2) getreten.
Bezüglich der **Umsatzentwicklung** des deutschen Einzelhandels ist seit Jahren eine Stagnation erreicht, sodass mit Zuwachsraten kaum noch zu rechnen ist. Zwischen einzelnen Branchen bestehen jedoch deutliche Unterschiede. Die Umsätze des Einzelhandels sind sehr ungleichmäßig über das Jahr verteilt.

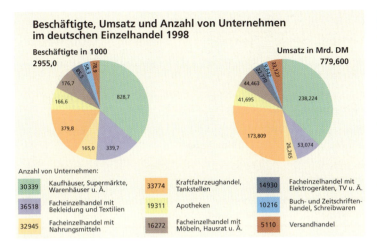

 Im Vergleich zu 1997 ging die Gesamtzahl der Unternehmen 1998 um 15 405 zurück.
Die Anzahl der Beschäftigten sank um 116 600.
Auch der Gesamtumsatz verringerte sich um 12,868 Mrd. DM. Gestiegen ist er dabei u. a. im Kraftfahrzeughandel und bei Apotheken.

Standorttypen des Einzelhandels		
stationärer Einzelhandel	ambulanter Einzelhandel	Versandhandel

Hauptstandorttyp des Einzelhandels, 90 % des Umsatzes, als primäres und als sekundäres Standortsystem	Bedeutung insgesamt gering, jedoch in dünnbesiedelten Regionen oft die einzige Einkaufsmöglichkeit	Bestellmöglichkeiten in entfernten Zentralen durch Kataloge, Internet und andere elektronische Medien

Das **primäre Standortsystem** des Einzelhandels umfasst das wohnstandortnahe Netz von Ladengeschäften mit kurzfristig benötigten Grundbedarfsgütern (z. B. Lebensmittel) sowie die Verkaufseinrichtungen der innerstädtischen Zentren mit mittel- und langfristigem Non-Food-Angebot. Es erzielt ca. 60–70 % des Umsatzes (↗ S. 266).

Zu den Einrichtungen des **sekundären Standortsystems** gehören die Einzelhandelsstandorte außerhalb geschlossener Wohnbebauung (einzelne Bau-, Möbel- oder Verbrauchermärkte; Verbrauchermarkt und mehrere Fachmärkte; Shoppingcenter auf Grüne-Wiese-Standorten). Es sind großflächige, moderne eingeschossige Ladengeschäfte mit meist niedrigen Preisen. Das sekundäre Standortsystem erzielt ca. 30–40 % des Umsatzes. Die Grüne-Wiese-Standorte der Shoppingcenter haben im Zusammenhang mit den durch sie ausgelösten Verkehrsströmen eine besondere landschaftszerstörerische Wirkung (↗ S. 158).

Merkmale von Einzelstandorten in Typen städtischer Zentren				
Zentrentyp	Betriebsformen	Sortiment	Fristigkeit	Einzugsbereich
City	Waren-/Kaufhaus/ Fachgeschäft	Non-Food	mittel, lang	Stadt und Umland
Stadtteilzentrum	kleines Warenhaus/ Fachgeschäft	Non-Food, Food	mittel	Stadtgebiet
Nachbarschaftszentrum	Supermarkt/ z. T. Fachgeschäft	Food, z. T. Non-Food	kurz	Nahbereich
Nachbarschaftsladen	SB-Laden/ Supermarkt	Food	kurz	Baublock
nicht integriertes Zentrum	Verbrauchermarkt/ Fachmarkt	Food, Non-Food	kurz, Lang	Umland und Stadt

Der Begriff **Zentralität** drückt die Anziehungskraft eines zentralen Ortes (einer Stadt) auf sein Umland aus.

Aus der Standortverteilung des Einzelhandels ergibt sich ein gestaffeltes Dienstleistungsangebot an materiellen und immateriellen Gütern. So sind z. B. in den Fußgängerzonen der Citys Hauptgeschäftsviertel mit hoch spezialisierten Fachgeschäften, wie Juweliere, Brautmoden oder großen Möbelkaufhäusern, zu finden, während in den Nachbarschaftsläden das tägliche Brot und weitere Lebensmittel erworben werden können. Je hochwertiger und spezieller das Angebot eines Ortes ist, desto höher ist seine **Zentralität** einzustufen (↗ S. 211).

Außenhandel in der Welt

Internationalisierung und Globalisierung der Wirtschaft (↗ S. 370) führten in den letzten Jahren zu einer starken Ausweitung des **Welthandels**.

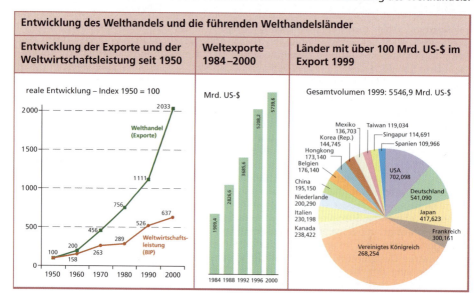

Entwicklung des Welthandels und die führenden Welthandelsländer

Dienstleistungen

> Der Begriff **Welthandel** umfasst die Gesamtheit des Außenhandels aller Staaten der Erde. Neben Waren werden dabei auch Dienstleistungen und Kapital ausgetauscht.

Eine besonders rasche Steigerung des Welthandels ist infolge zunehmender Verflechtungen internationaler Wirtschaftszentren seit Mitte der 90er Jahre zu verzeichnen, wobei die weltwirtschaftliche Wachstumsrate weit übertroffen wurde. Besonderen Anteil an diesem Ergebnis haben die hoch entwickelten Industrieländer. Kernräume des Welthandels sind folglich Nordamerika, Westeuropa und Ostasien (↗ S. 256). Zwischen diesen Räumen werden vor allem gleichartige Industrieprodukte ausgetauscht. Ein sehr differenziertes Bild ergibt sich, wenn neben den weltweiten Warenströmen von Industrieprodukten auch die Rohstoffströme in die Betrachtung einbezogen werden (↗ S. 316). Von großer Bedeutung ist insbesondere der Handel mit Rohöl (↗ S. 245).

Die vielfältigen Aktivitäten im Welthandel (↗ S. 222) erfordern ein dichtes Netz von **Verkehrswegen** im Weltmaßstab. Schiffs- und Flugrouten dienen dem Handel mit Waren und der Beförderung von Personen. Informationen dagegen werden heute weitgehend über Glasfaserkabel bzw. Satellit ausgetauscht.

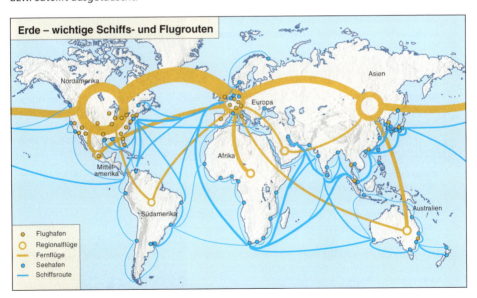

Erde – wichtige Schiffs- und Flugrouten

> Warentransport, Personenbeförderung und Nachrichtenübertragung zwischen Standorten werden als **Verkehr** bezeichnet. Verkehr findet mit Verkehrsmitteln und Verkehrseinrichtungen (Bahnhöfe, Häfen, Schleusen, Flughäfen, Satelliten, Navigationssysteme) auf besonderen Verkehrswegen statt.

Straßenverkehr

Allgemeine Merkmale:
Der **Straßenverkehr** dient der Beförderung von Personen und dem Transport von Gütern auf öffentlichen Straßen (mehrspurige Autobahnen, einspurige Ortsverbindungsstraßen, Wege, Pfade oder Wüstenpisten).
Der Straßenverkehr erfolgt mittels Kraftfahrzeugen bzw. Fahrzeugen, die mit menschlicher oder tierischer Kraft bewegt werden.

Vorteile:
günstige Erschließung der Fläche, besonders in Industrieländern, hohe Flexibilität hinsichtlich Abfahrtszeit, schwankender Transportnachfragen und Transportrichtung
Nachteile:
erhebliche Umweltbelastungen durch den motorisierten Straßenverkehr (Luftschadstoffe, Lärm, Flächenverbrauch der Bauten für fließenden und stehenden Verkehr)

Schienenverkehr

Allgemeine Merkmale:
Der **Schienenverkehr** dient der Beförderung von Personen und dem Transport von Gütern mit schienengebundenen Verkehrsmitteln (Eisenbahnen, Straßenbahnen, U- und S-Bahnen).
Der Schienenverkehr erfolgt auf Hauptstrecken, die die wichtigsten Wirtschaftsgebiete verbinden, sowie auf Nebenstrecken, die das Hauptstreckennetz ergänzen.

Vorteile:
Massenverkehrsmittel im Nah- und Fernverkehr, hohe Transportleistung bei geringem Personal- und Energieaufwand, große Betriebssicherheit, umweltfreundlich
Nachteile:
an Trassen und Fahrzeiten gebunden, rentabel nur im Hochgeschwindigkeitsverkehr und bei Ganzzügen im Güterverkehr, geringe Auslastung in ländlichen Räumen

Luftverkehr

Allgemeine Merkmale:
Der **Luftverkehr** dient der Beförderung von Personen und dem Transport von Gütern mithilfe von Luftfahrzeugen (Kleinflugzeuge, Großraumflugzeuge, Hubschrauber, Luftschiffe, Freiballons).
Der Luftverkehr erfolgt nach international geregelten Lufttrassen mit festgelegtem Verlauf und bestimmten Höhen.

Vorteile:
schnelle Überwindung von großen Distanzen (Flugzeuge), fast unbegrenzte Einsatzmöglichkeiten (Hubschrauber), für Schwerlasttransporte geeignet (Luftschiffe)
Nachteile:
relativ teuer, ungeeignet für Massentransporte, hohe Umweltbelastung (Fluglärm, Luftverschmutzung, hoher Energieverbrauch, Beeinflussung der Stratosphäre)

Wasserstraßenverkehr

Allgemeine Merkmale:
Der **Wasserstraßenverkehr** dient der Beförderung von Personen und dem Transport von Gütern mittels Schiffen auf natürlichen (Flüsse, Seen, Meere) und künstlichen (Kanäle, Stauseen) Wasserstraßen. Es werden Binnen- und Seewasserstraßen unterschieden.
Zunehmende Bedeutung erlangen der Containerverkehr sowie der Ro-Ro-Verkehr.

Vorteile:
kostengünstiger, relativ umweltfreundlicher Transport von Massengütern
Nachteile:
relativ langsame Überwindung von Distanzen, gebunden an Wasserstraßen und Häfen, im Binnenverkehr Beeinträchtigungen durch witterungsabhängig stark schwankende Wasserstände (Hoch- und Niedrigwasser) sowie Vereisung

Rohrleitungsverkehr

Allgemeine Merkmale:
Der **Rohrleitungsverkehr** dient dem Transport von Flüssigkeiten (z. B. Wasser, Erdöl, Erdölprodukte), Gasen (z. B. Erdgas, Kokereigas), feingemahlenen, z. T. mit Wasser versetzten Feststoffen (z. B. Kohle, Erze, Zement) oder von Nachrichten (Rohrpost) mithilfe von Pipelines (Rohrleitungen). Die Rohre sind je nach geographischen Bedingungen oberirdisch, unterirdisch oder auf dem Meeresboden verlegt.

Vorteile:
effektiver Transport durch Ausnutzung der Schwerkraft bzw. Einsatz von Pumpen, Transport kontinuierlich und unabhängig von Fahrzeugen
Nachteile:
aufwendige Wartungs- und Instandhaltungsarbeiten, besonders in Dauerfrostbodengebieten (häufig Pump- und Erwärmungsstationen) oder in Krisenräumen

Nachrichtenverkehr

Allgemeine Merkmale:
Der **Nachrichtenverkehr** dient dem Übermitteln von Nachrichten zwischen einem Sender und einem oder mehreren Empfängern, meist mit technischen Kommunikationsmitteln.
Diese können gedruckt (Briefpost, Zeitungen, Zeitschriften, Bücher) oder papierlos/elektronisch (Rundfunk, Telefon, Telegraf, E-Mail, CD-ROM, Internet/E-Commerce) sein.

Vorteile:
weltweite elektronische Vernetzung, insbesondere durch das Internet, schnelle und vielfältige Möglichkeiten für Kommunikation und Unterhaltung, „Datenautobahn"
Nachteile:
gegenständliche Informationsvermittlung relativ langsam und aufwendig, an Verteilernetze (z. B. Post, UPS) gebunden, mangelnde Rückkopplungsmöglichkeiten

4.6.3 Tourismus

Der **Tourismus** ist ein Wirtschaftszweig des Wirtschaftsbereichs Dienstleistungen (↗ S. 260). Er gewinnt zunehmend an Bedeutung. In den vergangenen 25 Jahren hat er sich verfünffacht.

> Der Begriff **Tourismus** umfasst alle Erscheinungen und Wirkungen, die mit der Reise von Personen an einen Ort, der nicht ihr Wohn- und Arbeitsort ist, verbunden sind.

Fremdenverkehr ist die lokale oder gebietliche Häufung von nicht Ortsansässigen mit einem vorübergehenden Aufenthalt, die in Wechselbeziehungen mit der ansässigen Bevölkerung, dem Ort und der Landschaft stehen.

In der Vergangenheit wurde für Tourismus häufig der Begriff **Fremdenverkehr** verwendet. Das entspricht jedoch den heutigen Vorstellungen vom Reisen nicht vollständig. Wir wollen als Touristen Menschen in anderen Ländern und Regionen nicht als Fremde begegnen, sondern freundschaftliche Kontakte knüpfen.

Der Tourismus hat ein gestiegenes Einkommen großer Teile der Bevölkerung sowie eine tendenziell abnehmende Arbeitszeit, die sich vor allem in bezahlten Urlaubstagen ausdrückt, als Voraussetzung.

> Die **Freizeit** ist die Zeit außerhalb der Arbeitszeit, über die der Einzelne selbst frei entscheiden kann. Nicht dazu gehört die Zeit für die Lebenserhaltung (z. B. Schlaf, Essen, Gesundheitsvorsorge) und für gesellschaftliche Verpflichtungen.

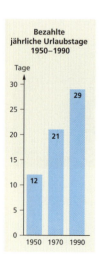
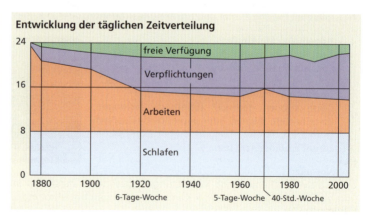

Eine der wichtigsten Freizeitaktivitäten der Menschen in den Industrieländern zwecks Erholung (↗ S. 200 u. 216) stellt das **Reisen** dar.

Tourismusarten werden unterschieden u. a. nach der *Reichweite* (Nah- und Ferntourismus), *staatlicher Zugehörigkeit* (nationaler und internationaler Tourismus), der *Dauer* (Kurz- oder Wochenendreisen und Langzeit- oder Urlaubsreisen), der *Jahreszeit* (Sommer- oder Wintertourismus), der *Teilnehmerzahl* (Einzel- oder Gruppentourismus), dem *Umfang des Leistungsangebotes* (Individual- o. Pauschalreise), dem *Programmangebot* (Bildungs-, Erholungs-, Aktiv-, Alternativ-, Sport-, Trecking- oder Safaritourismus) oder nach dem *Verkehrsmittel* (Bahn-, Bus- oder Flugreise, Kreuzfahrt).

Zum Sommertourismus gehören u. a. Wandern, Bergsteigen, Baden oder Reiten, zum Wintertourismus z. B. Winterwandern, Skilaufen, Schlittenfahren oder Schwimmen im Hallenbad.

Der Tourismus hat sich in den letzten Jahren weltweit zu einem der dynamischsten Wirtschaftszweige (nach der Ölbranche und der Automobilindustrie) entwickelt. Der Tourismus gehört aufgrund der anhaltenden Nachfrage und seiner ständig auf Verbesserung bedachten Angebote innerhalb der Dienstleistungen zu den Wachstumszweigen.

Im Tourismus sind weltweit ca. 10 % aller Beschäftigten tätig. Sie erwirtschaften etwa 12 % des globalen Bruttoinlandsprodukts.

Internationaler Touristenreiseverkehr
Zahl der einreisenden Touristen und Deviseneinnahmen (nach WTO)

	Anzahl der Touristen (in Mio.)		Einnahmen in Mrd. US-$
Land/Jahr	2002	1997	2002
Frankreich	77,0	67,310	35,0
Spanien	52,5	43,252	46,4
USA	45,0	47,752	80,0
Italien	82,0	34,087	58,0
Großbritannien	24,2	25,515,	71,5
Mexiko	23,7	19,351	8,4
Kanada	20,0	17,636	11,0
Polen	17,9	19,520	15,0
Österreich	18,6	16,647	12,0
Deutschland	37,7	15,837	29,6

WTO – World Tourism Organization

Effekte des Tourismus als Wirtschaftsfaktor

Als informeller Sektor wird der steuerlich nicht erfasste Bereich des Klein- und Dienstleistungsgewerbes (z. B. Straßenhandel, Schuhputzer, Müllsammler, Kleintransporte) bezeichnet. Er dient vor allem in Entwicklungsländern als Erwerbsquelle großer Teile der Bevölkerung und wird daher vom Staat geduldet.

- Durch den Tourismus entstehen wegen seines Dienstleistungscharakters *Arbeitsplätze*
  - direkt in den Touristeninformationen, Beherbergungsstätten, Gaststätten, Kur- und Erholungseinrichtungen, Kultur- und Unterhaltungsstätten,
  - indirekt in den Einzelhandelseinrichtungen (z. B. Boutiquen, Fotoläden, Kunsthandwerksgeschäften, Freizeitartikelläden) sowie Dienstleistungsunternehmen (z. B. Verkehrsunternehmen, Textilreinigung, Friseur). In Entwicklungsländern leben bis zu 50 % der Menschen von Tätigkeiten im **informellen Sektor**.
- Durch den Tourismus wird die *Infrastruktur* in den betreffenden Orten attraktiver gestaltet (z. B. durch die Ausgestaltung des Wanderwegenetzes, den Bau von Freizeitparks, Spaß- und Erlebnisbädern, Skischulen, Reitställen bis hin zu Multiplex-Kinos). Dies kommt auch der Bevölkerung in der Region zugute.
- Der Tourismus trägt über die *Einkommensverbesserung* der einheimischen Bevölkerung zur Erhöhung der Steuereinnahmen und damit zur Auslösung positiver wirtschaftlicher Effekte (z. B. Investitionen) in den Gemeinden bei.

Tourismus-Einnahmen in Berlin 1998
gesamte Einnahmen: 7,7 Mrd. DM,
davon durch
- Tagesbesucher   50 %
- Hotelgäste   32 %
- Besuche von Verwandten und Bekannten   18 %

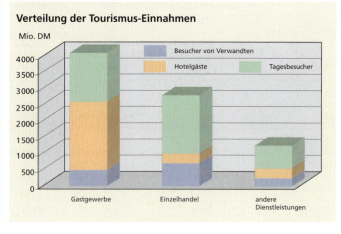

Verteilung der Tourismus-Einnahmen

- Der Tourismus sorgt in den vom Strukturwandel besonders betroffenen Räumen für neue Betätigungsfelder und unterstützt damit *regionalpolitische Entwicklungsziele* (z. B. im Ruhrgebiet, ↗ S. 258).
- Durch den Tourismus wird die *Zahlungsbilanz* eines Landes beeinflusst. Durch Reisende aus dem Ausland fließen Devisen zu, während um-

gekehrt durch Reisen in das Ausland Devisen ausgeführt werden. Durch den zunehmenden internationalen Tourismus – besonders der US-Amerikaner und der Westeuropäer – fließen Devisen auch in Entwicklungsländer. Davon gelangt allerdings ein bedeutender Anteil zu den in den Industrieländern ansässigen Tourismusunternehmen zurück.

Beliebte Touristenziele

Die 15 meistbesuchten Länder der Erde 1999

Einreisen weltweit: 664 400 000

Land	Einreisen
Griechenland	12 000 000
Ungarn	12 900 000
Tschechische Republik	16 000 000
Deutschland	17 100 000
Österreich	17 500 000
Polen	18 000 000
Russische Föderation	18 500 000
Mexiko	19 200 000
Kanada	19 600 000
Vereinigtes Königreich	25 700 000
China (ohne Hongkong)	27 000 000
Italien	36 100 000
Vereinigte Staaten	48 500 000
Spanien	51 800 000
Frankreich	73 000 000

Innerhalb **Deutschlands** (↗ S. 303) bestehen fünf touristische Großräume: die Küste, die Mittelgebirge, Alpen und Alpenvorland, die städtisch geprägten Gebiete sowie die übrigen Gebiete.

Küste · Mittelgebirge · Alpen und Alpenvorland · städtisch geprägte Gebiete

Übernachtungsvolumen der touristischen Großräume Deutschlands

übrige Gebiete 29 %
städtisch geprägte Gebiete 11 %
Küste 12 %
Alpen 10 %
Mittelgebirge 38 %

Innerhalb dieser touristischen Großräume sind die Gegebenheiten recht unterschiedlich. Das trifft auch auf die klimatischen Verhältnisse zu.

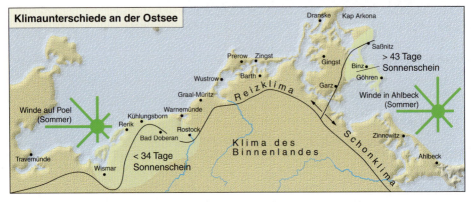

Klimaunterschiede an der Ostsee

Probleme des Tourismus

Zu den **Problemen des Tourismus** gehören Umweltprobleme und soziokulturelle Probleme.

Massentourismus bezeichnet die Konzentration der Touristen auf bestimmte Reiseziele. Dort treten die Reisenden in Massen auf, was häufig zu vielfältigen, vor allem ökologischen Problemen führt.

Umweltprobleme werden vor allem durch den **Massentourismus** hervorgerufen. Dazu gehören Landschaftsschädigungen (↗ S. 19), Schädigungen der Tierwelt, Verschmutzungen, Anwachsen von Müllhalden, enormer Flächenverbrauch (↗ S. 343), zunehmender Wasserverbrauch und vom Menschen ausgelöste Naturkatastrophen (↗ S. 359).

Merkmale des sanften Tourismus:
– Einzel-, Familien- u. Freundesreisen,
– viel Zeit,
– angemessene Verkehrsmittel,
– kein festes Programm,
– landesüblicher Lebensstil,
– anstrengend und aktiv,
– vorherige Beschäftigung mit dem Besuchsland,
– Sprachen lernen,
– taktvolles Verhalten

Nachhaltige Entwicklung mit Tourismus
- ökologisch vertretbar
- ökonomisch ergiebig
- sozial verträglich

Um den Umweltauswirkungen des Tourismus wirksam begegnen zu können, ist auch auf diesem Gebiet eine nachhaltige Entwicklung erforderlich (↗ S. 338). Es wird **sanfter Tourismus** angestrebt. Dazu gehören umweltschonende Standortentscheidungen, umweltfreundliche Angebote und Nutzung öffentlicher Verkehrsmittel.

Soziokulturelle Belastungen (↗ S. 189) sind u. a. das Nichtbeachten religiöser, moralischer und ethischer Vorstellungen der Einheimischen, der Verlust von Traditionen durch das Abwandern einheimischer Arbeitskräfte aus ihren Handwerksbetrieben in touristische Großprojekte, die Entwertung kulturellen Erbes durch Abnutzung und Beschädigung unzureichend geschützter Sehenswürdigkeiten, die Vernachlässigung der Schulausbildung durch Kinderarbeit (z. B. in der Reiseandenkenfertigung), die Gefährdung der Ernährungsgrundlage für Familien in Entwicklungsländern durch Aufgeben landwirtschaftlicher Tätigkeiten und die steigende Kriminalität vor allem von Jugendlichen in den Ziellän- dern, die am Reichtum der Touristen teilhaben wollen, dies aber durch ehrliche Arbeit nicht erreichen können.

RÄUMLICHE GLIEDERUNGEN | 5

5.1 Arten räumlicher Gliederungen

5.1.1 Naturräumliche Gliederung und Ordnung

Im Schulunterricht wird vorrangig die Methode der naturräumlichen Gliederung angewendet. Die naturräumliche Ordnung erfordert dagegen auch eine Arbeit im Gelände.

Die geografische Hülle ist räumlich strukturiert (↗ S. 95). Sie besteht aus unterschiedlichen Landschaften, deren Existenz durch zwei gegensätzliche, sich aber ergänzende geografische Arbeitsmethoden, durch die **naturräumliche Gliederung** und die **naturräumliche Ordnung**, nachgewiesen werden kann (↗ S. 284).

Beide Arbeitsmethoden nutzen die **Maßstabsgebundenheit** geografischer Erscheinungen, Zusammenhänge und Gesetzmäßigkeiten.

Die Maßstabsgebundenheit geografischer Erscheinungen

Die geografischen Gegebenheiten in der Landschaftshülle der Erde sind außerordentlich vielfältig. Innerhalb kürzester Entfernungen können sie sich deutlich verändern (↗ S. 149).

Wenige Meter Höhenunterschied bedingen einen unterschiedlichen Bodenwasserhaushalt und bewirken ein unterschiedliches Wasserangebot für die Pflanzen. Auf der sandigen Fläche im Vordergrund können deshalb neben spärlichem Rasen nur Kiefern gedeihen. Am Ufersaum des kleinen Gewässers wachsen Schwarzerlen, und ein Röhrichtgürtel hat sich ausgebildet.

Große Maßstabsbereiche erlauben eine feingliedrige inhaltliche Beschreibung und kartografische Darstellung der Naturraum- und Landschaftsstruktur.

Diese hier sichtbar werdende Raumstruktur kann durch relativ detaillierte Merkmale charakterisiert und in Form von genau abgrenzbaren Einheiten auf Karten größter Maßstäbe (~1:500) dargestellt werden. Größere Schwierigkeiten bereitet es, in ähnlicher Feinheit die Strukturen flächenhaft großer Landschaften (z. B. des Norddeutschen Tieflands) wiederzugeben. Gänzlich unmöglich sind eine solche inhaltliche Beschreibung und Darstellung der gesamten Geosphäre. Es muss also in Abhängigkeit von der Größe einer Landschaft und damit vom Maßstab nach jeweils spezifischen Merkmalen gesucht werden, nach denen die Naturraum- und Landschaftsstruktur erkundet, beschrieben und dargestellt werden kann.

> Jedem **Maßstabsbereich** sind spezifische Inhalte eigen. Je kleiner der Kartenmaßstab (je größer die dadurch erfassten Räume), desto allgemeiner sind die geografischen Inhalte. Je größer der Kartenmaßstab (je kleiner die dadurch erfassten Räume), desto feingliedriger können die geografischen Inhalte dargestellt werden.

Mittlere und kleine Kartenmaßstäbe erfordern zunehmend allgemeinere Erkundungs-, Beschreibungs- und Darstellungsmethoden.

Bei naturräumlichen Gliederungen werden in jedem Maßstabsbereich geografisch *homogene* Raumeinheiten betrachtet. Diese **Homogenität** gilt für die gesamte Ausdehnung der entsprechenden Raumeinheit.

Große Teile der nördlichen Halbkugel sind mit borealen Nadelwäldern bedeckt (↗ S. 165). Diese riesigen Flächen können ebenso als *homogen* aufgefasst werden wie der nur mehrere Hektar umfassende Kiefernwald auf einer Küstendüne an der Ostsee. Hinter dem Begriff **borealer Nadelwald** verbergen sich allerdings viel allgemeinere geografische Sachverhalte als hinter dem Begriff **Küstendünen-Kiefernwald** mit seiner sehr detaillierten Kennzeichnung.

boreal: kaltgemäßigtes Klima in Nordeuropa, Nordasien und Nordamerika

nival: Schnee

Inhalte von Naturraumeinheiten im kleinsten und im größten Maßstabsbereich					
	Klima	Wasser	Relief	Bios	Boden
kleinster Maßstabsbereich: Beispiel borealer Nadelwald	kaltgemäßigt (humides Jahreszeitenklima)	nivales Abflussregime (starkes Frühjahrsmaximum)	boreal-periglaziär (mit Frostwechselformen)	Taiga (mit Fichten, Kiefern, Tannen und Lärchen)	boreale Böden (mit mächtigen organischen Auflagen, oft Frostgleye und Podsole)
größter Maßstabsbereich: Beispiel Küstendünen-Kiefernwald	bodenwarmes Mikroklima	wechselfrisches Sickerwasser-Bodenfeuchte-Regime	Kleinkuppen und -rücken	armer Flechten-Kiefern-Forst	Sand-Regosol

> Im kleinsten Maßstabsbereich werden **geografische Zonen** und **Kontinente** betrachtet.

Die **geografischen Zonen der Erde** (↗ S. 171) ergeben ein breitenkreisparalleles Raummuster, für das neben der Einstrahlung der Sonne auf

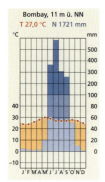

die Erde die Drehung der Erde und die Neigung der Erdachse ursächliche Bedingungen darstellen. Als spezifische Arbeitsmethoden zur Aufdeckung zonaler Gesetzmäßigkeiten eignen sich z. B. erdumfassende Bilanzierungen der Niederschlags-Verdunstungs-Beziehungen (Anzahl humider und arider Monate; ↗ S. 126), die jährliche Schwankung der Tageslängen (↗ S. 122), die von Wasser und Wärme abhängigen Wachstumsbedingungen für die Pflanzen (Dauer der Vegetationsperiode, ↗ S. 225) usw.

Die **Kontinente der Erde** (↗ S. 76 u. 396) ergeben sich aus der Land-Meer-Verteilung bzw. aus der Lage und den Bewegungen der Geosphäreplatten (↗ S. 102).

Im größten Maßstabsbereich werden die kleinsten homogenen Naturraumeinheiten, die **Geoökotope,** untersucht.

Ein Geoökotop ist ein kleiner räumlicher Landschaftsausschnitt mit homogenen Relief-, Boden-, Geländeklima- und (Boden-)Wassereigenschaften. Die biotischen Faktoren haben sich zunehmend den abiotischen angepasst.

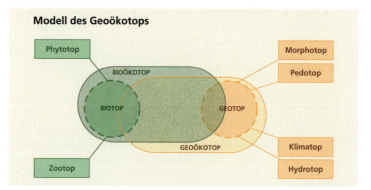

Auf der Gesamtfläche eines **Geoökotops** sind *alle* Landschaftsbestandteile (Landschaftselemente, -komponenten, ↗ S. 90–94) homogen.
Bezogen auf das **Relief,** müssen daher auf der Gesamtfläche des Geoökotops überall beispielsweise die gleiche Hangneigungsklasse, die gleiche Exposition zur Sonne, die gleiche Hangposition (Ober-, Mittel- oder Unterhang) und die gleiche Wölbung (konkav, konvex oder gestreckt) vorhanden sein. Eine solche am Relief orientierte Homogenität ist einem **Morphotop** eigen. Ändert sich eines der genannten Merkmale, ist die gesetzte Homogenität nicht mehr gewährleistet. Es handelt sich dann um einen anderen Morphotop.
Bezieht man die Homogenität auf den **Boden,** so wird die Gesamtfläche von einem einzigen Bodentyp mit einem gleichartigen Substrat aufgebaut. Es handelt sich um einen **Pedotop** (↗ S. 156). Wenn in ähnlicher Art und Weise Homogenität auch auf die Ausprägung des (Gelände-)**Klimas** zutrifft, spricht man von einem **Klimatop,** wenn einheitliche Bedingungen des **Bodenwasser**haushalts existieren, von einem **Pedohydrotop,** bei einer gleichen **Vegetation** von einem **Phytotop** usw. Geläufig ist mittlerweile der Begriff **Biotop,** der ein Areal mit standortangepasster homogener Pflanzen- *und* Tierwelt darstellt.

Zur **Untersuchung von Geoökotopen** werden folgende Schritte durchgeführt:

1. An einzelnen **Standorten** werden im Gelände die Komponenten der Landschaft und wichtige Landschaftsprozesse untersucht und beschrieben: Vegetation mit Baum-, Strauch- und Krautschicht, oberflächennaher Untergrund (↗ S. 136) mit einzelnen Substratschichten, Boden mit einzelnen Bodenhorizonten, Grundwassertiefe usw.
Außerdem werden die Reliefformen, der Gang der Bodenfeuchte, Besonderheiten des Geländeklimas, der Bodenerosion, der Landnutzung usw. eingeschätzt.
Diese Untersuchungen folgen weitgehend dem Schichtprinzip in der Landschaft (↗ S. 95). Sie haben das Ziel, **Standorttypen** in der Landschaft zu ermitteln.

Standorttypen bilden gesetzmäßige vertikale Zusammenhänge zwischen landschaftlichen Komponenten ab.

2. Standorttypen mit ihren gesetzmäßigen Kombinationen landschaftlicher Merkmale werden zweckmäßigerweise bei der Konstruktion von Profilschnitten durch die Landschaft, vor allem von **Kausalprofilen** und anderen Bildmodellen verwendet.

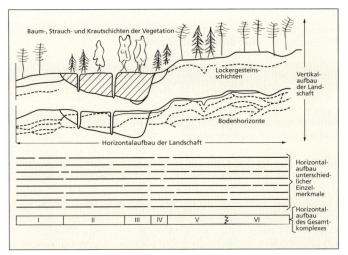

Kausalprofile sind meist bildhafte Darstellungen sowohl des vertikalen als auch des horizontalen Aufbaus der Landschaft in der topischen Dimension. Aufgrund der Vielfalt der darzustellenden Inhalte werden dabei oft Doppelprofile bevorzugt.

3. Die räumliche Ausdehnung des Standorttyps, sein **Verbreitungsareal**, wird durch die **Standortkartierung** ermittelt (↗ S. 280). Dieses Verbreitungsareal muss geografisch *homogen* sein (↗ S. 277), es stellt einen **Geoökotop** (↗ S. 278) dar.

Als Standortkartierung (-erkundung) wird die komplexe Geländeuntersuchung von Landschaften im größten Maßstabsbereich bezeichnet. Sie hat das Ziel, Standorttypen und deren Areale zu ermitteln und die Arbeitsergebnisse in Karten einzutragen.

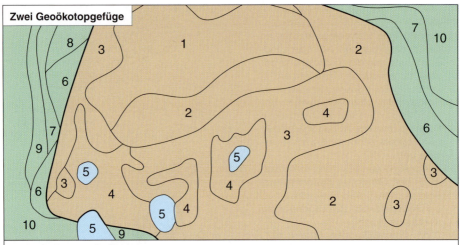

Kurzbeschreibung von Geoökotopen:
1 Ebene Grundmoränenplatte (trockene Böden)
2 Wellige Grundmoränenplatte (frische Böden)
3 Grundmoränensenke (feuchte Böden)
4 Hohlformen mit Kolluvium (nasse Böden)
5 Wasserflächen mit Schilf
6 Kolluvium über Torf (feuchte Böden)
7 Niederung mit geringmächtigem Torf (nasse Böden)
8 Niederung mit Hangmooren (nasse Böden)
9 Niederung mit mittelmächtigem Torf (nasse Böden)
10 Niederung mit mächtigem Torf (nasse Böden)

Ebenso wenig, wie von einer Zone oder einem Kontinent auf die Verhältnisse in einem Geoökotop geschlossen werden kann, kann man von einem Geoökotop Rückschlüsse auf die Verhältnisse einer Zone oder eines Kontinents ziehen. Dennoch sind beide Maßstabsbereiche – vermittelt über mehrere Maßstabsbereiche dazwischen (↗ S. 283) – miteinander verbunden.

Die Hierarchie naturräumlicher Einheiten

> Naturräumliche Einheiten haben eine **Rangordnung**.

Gleichrangig sind naturräumliche Einheiten, wenn sie dem gleichen Maßstabsbereich angehören.

> Die subtropische Zone und die kühlgemäßigte Zone gehören dem gleichen Maßstabsbereich an (↗ S. 171). Sie sind einander ranggleich. Gleichrangig sind auch der Pedotop A und der Pedotop D innerhalb ihrer Bodenlandschaft (↗ S. 156).

Verschiedenrangig sind naturräumliche Einheiten, wenn sie unterschiedlichen Maßstabsbereichen angehören.

> Die subtropische Zone und der Pedotop A sowie die boreale Nadelwaldzone und der Küstendünen-Kiefernwald (↗ S. 277) gehören unterschiedlichen Maßstabsbereichen an. Sie besitzen unterschiedlichen Rang.

> Naturräumliche Einheiten unterschiedlichen Rangs sind zueinander unter- bzw. übergeordnet. Sie bilden eine **Hierarchie**. Mit abnehmendem Rang vergrößert sich der Maßstabsbereich. Die zur Beschreibung zu nutzenden Merkmale werden immer differenzierter.

Deutschland gehört als Teil **Mitteleuropas** der höherrangigen naturräumlichen Einheit „Kontinent Europa" an (↗ S. 388).

Das Gebiet Deutschlands gliedert sich naturräumlich in vier Einheiten: das **Norddeutsche Tiefland**, das deutsche Mittelgebirgsland, das Alpenvorland und die deutschen Alpen. Diese naturräumlichen Einheiten sind zueinander gleichrangig, jedoch gegenüber Mitteleuropa niederrangig. Sie stehen in der Hierarchie unter Mitteleuropa. Sie können differenzierter beschrieben werden als das höherrangige Mitteleuropa.

 Die dicken Volllinien in der Karte grenzen die großen naturräumlichen Einheiten Mitteleuropas (Deutschlands) voneinander ab.

 Das Norddeutsche Tiefland insgesamt wird durch die allgemeinen Merkmale „Lage unter 200 m über dem Meeresspiegel" und „Aufschüttungsvorgänge im Quartär" (↗ S. 402) gekennzeichnet.

Will man das Tiefland spezieller betrachten, so wird man die kleineren, gegenüber dem Tiefland insgesamt rangtieferen, aber untereinander ranggleichen Regionen **Jungmoränentiefland**, Altmoränentiefland und Lössland ausgliedern und beschreiben.

 Das Jungmoränentiefland besitzt insgesamt die Merkmale „unübersichtliche Flusssysteme", „zahlreiche nasse Hohlformen", „auffallender Seenreichtum", „frisches Glazialrelief" und „geringe Entkalkungstiefe des Substrats".

Die in der Hierarchie dem Jungmoränentiefland untergeordneten naturräumlichen Einheiten sind Niederungen und **Glazialplatten**. Die Glazialplatten wiederum enthalten rangniedere Einheiten aus **Grundmoränen**, Endmoränen, Sandern und die Seen. Diese sind auf Karten größerer Maßstäbe gut erkennbar (↗ S. 282).

In ähnlicher Weise können auch das Mittelgebirgsland, das Alpenvorland und die deutschen Alpen gegliedert werden. In der Hierarchie des Mittelgebirgslandes stehen Hochschollen (Thüringer Wald, Harz, Taunus, Hunsrück …) und Tiefschollen (Thüringer Becken, Elbsandsteingebirge, Oberrheinisches Tiefland …) gleichrangig ganz oben. Diese werden weiter durch geografische Lagebeziehungen z. B. innerhalb des

 Während auf den Hochschollen das Grundgebirge zutage tritt, sind die Tiefschollen mit Sedimenten bedeckt.

allmählichen Klimawandels von der Küste zum Inneren des Kontinents (↗ S. 78 u. 79), vom Gebirgsrand zu den höchsten Gipfeln der Gebirge (↗ S. 81 u. 82) oder von den feuchtkühlen Luv- zu den trockenwarmen Leeseiten der Gebirge (↗ S. 83 u. 84) differenziert.

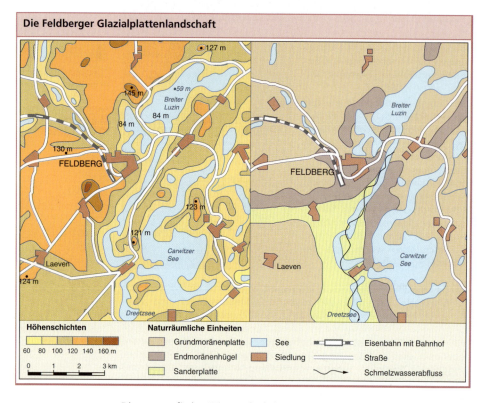

Die erste umfassende naturräumliche Gliederung Deutschlands wurde 1962 beendet: „Karte der naturräumlichen Gliederung Deutschlands, 1 : 1 Million".

Die geografische Wissenschaft hat spezielle Karten entwickelt, die naturräumliche Einheiten in hierarchischen Zusammenhängen darstellen. In solchen Karten werden die naturräumlichen Einheiten unterschiedlichen Rangs meist mit unterschiedlichen Linienarten (dicke Volllinie, dünne Volllinie, punktierte Linie ...) begrenzt und durch Landschaftsnamen beschrieben oder nummeriert.

Zu diesen gehört die naturräumliche Karte von Sachsen (↗ S. 283). Infolge der bedeutenden höhenstufenabhängigen Unterschiede im Inhalt der Naturräume wurden im Erzgebirge die oberen, mittleren und unteren Lagen unterschieden. Außerdem wurden die Braunkohlengebiete besonders hervorgehoben.

> Die verschiedenen Maßstabsbereiche von naturräumlichen Einheiten liegen den Vorstellungen von den **geografischen Dimensionen** zugrunde. Sie stellen Betrachtungsebenen für Landschaften unterschiedlichen Rangs dar (↗ S. 283).

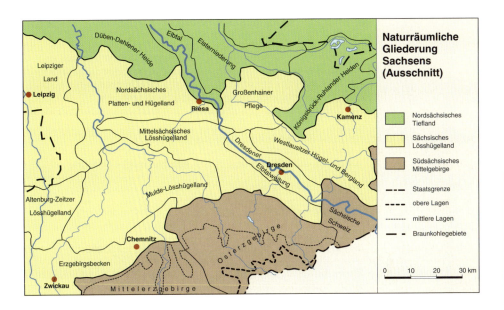

Geografische Dimensionen, Beispiellandschaften und Kartenmaßstäbe			
Dimension und ihre Unterteilung		**Beispiellandschaften**	**Maßstäbe**
planetarische	Zone, Kontinent	Europa	~1 : 100 Mio
regionische	Größtregion	Mitteleuropa	~1 : 25 Mio.
	Makroregion	Tiefland (z. B. Norddeutsches Tiefland)	~1 : 5 Mio.
	Mesoregion	Lössgebiet (z. B. Lössgürtel Deutschlands)	~1 : 1 Mio.
	Mikroregion	Sächsisches Gefilde	~1 : 500 000
chorische	Makrochore	Mittelsächsisches Lösshügelland	~1 : 200 000
	Mesochore	Mutzschen-Mügelner Pflege	~1 : 100 000
	Mikrochore	Ragewitzer flachwelliges Lösshügelland	~1 : 50 000
	Nanochore (Gefüge aus Geoökotopen)	Gefüge aus ebenen und welligen Ackerflächen mit unterschiedlichen Lössböden	~1 : 25 000
topische	naturräumliche Grundeinheit (Geoökotop)	ebene Ackerplatte mit Lössparabraunerde und Sickerwasser-Bodenfeuchte-Regime sowie Krumenverdichtung	~1 : 10 000

Naturräumliche Gliederung und naturräumliche Ordnung im Vergleich

> **Naturräumliche Gliederung** und **naturräumliche Ordnung** sind geografische Arbeitsmethoden zur Erforschung und zum tiefgründigeren Erkennen der Struktur der Landschaftshülle nach naturräumlichen Gesichtspunkten. Beide Methoden ergänzen sich.

Naturräumliche Gliederung und naturräumliche Ordnung im Vergleich		
Merkmale	**naturräumliche Gliederung**	**naturräumliche Ordnung**
Ansatz	Weg von oben (deduktiv)	Weg von unten (induktiv)
praktisches Vorgehen	physiognomisch	landschaftshaushaltlich-komplex
Arbeitsmaßstäbe	1 : 100 Mio. bis 1 : 200 000	1 : 5 000 bis 1 : 100 000
zu untersuchende Inhalte; ihre Darstellung	Relief, Gewässer, Vegetation, Ausgangssubstrat der Bodenbildung; verbal beschreibend	alle statischen und prozessualen Merkmale; typhaft-quantitativ
Grenzen	linienhaft	nicht vordergründig
Hierarchiestufen	planetarisch bis makrochorisch	topisch bis mesochorisch
Typen	formal-beschreibend abgeleitet	komplex-haushaltlich abgeleitet
Maß und Zahl	fehlend, nur bedingt möglich	dominierend
Bezeichnungsweise	Landschaftsnamen	Symbole, nach Raummerkmalen geordnet
Praxisbezug	beschränkt, weil kleinmaßstäbige Karten wenig nachgefragt werden und mittel- und großmaßstäbige meist ungenau sind	vorhanden, Karten aber flächendeckend meist nicht vorliegend, daher bei Bedarf Neuanfertigung erforderlich

Naturräumliche Gliederung und Ordnung der Landschaftshülle werden niemals beendet sein, weil immer neue geografische Zusammenhänge entdeckt werden und weil sich auch die Landesnatur selbst ständig verändert.

Beide methodischen Wege treffen sich etwa im Bereich der makrochorisch-mikroregionischen Dimension (↗ S. 283). Sie haben beide das Ziel, die Struktur der Landschaftssphäre (↗ S. 87) genauer zu erkennen.

Bei der **naturräumlichen Gliederung** wird eine größere naturräumliche Einheit (Erde, Kontinent, Teilkontinent usw.) nach bestimmten Gesichtspunkten in kleinere Einheiten *zergliedert*, weiter unterteilt (↗ S. 281 u. 282). Sie ist gegenüber der naturräumlichen Ordnung der einfachere Weg. Besonderheiten der Einzellandschaft werden aus den allgemeinen geografischen Zusammenhängen abgeleitet. Alle mithilfe der naturräumlichen Gliederung ausgegliederten Naturräume oder Landschaften weisen Merkmale auf, die für die jeweilige Dimension „typisch" sind, sodass man sie als formale „Typmerkmale" bestimmter

Landschaften auffassen kann (z. B. das Vorhandensein von Löss, von Grundmoränenmaterial oder Schutt, das Hervortreten bestimmter Relief- [eben, wellig ...] oder Nutzungsmerkmale [Acker, Grünland, Forst]). Insgesamt dominieren im Rahmen der naturräumlichen Gliederung aber meist reliefbeschreibende, Vegetations- oder Nutzungsmerkmale, somit vorzugsweise sichtbar wahrnehmbare, *physiognomische* Kriterien des **Landschaftsbildes**.

Landschaftsbild = sinnlich wahrnehmbare Erscheinungsform der Landschaft

> Die **naturräumliche Gliederung** vollzieht sich *von oben nach unten* und umfasst die planetarische, regionische und die obere chorische Dimension.

Die **naturräumliche Ordnung** ist ein methodisch anspruchsvoller Weg zur Erkundung des Aufbaus der Landschaft. Sie geht von den kleinsten geografischen Einheiten, meist sogar vom Punkt, dem **Standort**, aus. Sie versucht, die dort gefundenen geografischen Gesetzmäßigkeiten auf größere Flächen zu übertragen, Grenzen zu Nachbareinheiten (mit anderen geografischen Inhalten) zu finden und zugleich die Gesetzmäßigkeiten zu erkennen und zu beschreiben, nach denen kleinere Einheiten zu größeren zusammengefügt und *geordnet* sind (↗ S. 278–280).

In der topischen Dimension werden Standorttypen (↗ S. 279) ermittelt und deren Verbreitungsareale, die Geoökotope, festgestellt (↗ S. 280). Die Flächen A, B, C und D (linkes Foto) stellen jeweils Geoökotope dar. Die Geoökotope A, B und C, deren Grenzen durch die Beackerung verwischt sind, stellen ein einfaches Gefüge dar. Kommen weitere Geoökotope, z. B. größere Plattenteile, Sölle, vernässte Senken oder Bachtälchen, hinzu, können sie zu Mikrochoren (I, II und III; rechtes Foto) zusammengefügt werden. Die nächsthöhere Dimension ist erreicht.

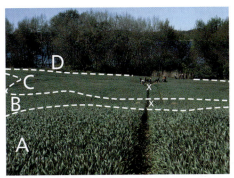

> Die **naturräumliche Ordnung** ist eine Arbeitsmethode zum Erkennen von Landschaftsgefügen. Sie vollzieht sich von *unten nach oben* und endet etwa in der mesochorischen Dimension.

5.1.2 Kulturräumlich-politische Gliederung

Eine Unterteilung der Erde nach kulturellen und politischen Gesichtspunkten führt sowohl zu klar abgegrenzten Räumen, wie Gemeinden, Kreisen, Bundesländern/Bundesstaaten, Ländern, als auch zu Räumen mit unscharfen, je nach Betrachtungsweise unterschiedlichen Grenzen. Dazu gehören Begriffe, wie Heimat und Kulturerdteil, ebenso wie spezielle Bezeichnungen, z. B. Orient, Mittelwesten der USA oder Breisgau.

Kulturerdteile

Wird keine genaue Abgrenzung der Verbreitung der kulturellen Merkmale vorgenommen, spricht man meist von Kulturkreis.

Kulturerdteile – meist mit **Kulturräumen** gleichgesetzt – sind Großräume, die nach ähnlichen kulturellen Merkmalen (z. B. Religionen, Sprachen, Lebensgewohnheiten, Werte- und Rechtssystemen, Kunst) und kulturlandschaftlicher Entwicklung abgegrenzt werden.

Die Grenzen unterliegen Veränderungen (z. B. Zuordnung der ehemaligen Sowjetunion – GUS) und sie haben keinen scharf gezogenen Verlauf. Für die Zuordnung von Ländern zu Kulturerdteilen sind z. T. unterschiedliche Merkmale entscheidend. So treten Übereinstimmungen, wie Sprache und Religion (↗ S. 193) in Lateinamerika und im Orient, auf, oder es führen gemeinsame geschichtliche Entwicklungen zur Zuordnung. Innerhalb dieser Kulturerdteile gibt es häufig viele Unterschiede, wie das auch hinsichtlich der Kultur in Europa der Fall ist. An den Grenzen beeinflussen sich die Kulturen gegenseitig. Jedoch werden in der Gegenwart durch die Medien und den Tourismus alle Kulturen sehr stark überprägt, z. B. internationale Musik, „Amerikanisierung" der Lebensweise und „Verwestlichung" des Aussehens der Städte (↗ S. 208).

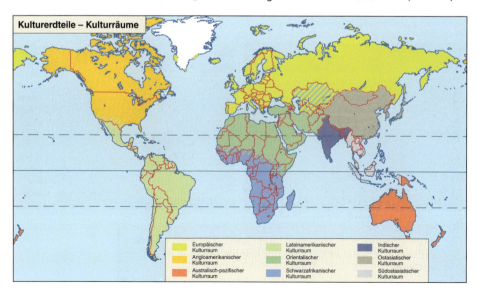

Europäischer Kulturraum

Lage: Europa einschließlich der Gebiete der Russischen Föderation in Asien
Religion: Christentum, in Russland u. a. die orthodoxe Richtung
Sprachen: Vielfalt

Der Anteil an der „Europäisierung" war unterschiedlich: **Spanien** und **Portugal** brachten das Christentum nach Lateinamerika, England war Ausgangspunkt der Industrialisierung.

Besondere Merkmale:
Ausgangsraum von Christianisierung, wissenschaftlicher Erforschung, Kolonialisierung und Industrialisierung der Erde („Europäisierung der Erde"); große kulturelle Vielfalt (z. B. Sprachen, Folklore, Architektur); Vielzahl von Staaten mit unterschiedlichen Entwicklungen zwischen 1945 und 1990 („Eiserner Vorhang"), Integrationsbestrebungen (EU); starke Verstädterung, im Osten geringer

Angloamerikanischer Kulturraum

Lage: USA und Kanada
Religion: Christentum
Sprachen: Dominanz von Englisch und Französisch

Kanada besaß enge Beziehungen zu **Frankreich.** Deshalb gibt es dort auch Provinzen, in denen französisch gesprochen wird, und immer wieder Bestrebungen, das Land zu teilen.

Besondere Merkmale:
Siedlungskolonie der Europäer, Vertreibung und Dezimierung der Indianer, um das Land selbst zu nutzen; durch Einwanderer Entwicklung zur multikulturellen Gesellschaft; einheitlicher Wirtschaftsraum mit ausgeprägter Arbeitsteilung; höchster Stand von Wissenschaft und Technik; USA als Weltmacht; hoher Grad der Verstädterung („Stadtlandschaften"); Lebensweise als „American way of life" weltweit Vorbild für viele Menschen

Australisch-pazifischer Kulturraum

Lage: Australien, Neuseeland, Ozeanien
Religion: Christentum
Sprachen: Dominanz von Englisch

In der Gegenwart wird den Aborigines in **Australien** größere Aufmerksamkeit gewidmet (Reconciliation). Sie haben sich Rechte erkämpft. Probleme gibt es aufgrund unterschiedlicher Lebensweisen.

Besondere Merkmale:
Australien und Neuseeland durch Europäer kolonisiert, Urbevölkerung verdrängt und z. T. vernichtet; verbreitet europäische Lebensweise; hoher Verstädterungsgrad mit ausgeprägter Industrie, Landwirtschaft vor allem in Neuseeland hoch entwickelt; Ozeanien: ursprüngliche Lebensweise z. T. noch erhalten, aber Prozess der Überformung der ursprünglichen Kulturen ist im Gange

Herausbildung einer besonderen Landbesitzstruktur: große Güter (Latifundien, Haziendas) der Kolonialherren – sehr kleine Flächen (Minifundistas) für die Indios (zum Teil nur Pächter)

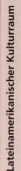

Lateinamerikanischer Kulturraum

Lage:	Mittel- und Südamerika
Religion:	Christentum (römisch-katholisch) und Naturreligionen
Sprachen:	Spanisch und Portugiesisch (lateinische Sprachen → „Lateinamerika")

Besondere Merkmale:
Siedlungskolonie der Spanier und Portugiesen, Vernichtung der indianischen Hochkulturen (Inka, Maya, Azteken); Christianisierung der Indios (außer im Amazonastiefland), Vermischung der Indios mit den Weißen und den Sklaven aus Afrika; Unabhängigkeit bereits Anfang des 19. Jh.; hoher Verstädterungsgrad mit weitgehender Metropolisierung und Industrialisierung in den Küsten- bzw. Hauptstädten

Orient (lat.) = Sonnenaufgang, Osten, Morgenland

Okzident (lat.) = Westen, Abendland

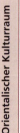

Orientalischer Kulturraum

Lage:	Nordafrika und Vorderasien, Übergang in Mittelasien, Vorderindien und Schwarzafrika
Religion:	Islam
Sprachen:	Arabisch

Besondere Merkmale:
Zentrum alter Hochkulturen (z. B. Ägypten und Mesopotamien); Wiege des Judentums, Christentums und des Islam; Islam bestimmt als wichtigste religiöse Kraft kontinentübergreifend den Alltag der Menschen, Kunst, Architektur, Städtebau usw.; große Unterschiede zwischen den reichen Erdöl fördernden Ländern und den übrigen Ländern; Industrialisierung und Metropolisierung vor allem in den bevölkerungsreichen Ländern

Sonderstellung der Republik Südafrika aufgrund ihrer geschichtlichen und wirtschaftlichen Entwicklung: bis 1990 Politik der strikten Rassentrennung (Apartheid)

Schwarzafrikanischer Kulturraum

Lage:	Afrika südlich der Sahara
Religion:	Islam, Christentum, Naturreligionen
Sprachen:	fast 1 000, Verkehrssprachen u. a. Suaheli, Haussa und häufig Englisch, Französisch

Besondere Merkmale:
Überwiegend dunkelhäutige Bevölkerung; fast 2 000 Stämme oder Stammesgruppen; Stammesdenken geht vor nationalem Denken; bis zum 19. Jh. Entvölkerung durch Sklavenhandel, dann Kolonien der Europäer; Unabhängigkeit nach 1950 (vor allem um 1960); Entwicklungsländer mit riesigen wirtschaftlichen und sozialen Problemen; Raum mit den meisten Kämpfen zwischen Stämmen und Staaten; große Flüchtlingsströme

Indischer Kulturraum

Lage: Vorderindien
Religion: Hinduismus (Hauptreligion), Islam und Buddhismus
Sprachen: Vielfalt, Verkehrssprache Englisch

Neben 830 Mio. Hindus leben in der Republik Indien auch mehr als 100 Mio. Muslime. Das sind mehr als in den Ländern Irak, Iran und Afghanistan zusammengenommen.

Besondere Merkmale:
Über 4 000 Jahre alte Stadtkulturen; britische Kolonie, Unabhängigkeit 1947, Teilung in drei Staaten; große Gegensätze zwischen herkömmlichem Leben auf dem Land und moderner Lebensweise sowie industrieller Entwicklung in den Städten; anhaltender Metropolisierungsprozess; hohes Bevölkerungswachstum behindert wirtschaftlichen Aufschwung; Kastenwesen bestimmt in Indien soziale Schichtung

Ostasiatischer Kulturraum

Lage: China, Mongolei, Japan
Religion: Konfuzianismus, Taoismus (China), dazu Schintoismus, Buddhismus (Japan)
Sprachen: vor allem Chinesisch, Japanisch

In Japan erfolgte eine rasche Industrialisierung nach Öffnung für westliche Länder Anfang des 20. Jh., in China setzte sie nach der Gründung der Volksrepublik, etwa 50 Jahre später ein.

Besondere Merkmale:
Alte Kulturvölker mit Städtebildungen, intensiver Landwirtschaft und hoch entwickeltem Handwerk, viele frühe Erfindungen (u. a. Papier); Japan: nach 1945 Entwicklung zur wirtschaftlichen Großmacht, hoher Verstädterungsgrad, Megalopolen; China: im 19. Jh. Halbkolonie, seit 1949 kommunistischer Staat, Politik des Atheismus, Formen der Marktwirtschaft führen zu wirtschaftlichem Aufschwung, bevölkerungsreichstes Land der Erde

Südostasiatischer Kulturraum

Lage: Hinterindien und Inselstaaten zwischen Asien und Australien
Religion: Vielzahl von Religionen, Islam in Indonesien, Buddhismus in West-Hinterindien
Sprachen: Vielfalt

In Südostasien existierten über lange Zeit Kolonien, deren Besitzer wechselten. So herrschten in Indonesien von 1509 bis 1949 nacheinander Portugiesen, Niederländer und Japaner.

Besondere Merkmale:
Brückenfunktion zwischen zwei Kontinenten, dadurch Übergangsgebiet und Durchdringungsraum verschiedener Kulturen; Vorhandensein von Naturvölkern; starke Differenzierung auf kleinem Raum; große Unterschiede in wirtschaftlicher Entwicklung, gegenwärtig Wirtschaftsraum mit dem schnellsten Wachstum, vor allem in „kleinen Tigern" (Südkorea, Taiwan, Singapur) sowie in Malaysia, Thailand und den Philippinen

Staaten der Erde – ihre Merkmale, Entwicklung und Gruppierung

> In den Ländern der Erde existieren **Staaten**. Der Staat dient der Organisation des Zusammenlebens von größeren Menschengruppen innerhalb eines abgegrenzten geografischen Raumes.

Merkmale eines Staates sind:
- **Staatsgebiet** (Hoheitsgebiet) – ein durch Staatsgrenzen umschlossenes Territorium, in dem die Staatsgewalt ausgeübt wird.
- **Staatsvolk** – Menschen, die im Staatsgebiet leben und für die die Staatsgewalt gilt (Staatsangehörigkeit). Gehören diese Menschen vorrangig einem Volk an, spricht man von **Nationalstaat** (z. B. Frankreich, Japan). Leben mehrere Völker im Staatsgebiet, bezeichnet man den Staat als **Vielvölkerstaat** oder **Nationalitätenstaat** (z. B. Indien).
- **Staatsgewalt** – das politische System, welches dazu dient, Ordnung und Sicherheit nach außen und innen zu gewährleisten und die Staatszwecke (z. B. Sicherung der Deckung der Grundbedürfnisse der Menschen) zu erfüllen. Hauptformen sind **Monarchie** (Einzelherrschaft) und **Demokratie** (vom Volk gewählte Vertreter üben die Gewalt aus). **Diktatur** ist eine Form, bei der einzelne Personen oder Gruppierungen (z. B. Parteien) die absolute Herrschaft ausüben.

Im Geographieunterricht werden Länder der Erde nach natürlichen, wirtschaftlichen und anderen Merkmalen untersucht. Dazu gehören auch die politischen Merkmale der Staaten dieser Länder.

Es gibt hauptsächlich zwei **Staatstypen**:
- **Einheitsstaat:** Die Staatsgewalt wird für das gesamte Staatsgebiet ausgeübt. Dieses wird zu Verwaltungszwecken in kleinere Einheiten (Bezirke, Provinzen o. Ä.) untergliedert. Beim **zentralisierten** Einheitsstaat wird die gesamte Verwaltung von der Hauptstadt aus geleitet (z. B. Frankreich), beim **dezentralisierten** Einheitsstaat werden Aufgaben auf untergeordnete Behörden verlagert, z. T. erfolgt eine Selbstverwaltung von Gemeinden (z. B. Vereinigtes Königreich).
- **Föderalistischer Staat:** Die Staatsgewalt ist zwischen dem Bund und den Einzelstaaten geteilt (z. B. Bundesrepublik Deutschland).

> In Deutschland sind die Außenpolitik und die Verteidigung des Landes Aufgabe des Gesamtstaates, während u. a. Kultur und Bildung in der Verantwortung der einzelnen Bundesländer liegen.

Ende des 19. Jh. war Großbritannien die größte Kolonialmacht der Erde. Sie regierte über ein Viertel der Landoberfläche der Erde, mehr als 100-mal größer als das Mutterland.

In der **Entwicklung der** menschlichen Gesellschaft traten bereits früh erste **Staaten** auf (z. B. die alten Hochkulturen oder das Römische Reich). Dabei gab es von Anbeginn Veränderungen der Staatsgrenzen vor allem durch militärische Eroberungen. Im Laufe der Geschichte zerfielen Staaten und es bildeten sich neue Staaten. Gravierende Veränderungen auf der Erde gab es im 20. Jh. nach dem Ersten und dem Zweiten Weltkrieg, durch die Unabhängigkeit der Kolonien in Asien und Afrika, die mit der Entstehung von Vielvölkerstaaten verbunden war, und nach 1990 (Auflösung der Sowjetunion, Zerfall Jugoslawiens, Vereinigung Deutschlands). Heute gibt es über 180 Staaten auf der Erde.
Der **Kolonialismus** und die **Entkolonialisierung** veränderten in den letzten Jahrhunderten die politische Situation auf der Erde entscheidend.

Arten räumlicher Gliederungen

Eine **Kolonie** ist ein Gebiet, welches durch einen fremden Staat („Mutterland") politisch und wirtschaftlich beherrscht wird.

Der **Kolonialismus** der Neuzeit begann im 15. Jh. mit den Entdeckungsreisen der Spanier und Portugiesen. Später kamen vor allem Engländer, Franzosen und Holländer als Entdecker und Eroberer hinzu.

Hauptmotive waren:
- Verbreitung des Christentums,
- Beschaffung von Gewürzen/Gold,
- Erschließung von neuen und billigen Rohstoffquellen für die Wirtschaft der Kolonialmacht.
- Eroberung von neuem Siedlungsland zur eigenen landwirtschaftlichen Nutzung durch die Einwanderer aus dem Mutterland (z. B. Farmen in Nordamerika) oder um es durch die einheimische Bevölkerung, bei deren Dezimierung später durch eingeführte Sklaven, bearbeiten zu lassen (z. B. Latifundien, Plantagen in Lateinamerika). Dies führte zeitweise zum „Dreieckshandel" (obere Karte).
- Erschließung eines Absatzmarktes für die Industrieprodukte aus dem Mutterland.

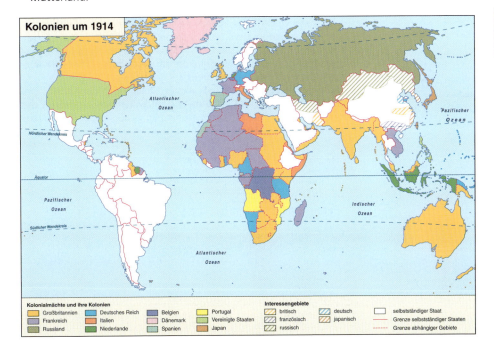

> Afrika diente vom 17. bis Anfang des 19. Jh. als Quelle der Sklaven für Amerika. Ein Viertel der gesamten Bevölkerung wurde aus Afrika verschleppt.
> Ab 1850 wurde Afrika unter den europäischen Kolonialmächten aufgeteilt, erschlossen und ausgebeutet.

ℹ️ Während es bis 1950 in Afrika nur zwei selbstständige Staaten gab, erhöhte sich ihre Zahl von 1956 bis 1961 auf 30.

Die Kolonien in Nord- und Südamerika, die schon früh entstanden waren, wurden 1776 (USA) und bis 1825 (Lateinamerika – Simón Bolívar) selbstständige Staaten. Bei den später entstandenen Kolonien dauerte der Kampf bis ins 20. Jh. Australien wurde 1901, Neuseeland 1907 selbstständig. Die meisten Kolonien in Afrika und Asien wurden erst nach 1945 unabhängig (Indien 1947, 1960 – Afrikanisches Jahr). Als vorläufig letzte Kolonie erkämpfte sich 1990 Namibia die Unabhängigkeit.

> Die Völker in den Kolonien kämpften ständig für ihre Unabhängigkeit von den Kolonialmächten. Das führte zur **Entkolonialisierung**.

Da die Grenzen der Kolonien unabhängig von den Lebensräumen der dort lebenden Völker gezogen worden waren und die neuen Staaten in diesen Grenzen gebildet wurden, entstanden sehr oft **Vielvölkerstaaten** (z. B. Indien, Indonesien, viele Staaten in Afrika). Damit sind viele Probleme verbunden, z. B.
- Vielfalt der Sprachen, Notwendigkeit der Festlegung einer Verkehrssprache, die auch der Bildung dient,
- religiöse Konflikte,
- fehlendes Nationalgefühl, Dominanz des Denkens und Handelns der Menschen in den Grenzen ihrer ethnischen Gruppe, z. B. **Tribalismus** (Stammesdenken in Afrika).

Arten räumlicher Gliederungen 293

> Die Staaten der Erde lassen sich nach bestimmten Merkmalen zu unterschiedlichen **Staatengruppen** zusammenfassen.

In der Gegenwart kann man Staaten nach folgenden Gesichtspunkten gruppieren:
- nach ihrer geographischen Lage innerhalb von Kontinenten (z. B. nordeuropäische Staaten, westafrikanische Staaten),
- nach ihrer geographischen Lage zu Gebirgen oder Gewässern (z. B. Mittelmeerländer, Golfstaaten, Alpenländer, Donauländer),
- nach ihrer Zuordnung zu Kulturerdteilen (z. B. lateinamerikanische Staaten, orientalische Staaten),
- nach Herrschafts- bzw. Regierungsformen (z. B. Monarchien, Demokratien, Diktaturen),
- nach sozioökonomischen Verhältnissen (z. B. sozialistische Länder, kapitalistische Länder),
- nach ihrem wirtschaftlichen Entwicklungsstand (z. B. Entwicklungsländer, Industrieländer) oder
- nach ihren gemeinsamen geschichtlichen Merkmalen (z. B. ehemalige spanische oder britische Kolonien, Südstaaten der USA).

Die weltweite und die regionale Zusammenarbeit von Staaten

Haben Staaten gemeinsame Interessen, so kommt es oft zur zeitweiligen oder ständigen politischen, wirtschaftlichen, kulturellen oder militärischen Zusammenarbeit. Sie kann bis zur Verbindung von Staaten in einem Staatenbund und sogar zur Vereinigung von Staaten in einem gemeinsamen (Bundes-)Staat führen (z. B. Vereinigte Staaten, Tansania).

> Die wichtigste Organisation für die **weltweite internationale Zusammenarbeit** sind die Vereinten Nationen (UNO). Sie wurde 1945 angesichts der verheerenden Wirkungen des Zweiten Weltkrieges gegründet.

Die Gründung der Organisation der **UNO** erfolgte mit dem Ziel,
- den Weltfrieden zu erhalten und die internationale Sicherheit zu gewährleisten und
- internationale Probleme wirtschaftlicher, sozialer, kultureller und humanitärer Art zu lösen.

Dazu dienen eine Vielzahl von Einrichtungen und Organisationen, z. B. Generalversammlung, Weltsicherheitsrat, Einsatz von UN-Soldaten („Blauhelme"), Internationaler Gerichtshof, Handels- und Entwicklungskonferenz (UNCTAD), Weltkinderhilfswerk (UNICEF), Organisation für Erziehung, Wissenschaft und Kultur (UNESCO). Bis auf wenige (z. B. Tonga, Taiwan) sind alle Staaten der Erde Mitglied der UNO.
Erfolge der Bemühungen sind vor allem dann zu verzeichnen, wenn sich die Mitglieder der Vereinten Nationen einig sind und nicht Sonderinteressen in den Vordergrund rücken.

> Im politischen und militärischen Bereich gibt es eine Reihe von Bündnissen, die einer **regionalen staatenübergreifenden Zusammenarbeit** dienen.

Internationale Zusammenarbeit erfolgt auch durch Nichtregierungsorganisationen (engl. Non-Governmental Organization, NGO). Dazu gehören u. a. „Ärzte ohne Grenzen" oder „Amnesty International".

Diese Zusammenarbeit, z. B. in der **NATO** (North Atlantic Treaty Organization, Organisation des Nordatlantikvertrages) zwischen den USA und Westeuropa, soll vor allem die Sicherheit der Bündnispartner gewährleisten. In Osteuropa gab es bis 1991 den Warschauer Pakt, deren Länder der Gegner der NATO waren („Kalter Krieg"). Dieser Gegner ist jetzt weggefallen. Polen, Ungarn und die Tschechische Republik sind selbst Mitglied der NATO (seit 1999), sodass die NATO ihre Aufgaben neu festlegen muss, z. B. als „Friedenstruppe" im UN-Auftrag (➚ S. 333).

Auch auf anderen Kontinenten gibt es solche Bündnisse, z. B. die **OAS** (Organisation der mittel- und südamerikanischen Staaten und der USA) mit 35 Ländern. In Afrika entsteht aus der **OAU** (Organisation für afrikanische Einheit, 53 Länder) seit 2001 die AU (Afrikanische Union) mit eigenem Parlament und Gerichtshof.

In Asien wurde 1967 die **ASEAN** (Vereinigung der südostasiatischen Nationen) gegründet, die sich um eine intensive Zusammenarbeit auf den Gebieten der Wirtschaft, des Verkehrswesen und der Kultur bemüht. Dazu gehörten zuerst Indonesien, Malaysia, die Philippinen, Singapur und Thailand. Später kamen Brunei, Vietnam, Kambodscha und Myanmar dazu (➚ S. 318).

Die **OIC** (Organisation der islamischen Konferenz) bemüht sich um die allseitige Zusammenarbeit von 55 Ländern mit vorwiegend muslimischer Bevölkerung.

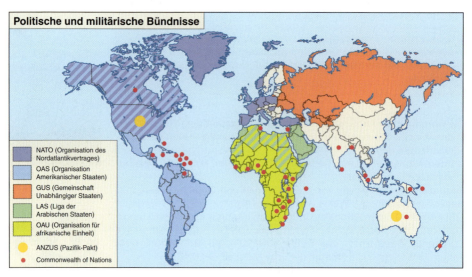

Politische und militärische Bündnisse

In **Europa** gibt es schon seit Jahrhunderten die Idee eines gesamteuropäischen Staates (z. B. KARL DER GROSSE, NAPOLEON).

Nach dem Zweiten Weltkrieg begann in Westeuropa mit der Gründung der Europäischen Gemeinschaft für Kohle und Stahl (1951) die Entwicklung zur Europäischen Gemeinschaft (EG). In den ehemaligen sozialistischen Staaten Mittel- und Osteuropas wurde 1949 der Rat für Gegenseitige Wirtschaftshilfe (RGW) gegründet. Er wurde 1991 aufgelöst, und viele dieser Länder haben den Antrag gestellt, in die EG/EU aufgenommen zu werden (↗ S. 313). Für die Aufnahme neuer Mitglieder in die Europäische Union sind nicht nur wirtschaftliche Merkmale entscheidend, sondern auch der politische Entwicklungsstand.

Im Vertrag von Maastricht, der 1993 in Kraft trat und durch den die Europäische Gemeinschaft (EG) in der **Europäischen Union (EU)** aufging, sind drei wesentliche Aufgabenbereiche genannt, die zu einer Integration der Länder in Form einer Union führen sollen. Neben der Schaffung des Europäischen Binnenmarktes sowie der Wirtschafts- und Währungsunion, die mit der Einführung des EURO am 1. Januar 2002 einen entscheidenden Schritt vorangekommen ist, gehört die Schaffung einer Politischen Union der europäischen Staaten zu den nächsten Etappen der Einigung Europas. So arbeiten die Mitgliedsländer u. a. auf dem Gebiet der Außen- und Sicherheitspolitik eng zusammen. Es werden auch innenpolitische und juristische Fragen geklärt, wie die Asyl- und Einwanderungspolitik.

Neben der Integration der Länder zur EU gibt es andere Erscheinungen. Einige Länder beantragen keine Mitgliedschaft, da sie unabhängig bleiben wollen (z. B. Norwegen) oder haben Vorbehalte gegenüber der Währungsunion (z. B. Vereinigtes Königreich). In einigen Staaten bestehen Bestrebungen, die Autonomie für einzelne Landesteile zu erreichen (Zerfall der Sowjetunion und Jugoslawiens, Teilung der Tschechoslowakei). Bewaffnete Kämpfe gab bzw. gibt es z. B. für ein unabhängiges Baskenland in Spanien, in Nordirland und in einigen Nachfolgestaaten des ehemaligen Jugoslawien.

Mitglieder der EU
1958:
BRD, **Frankreich, Italien, Niederlande, Belgien, Luxemburg**
1973:
Vereinigtes Königreich, Irland, Dänemark
1981:
Griechenland
1986:
Spanien, Portugal
1990:
ehemalige DDR im Rahmen der Herstellung der Einheit Deutschlands
1995:
Finnland, Schweden, Österreich
2004:
Estland, Lettland, Litauen, Malta, Polen, Slowakei, Slowenien, Tschechien, Ungarn, Zypern

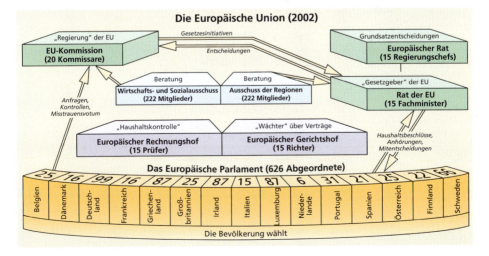

5.1.3 Wirtschafts- und sozialräumliche Gliederung

Die Arbeitslosigkeit betraf nach Schätzungen der Internationalen Arbeitsorganisation ILO (International Labour Organization) bis Ende 2005 weltweit 191,8 Mio. Menschen. Damit war über ein Viertel aller Menschen im arbeitsfähigen Alter arbeitslos oder unterbeschäftigt.

Die Unterteilung der Erde nach wirtschafts- und sozialräumlichen Gesichtspunkten erfolgt durch
- das Gruppieren von Ländern nach ihrem **wirtschaftlichen und sozialen Entwicklungsstand** und
- das Ausweisen von **wirtschaftsräumlichen Verflechtungen** (↗ S. 310) entsprechend der geographischen Lage der Länder.

Wirtschaftlicher und sozialer Entwicklungsstand

Die Situation in der Weltwirtschaft als Gesamtheit der wirtschaftlichen Beziehungen zwischen den Volkswirtschaften der einzelnen Länder (↗ S. 222) ist am Beginn des 21. Jahrhunderts durch eine Reihe grundlegender Merkmale gekennzeichnet. Diese Merkmale geben nicht nur über die Verhältnisse einzelner Länder Auskunft, sondern bestimmen auch das Leben der einzelnen Menschen weitgehend.
Es sind:
- enorme wirtschaftliche und soziale Unterschiede zwischen den Industrieländern (↗ S. 300) und den Entwicklungsländern (↗ S. 304) sowie innerhalb dieser Ländergruppen und Länder,
- Unterbeschäftigung und hohe **Arbeitslosigkeit** in fast allen Ländern der Erde,
- das Auseinanderklaffen der Schere zwischen relativ niedrigen Rohstoff- und Energiepreisen und verhältnismäßig teuren Fertigwaren,
- ein deutliches Ansteigen ökologischer Schäden infolge verstärkter Eingriffe des Menschen in den Natur- und Landschaftshaushalt (↗ S. 354).

Die zehn reichsten Länder der Erde		Die zehn ärmsten Länder der Erde	
Bruttosozialprodukt je Einwohner in US-$ 2003 (nach Weltbank)		**Bruttosozialprodukt je Einwohner in US-$ 2003 (nach Weltbank)**	
Luxemburg	39 840	Togo	270
Schweiz	38 330	Madagaskar	260
Norwegen	35 630	Uganda	260
Japan	35 610	Zentralafrikanische Rep.	260
USA	34 280	Nepal	250
Dänemark	30 600	Mali	230
Island	28 910	Burkina Faso	220
Schweden	25 400	Ruanda	220
BG	25 120	Mosambik	210

(Stand 2003)

Arten räumlicher Gliederungen

Um die Vielfalt der Entwicklungsunterschiede von Räumen auf der Erde erfassen und beeinflussen zu können, ist es notwendig, eine Aufgliederung nach bestimmten sozioökonomischen Gesichtspunkten vorzunehmen. Diese erfolgt meist unter Nutzung statistischer Merkmale. So ist es beispielsweise möglich, die Länder der Erde nach ihrer Arbeitslosenquote oder nach ihrer Sozialstruktur, z. B. nach der Berufs-, Erwerbs- oder Bildungsstruktur, zu gliedern (↗ S. 189).

> Meist werden die Länder der Erde nach dem Bruttosozialprodukt pro Kopf der Bevölkerung, nach dem Momentzustand der menschlichen Entwicklung, nach einer Fünf-Welten-Gliederung oder nach einer Drei-Welten-Gliederung gruppiert.

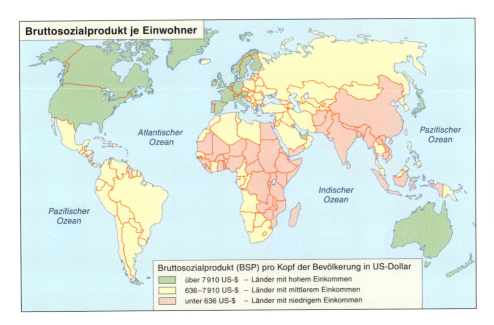

Diese Karte kennzeichnet die Länder der Erde auf der Basis der geldmäßig erfassten Waren und Dienstleistungen. Sie ermöglicht eine grobe Einschätzung der Leistungsfähigkeit der einzelnen Volkswirtschaften. Länder mit hohem Pro-Kopf-Einkommen, wie **Japan** oder die **Vereinigten Staaten**, stehen Ländern mit mittlerem Einkommen, wie **Brasilien** oder die **Russische Föderation**, und Ländern mit niedrigem Einkommen, wie **Niger** oder **Mosambik**, gegenüber (↗ S. 296).

Als Maßstab für den Entwicklungsstand eines Landes oder für menschliches Wohlergehen reicht der Indikator **Bruttosozialprodukt** allerdings nicht aus, weil er z. B. nichts über die Kaufkraft der einzelnen Währungen oder über die tatsächlichen Lebensverhältnisse in den verschiedenen Staaten aussagt.

Das Bruttosozialprodukt spiegelt den Gesamtwert aller in einer Volkswirtschaft innerhalb eines Jahres erzeugten Sachgüter und erbrachten Dienstleistungen wider, *ohne die Arbeitsleistung von Ausländern*.

Gruppierung von Ländern nach dem Bruttosozialprodukt je Einwohner – Beispielfotos

| hohes Einkommen | mittleres Einkommen | niedriges Einkommen |

Der durch die UN (↗ S. 293) Mitte der 90er Jahre des 20. Jh. für 174 Länder ermittelte **Momentzustand der menschlichen Entwicklung** (Human Development Index, HDI) kommt der Gruppierung aller Länder nach ihrem Entwicklungsstand wesentlich näher als der Indikator BSP. Der **HDI** berücksichtigt aus der Vielzahl möglicher Variablen zur vereinfachten Einschätzung auch Bildung, Gesundheit, Lebenserwartung, die durchschnittliche Dauer des Schulbesuchs, den Anteil alphabetisierter Erwachsener oder die reale Kaufkraft des Pro-Kopf-Einkommens.

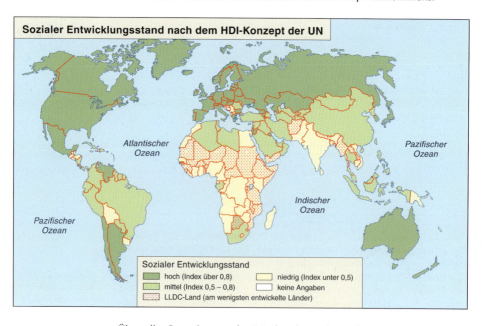

Sozialer Entwicklungsstand nach dem HDI-Konzept der UN

Über die Gruppierung der Länder der Erde nach BSP und HDI hinaus gibt es eine Reihe weiterer Möglichkeiten der Beurteilung ihres sozioökonomischen Standes, um beispielsweise einen gerechten Zugang zu Mitteln der **Entwicklungshilfe** regeln zu können. So hat 1996 die Weltbank (International Bank for Reconstruction and Development, IBRD) eine **Fünf-Welten-Gliederung** erarbeitet:

1. Westliche (marktwirtschaftliche) Industrieländer (z. B. Vereinigte Staaten, Deutschland, Australien),
2. Schwellenländer (z. B. Mexiko, Brasilien, Taiwan),
3. Erdöl exportierende Länder mit hohem Einkommen (z. B. Libyen, Saudi-Arabien, Kuwait),
4. Länder mit mittlerem Einkommen (z. B. Peru, Südafrika, Russische Föderation),
5. Länder mit niedrigem Einkommen (z. B. Nicaragua, Äthiopien, VR China).

Nach dieser Einteilung werden die Länder der fünften Kategorie bei der Vergabe von Krediten für einzelne Entwicklungsprojekte besonders berücksichtigt.

Bis heute hat sich auch noch eine **Drei-Welten-Gliederung** erhalten, die aus der Epoche der West-Ost-Konfrontation nach dem Ende des Zweiten Weltkrieges stammt und die unter vorwiegend politischem Aspekt entstanden ist.

Danach wurden als **Erste Welt** alle („westlichen") Industrieländer betrachtet (↗ S. 300), in denen eine marktwirtschaftliche Orientierung bestand.

Mit der Bezeichnung **Zweite Welt** waren die („östlichen") Länder mit „sozialistischer" Planwirtschaft gemeint. Nach Auflösung der Sowjetunion und den gesellschaftlichen Veränderungen in anderen dieser Länder 1989/90 existiert eine Zweite Welt nicht mehr. Für diese Länder, einschließlich der Nachfolgestaaten der Sowjetunion, werden entsprechend der dort stattfindenden Entwicklungen inzwischen die Begriffe **Reformstaaten** bzw. **Transformationsländer** benutzt.

Gebräuchlich ist dagegen noch die anachronistische Bezeichnung **Dritte Welt**, der die damals blockfreien („südlichen") Länder angehörten. Zu ihnen zählen die seit der Entkolonialisierung (↗ S. 292) unabhängigen Staaten, die sich als dritte Kraft in der Weltpolitik begreifen. Zumeist handelt es sich dabei um wirtschaftlich wenig oder unterentwickelte Räume, gemessen am Entwicklungsstand der Industrieländer. Diese Länder werden offiziell als **Entwicklungsländer** (↗ S. 304) bezeichnet.

Gruppierung von Ländern nach der historischen Drei-Welten-Gliederung – Beispielfotos		
Erste Welt	**Zweite Welt**	**Dritte Welt**

Die Gruppe der Entwicklungsländer, zu der mehr als drei Viertel aller Länder der Erde gerechnet werden, weist einen sehr unterschiedlichen Entwicklungsstand auf. Deshalb hat sich inzwischen eine weitere **Untergliederung der Entwicklungsländer** durchgesetzt:

Die LLDC-Länder werden auch als Vierte Welt bezeichnet.

Die Länder mit einem jährlichen Pro-Kopf-Einkommen unter 760 US-$ werden als **wenig entwickelte Länder** bzw. **LDC-Länder** (Less Developed Countries) bezeichnet. Darunter befinden sich die 47 **am wenigsten entwickelten Länder** bzw. die **LLDC-Länder** (Least Developed Countries, ↗ S. 296 u. 298).

Andererseits weist man diejenigen Entwicklungsländer, die sich mit einer stärkeren wirtschaftlichen Entwicklung auf dem Weg in die Industriegesellschaft befinden, als **Schwellenländer** (↗ S. 307) bzw. **NIC-Länder** (Newly Industrializing Countries) aus. Ihr jährliches Pro-Kopf-Einkommen reicht bis über 9 000 US-$ hinauf.

Neben diesen Möglichkeiten der Gruppierung von Ländern nach ihrem wirtschaftlichen und sozialen Entwicklungsstand gibt es eine Vielzahl weiterer Versuche, Länder in Gruppen einzuteilen.

Allen Ländergruppierungen ist gemeinsam, dass es ein eindeutiges, alle Faktoren berücksichtigendes Ergebnis bisher nicht gibt und vorerst auch nicht geben wird. Dafür ist dieser Gegenstand zu komplex und außerdem auch politisch brisant. Erst recht scheint die Gewichtung von Merkmalen der einzelnen Ländergruppen umstritten. Ihre Wertung sollte äußerst umsichtig erfolgen.

Übereinstimmung herrscht darüber, dass jede Gruppierung letztlich dem Ziel dienen muss, eine Verbesserung der Lebensverhältnisse in den bisher wirtschaftlich und sozial benachteiligten Ländern zu erreichen. Das Erreichen eines solchen Ziels ist eine wesentliche Grundlage dafür, den Konflikt zwischen den reichen Ländern im Norden und den armen Ländern im Süden (Nord-Süd-Konflikt) zu lösen. Bei der Einleitung konkreter Maßnahmen jedoch, insbesondere bei der Bereitstellung finanzieller und materieller Mittel für die friedliche Entwicklung des Südens, gibt es noch zu oft zu große Zurückhaltung.

Industrieländer

> **Industrieländer** sind durch einen hohen wirtschaftlichen Entwicklungsstand und ein Pro-Kopf-Einkommen von mindestens 9 360 US-$ gekennzeichnet.

Die Erwerbstätigen (↗ S. 194) dieser Länder waren in der Vergangenheit überwiegend in der Industrie bzw. im produzierenden Gewerbe tätig und erwirtschafteten den größten Teil des Volksvermögens im sekundären Sektor (↗ S. 217). Der primäre Sektor der meisten Industrieländer hatte schon bisher einen Anteil an den Beschäftigten von deutlich unter 10 % und trug folglich wenig zum Bruttosozialprodukt (↗ S. 297) bei.

Mit dem zunehmenden Bedeutungsgewinn des tertiären Sektors hat in den letzten Jahren der Wirtschaftsbereich Dienstleistungen den überwiegenden Anteil an den Beschäftigten sowie am Bruttosozialprodukt erreicht. Deshalb drückt die Bezeichnung „Industrieländer" heute nicht mehr aus, dass in den wirtschaftlich hoch entwickelten Ländern die Industrie die größten Anteile an der Beschäftigtenanzahl und an der Wertschöpfung besitzt.

Bruttoinlandsprodukt (BIP), Verbrauchspreise (VP) und Arbeitslosenquote (AQ) in ausgewählten Industrieländern im Jahr 2000

Industrieland	Anteil am BIP aller Industrieländer in %	BIP	VP	AQ
		Veränderungen gegenüber dem Vorjahr in %		Anteil in %
USA	39,9	5,0	3,4	4,0
Japan	18,8	1,7	−0,7	4,7
Deutschland	9,1	3,0	2,1	8,0
Frankreich	6,2	3,2	1,8	9,5
Großbritannien	6,2	3,0	0,8	5,5
Italien	5,1	2,9	2,6	10,5
Kanada	2,7	4,7	2,6	6,8
Spanien	2,6	4,1	3,5	14,1
Niederlande	1,7	3,8	2,2	2,5
Belgien	1,1	4,0	2,7	7,0
Schweiz	1,1	3,2	1,6	2,5
Schweden	1,0	3,8	1,3	5,9
Österreich	0,9	3,2	2,0	3,7
Dänemark	0,8	2,5	2,7	4,7
Norwegen	0,7	3,0	3,1	3,2
Finnland	0,6	5,7	3,0	9,8
Griechenland	0,5	3,9	3,6	11,8
Portugal	0,5	2,9	2,8	4,2
Irland	0,4	11,0	5,3	4,3
Luxemburg	0,1	8,1	3,8	2,2
Insgesamt	100,0	3,7	2,1	6,0

In Industrieländern sind meist ein leichter Anstieg des **Bruttoinlandsprodukts (BIP)**, eine gemäßigte Steigerung der Verbraucherpreise und eine im Vergleich zu Entwicklungsländern relativ geringe Arbeitslosenquote zu verzeichnen. Daher besitzt ein Großteil der Bevölkerung in den Industrieländern einen verhältnismäßig hohen Lebensstandard (u. a. hohe Lebenserwartung, geringe Säuglings- und Kindersterblichkeit).

Dennoch gibt es Tendenzen des Abbaus von Sozialleistungen, des durch Strukturveränderungen hervorgerufenen dauerhaften Wegfalls von Arbeitsplätzen und der damit verbundenen Langzeitarbeitslosigkeit. Zusammenschlüssen (Fusionen) von Großbetrieben stehen Pleiten (Insolvenzen) von Klein- und Mittelbetrieben gegenüber. Extrem hohe Einkommens- und Vermögensunterschiede bestehen absolut und regional.

Das Bruttoinlandsprodukt eines Landes stellt den Gesamtwert aller innerhalb eines Jahres erbrachten volkswirtschaftlichen Leistungen einschließlich der Dienstleistungen und der von Ausländern erarbeiteten Werte dar.

Das Industrieland Deutschland

Das hoch entwickelte Industrieland **Deutschland** (↗ S. 389) gehört – gemessen an der volkswirtschaftlichen Gesamtleistung sowie am Pro-Kopf-Einkommen der Bevölkerung – zu den führenden Wirtschaftsnationen der Erde. Die allgemeinen Merkmale der Industrieländer (↗ S. 300) treffen auch auf die Bundesrepublik Deutschland zu (↗ S. 302).

Deutschland – Angaben zum sozialen und wirtschaftlichen Entwicklungsstand

Lebenserwartung 2003	78 Jahre	BSP/Einw. 2003		25 270 US-$
Säuglingssterblichkeit 2003	0,4 %	BIP 2003 realer Zuwachs Ø1990–2002		2 403 160 Mio. US-$ –0,1 %
Kindersterblichkeit 2003	0,5 %	Anteil der Wirtschaftsbereiche am BIP 2003		Landwirtschaft: 1,1 % Industrie: 27,7 % Dienstleistungen: 71,2 %
Arbeitslosigkeit 2004 Ø alte Bundesländer neue Bundesländer	9,2 % 7,6 % 17,2 %	Erwerbsstruktur 2004		Landwirtschaft: 2,3 % Industrie: 30,8 % Dienstleistungen: 66,9 %

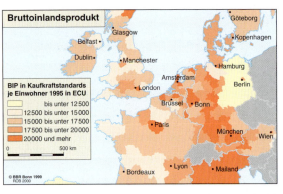

Das BIP je Einwohner weist innerhalb Deutschlands die extremsten **regionalen Unterschiede** auf, die es in der EU (↗ S. 313) gibt.

Die **Industrieproduktion** stützt sich auf die Elektrotechnik, den Maschinenbau, den Fahrzeugbau, die chemische Industrie sowie die Nahrungs- und Genussmittelindustrie. Diese Industriezweige binden zusammen knapp 60 % der industriellen Arbeitsplätze und erwirtschaften ebenso viele Prozentanteile an Industrieumsätzen.

Erzeugnisse aus modernen Industriezweigen bestimmen auch die Güterstruktur des **Außenhandels**. Dessen Regionalstruktur weist auf mehrere, nahezu gleichbedeutende Außenhandelspartner hin.

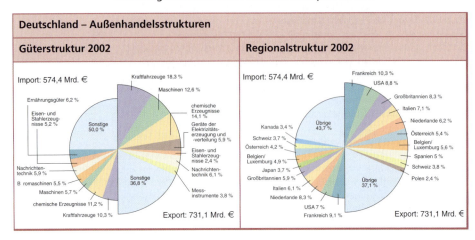

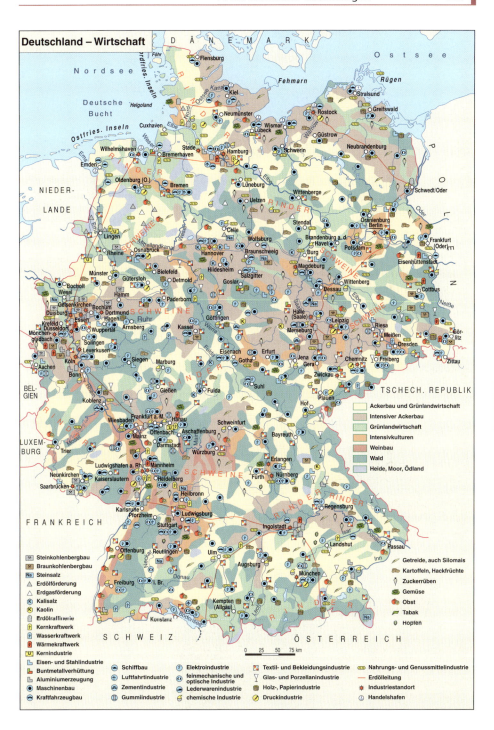

Entwicklungsländer

> **Entwicklungsländer** weisen im Vergleich zu Industrieländern wirtschaftliche, infrastrukturelle, soziale und mitunter auch kulturelle Entwicklungsrückstände auf.

Sowohl zwischen den einzelnen Entwicklungsländern als auch innerhalb jedes dieser Länder und ihrer Bevölkerung gibt es sehr große wirtschaftliche und soziale Differenzierungen. Sie drücken sich innerhalb der Länder u. a. in der sehr ungleichen Entwicklung von städtischen und ländlichen Räumen oder im Gegensatz zwischen Arm und Reich aus.

Charakteristische Merkmale von Entwicklungsländern

Ökonomische Merkmale

- geringes durchschnittliches Pro-Kopf-Einkommen (BSP pro Kopf)
- ungleiche Verteilung der Einkommen
- niedrige Spar- und Investitionstätigkeit
- unzureichende Infrastruktur
- geringe Produktivität (Leistung pro Arbeitsstunde)
- überragende Bedeutung des Bergbaus und der Landwirtschaft (primärer Sektor)
- vergleichsweise niedriger Entwicklungsstand der Industrie
- starke Ausrichtung der Wirtschaft an Bedürfnissen der Industrieländer
- Abhängigkeit von wenigen Exportprodukten
- Verschlechterung der Austauschverhältnisse von Exporten und Importen (Terms of Trade)
- starke Auslandsverschuldung

Soziale Merkmale

- Bevölkerungsexplosion
- schnelle Verstädterung
- hohe Analphabetenquote
- Ausbildungsmängel
- hohe Arbeitslosigkeit
- unzureichende Ernährung
- Gesundheitsmängel und unzureichende medizinische Versorgung
- relativ niedrige Lebenserwartung

Soziokulturelle und politische Merkmale

- starke Orientierung an Großfamilie, Stamm, Dorf
- geringe soziale Mobilität (Festhalten an traditionellen Werten)
- besondere Rolle des Staates
- hohe Anzahl gewaltsamer Konflikte

Ökologische Merkmale

- geringe ökologische Auflagen und Schutzmaßnahmen
- schnelle Zerstörung der ohnehin sehr störanfälligen Ökosysteme (tropischer Regenwald, Sahelzone)

Das Entwicklungsland Peru

Das Andenland **Peru** (↗ S. 387) ist ein typisches Beispiel für viele Entwicklungsländer, insbesondere für diejenigen in Lateinamerika. Deshalb treffen die charakteristischen Merkmale von Entwicklungsländern (↗ S. 304) auch auf die Republik Peru zu.

Peru – Angaben zum sozialen und wirtschaftlichen Entwicklungsstand					
Lebenserwartung 2003	70 Jahre	BSP/Einw. 2003		2 140 US-$	
Säuglingssterblichkeit 2003	2,6 %	BIP 2003 realer Zuwachs Ø1990–2003		60 557 Mio. US-$ 3,8 %	
Kindersterblichkeit 2003	3,4 %	Anteil der Wirtschaftsbereiche am BIP 2003		Landwirtschaft: 10 % Industrie: 29 % Dienstleistungen: 61 %	
Arbeitslosigkeit Ø 2003 (+ hohe Unterbeschäftigung)	9,0 %	Erwerbsstruktur 2003		Landwirtschaft: 30 % Industrie: Dienstleistung.: } 70 %	

Eines der größten Probleme stellt hier die zunehmende Verstädterung (↗ S. 212) dar. Viele Menschen, vor allem die jüngeren im arbeitsfähigen Alter, strömen in den Verdichtungsraum (↗ S. 219) von **Lima/Callao**. Ursachen für diese starke Binnenwanderung (↗ S. 197) sind u. a. ungünstige Besitzstrukturen auf dem Land, durch die viele Kleinbauern benachteiligt werden, sowie die schlechte Bezahlung der landlosen Tagelöhner. Darüber hinaus leidet die ländliche Bevölkerung häufig unter unzureichender medizinischer Versorgung sowie unter fehlenden bzw. geringen Ausbildungsmöglichkeiten. Besonders betroffen sind davon die Indios. Indios oder auch Indigenas sind die Nachkommen der Ureinwohner Amerikas.

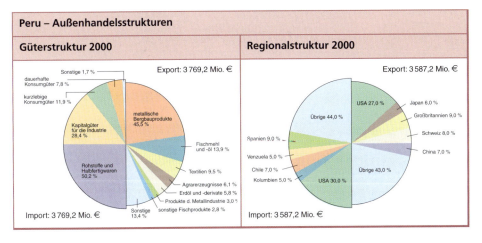

Peru – Außenhandelsstrukturen

In der Hauptstadt Perus erhofft die ländliche Bevölkerung Arbeitsplätze in der Fischverarbeitung, der Textilindustrie, der Erdölverarbeitung, der Elektrotechnik, der Metallindustrie sowie in der Verarbeitung landwirtschaftlicher Produkte. Besonders stark hat sich in den letzten Jahren im Verdichtungsraum von Lima/Callao der tertiäre Sektor (↗ S. 217) entwickelt, in dem viele Dauerarbeitsplätze entstanden sind und der auch Gelegenheitsarbeitern im Hafen bescheidene Einkommensmöglichkeiten bietet.

Aufgrund des großen Bevölkerungswachstums des Landes erhöht sich aber der Wanderungsdruck beträchtlich, sodass heute zunehmend mehr Menschen auch in den Städten keine Arbeit und Unterkunft finden und schließlich in Slums oder auf Müllkippen vegetieren.

Abhilfe kann die Errichtung weiterer arbeitsintensiver Industrien und eine bessere Verkehrserschließung im Andenraum zur gezielteren Entwicklung der Landwirtschaft bringen. Dafür könnten durch die Entwicklungspolitik des Landes die Gewinne aus dem Verkauf wertvoller Bodenschätze eingesetzt werden. Erforderlich sind auch eine solide Schulbildung und die berufliche Qualifikation, nicht zuletzt für die indigene Bevölkerung.

Peru – Wirtschaft

Schwellenländer

> **Schwellenländer** sind diejenigen Entwicklungsländer, die in wirtschaftlicher Hinsicht einen verhältnismäßig fortgeschrittenen Entwicklungsstand aufweisen, an der „Schwelle" zur Kategorie der Industrieländer stehen.

Beispiele für Schwellenländer
– aus Ost- und Südostasien:
Korea (Rep.), Taiwan, Indonesien, Thailand, Malaysia, Singapur, Philippinen
– aus Lateinamerika:
Brasilien, Mexiko, Argentinien, Kolumbien, Venezuela, Chile

Kennzeichnend für die Schwellenländer ist ein mittleres Einkommen im oberen Bereich von ca. 3 000 bis 9 000 US-$ BSP pro Kopf der Bevölkerung (↗ S. 300). Grundlage für diese günstige Entwicklung sind
– die staatliche Förderung des gewerblichen Unternehmertums,
– der weitere industrielle Ausbau,
– ein verstärkter Fertigwarenexport in Industrieländer,
– der Ausbau eines leistungsfähigen Dienstleistungssektors.

Brasilia – ca. 1 000 km von der Küste entfernt – ist seit 1960 Hauptstadt Brasiliens. In Malaysia hat die Elektrotechnik einen hohen Stellenwert.

In volkswirtschaftlicher Hinsicht verläuft der Prozess der Annäherung der ca. 30 Schwellenländer der Erde an die Industrieländer sehr unkontinuierlich. Er wird nicht sobald abgeschlossen sein. Zudem gibt es in Schwellenländern große gesellschaftliche und soziale Probleme, die darauf hindeuten, dass die Entwicklung in diesen Bereichen mit dem bisher erreichten wirtschaftlichen Fortschritt nicht Schritt halten wird.

Bruttoinlandsprodukt (BIP) in ausgewählten Industrieländern und Schwellenländern Veränderungen in % gegenüber dem Vorjahr			
	1998	1999	2000
Industrieländer insgesamt	1,7	2,7	3,7
darunter: Vereinigte Staaten	4,1	4,2	5,0
Japan	–2,5	0,3	1,7
Euroraum	2,7	2,4	3,4
übriges Westeuropa	2,3	2,1	3,1
Schwellenländer			
– Mittel- u. Osteuropas	–0,5	2,6	5,1
– Ostasiens	–3,6	6,0	6,9
– Lateinamerikas	1,9	–4,0	4,2
Insgesamt	1,4	2,7	3,9

Das Schwellenland Mexiko

Das nordamerikanische Land **Mexiko** (↗ S. 387) gehört – gemessen an der Wirtschaftskraft – zu den höher entwickelten Ländern der „Dritten Welt". Es steht an der Schwelle zu den Industrieländern. Auf die Vereinigten Mexikanischen Staaten treffen daher die allgemeinen Merkmale der Schwellenländer (↗ S. 307) zu.

Mexiko – Angaben zum sozialen und wirtschaftlichen Entwicklungsstand

Lebenserwartung 2003	74 Jahre	BSP/Einw. 2003	6 230 US-$
Säuglingssterblichkeit 2003	2,3 %	BIP 2003 realer Zuwachs Ø1990–2003	626 080 Mio. US-$ 3,5 %
Kindersterblichkeit 2003	2,8 %	Anteil der Wirtschaftsbereiche am BIP 2003	Landwirtschaft: 4 % Industrie: 26 % Dienstleistungen: 70 %
Arbeitslosigkeit Ø 2003 (+ hohe Unterbeschäftigung)	3,8 %	Erwerbsstruktur 2003	Landwirtschaft: 18,1 % Industrie: 26,7 % Dienstleistungen: 55,2 %

In **Indien** betrugen 2001 die Analphabetenraten 46,3 % (bei Frauen) und 24,7 % (bei Männern).

Beleg für den Entwicklungsstand Mexikos ist u. a. die günstige Außenhandelsstruktur des Landes. Sie weist aus, dass ein hoher Anteil von Exportprodukten aus der Fertigwarenherstellung stammt. Sie werden zu einem großen Prozentsatz in die Partnerländer der NAFTA (↗ S. 315), vor allem in das nördliche Nachbarland USA (Anteil von nahezu drei Vierteln), sowie in weitere Industrieländer ausgeführt. Vor diesem Hintergrund ist der relativ fortgeschrittene soziale Entwicklungsstand des Landes zu sehen. Er drückt sich z. B. in einer hohen Lebenserwartung sowie in einem verhältnismäßig geringen Analphabetentum (bei Frauen 11 %, bei Männern 7 %) aus.

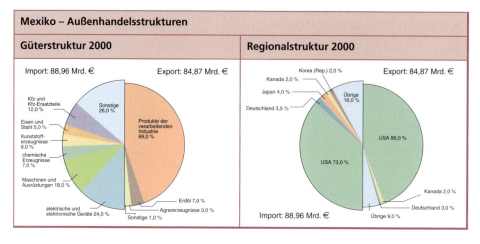

Arten räumlicher Gliederungen

Mexiko ist wirtschaftlich stark von den USA abhängig und hat eine hohe Auslandsverschuldung, die in den 80er Jahren des letzten Jahrhunderts schon einmal zum Staatsbankrott führte. Die aus beiden Sachverhalten resultierenden Probleme dämpfen die sozioökonomische Entwicklung. Sie dürften in absehbarer Zeit trotz fortgesetzter Privatisierung staatlicher Industrieunternehmen nicht zu überwinden sein.

Mexiko-Stadt gehört nicht nur zu den Megastädten (↗ S. 206) der Erde, sie gilt mit rund 20 Mio. Bewohnern derzeit als größte Stadtregion. Der jährliche Zuzug in die Stadt wird auf 400 000 Menschen geschätzt.

Wirtschaftsräumliche Verflechtungen

global = weltumspannend

Gegenwärtig ist eine beschleunigte Zunahme von Tendenzen der **Globalisierung** (s. S. 369) zu verzeichnen. So werden immer mehr wesentliche ökonomische Faktoren, wie Arbeitsplatzsicherheit oder Einkommenssituation, durch internationale Arbeitsteilung, weltweite Handelsströme (↗ S. 222 u. 316) bis hin zu Verlagerungen von Produktionsabteilungen an kostengünstigere Standorte beeinflusst. Vor allem auf den internationalen Kapital- und Finanzmärkten (Banken, Devisenbörsen, Wertpapierbörsen) funktioniert die Globalisierung bereits.

Seit langem haben Konzerne Betriebe in anderen Ländern. Bereits hoch qualifizierte Spezialisten sind ihnen auch zur Arbeit in Deutschland willkommen.

Die **Globalisierung** bedeutet aus ökonomischer Sicht die Zunahme weltweiter internationaler Wirtschaftsbeziehungen und -verflechtungen: Integration der Finanzmärkte, direkte Produktionsverflechtungen, Zusammenwachsen von Produktmärkten und Wanderung von Arbeitskräften.

Regionalisierung aus ökonomischer Sicht führt zur Herausbildung kleinerer Wirtschaftsräume innerhalb größerer (↗ S. 222).
Diese Regionen entwickeln sich entsprechend ihrer Bedingungen unterschiedlich. Die vorhandenen Unterschiede können sich im Rahmen der Globalisierung verstärken.

Prinzipiell sind heute alle Regionen der Erde von der Globalisierung erfasst, allerdings mit unterschiedlichen positiven oder negativen Auswirkungen. Das hängt u. a. sehr von der Intensität des Vernetzungsgrades mit modernen Informationstechniken und infrastrukturellen Einrichtungen ab. So sind in vielen Entwicklungsländern neben der Hauptstadt oft nur einzelne wirtschaftlich relativ starke Zentren in das globale Netz einbezogen. Diese Regionen können die Vorteile der zunehmenden Internationalisierung der Produktion, der Beschaffung und des Absatzes nutzen und haben die Möglichkeit, sich weiterzuentwickeln, während andere Regionen zurückbleiben. Daher geht mit der Globalisierung eine verstärkte **Regionalisierung** (↗ S. 373) einher.

Charakteristisch ist gegenwärtig, dass bedeutende Handels- und Investitionsströme bestimmte bevorzugte Räume verbinden. Das sind weltweit vor allem die **regionalen Wirtschaftsgemeinschaften** (↗ S. 311). Sie haben in den letzten Jahrzehnten zunehmend Bedeutung erlangt.

Regionale Wirtschaftsgemeinschaften sind Zusammenschlüsse mehrerer Länder zur Schaffung eines gemeinsamen Marktes, einer abgestimmten Wirtschaftspolitik sowie eines freien Verkehrs innerhalb der Gemeinschaft.

Arten räumlicher Gliederungen

Wirtschaftsgemeinschaften der Erde

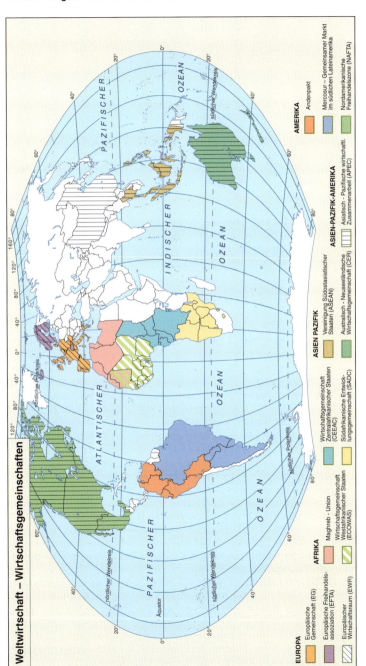

Beitrittsgesuche zur EU:
- **Bulgarien**
- **Estland** *
- **Kroatien**
- **Lettland** +
- Litauen +
- Malta
- **Polen** *
- **Rumänien**
- **Schweiz** °
- **Slowakei** +
- **Slowenien** *
- **Tschech. Rep.** *
- **Türkei**
- **Ungarn** *
- Zypern

* Aufnahme 2004/05
\+ Aufnahme 2008
° Gesuch ruht

Die Europäische Union (EU)

> Die **Europäische Union** ist der Bund von gegenwärtig 15 selbstständigen europäischen Ländern, die eine gemeinsame wirtschaftliche und politische Entwicklung anstreben.

Von allen Wirtschaftsgemeinschaften der Welt hat die EU (↗ S. 295) bisher den höchsten Integrationsgrad erreicht. Am Anfang des (west-)europäischen Integrationsprozesses standen
- die Bildung der **Montanunion** als Europäische Gemeinschaft für Kohle und Stahl (EGKS) 1951,
- die Gründung der **Europäischen Wirtschaftsgemeinschaft (EWG)** 1957,
- die Gründung der **Euratom** (Europäische Atomgemeinschaft/EAG) 1957.

EGKS, EWG und EAG, die seit 1967 zusammen die **Europäischen Gemeinschaften (EG)** bildeten und einen gemeinsamen Rat sowie eine gemeinsame Kommission erhielten, erfuhren mit der Schaffung des **Europäischen Binnenmarktes** 1992 eine erste grundlegende Änderung und Ergänzung. Mit ihm sollen vier Freiheiten verwirklicht werden.

Die vier Freiheiten des Europäischen Binnenmarktes

freier Personenverkehr:	freier Dienstleistungsverkehr:	freier Warenverkehr:	freier Kapitalverkehr:
– Wegfall von Grenzkontrollen – Harmonisierung der Einreise-, Asyl-, Waffen- und Drogengesetze – Niederlassungs- und Beschäftigungsfreiheit – Außenkontrollen	– Liberalisierung der Finanzdienste – Harmonisierung der Banken und Versicherungsaufsicht – Öffnung der Transport- und Telekommunikationsmärkte	– Wegfall von Grenzkontrollen – Harmonisierung und gegenseitige Anerkennung von Normen und Vorschriften – Steuerharmonisierung	– größere Freizügigkeit für Geld- und Kapitalbewegungen – Schritte zu einem gemeinsamen Markt für Finanzleistungen – Liberalisierung des Wertpapierverkehrs

Eine zweite grundlegende Revision erfuhr die Zusammenarbeit der EG durch den **Vertrag über die Europäische Union (EU)** vom 1.11.1993 (Vertrag von Maastricht, Niederlande). Er sieht eine Wirtschafts- und Währungsunion (Einführung des Euro) vor, fördert eine gemeinsame Außen- und Sicherheitspolitik und strebt die Zusammenarbeit in der Innen- und Rechtspolitik an.

Der **EU-Erweiterungsprozess** begann 1998 mit einer gemeinsamen Konferenz der Außenminister der EU-Staaten und von 10 Bewerberländern (↗ S. 311) und wurde mit zweiseitigen Beitrittsverhandlungen sowie dem **Vertrag von Nizza** 2001 fortgesetzt, der die Formen der Zusammenarbeit zwischen einer größeren Anzahl von Mitgliedsländern festgelegt hat. Aus dem „Europa der Fünfzehn" kann im ersten Jahrzehnt des 21. Jahrhunderts das „Europa der Siebenundzwanzig" werden.

Arten räumlicher Gliederungen

Außer der EU besteht u. a. der Europarat. Als enger Zusammenschluss von 41 europäischen Ländern setzt er sich für die Förderung wirtschaftlichen und sozialen Fortschritts (z. B. Schutz der Menschenrechte) ein.

Der gemeinsame **Europäische Binnenmarkt** eröffnet allen Mitgliedsstaaten gleiche Rechte und Chancen, aber auch Pflichten. Er bringt Verbrauchern, Arbeitnehmern und Unternehmern Vorteile, weil das gesamte wirtschaftliche Geschehen nach einheitlichen Regeln und Bedingungen gesteuert wird. So lassen sich für einen großen Markt höhere Stückzahlen produzieren, und die Käufer zahlen günstigere Preise. Allerdings wird der Konkurrenzdruck größer, da die Produzenten eines Landes nun auch mit denen aus dem gesamten EU-Bereich in einem intensiveren Wettbewerb stehen. Das wiederum fördert Rationalisierungsbestrebungen sowie ein wachsendes Tempo der Innovationen.

Als ein wesentliches Element der Zusammenarbeit ist der gemeinsame Markt in die Ziele (Säulen) der Europäischen Union eingebunden. Jedes dieser Ziele beinhaltet eine Vielzahl von Möglichkeiten und Formen der Zusammenarbeit auf den verschiedensten Gebieten. So bedeutet beispielsweise eine abgestimmte **Strukturpolitik der EG** die Förderung wirtschaftlich schwacher Gebiete.

314 Räumliche Gliederungen

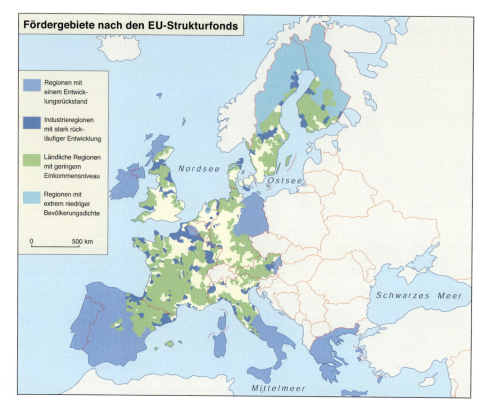

Fördergebiete nach den EU-Strukturfonds

- Regionen mit einem Entwicklungsrückstand
- Industrieregionen mit stark rückläufiger Entwicklung
- Ländliche Regionen mit geringem Einkommensniveau
- Regionen mit extrem niedriger Bevölkerungsdichte

0   500 km

Die Europäische Freihandelsassoziation (EFTA)

Eine Freihandelszone ist ein Wirtschaftsraum mit mehreren Ländern, in welchem der Außenhandel untereinander ohne Zölle und sonstige Beschränkungen durchgeführt wird.

Die **EFTA** (European Free Trade Association) mit ihrem Hauptsitz in Genf entstand 1960 als **Freihandelszone** zwischen verschiedenen europäischen Ländern. Einige von ihnen, wie das Vereinigte Königreich oder Schweden, sind inzwischen zur EU gewechselt. Mit der Einführung des Euro verschlechtert sich die Position der EFTA weiter. Aber ihre Mitgliedsländer akzeptieren einige Bedingungen in der EU vorerst nicht. So fürchtet z. B. die isländische Wirtschaft bei einer Übernahme der gemeinsamen Fischereipolitik der EU existenzbedrohende Verluste.

Das Hauptziel der EFTA besteht in der Beseitigung von Handelsbarrieren unter den Mitgliedsländern für *nichtagrarische* Güter. Damit soll in den betreffenden Ländern das Wirtschaftswachstum gefördert, Vollbeschäftigung gesichert sowie der Lebensstandard erhöht werden. Allerdings hat man sich bisher noch nicht zu einer gemeinsamen Agrarpolitik entschließen können. Es bestehen lediglich bilaterale Abkommen für bestimmte Agrar- und Fischereiprodukte.

EFTA-Mitglieder sind noch Norwegen, Island, Liechtenstein und die Schweiz.

In den letzten Jahren verstärkte sich die wirtschaftliche Zusammenarbeit mit der EU, und es gibt inzwischen auch Drittstaatenabkommen in Form von Freihandelsverträgen mit einigen osteuropäischen Ländern sowie Israel, Marokko und der palästinensischen Autonomiebehörde.

Der Europäische Wirtschaftsraum (EWR)

Im Bemühen um eine stärkere wirtschaftliche Zusammenarbeit auf dem europäischen Kontinent haben sich 1994 die 15 Mitgliedsländer der EU mit den EFTA-Ländern Island, Liechtenstein sowie Norwegen zum EWR zusammengeschlossen. Der EWR stellt mit ca. 380 Mio. Verbrauchern sowie einem Anteil von ungefähr 40 % am Welthandel den weltgrößten Binnenmarkt dar (↗ S. 316). Der Beitrag der EWR-Staaten zur Weltwirtschaftsleistung beläuft sich mit ca. sieben Billionen US-$ auf etwa 30 %.

Nach dem Ergebnis einer Volksabstimmung gegen den EU-Beitritt ruht nicht nur das Beitrittsgesuch der Schweiz zur EU, sondern das Land hält sich auch beim EWR zurück.

Die Zusammenarbeit erfolgt nach den Regeln für den Binnenmarkt der EU (↗ S. 313), nach dem EU-Recht sowie den Wettbewerbsregeln der EU. Der freie Warenverkehr im EWR betrifft jedoch nur den Handel mit *nichtagrarischen* Gütern, die in diesem Wirtschaftsraum hergestellt werden. Damit sind zwar Grenzkontrollen zwischen EU- und EFTA-Ländern weiterhin erforderlich, aber die Handelserleichterungen innerhalb des EWR von großem Vorteil. Darüber hinaus erfolgen zwischen den Mitgliedsländern Abstimmungen auf den Gebieten des Verbraucherschutzes, der Umwelt- und Sozialpolitik sowie im Finanz- und Währungsbereich.

Die Nordamerikanische Freihandelszone (NAFTA)

Zwischen den USA, Kanada und Mexiko wurde 1994 ein Freihandelsabkommen geschlossen, das die weitestgehende Aufhebung der Zoll- und Handelsbeschränkungen vorsieht und damit den zwischenstaatlichen Handel fördert. Ziel der **NAFTA** ist es, durch den stufenweisen Abbau von Zolltarifen und Quoten nach dem EWR zur zweitgrößten Freihandelszone der Welt zu werden. Gegenwärtig haben die Integrationsbestrebungen der NAFTA die Stufe eines Binnenmarktes, wie er in der EU besteht, noch nicht erreicht.

Bereits seit 1989 besteht ein Freihandelsabkommen (FTA) zwischen den Wirtschaftsriesen Vereinigte Staaten und Kanada, die eine ähnliche Wirtschaftsstruktur aufweisen. Mit der Aufnahme des Schwellenlandes Mexiko (↗ S. 308) wollen beide Industrieländer neue Absatzmärkte erschließen, vor allem für elektronische und Printmedien-Produkte. Darüber hinaus sollen auch Investitionshürden für US-dominierte multinationale Unternehmen abgebaut und der Patentschutz auf das mittelamerikanische Land ausgedehnt werden.

Mexiko wird eine wichtige Brückenfunktion zwischen Nord- und Südamerika zugeschrieben. Mit seiner Entwicklung soll die Bildung eines gesamtamerikanischen Wirtschaftsraums gefördert werden.

Kuba wird wegen seines sozialistischen Weges von den Regierungen anderer amerikanischer Staaten nicht als demokratisches Land angesehen. Ihm wird die Mitarbeit in NAFTA und MERCOSUR verwehrt. Seit 1964 besteht ein Embargo.

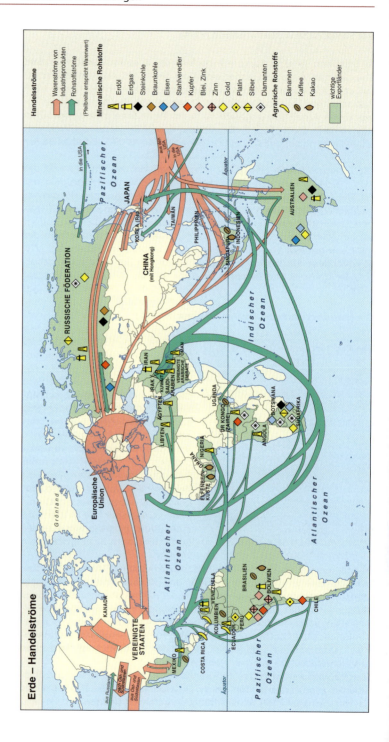

Der MERCOSUR

Die Mitglieder des MERCOSUR

MONTEVIDEO Sitz (Sekretariat) des MERCOSUR
⬛ Mitglieder des Mercosur
⬛ Assoziierte Staaten
(37,01/ 7550) Bevölkerung in Mio. / BSP pro Kopf in US-$ 1999

Der Gemeinsame Südamerikanische Markt (MERcado COmún del SUR) wurde 1991 zwischen Argentinien und Brasilien unter Einbeziehung von Paraguay und Uruguay gebildet. Seit 1996 werden Chile und seit 1997 Bolivien durch Assoziierungsabkommen an den Wirtschaftsaktivitäten beteiligt, in absehbarer Zeit wird ihre Vollmitgliedschaft angestrebt. Heute erreicht der **MERCOSUR** eine Wirtschaftskraft von ca. 640 Mrd. US-$.

Zu den Zielen des Marktes gehören
– der freie Waren- und Dienstleistungsverkehr,
– ein gemeinsames Außenzollsystem,
– Handelserleichterungen mit den Drittländern und den jeweiligen Ländergruppen.

Darüber hinaus streben die Mitglieder an, ihre Volkswirtschaften in wichtigen Punkten zu koordinieren. Dazu zählen die Harmonisierung im Sinne einer Vereinheitlichung der Gesetzgebung im Außenhandel, in der Landwirtschaft, in der Industrie, im Steuer- und Währungswesen, beim Kapitalverkehr, im Verkehrswesen und im Kommunikationsbereich.

Mit diesem anspruchsvollen Programm wird versucht, das gewachsene Binnenmarktpotenzial für eine verbesserte Wettbewerbsfähigkeit der Unternehmen in den Mitgliedsländern zu nutzen. Dadurch soll die Integration in den Weltmarkt vorbereitet werden, um im Außenhandel notwendige Devisen zu verdienen, mit denen u. a. die enorm angewachsenen **Auslandsschulden** zumindest teilweise getilgt werden können. Allerdings müssen konkrete Abmachungen, z. B. bei der Harmonisierung der Zollpolitik, erst noch getroffen werden. Auch sind bisher die Verhandlungen mit der EU (größter Handelspartner der MERCOSUR noch vor den USA) zur Verbesserung gemeinsamer freier Handelstätigkeit noch nicht sehr weit gediehen. Das liegt in erster Linie an unterschiedlichen Auffassungen und Praktiken bei der Handhabung von Schutzzöllen und Subventionen. Dadurch wird eine Kooperation zwischen beiden Wirtschaftsbündnissen erschwert.

Dennoch wirkt sich das Bemühen der MERCOSUR-Länder, ihre Volkswirtschaften anzunähern, positiv aus. Das belegen die wachsenden Handelsverflechtungen, aber auch die ansteigenden Investitionen aus Übersee.

Auslandsschulden der MERCOSUR-Länder 2003

Land	Mrd. US-$
Argentinien	142,0
Brasilien	220,0
Paraguay	3,0
Uruguay	10,7
Bolivien	5,9
Chile	42,5

Die APEC und der ASEAN

Die **APEC** (Asia-Pacific Economic Cooperation, Asiatisch-pazifische wirtschaftliche Zusammenarbeit) und der **ASEAN** (Association of Southeast Asian Nations, Verbund Südostasiatischer Staaten) sind weitere bedeutende wirtschaftliche Zusammenschlüsse.

Die APEC wurde bereits 1989 von 12 Ländern am Pazifik mit dem Ziel gegründet, die Handelsbeschränkungen abzubauen und den Technologieaustausch zu fördern. Außerdem erhoffte man sich eine ungehinderte Investitionstätigkeit innerhalb der Region. Inzwischen sind weitere Länder dem Wirtschaftsbündnis beigetreten. Damit ist nach dem EWR (↗ S. 315) und der NAFTA (↗ S. 315) die drittgrößte Weltwirtschaftsgemeinschaft im asiatisch-pazifischen Raum entstanden. Die APEC ist mit ca. 40 % am Welthandel beteiligt. Etwa zwei Mrd. Einwohner erwirtschaften 12 Billionen US-$ Bruttosozialprodukt. Angesichts der starken wirtschaftlichen Entwicklung soll bis 2020 eine Freihandelszone geschaffen werden. Seit 1999 hat man bereits mit dem schrittweisen Zollabbau beim Handel mit Energie, Chemikalien, Fischereierzeugnissen oder Medizintechnik begonnen.

Das Ziel der ASEAN-Länder (1967 gegründet) besteht in einer intensiveren Zusammenarbeit auf wirtschaftlichem, sozialem und kulturellem Gebiet. Damit soll zugleich der Frieden in Südostasien gefestigt werden. An mehr Stabilität, Wohlstand und Sicherheit in diesem Raum sind auch die Nachbarländer des ASEAN interessiert. Inzwischen beabsichtigen die Mitgliedsländer, einen gemeinsamen Markt mit einer einheitlichen Währung zu schaffen. Die Entwicklung in Europa dient als Vorbild. Bis 2010, spätestens 2015, sollen zunächst die Zölle im wechselseitigen Handel aufgehoben werden. Die Errichtung einer **Freihandelszone** wird ebenfalls angestrebt.

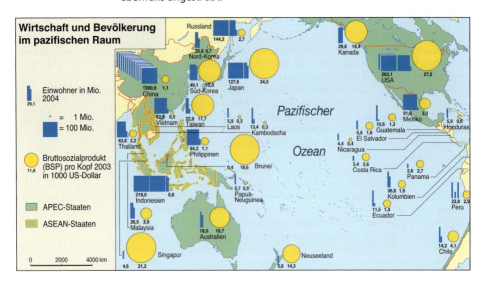

Wirtschaft und Bevölkerung im pazifischen Raum

5.2 Raumordnung

5.2.1 Aufgaben der Raumordnung

> **Raumordnung** ist die Gestaltung einer räumlichen Struktur von Siedlungen, Wirtschaft und Verkehr in einem größeren Gebiet.

Ziele der Raumordnung:
- nachhaltige Raumentwicklung,
- gleichwertige Lebensbedingungen,
- regionale Entwicklung

Nach Artikel 2 des Grundgesetzes der Bundesrepublik Deutschland hat jeder Bürger das Recht auf freie Entfaltung seiner Persönlichkeit in der Gemeinschaft. Das kann nur gelingen, wenn Chancengleichheit für alle besteht und **gleichwertige Lebensbedingungen** für die Menschen in allen Landesteilen geschaffen werden.

Diesem Ziel dient die Raumordnung des Bundes. In engem Zusammenwirken mit der Regional- und Landesplanung ist die **Entwicklung der Regionen** zu unterstützen und zu fördern. Dabei sind wirtschaftliche, infrastrukturelle, soziale und kulturelle Erfordernisse zu beachten.

> Die **Bundesraumordnung** bestimmt die Rahmenbedingungen für die gesamtstaatliche Entwicklung von Siedlungen, Verkehr, Landschaft und Umwelt.
> Nach den entstehenden Leitbildern und Orientierungen konkretisieren die Bundesländer, Regionen, Städte und Gemeinden die **Raumplanung** in ihren Planungsbereichen.

Gemeinschaftsaufgaben von Bund und Ländern:
- Aus- und Neubau von Hochschulen
- Verbesserung der regionalen Wirtschaftsstruktur
- Verbesserung der Agrarstruktur und des Küstenschutzes

Besonderer Wert muss im Sinne **nachhaltiger Raumentwicklung** auf Schutz, Pflege und Entwicklung der natürlichen Lebensgrundlagen – etwa durch sparsame, schonende Flächennutzung – gelegt werden. Auch sind die Gestaltungsmöglichkeiten der Raumnutzung langfristig offen zu halten, damit **künftige Entwicklungen**, z. B. bei der Anlage von Wohnungsneubaugebieten, nicht behindert werden.

Das **Raumordnungsgesetz** legt darüber hinaus weitere Aufgaben fest. So ist darauf zu achten, dass sich die **Ordnung der Teilräume** in die **Ordnung des Gesamtraumes** einfügt. Das ist deshalb notwendig, weil das Erreichen von Zielstellungen der Raumordnung oft nicht innerhalb der Grenzen eines Bundeslandes möglich ist. Eine grenzüberschreitende Zusammenarbeit ist oft erforderlich; so bei der Überwachung und dem Schutz der Wassergüte eines Flusses, der mehrere Bundesländer durchfließt, um die Trinkwasserversorgung in diesen Ländern zu sichern.

Das **Raumordnungsgesetz 1998** regelt die organisatorische Zuständigkeit sowie die materiellen Ziele und Inhalte der Raumordnung bundesweit.

Umgekehrt sollen nach dem Gegenstromprinzip (↗ S. 321) in der Ordnung des Gesamtraumes die Gegebenheiten und Erfordernisse seiner Teilräume berücksichtigt werden. Und schließlich hat die Bundesraumordnung die räumlichen Voraussetzungen für die **Zusammenarbeit im europäischen Raum** zu schaffen und zu fördern. Das trifft auf die Erweiterung europäischer Verkehrsnetze zur Herstellung ausreichender Verbindungen zwischen europäischen Stadtregionen durch geeignete umweltfreundliche Verkehrsmittel u. a. zu.

5.2.2 Raumstrukturen in Deutschland

Raumstrukturen widerspiegeln den räumlichen Zusammenhang von Bevölkerung, Arbeitsplätzen und Infrastruktureinrichtungen.

Die ökonomische und die siedlungsstrukturelle Situation in **Deutschland** weist deutliche Unterschiede auf. Großräumig wird sie von einem Süd-Nord-, mehr aber noch von einem West-Ost-Gefälle geprägt. Es gab bereits bis 1990 in den alten Bundesländern, aber auch in der DDR starke Differenzierungen zwischen einzelnen Landesteilen. Diese **Strukturunterschiede** haben sich mit dem Zusammenwachsen der deutschen Länder und Regionen erheblich verstärkt. Das betrifft das Siedlungsnetz, die Bevölkerungsdichte, die Wirtschaftskraft, die Verkehrssituation und die ökologischen Bedingungen ebenso wie die Einkommensentwicklung oder die Arbeitsmarktproblematik.

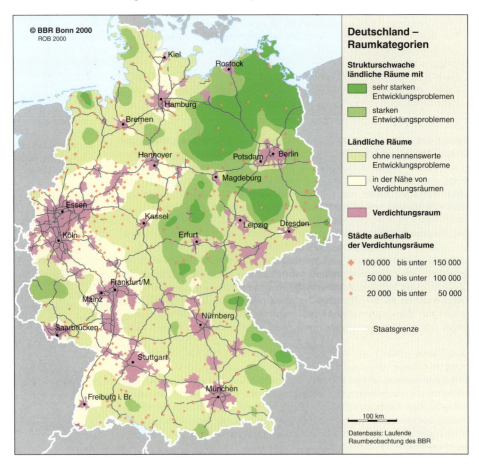

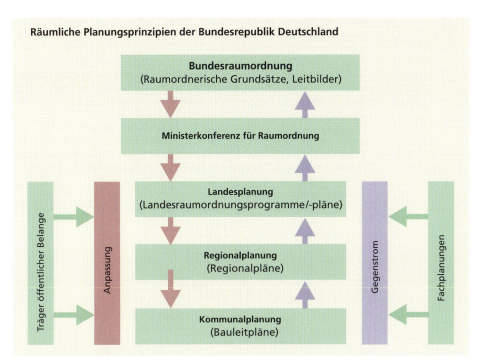

Räumliche Planungsprinzipien der Bundesrepublik Deutschland

Nach Herstellung der deutschen Einheit sind die raumordnerischen Bemühungen auf Bundesebene erheblich verstärkt worden, um die **Gleichwertigkeit der Lebensverhältnisse** als dem generellen Hauptziel des Raumordnungsgesetzes zu sichern. Das bedeutet, dass in allen Regionen gleichwertige Chancen auf Wohnraum und Arbeitsplätze, Ausbildung, Versorgung mit Waren und Dienstleistungen, Umweltbedingungen und Erholungsmöglichkeiten angestrebt werden. Eine derart anspruchsvolle Zielstellung lässt sich langfristig nur durch zielgerichtete **Förderung der regionalen Eigenentwicklung** erreichen.

Deshalb gehörte zu den ersten Schritten die Wiederherstellung derjenigen Verkehrswege auf Schiene und Straße an den Grenzen zwischen den alten und den neuen Bundesländern, die seit 1961 unterbrochen waren. Ost und West sollten auf diese Weise zusammengeführt werden („Lückenschlussprogramm"). Damit waren wichtige Rahmenbedingungen geschaffen worden, um regionale Entwicklungsprozesse in den bisher benachteiligten Gebieten in Gang setzen zu können, z. B. durch private Investitionen, für die Verkehrswege oft Voraussetzung sind.

Das raumordnerische Zusammenwirken von Bund und Ländern vollzieht sich in der Praxis vor allem in der Ministerkonferenz für Raumordnung, in der alle für die Raumordnung zuständigen Länderministerien sowie das betreffende Bundesministerium vertreten sind.

Gleichwertigkeit der Lebensverhältnisse darf nicht als Gleichartigkeit oder gar als Anspruch auf gleiche, undifferenzierte Fördermittelverteilung missverstanden werden. Schon gar nicht ist damit eine kulturelle oder soziale „Uniformität" gemeint. Die Vielfalt der Regionen und Länder, vor allem der in ihnen lebenden Menschen mit ihren unterschiedlichen Traditionen, die in Deutschland als ein Vorzug gilt, muss genügend Möglichkeiten für ihre weitere spezifische Entwicklung entsprechend der jeweils vorhandenen Bedingungen erhalten.

Die gegenwärtige wirtschaftliche Wirtschaftskraft in Deutschland – gemessen an der Bruttowertschöpfung je Erwerbstätigen – weist beträchtliche Unterschiede, besonders zwischen dem Westen/Süden und dem Osten auf. Diese gilt es zu verringern und zu überwinden.

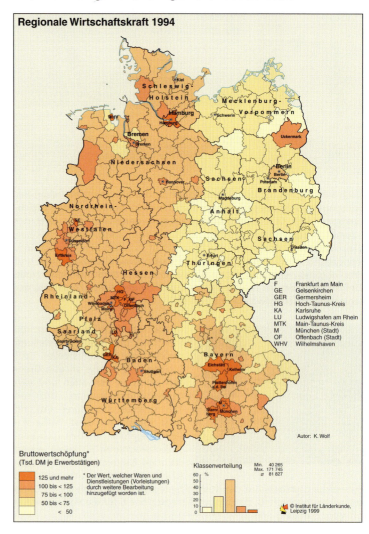

5.2.3 Planung und Gestaltung von Räumen in Deutschland

Die Raumplanung ist eine komplexe Aufgabe. Sie berücksichtigt Ziele und Leitbilder im Sinne langfristiger Strategien für die räumliche Ordnung und fasst die raumbedeutsamen fachlichen Planungen (z. B. zur Verkehrswegegestaltung oder zur Landschaftsplanung) zusammen.

Ein raumordnerisches Leitbild charakterisiert den gewünschten künftigen Zustand eines Raumes als anzustrebendes Ziel.

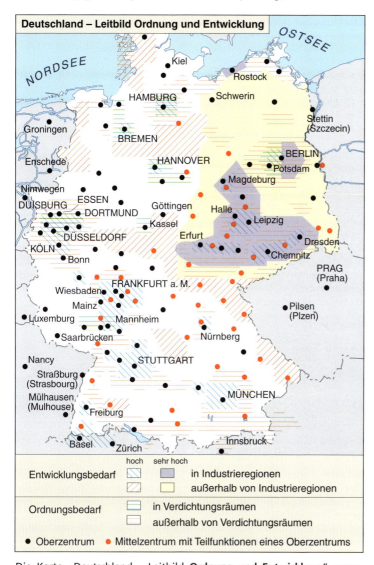

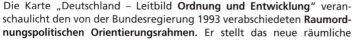

Die Karte „Deutschland – Leitbild **Ordnung und Entwicklung**" veranschaulicht den von der Bundesregierung 1993 verabschiedeten **Raumordnungspolitischen Orientierungsrahmen**. Er stellt das neue räumliche

Leitbild nach der Vereinigung der beiden deutschen Staaten dar und besitzt erhebliche Bedeutung für die gesamtstaatliche Raumentwicklung.

Allerdings wird mit diesem Instrument wie auch mit dem zwei Jahre später verabschiedeten **Raumordnungspolitischen Handlungsrahmen**, der konkrete Anstöße zur Weiterentwicklung der Raum- und Siedlungsstruktur gibt, nicht in die Zuständigkeit der Länder eingegriffen. Unter Beachtung der rahmenrechtlichen Vorgaben des Bundesraumordnungsgesetzes erlassen die einzelnen Bundesländer für ihre Landes- und Regionalplanung die entsprechenden landesrechtlichen Vorschriften.

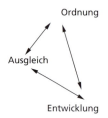

Spannungsverhältnis der Raumordnungsziele

Die inhaltlichen **Ziele der Raumordnung und Landesplanung** werden unterteilt in:
- *Ordnung* im Hinblick auf das Verhindern einer weiteren Zersiedlung von Landschaften,
- *Ausgleich* zwischen wirtschaftlich stärkeren und schwächeren Regionen,
- *Entwicklung* im Sinne von gezieltem Wachstum unter Wahrung ökologischer Erfordernisse.

Alle drei Ziele stehen in wechselseitiger Beziehung und bedingen sich gegenseitig. In den **alten Bundesländern** stehen Ordnungsaufgaben, so bei der Weiterentwicklung der Raum- und Siedlungsstruktur, im Vordergrund. Demgegenüber sind aufgrund der gravierenden Strukturschwäche in den **neuen Bundesländern** umfangreiche und tief greifende Aufbauleistungen notwendig, mit denen vorrangig und sehr rasch Entwicklungsziele verfolgt werden sollen. Dies geht nicht ohne umfangreiche Fördermittel, die hier schwerpunktmäßig einzusetzen sind, um die hohen regionalen Ungleichgewichte abzubauen.

Die zersiedelte Landschaft in Süddeutschland verweist auf die Notwendigkeit von Raumordnungsmaßnahmen. Die Sanierung des ehemaligen Zeiss-Kombinates in Jena steht für Aufbauprozesse im Osten.

Mit dem „Leitbild **Siedlungsstruktur**" (↗ S. 325), das neben den Leitbildern Ordnung und Entwicklung, Umwelt und Raumnutzung, Verkehr sowie Europa die künftige Raumstruktur kennzeichnet, werden u. a. folgende Ziele verfolgt:
- Ausbau und Stärkung der **dezentralen Raum- und Siedlungsstruktur**, die den Wohn- und Standortwünschen von Wirtschaft und Bevölkerung in den alten Bundesländern entspricht, in den neuen Ländern durch Entwicklung des Netzes zentraler Orte gefördert werden muss,
- Ausbau der **städtischen Vernetzung**, um städtische Kooperationen begünstigen, Standortvorteile von Stadtregionen besser entfalten, groß-

räumige Infrastruktur effektiver nutzen und zusätzliche Entwicklungsimpulse über Regionalgrenzen hinaus geben zu können,
- Abbau von Überlastungstendenzen in **Verdichtungsräumen,** z. B. durch Ausbau des öffentlichen Personennahverkehrs, engere Zusammenarbeit zwischen Kernstadt und Umland, bessere räumliche Zuordnung von Arbeitsstätten und Wohnbauflächen, Verbesserung der Umweltbedingungen in Stadtzentren,
- Erschließen von Entwicklungspotenzialen in **ländlichen Räumen,** u. a. durch Stärkung der interkommunalen Zusammenarbeit und Förderung regionaler Entwicklungskonzeptionen, Sicherung der Grundversorgung durch Zugrundelegung niedriger Bevölkerungsrichtwerte für die Tragfähigkeit von Versorgungseinrichtungen, Bündelung von Infrastruktur und höherwertigen Arbeitsplätzen in ausgewählten Orten, von denen eine hohe Ausstrahlung auf das Umland erwartet werden kann.

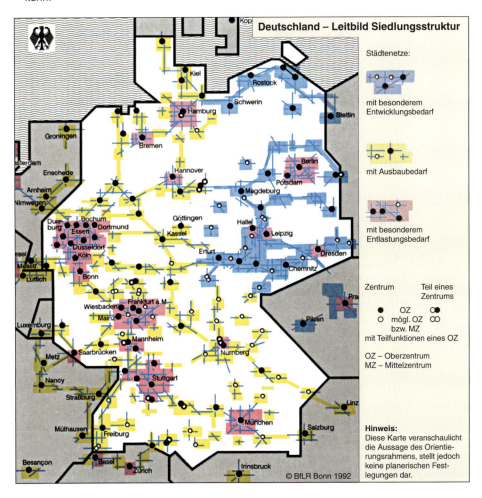

326 Räumliche Gliederungen

5.2.4 Raumordnungskonzepte und ihre Realisierung

Planungsablauf bei Verkehrsvorhaben

Raumordnerische Ziele und Ansprüche an die Bundesverkehrswegeplanung

Zu diesen Zielen und Ansprüchen gehören:
- Sicherstellung der guten Erreichbarkeit aller Teilräume untereinander,
- Entlastung hoch belasteter Verdichtungsräume und Verkehrswege,
- stärkere Verlagerung des Straßenverkehrs auf die umweltfreundlicheren Verkehrsträger Schiene und Wasserstraße.

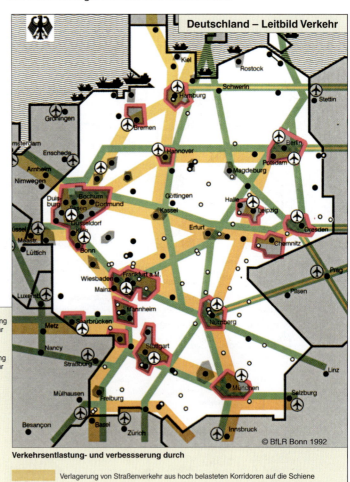

Deutschland – Leitbild Verkehr

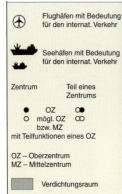

Den auf der Basis des **Bundesverkehrswegeplanes** aufgenommenen 17 „Verkehrsprojekten Deutsche Einheit" (VDE) mit einem Investitionsvolumen von ca. 69 Mrd. DM wird besondere Bedeutung beigemessen, da sie wesentlich zur Verbesserung der Infrastruktur vor allem in den neuen Bundesländern beitragen sollen.

Die Autobahnneubauten A 71 Erfurt–Schweinfurt und A 73 Suhl–Lichtenfels/Bamberg

Dieses Verkehrsprojekt Deutsche Einheit Nr. 16 ist wegen der besonderen Lage seiner Trassenführung in der Öffentlichkeit sehr kontrovers diskutiert worden: Erstmals soll der Thüringer Wald, der verkehrsgeographisch eine natürliche Barriere darstellt, von einem großräumigen bedeutsamen Verkehrsweg gequert werden, der sowohl Raum überwindende als auch Flächen erschließende Funktionen zu erfüllen hat. Er ist aber auch in ökologischer Hinsicht nicht unproblematisch, denn jeder Verkehrsweg stellt einen Eingriff in das biologische Wirkungsgefüge der Landschaft dar und zerschneidet Lebensräume von Tieren. Verkehrswege beeinträchtigen auch die Wohnqualität von Menschen. Daher war es von besonderer Bedeutung, den **planungsrechtlichen Verfahrensprozess** zur Realisierung einzuhalten.

Mit den Autobahnen werden folgende Ziele angestrebt:
- Herstellen einer leistungsfähigen Transitverbindung zwischen den Wirtschaftsräumen Thüringens und Süddeutschlands,
- Verknüpfen thüringischer Wirtschaftszentren,
- Förderung der regionalen Wirtschaft Südthüringens,
- Entlasten des bestehenden Straßennetzes, insbesondere der Ortsdurchfahrten,
- Förderung des Tourismus durch Aufnahme des Ziel- und Quellverkehrs im Thüringer Wald,
- Bewältigung des ansteigenden Verkehrsaufkommens, das prognostisch immerhin mit 42 000 Kfz/24 Stunden, davon 9 % LKW, allein für die Strecke Erfurt–Schweinfurt angegeben wird,
- Erhöhung der Verkehrssicherheit.

Ein derartiger Neubau durch landschaftsökologisch weitestgehend sensible Räume über 223 Autobahnkilometer, davon 129 km für die A 71, erfordert eine sorgfältige Abwägung der Linienführung unter Einbeziehung vor allem raumordnerischer, verkehrsseitiger und ökologischer Belange. Um den Untersuchungszeitraum, der für solche Projekte erfahrungsgemäß bis zu 20 Jahre betragen kann, abzukürzen, wurde bereits 1991 das „Gesetz zur Beschleunigung der Planungen für Verkehrswege des Bundes in den neuen Bundesländern sowie im Land Berlin" von der Bundesregierung verabschiedet. Es ermöglicht die Herstellung leistungsfähiger Verkehrslinien für den wirtschaftlichen Aufschwung in Ostdeutschland in wesentlich kürzerer Frist, ohne dass auf die Beteiligung betroffener Bürger oder der Öffentlichkeit sowie auf eine **Umweltverträglichkeitsprüfung** (UVP) verzichtet werden soll.

Zur Infrastruktur gehören Ver- und Entsorgungseinrichtungen, Verkehrsmittel und -trassen, Kommunikationseinrichtungen, Objekte des Gesundheits- und Bildungswesens als Einrichtungen zur wirtschaftlichen und sozialen Entwicklung von Räumen.

Das **Raumordnungsverfahren** untersucht, ob ein vorgesehenes raumbedeutsames Projekt (z. B. Bau einer Talsperre, Kläranlage, Bundesstraße, eines Flugplatzes, Hotelkomplexes) raumverträglich ist und andere Nutzungen nicht beeinträchtigt. Hierbei ergeben sich für die Bürger vielfältige Möglichkeiten des demokratischen Mitgestaltens.

Die **Umweltverträglichkeitsprüfung** umfasst die Ermittlung, Beschreibung und Bewertung der Auswirkungen eines Bauvorhabens auf Natur, Menschen und Bauwerke.

Durch die gemeinsame Streckenführung (Bündelungstrasse) von Autobahn und Eisenbahn wird der Flächenverbrauch der neuen Verkehrswege verringert.

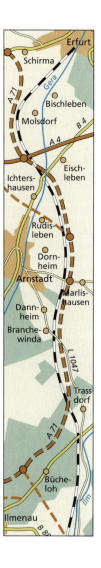

Die UVP wird in Thüringen im Rahmen des **Raumordnungsverfahrens** (ROV) durchgeführt, da die Verkehrsvorhaben gleichzeitig mit den Belangen von Raumordnung und Landesplanung abzustimmen sind. Hier gab es zunächst grundsätzliche Auseinandersetzungen zwischen Politik und Wirtschaft einerseits sowie Bürgerinitiativen und Umweltverbänden andererseits, weil der Neubau der A 71 eine erhebliche und dauerhafte Beeinträchtigung des Naturhaushaltes und des Landschaftsbildes bedeutet, so z. B. durch Flächenverbrauch, Zerschneidung von Biotopen, Schadstoff- und Lärmbelastung sowie Erschütterungen.

Im Fall der Kammquerung des Thüringer Waldes, wo die größten ökologischen Bedenken geltend gemacht wurden, bestand das Interesse der Umweltschützer in einer möglichst langen Untertunnelung des Gebirges, während die Wirtschaftspolitik für mehrere Anschlussstellen in diesem Raum eintrat und der Bauherr eine kostengünstige Variante bevorzugte.

Mit der **landesplanerischen Beurteilung** als Ergebnis des ROV wurde schließlich eine Veränderung der bevorzugten Linienführung des thüringischen Abschnittes der A 71/A 73 auf ca. 50 km empfohlen. Sie betrifft besonders die Kammquerung des Thüringer Waldes, nunmehr mit einem Basistunnel von 7,9 km, der damit der längste in Deutschland ist, ferner die Umfahrung der südthüringischen Städte Meiningen und Eisfeld sowie die gemeinsame Gestaltung der A 71 und der gleichfalls zu bauenden ICE-Strecke Leipzig/Halle–Erfurt–Nürnberg zwischen Traßdorf bei Ilmenau und Erfurt-Molsdorf als 25 km lange **Bündelungstrasse**.

Mit der überarbeiteten Streckenführung, die allerdings einen erheblichen Kostenmehraufwand erfordert, wurde versucht, eine Übereinstimmung zwischen den Interessen des Landes, der Wirtschaft und der Kommunen unter Beachtung der natürlichen Verhältnisse und der Belange des Naturschutzes zu erreichen.
Der Entscheid, dass das Planungsvorhaben den Vorgaben der Raumordnung entspricht, bedeutete aber noch keine Erteilung der Baugenehmigung. Diese blieb den nachfolgenden Genehmigungsgremien, insbesondere dem **Planfeststellungsverfahren,** vorbehalten, das unter breiter Einbeziehung der Öffentlichkeit in der 2. Hälfte der 90er Jahre die einzelnen Abschnitte der Neubautrasse mit dem **Planfeststellungsbeschluss** gesetzlich festschrieb.

AKTUELLE 6
GEOGRAFISCHE THEMEN

Frieden ist mehr als die Abwesenheit von Krieg und Gewalt. Er muss angemessene Lebensbedingungen für jeden Einzelnen gewährleisten und sichern.

6.1 Die Sicherung des Friedens auf der Erde

Gegenwärtig ist die Menschheit von einer stabilen und dauerhaften Friedensordnung auf der Erde weiter entfernt als nach dem Ende der West-Ost-Konfrontation im Jahre 1990. Seit dem Ende des Zweiten Weltkrieges 1945 wurden auf der Erde über 200 Kriege geführt. Die Leistungen der Menschheit sind bei der Aufgabe, den Frieden herzustellen und zu sichern, hinter denen auf anderen Gebieten, z. B. in Wissenschaft und Technik, weit zurückgeblieben.

Die Sicherung des Friedens auf der Erde ist nicht nur deshalb ein geografischer Sachverhalt, weil er eine räumliche Verbreitung besitzt (↗ S. 19), sondern weil alle anderen dringlichen geografischen Probleme, wie Welthunger und Armutsmigration, Artensterben und Klimaveränderung, Ozonloch und Ressourcenverknappung oder Terrorismus und Fundamentalismus, nur bei einem Zustand dauerhaften Friedens gelöst werden können. Umgekehrt kann die Arbeit an der Lösung der großen Weltprobleme zum Friedensprozess beitragen, da sie die Zusammenarbeit der Menschen und Völker erfordert.

Kindersoldaten
– Ausdruck gesellschaftlicher Fehlentwicklung

> Die Sicherung des Friedens und die erfolgreiche Lösung der anderen gegenwärtigen großen Probleme der Menschheit, die geografischen Charakter besitzen, bedingen einander.

6.1.1 Konflikte und ihre Ursachen

Konflikte (Streitfälle, Zusammenstöße) sind eine normale Erscheinung im Zusammenleben von Menschen in der Familie, in einer Gemeinde, einem Land oder einer Region. Sie ergeben sich aus dem täglichen Zwang zum Überleben und zur Sicherung ihres Platzes in der Gemeinschaft durch unterschiedliche Vorstellungen über Ziele und Mittel des menschlichen Zusammenlebens. Konflikte können zur Lösung von Problemen beitragen und das Gemeinschaftsleben in der Gesellschaft fördern. Konflikte führen *nicht* automatisch zu Gewalt und Krieg.

> **Konflikte** treten überall auf, wo Menschen unterschiedliche Interessen und Vorstellungen über ihr Zusammenleben haben. Konflikte gehören untrennbar zum menschlichen Handeln.

Konflikte entstehen zu unterschiedlichen Inhalten im sozialen, ideologischen, politischen und ökonomischen Bereich, haben unterschiedliche räumliche Ausdehnung und betreffen unterschiedlich viele Menschen. So gibt es Konflikte zwischen
– Arbeitgebern und Arbeitnehmern um Tarifverträge (Foto),
– verschiedenen Gruppen (Parteien, Organisationen) bzw. Personen, die die gesellschaftliche Entwicklung in einem Staat bestimmen wollen,
– der Gemeindeverwaltung und Bewohnern, z. B. beim Bau eines Gewerbegebietes oder einer Straße,

- einer Gemeinde und Vertretern von Gruppen oder Institutionen mit übergreifenden Interessen, z. B. beim Bau von Eisenbahnlinien, Müllverbrennungsanlagen oder Kraftwerken,
- Naturschützern und Gemeinden, Ländern oder Konzernen, z. B. um den Bau von Skiliften oder den Fang von Walen,
- Nutzern bestimmter wissenschaftlicher Entwicklungen und deren Gegnern, z. B. bei Kernkraft (Foto) oder Gentechnologie,
- Ackerbauern und Nomaden im Trockengürtel der Erde um die Landnutzung oder
- Indios und Goldgräbern oder Holzfällern im Amazonasgebiet um die Ausbeutung von Rohstoffen.

Friedensgefährdende Konflikte in der Welt haben vor allem Autonomie, Territorium, nationale Macht, Ressourcen, Ideologie und internationale Macht zum Gegenstand.

 Von diesen 254 Konflikten 2000 entfielen 2003 80 auf Asien, 63 auf Afrika, 38 auf den Vorderen und Mittleren Orient, 44 auf Europa, 29 auf Amerika.

Diese Konflikte, die innerhalb bestehender Staaten und zwischen Staaten entstanden sind, haben u. a. als **Ursachen**
- die Bildung „künstlicher" Nationalstaaten in der Vergangenheit ohne Beachtung der traditionellen Lebensräume oder Religionen von ethnischen Gruppen,
- das Aufleben des Nationalismus, verbunden mit dem Willen zur Staatenbildung (die UNO ist auf der Basis von Nationen organisiert),
- die Verbindung von nationalen Bestrebungen mit unterschiedlichen religiösen Vorstellungen,
- die Verletzung religiöser Gefühle,
- das Gefühl der Bedrohung durch die Globalisierung,
- die Unterdrückung ethnischer Minderheiten, die Verweigerung ihrer Selbstverwaltung, das Verbot ihrer Sprache, Benachteiligungen bei Bildung, Arbeit und sozialer Absicherung, Verfolgung und Vernichtung und nicht zuletzt
- der Mangel an oder die Verknappung von Ressourcen, z. B. von Wasser, Boden, Siedlungsflächen oder Rohstoffen.

Die Lebensgebiete von Völkern stimmen in Afrika selten mit den Staatsgrenzen überein.

Die Kurden – ein Volk in fünf Staaten

Die Kurden bewohnen ein nahezu geschlossenes Gebiet. Es befindet sich jedoch in fünf Staaten: der Türkei, dem Iran, dem Irak, Syrien und Armenien. Trotz gemeinsamer Sprache, Geschichte und Kultur konnten die Kurden keinen eigenen Staat, wie er im Vertrag von Sèvres 1920 noch vorgesehen war, gründen. Im Friedensvertrag von Lausanne vom 24. Juli 1923 wurde die Aufteilung der kurdisch besiedelten Gebiete zwischen den heutigen Staaten besiegelt.

In der Türkei, wo die Kurden ca. 24 % Anteil an der Bevölkerung haben, besitzen sie keinen Minderheitenschutz. Die gesamte Bevölkerung der Türkei wird als Türken angesehen. Minderheiten mit abweichendem Selbstverständnis stoßen bis heute auf massive Schwierigkeiten.

6.1.2 Bemühungen um die Beseitigung von Konflikten

Viele der auftretenden Konflikte werden gewaltlos gelöst. Das geschieht durch Gespräche, Verhandlungen und den Abschluss von Verträgen. Oftmals sind Vermittler erforderlich, die diese Verhandlungen zwischen den Konfliktparteien leiten. Die UNO (↗ S. 293) spielt dabei eine wichtige Rolle.

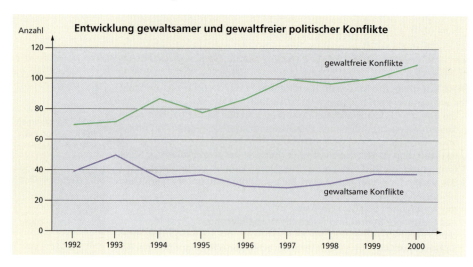

Erfolgreiche Konfliktlösungen – zum Teil jedoch erst nach bewaffneten Aktionen – wurden z. B. bei der Festlegung von Grenzen von Hoheitsgebieten in Meeren, mit dem Antarktis-Vertrag, beim Zerfall der Sowjetunion in einzelne unabhängige Staaten, bei der Abschaffung der Apartheid in Südafrika, bei der Ausweisung von Schutzgebieten für Indianer im Amazonasgebiet oder bei der Festlegung von gemeinsamen Maßnahmen zum Schutz der Ostsee erreicht.

Verhandlungen führten auch zu einer friedlichen Klärung der Verteilung des Yarmuk-Wassers zwischen Israel und Jordanien. Der Yarmuk ist ein Nebenfluss des Jordan. Jordanien erhält ein Drittel, Israel zwei Drittel des vor allem für den Bewässerungsfeldbau benötigten Wassers.

 Das Wasser für **Jordanien** wird im Bild nach links abgeleitet.

Nicht selten werden **militärische Mittel** zur Schaffung oder Erzwingung der Beendigung bewaffneter Konflikte eingesetzt. Dem Einsatz internationaler UN-Friedenstruppen („Blauhelme") kommt dabei entscheidende Bedeutung zu (Zypern 1964, Naher Osten 1967, Irak 1992 und 1996, ehem. Jugoslawien 1996). Ihr Einsatz erfordert die Zustimmung aller ständigen Mitglieder des UNO-Sicherheitsrates (Vereinigte Staaten, Russische Föderation, Vereinigtes Königreich, Frankreich und China).
Die UNO kann für diese Einsätze auch NATO-Truppen anfordern. Problematisch ist es jedoch, wenn sich die NATO (↗ S. 294) am UNO-Sicherheitsrat und am Völkerrecht vorbei selbst ermächtigt, in Konflikten militärisch zu intervenieren. So mussten im März 1999 die OSZE-Beobachter (Organisation für Sicherheit und Zusammenarbeit) aus Serbien abgezogen werden, da ein NATO-Militärschlag drohte.

6.1.3 Die bewaffnete Austragung von Konflikten

Gelingt es nicht, einen Konflikt mit friedlichen Mitteln beizulegen, kann es zu seiner bewaffneten Austragung kommen. Dabei wird zwischen **bewaffnetem Konflikt** und **Krieg** unterschieden. Kriege sind vor allem Antiregime-Kriege, Autonomie- und Abtrennungskriege, zwischenstaatliche Kriege oder Befreiungskriege.

> Werden Konflikte bewaffnet ausgetragen, hat sich eine Zuspitzung des Konflikts entwickelt. Zwischen Konflikt und Krieg stehen **Krise** bzw. **ernste Krise.**

 Eine Krise ist eine Situation, bei der ein Konflikt in eine bewaffnete Auseinandersetzung umschlagen kann.

Die Zuspitzung erfolgt phasenhaft. Zuerst prallen Standpunkte zunehmend aufeinander und verhärten sich. Dann polarisiert sich Denken und Fühlen der Konfliktpartner, es bildet sich ein Schwarz-Weiß-Denken heraus. Nachfolgend werden vollendete Tatsachen geschaffen, und Misstrauen bestimmt das Bild vom Anderen. Feindbilder werden entwickelt. Weiterhin gewinnen Drohstrategien die Oberhand, die in begrenzte Vernichtungsschläge und in eine Verteufelung des Gegners münden.

Schließlich kommt es zur totalen militärischen Konfrontation und im Extremfall zur Vernichtung des Gegners oder zur Selbstvernichtung.
Insgesamt sind bewaffnete Konflikte und Kriege das Ergebnis des Versagens der Politik. Waffenproduzenten und -händler sind am Verkauf und am Verbrauch von Kriegsgerät interessiert. Auch ist damit das Gründungsziel der UNO, Frieden auf der Erde zu sichern, bisher nicht erreicht worden.

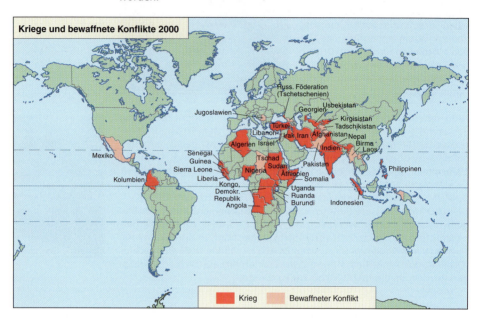

Ruanda – soziale Ungleichheit führte zur Katastrophe

In Ruanda, in dem ca. 90 % Hutu und ca. 9 % Tutsi leben, erfolgte ab 1994 ein Massaker an den Tutsi im Ausmaß eines Völkermordes. Rund 1 Million Tote und fast 3 Millionen Kriegsflüchtlinge in die Nachbarstaaten waren das Ergebnis. Im Jahre 2000 wurde der Krieg ausschließlich im Nachbarland Kongo (Kinshasa) weitergeführt.

Der Konflikt zwischen Hutu und Tutsi resultiert aus sozialen Ungleichheiten zwischen beiden Bevölkerungsgruppen, die eine lange Tradition aufweisen. Deutsche und später belgische Kolonialherren förderten und verstärkten die gesellschaftliche Vorherrschaft der Tutsi-Minderheit, gegen die 1959 die Hutu-Mehrheit rebellierte. Viele komplizierte Vorgänge – verstärkt durch wachsende Konkurrenz um den Boden – führten zu den Ereignissen von 1994.

Jede bewaffnete Austragung von Konflikten führt zu vielen unmittelbaren und mittelbaren **Folgen**. Neben einschneidenden Auswirkungen auf die Umwelt und die Infrastruktur eines Landes wird zunehmend die Zivilbevölkerung Opfer von Brutalitäten.

Auswirkungen von bewaffneten Auseinandersetzungen		
Auswirkungen für die Menschen	**soziale und ökonomische Auswirkungen**	**kulturelle und ökologische Auswirkungen**
– Kriegstote – Verwundete – dauerhaft Versehrte – Gefolterte und Verschwundene – vergewaltigte Frauen und Mädchen – Kriegsflüchtlinge – Entwurzelte und Vertriebene – Kriegsgefangene – Opfer ethnischer Säuberungen – Verhungerte – Völkermord – Kinder des Krieges (Kindersoldaten und Kriegswaisen) – individuelle und kollektive Kriegstraumata	– Zerstörung der materiellen Infrastruktur – Zerstörung von Siedlungen und Städten – Zerstörung von landwirtschaftlichen und industriellen Produktionsanlagen – Zerstörung von Sozialeinrichtungen – Ausbruch von Hungersnöten – Zerrüttung von Sozialstrukturen – Kriegswirtschaften (Raub- oder Plünderungwirtschaft sowie Drogen- und Waffenhandel, Schmuggel und Schwarzmarkt)	– Zerstörung von Kulturgütern, Auflösung kultureller Normen und Werte – Zerstörung kultureller Identitäten – Ausbeutung natürlicher Ressourcen – Zunahme ökologischer Degradation, Schädigung von Flora und Fauna – Schädigung von Boden, Wasser und Luft durch beiläufige kriegsbedingte Einwirkungen – gezielter und systematischer Einsatz der Umwelt als Waffe (ökologische Kriegsführung) – Verödung ganzer Landstriche

Besonders dramatisch ist die **Situation der Flüchtlinge** aus Regionen oder Ländern mit Kriegsgeschehen. Die wichtigsten Aufnahmeländer für Flüchtlinge (↗ S. 198) sind oft selbst sehr arm oder haben große Probleme. So kamen 1997 auf 1000 Einwohner allein in Guinea 89 ausländische Flüchtlinge (vgl. Deutschland: 15). In den Iran flohen über 2 Mio. Menschen aus Afghanistan und dem Irak. Mit 3,6 Mio. (2000) stellte Afghanistan 30 % aller Flüchtlinge weltweit. Sie flohen vor Krieg, Dürre und einer drohenden Hungerkatastrophe. Die meisten Binnenflüchtlinge, die innerhalb ihres Landes eine neue Zuflucht suchten, hatte 1995 der Sudan mit über 4 Mio.

Man schätzt, dass 1997 rund 50 Millionen Menschen auf der Flucht waren, davon allein in Afrika über 8 Millionen.

Für die Flüchtlinge muss eine Grundversorgung, zu der Unterkunft, Verpflegung, Wasser, Kleidung, medizinische Betreuung gehören, gesichert werden.
Das ist meist nur mit internationaler Hilfe zu bewältigen. Oft sind die Aufnahmelager überfüllt.

6.2 Tragfähigkeit der Erde und nachhaltige Entwicklung

6.2.1 Grenzen des Wachstums

Das rasche Wachstum der Weltbevölkerung führt zu der Frage, wie viele Menschen auf der Erde längere Zeit leben können. Dabei geht es nicht allein um die Sicherung der Ernährung der Bevölkerung (↗ Abschnitt 6.2.2), sondern auch um die Produktion von Industriegütern, die die Menschen benötigen, um den Rohstoffverbrauch und um die Belastung der Umwelt. Ein unablässiges Wachstum all dieser Faktoren stünde im Widerspruch zur Begrenztheit der Ressourcen auf der Erde (↗ Abschnitt 6.2.3) und zur Aufnahmekapazität der Umweltmedien für Abfälle und Schadstoffe (↗ Abschnitt 6.2.4).

Die Menschen und ihre Wirtschaft hängen von einem ständigen Durchfluss von Luft, Wasser, Nahrungsmitteln, Materialien und fossilen Brennstoffen aus der Umwelt ab. All das wird später als Abfall und Verschmutzung der Umwelt wieder zurückgegeben. Die **Grenzen des Wachstums** werden von der Leistungsfähigkeit der Quellen dieser Durchflüsse und von der Aufnahmefähigkeit der Senken für Abfälle und Verschmutzungen, in denen sie in unschädliche Formen umgesetzt werden, bestimmt.

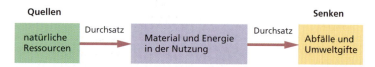

Unter **Tragfähigkeit** eines Raumes versteht man die Anzahl von Menschen, die dort über längere Zeit wohnen, leben, arbeiten, sich bilden, sich erholen und versorgt werden können, ohne dass dadurch ihre Lebensgrundlagen dauerhaft geschädigt werden.

MALTHUS (1766–1834) stellte 1798 sein „Bevölkerungsgesetz" auf und erklärte damit zukünftige Hungersnöte. Die Bevölkerungszahl wachse exponentiell und die Nahrungsmittelproduktion linear.

Genaue Angaben zur Tragfähigkeit sind sehr schwierig, da sie sowohl vom jeweiligen wissenschaftlich-technischen Entwicklungsstand (z. B. Entwicklung von Agrartechnik und modernen Anbaumethoden bei der Nahrungsmittelproduktion) als auch vom Verhalten der Menschen und den gesellschaftlichen Zuständen auf der Erde abhängig ist. So könnten die heute auf der Erde lebenden ca. 6,1 Mrd. Menschen alle gut ernährt werden. Trotzdem leiden ca. 800 Mio. Hunger. Ursache dafür ist nicht Nahrungsmittelknappheit, sondern in erster Linie die Armut der Bevölkerung in den betreffenden Ländern (↗ Abschnitt 6.2.2).

Entscheidend für die Tragfähigkeit ist nicht die Menge der Menschen auf der Erde, sondern ihr **Pro-Kopf-Ressourcenverbrauch.** Dabei gibt es extreme Unterschiede zwischen dem Norden (wirtschaftlich entwickelte Länder) und dem Süden (Entwicklungsländer). Wird der Pro-Kopf-Ressourcenverbrauch herangezogen, wird die Tragfähigkeit der Erde nicht vorrangig durch das Bevölkerungswachstum in den Entwicklungsländern eingeschränkt, sondern durch die ökologische Überbevölkerung des Nordens mit seinem Wohlstandswachstum. 20 % der Weltbevölkerung verbrauchen 80 % aller Ressourcen. Mit deutschen Pro-Kopf-Verbrauchsraten, die gut 15-mal so hoch sind wie die indischen, ist die gesamte Umweltbelastung von 80 Mio. Deutschen höher als die von 900 Mio. Indern. Der Lebensstil des Nordens muss deshalb ernsthaft infrage gestellt werden.

Umweltbelastung durch 1000 Menschen (jährlich)

	Deutschland	Entwicklungsland	
Energieverbrauch (TJ)	158	22	Ägypten
Treibhausgas (t)	13700	1300	Ägypten
Ozonschichtkiller (kg)	450	16	Philippinen
Straßen (km)	8	0,7	Ägypten
Gütertransporte (tkm)	4391000	776000	Ägypten
Personentransporte (pkm)	9136000	904000	Ägypten
PKWs	443	6	Philippinen
Aluminiumverbrauch (t)	82	2	Argentinien
Zementverbrauch (t)	413	56	Ägypten
Stahlverbrauch (t)	655	5	Ägypten
Hausmüll (t)	400	120	Durchschnitt
Sondermüll (t)	187	2	Durchschnitt

Tausend Deutsche verbrauchen etwa 10-mal so viel wie tausend Argentinier, Philippiner oder Ägypter.

Vorliegende Berechnungen zeigen die Zusammenhänge zwischen der Entwicklung von Bevölkerung, Nahrungsmittel- und Industrieproduktion, dem Ressourcenverbrauch und der Umweltbelastung auf. Die in den Modellen dargestellte *simulierte* Entwicklung bei gleichbleibendem Wachstum weist auf ein zwangsläufiges späteres Absinken und damit auf die **Verantwortung der Menschheit** für die Zukunft hin.

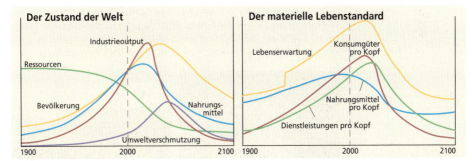

Dieser Verantwortung kann die Menschheit gerecht werden, wenn der Einsicht, dass ohne die dauerhafte Sicherung der natürlichen Lebensgrundlagen eine dauerhafte zivilisatorische Entwicklung auf der Erde gefährdet ist, entsprechende Handlungen folgen. Insbesondere hat sich die Erkenntnis durchgesetzt, dass die vielfältigen ökologischen, ökonomischen und sozialen Probleme und Aufgaben nicht isoliert voneinander oder gar gegeneinander untersucht und gelöst werden können, sondern nur in ihrer gegenseitigen Durchdringung. Mehrere UN-Konferenzen für

Dieses Symbol wird von den UNO-Weltkonferenzen für Umwelt und Entwicklung seit 1992 verwendet.

Umwelt und Entwicklung, besonders die Konferenz in Rio de Janeiro 1992, verdeutlichten diese Zusammenhänge. Für diese Sicht auf die von mehreren Generationen und in globaler Perspektive zu lösenden Probleme und Aufgaben wurde der Begriff der **nachhaltigen Entwicklung** (engl.: sustainable development) geprägt.

Nachhaltige Entwicklung erfordert eine Organisation des Lebens und des Produzierens, die nicht auf Kosten der Natur, anderer Menschen, anderer Regionen und anderer Generationen erfolgt.

In Rio de Janeiro wurden dafür in der „Agenda 21" Regeln festgelegt, die auch die Städte und Kommunen zu einer zukunftsfähigen Entwicklung verpflichten („lokale Agenda 21"). Voraussetzung für eine nachhaltige Entwicklung ist die Ausnutzung und Zugänglichkeit aller wissenschaftlich-technischen Möglichkeiten zur Verringerung des Ressourcenverbrauchs und der Verhinderung bzw. der Verminderung der Umweltverschmutzung. Dies setzt auch den entsprechenden Willen, das Wissen und die finanziellen Mittel voraus.

Viele Länder widmen dem Umweltschutz wenig Aufmerksamkeit oder haben große Schwierigkeiten, ihren Bewohnern ein menschenwürdiges Leben zu sichern und die Grundbedürfnisse der Menschen an Nahrung, Wasser und Brennstoff zu decken. Armut ist eine der Hauptursachen und Hauptfolgen von Umweltproblemen. In den Industrieländern erfordert die nachhaltige Entwicklung ein Umdenken vom *quantitativ* wachsenden Wohlstand zu einer neuen *Lebensqualität,* das die Lösung des Arbeitslosenproblems einschließt. Ein Leben für alle Menschen auf dem Niveau der westlichen Industrieländer ist nicht möglich.

Während in Deutschland für je 10 Einwohner 5,8 PKW registriert sind (USA 4,8), sind es in der VR China 0,15 (Indien 0,05) PKW.
Wenn die VR China die gleiche Ausstattung wie Deutschland erreichte, führen allein dort mehr PKW als jetzt in der gesamten Welt (rund 500 Mio.). Ähnliches gilt für andere bevölkerungsreiche Länder wie Indien. Die Umweltbelastung stiege ins Unermessliche.

Die Aufgaben unterscheiden sich zwischen solchen für Industrie- und für Entwicklungsländer. Sie können jedoch nur gemeinsam, in wirklicher Zusammenarbeit gelöst werden. Ein Erfolg erfordert u. a. auch die Einbeziehung der Probleme von Rüstung und Krieg, der skandalösen wirtschaftlichen Schere zwischen Nord und Süd oder der Metropolisierung (↗ S. 212 u. 378).

6.2.2 Sicherung der Ernährung der Bevölkerung

Die gegenwärtige Situation und ihre Ursachen

Die hungernden afrikanischen Kinder suchen Ameisen für die eigene Ernährung.

Die Welt befindet sich inmitten einer Ernährungskrise. 1,2 Mrd. Menschen leiden an Hunger, 2,0 Mrd. sind unzureichend mit Mikronährstoffen (Spurenelementen) versorgt, und 1,2 Mrd. Menschen sind von Überernährung geplagt. Etwa die Hälfte der Weltbevölkerung in armen wie reichen Ländern leidet an Fehlernährung der einen oder der anderen Art. Der Hunger, insbesondere die chronische Unterernährung, fordert jedes Jahr ca. 20 Mio. Tote. Das sind täglich 55 000, darunter 16 000 Kinder unter fünf Jahren! Dagegen hat die Überernährung keinen geringen Anteil an den Krebs-, Herz-Kreislauf- oder Diabetes-Toten.

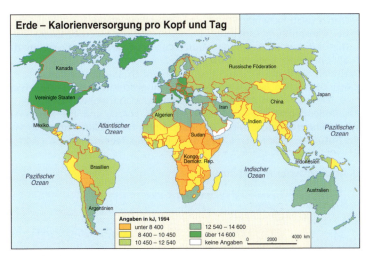

Die Unterschiede in der Kalorienversorgung der Menschen kommen im Landesdurchschnitt zum Ausdruck (Karte). Differenzierungen gibt es aber auch innerhalb der Länder. Selbst in ca. 10 % der USA-Haushalte herrschte 1998 eine unsichere Ernährungssituation.

> Zwischen der Ernährungssituation und der Nahrungsmittelproduktion gibt es *keinen* direkten Zusammenhang. Hauptursache für den Hunger in der Gegenwart ist die weit verbreitete **Armut**.

Im Weltdurchschnitt ist die Nahrungsmittelproduktion auch je Einwohner gestiegen. Würde die produzierte Nahrung gleichmäßig verteilt, stünden pro Kopf ca. 10 500 kJ (über 2 500 kcal) zur Verfügung.

Entwicklung der Nahrungsmittelproduktion nach Ländergruppen insgesamt und je Einwohner von 1989 bis 1999 in Prozent

Aufgrund der **Armut** haben viele Menschen nur begrenzten Zugang zu auf dem Markt erhältlichen Nahrungsmitteln oder zu Land und anderen Ressourcen, die für ihre Nahrungsmittelproduktion erforderlich wären (Wasser, Fischfang).

Aus der Armut leiten sich insbesondere in Entwicklungsländern weitere **Ursachen** für den Ernährungszustand ab:
- Viele Bauern verfügen nur über kleine Flächen oder arbeiten als Pächter. Es fehlt an Geld für Dünger, Saatgut und Maschinen.
- Häufig werden herkömmliche Methoden (z. B. Hakenpflug) eingesetzt. Natürliche Verhältnisse werden nicht ausreichend beachtet.
- Durch unzureichende Schädlingsbekämpfung sowie Schwierigkeiten bei Transport und Lagerung treten Ernteverluste bis zu 40 % ein.
- Die Übernutzung des Bodens durch den Bevölkerungsanstieg führt zu abnehmender Bodenfruchtbarkeit.

Weltweit wird die Ernährungssituation durch **Ungunstfaktoren** (z. B. Kälte, Mangel an Bewässerungswasser) eingeschränkt, **Naturereignisse** (z. B. Dürreperioden, Überschwemmungen und Stürme) wirken sich aus, die **Bodendegradation** (↗ S. 366) schreitet voran, und die **landwirtschaftliche Nutzfläche** wird verknappt. Unter diesen Aspekten gewinnt der Schutz des Bodens (↗ S. 158) dramatisch an Bedeutung!

Die Verknappung landwirtschaftlicher Nutzflächen

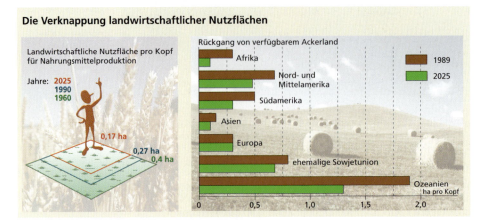

Mehrere **Ursachen** sind **in der Weltwirtschaft** begründet. Schon in der Vergangenheit wurde durch die Kolonialmächte die Produktion von Nahrungsgütern zugunsten des Anbaus von Exportkulturen, wie Kaffee, Bananen, eingeschränkt. Heute gehören dazu *Eingriffe der Industrieländer in den internationalen Agrarhandel* (Schwankungen der Weltmarktpreise, Importstopps, Vernichtung von Nahrungsmitteln), *Verfütterung von Eiweiß in der Viehwirtschaft* (ca. 40 % des Weltgetreides, die Hälfte der Fischfänge, 60 % von Raps und Sojabohnen, 1/3 der Milchproduktion), *Erhöhung des Fleisch- und Weizenkonsums* in vielen Ländern, *bewaffnete Konflikte und Kriege* (Erliegen der Produktion, Verlust der Ernten und Produktionsmittel, Verseuchung der Böden, Hungersnöte) sowie *ungeeignete Entwicklungshilfe* (Verringerung der eigenen Bemühungen zur Nahrungsmittelherstellung, Umstellung der Ernährung von Hirse auf importierten Weizen, Ruinierung der einheimischen Bauern).

Um 1 kg Rindfleisch zu erzeugen, müssen über 10 kg Getreide verfüttert werden. Das gesamte verfütterte Getreide könnte ca. 2,5 Mrd. Menschen ernähren.

Maßnahmen zur Sicherung der Ernährung

> Maßnahmen zur Ernährungssicherung müssen die Ursachen der gegenwärtigen Situation beseitigen. Dazu gehören wirtschaftliche und soziale Lebensbedingungen und die damit verbundene Wirtschaftsweise in der Landwirtschaft selbst.

Dringend ist der **Kampf gegen die Armut.** Die Armut verewigt das Bevölkerungswachstum, denn sie zwingt den Menschen Lebensbedingungen auf, unter denen es für sie keine Ausbildung, keine Gesundheitsfürsorge, keine Familienplanung und keinerlei Aussichten zur Verbesserung ihrer Situation gibt. Das führt in die Armutsfalle, in der die Armen arm bleiben und die Bevölkerung weiter wächst. Ebenfalls notwendig sind die Neuordnung der Struktur des Weltmarktes und die Veränderung der Ernährungsgewohnheiten in den Industrieländern.

In der **Landwirtschaft** selbst geht es u. a. um die Intensivierung des Anbaus durch Fortschritte in der Saatgutzüchtung (u. a. Gentechnologie), Bodendüngung, Schädlingsbekämpfung und Bodenbearbeitung, ohne in Abhängigkeit von internationalen Konzernen zu geraten, um die Ausweitung der Bewässerungsflächen, dabei um gezielten und sparsamen Einsatz des Wassers, um eine verbesserte Verarbeitung und der Infrastruktur, um die Nahrungsmittel effektiv zu lagern, zu verarbeiten und auf Märkten anbieten zu können.

Zur Bodenverbesserung ist u. a. pflugloses Bearbeiten des Bodens geeignet (Uckermark).
Die Tröpfchenbewässerung durch ein Leitungssystem (Jordanien) sorgt dafür, dass die Pflanzen nur soviel Wasser erhalten, wie sie aufnehmen können und verhindert das Versalzen.

6.2.3 Nachhaltiger Umgang mit Naturressourcen

Ressourcen, Rohstoffe und Reserven

Um die Bevölkerung sicher ernähren zu können (↗ Abschnitt 6.2.2) und ihr insgesamt ein menschenwürdiges Leben zu gewährleisten, ist der Einsatz von Ressourcen, darunter der Naturressourcen erforderlich.

> Oft werden unter Ressourcen neben den Naturressourcen auch Arbeitskräfte und finanzielle Mittel verstanden.

Naturressourcen sind solche natürlichen Gegebenheiten, die durch den Menschen nutzbar gemacht werden können. Dazu gehören neben den Rohstoffen auch produktions- und lebensbedeutsame Umweltgüter, wie Flächen, Wasser, Luft, Böden und Energiequellen.

Ein Teil der Naturressourcen bildet die stoffliche Grundlage der Rohstoffe. Diese stellen durch menschliche Tätigkeit umgewandelte Naturressourcen dar.

Rohstoffe sind aus der Natur gewonnene Stoffe, die noch in ihrer natürlichen Beschaffenheit vorliegen. Sie können direkt verbraucht werden oder in den Produktionsprozess eingehen.

Zusammenhang zwischen Ressourcen und Rohstoffen (Beispiele)	
Ressourcen	**Rohstoffe**
Wald	geschlagenes Holz
Meere, Seen	gefangene Fische, entnommenes Wasser
Lagerstätten von Erdöl	gefördertes Erdöl
Rinder	Fleisch, Häute, Dung (Dünger, Brennstoff)

> Der Begriff Bodenschätze (↗ S. 242) ist oft eine andere Bezeichnung für mineralische Rohstoffe.

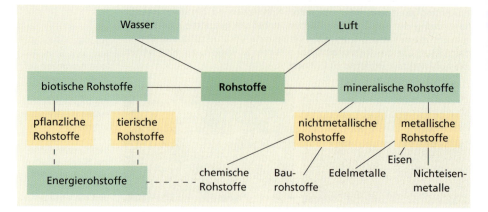

Als **Reserven** werden in der Rohstoffwirtschaft solche Ressourcen bezeichnet, die wirtschaftlich gewonnen werden können.

Ressourcen werden nach verschiedenen Gesichtspunkten gegliedert, so
- in erneuerbare und nicht erneuerbare Ressourcen,
- in bereits verbrauchte, heute verfügbare und potenzielle Ressourcen,
- in Ressourcen der lebenden und der nicht lebenden Natur oder
- in Ressourcen der Atmosphäre, der Hydrosphäre und der Lithosphäre.

Der **Rohstoff-** und damit der **Ressourcenbedarf** wird in der Zukunft durch den Nachholebedarf in den Entwicklungsländern, das Wachstum der Weltbevölkerung sowie den noch nicht aufgehaltenen Trend zur „Wegwerfgesellschaft" weiter ansteigen. Daher ist ein **nachhaltiger Umgang** (↗ S. 338) mit Rohstoffen und Ressourcen dringend geboten. Die **Ressourceneffizienz** muss erhöht, der **Pro-Kopf-Ressourcenverbrauch** gesenkt werden. Aus weniger muss mehr gemacht werden.
Für die deutsche Wirtschaft hat eine Kommission des Bundestages vier **Handlungsregeln** aufgestellt:
- Von erneuerbaren Ressourcen sollte nur so viel genutzt werden, wie sich in der gleichen Zeit regenerieren kann.
- Nicht erneuerbare Ressourcen sollten nur in dem Umfang genutzt werden, in dem ein gleichwertiger Ersatz in Form erneuerbarer Ressourcen geschaffen wird.
- Die Stoffeinträge in die Umwelt sollten sich an der Belastbarkeit der Umweltmedien (Luft, Wasser, Boden) orientieren.
- Das Zeitmaß anthropogener Einträge bzw. Eingriffe in die Umwelt muss in einem ausgewogenen Verhältnis zum Zeitmaß darauf reagierender natürlicher Prozesse stehen.

Die nachhaltige Nutzung der Naturressourcen steht erst am Anfang.

Ressourceneffizienz = Wirksamkeit der Ressourcennutzung

Die Bestimmung der Belastbarkeit setzt deren Messbarkeit voraus.

Nachhaltiger Umgang mit der Fläche

Für Siedlungen, Industrieanlagen, Verkehrswege, militärische Anlagen, Verkehrswege, Parkplätze, Erholungseinrichtungen, Mülldeponien und nicht zuletzt für die land- und die forstwirtschaftliche Produktion bilden die zur Verfügung stehenden Flächen mit ihren Eigenschaften (z. B. Neigung, Größe) eine wichtige Ressource.

Flächennutzung in Deutschland
Stand 2003

Industrie 1 %
Wasser 2 %
Freizeit 1 %
Sonstige 2 %
Verkehr 5 %
Gebäude 6 %
Landwirtschaft 53,5 %
Wald 29,5 %

In Deutschland wächst die Siedlungs- und Verkehrsfläche nach Angaben des NABU täglich um 129 ha, was der Größe von 200 Fußballfeldern entspricht.
Geht das so weiter, ist Deutschland in 80 Jahren zubetoniert.

Stehen keine geeigneten Flächen bereit (z. B. in den dicht besiedelten Gebieten), kann es zu erheblichen Problemen für die jeweilige Nutzungsform kommen. Ein großes Problem ist die Zersiedlung der Fläche (↗ S. 324) mit Gebäuden und Verkehrswegen, die gleichzeitig zu erhöhtem Verkehrsaufwand, Energieverbrauch, Schadstofffreisetzung, Lärm und Zerschneidung von ökologisch wertvollen Flächen führt.

Die Zersiedlung nimmt in ländlichen Gebieten (links) andere Formen an als in städtischen (rechts). Das Ergebnis ist jedoch immer Landschaftsverlust.

Nachhaltiger Umgang mit der Ressource Fläche erfordert vor allem Siedlungsverdichtung. „Städtische Dörfer" heißt der entsprechende Begriff bei Architekten und Raumplanern (↗ Abschnitt 5.2.3) in einigen Ländern (Vereinigtes Königreich, Vereinigte Staaten).

Nachhaltiger Umgang mit dem Boden und den biotischen Ressourcen

Die **biotischen Ressourcen** sind zur Gewinnung von pflanzlichen und tierischen Rohstoffen durch die Menschen nutzbar. Diese werden zu Nahrungs- und Genussmitteln (z. B. in Getreidemühlen, Fleischverarbeitungsbetrieben, Molkereien, Fischverarbeitungsbetrieben, Kaffeeröstereien oder Konservenfabriken), zu anderen Gebrauchsgütern (z. B. in Textilbetrieben, Möbelfabriken, Papierfabriken, Schuhfabriken oder der Pharmaindustrie) verarbeitet und zunehmend auch als Energieträger (z. B. als Biodiesel, Biogas oder auch traditionell als Heizmaterial) eingesetzt. Nicht zuletzt stellt auch die Vielfalt des genetischen Potenzials der Organismen eine biotische Ressource von enormer Bedeutung dar.

Der **Boden** (↗ S. 148) bildet die wichtigste Ressource für die land- und forstwirtschaftliche Produktion (↗ S. 224). Weltweit nehmen die fruchtbaren Böden durch Degradation ab (↗ S. 366), und es gibt nur noch wenige Reserveflächen mit fruchtbaren Böden. Die biotischen Ressourcen sind außerdem u. a. durch die Wirtschaftsweise in der Landwirtschaft selbst (z. B. Pestizide, Überweidung), durch Artensterben, Überfischung der Meere und die Waldzerstörung in nicht geringem Maße gefährdet.

Der Boden enthält neben biotischen auch mineralische Bestandteile (Luft und Wasser).

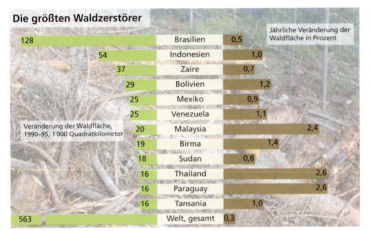

Die größten Waldzerstörer

Veränderung der Waldfläche, 1990–95, 1 000 Quadratkilometer

Land	Veränderung 1990–95	Jährliche Veränderung der Waldfläche in Prozent
Brasilien	128	0,5
Indonesien	54	1,0
Zaire	37	0,7
Bolivien	29	1,2
Mexiko	25	0,9
Venezuela	25	1,1
Malaysia	20	2,4
Birma	19	1,4
Sudan	18	0,8
Thailand	16	2,6
Paraguay	16	2,6
Tansania	16	1,0
Welt, gesamt	563	0,3

Die Waldzerstörung erfolgt u. a. durch Holzgewinnung bei fehlender Wiederaufforstung, durch Anbau von Eiweißpflanzen, Schaffung von Weideflächen, Gewinnung von Siedlungsland und durch Bergbau.

Nachhaltiger Umgang mit der Ressource Boden und den biotischen Ressourcen erfordert einen Komplex von Maßnahmen. Dazu gehören neben dem ökologischen Landbau (↗ S. 241) u. a. die Änderung der Ernährungsgewohnheiten in Ländern des Nordens (erst die von BSE und Maul- und Klauenseuche ausgelöste Krise in den Jahren 2000/2001 hat Teile der Bevölkerung zu einigen Änderungen bewogen), die Erweiterung der Fischzucht, großflächige Aufforstungen, das Ausweisen von Großschutzgebieten, der Ersatz von Brennholz durch andere Energieträger in den tropischen Ländern und das **Ecofarming** in Ländern mit starker Bodenerosion. Damit werden sowohl der Boden als auch biotische Ressourcen geschont und regeneriert. Ansprüche an die Fläche sind – unabhängig von den gegenwärtigen Problemen der Landwirtschaft in EU-Ländern – auf unfruchtbare oder vorbelastete Böden zu lenken.

BSE = bovine spongiforme Enzephalopathie (Rinderwahnsinn)

Ecofarming stellt einen Weg für tropische Länder dar. Hänge werden terrassiert und Erosionsschutzgräben angelegt. Die Terrassenkanten werden mit Bäumen bepflanzt. Weitere Bäume und Sträucher werden zur Gewinnung von Obst, Bau- und Brennholz, Futter und Mulch für den Humusaufbau gepflanzt. Es erfolgt eine intensive Gründüngung. Die Viehhaltung wird von der Weide in den Stall verlagert.

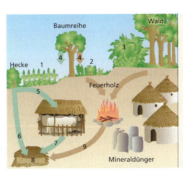

Ecofarming
1 – Feldkulturen
2 – Brache
3 – Mischkulturen (z. B. Bananen, Kaffee, Gemüse)
4 – Laub
5 – Futter/Laubstreu
6 – organisches Material aus der Hecke
7 – Stalldung
8 – Kompost
9 – Asche
(1 und 2 im Wechsel)

Nachhaltiger Umgang mit mineralischen Ressourcen

Die **mineralischen Ressourcen** sind zur Gewinnung von metallischen und nichtmetallischen Rohstoffen durch die Menschen geeignet. Diese werden als Edelmetalle, Eisen, Nichteisenmetalle, Baurohstoffe oder Chemierohstoffe für vielfältige Zwecke in der Wirtschaft eingesetzt und zu einer großen Palette von Fertigerzeugnissen verarbeitet. Eine Reihe mineralischer Ressourcen stellt wie einige biotische Ressourcen die Grundlage für Energierohstoffe dar (↗ S. 242 u. 342).

Mit der Zunahme der Bevölkerung und dem technischen Fortschritt stieg zugleich der **Bedarf an mineralischen Rohstoffen.** Die moderne Industrie ist ohne eine ausreichende Menge dieser Rohstoffe undenkbar. Zugleich reicht die Vielfalt dieser Naturstoffe nicht mehr aus, und es werden unzählige künstliche Stoffe hergestellt, die zum Teil auch naturidentische Stoffe sind. Auch für diese Stoffe sind die mineralischen Rohstoffe eine bedeutende Grundlage.

Die **Vorräte** der einzelnen mineralischen Ressourcen auf der Erde sind unterschiedlich hoch aber letztendlich begrenzt. Trotz des allgemein steigenden Bedarfs, wurden Prognosen über die Weltvorräte und die Lebensdauer (Reichweite) der einzelnen Rohstoffe immer wieder geändert. Bis auf Erdöl und einige Stahlveredler rechnet man mit keinem absehbaren Mangel.

Die statistische Lebensdauer (Reichweite) gibt an, wie lange die Vorräte bei gleichbleibendem Verbrauch reichen würden.

Lebensdauer ausgewählter Ressourcen in Jahren (Stand 2000)			
Rohstoff	**Jahre**	**Rohstoff**	**Jahre**
Chrom	350	Eisen	300
Mangan	250	Braunkohle	230
Nickel	160	Steinkohle	200
Zinn	120	Erdöl	45
Blei	90	Erdgas	75
Kupfer	90	Quecksilber	35

Die im Vergleich zu früheren Prognosen günstigere Ressourcensituation ist auf die Erkundung und Erschließung neuer Lagerstätten und auf den Rückgang des Bedarfs zurückzuführen. Dieser Rückgang ergibt sich aus
– dem Ersetzen von Rohstoffen durch andere Materialien, z. B. von Stahl durch Kunststoffe (Substitution),
– der Rohstoffeinsparung durch veränderte Technologien,
– dem Recycling (Rückgewinnung) von Rohstoffen aus nicht mehr genutzten Fertigprodukten,
– der gesättigten Ausstattung mit bestimmten Konsumgütern (z. B. Fernseher, Kühlschränke, Autos) in den Industrieländern, sodass eine geringere Nachfrage besteht,
– der Behinderung des industriellen Aufbaus in osteuropäischen und in Entwicklungsländern durch fehlende finanzielle Ressourcen.

Der größte Teil der Stahlproduktion in **Japan** wird durch die Verwendung von Schrott – auch aus **Deutschland** – gesichert.

Auch wenn mineralische Ressourcen endlich sind, bereiten die **Umweltfolgen** gegenwärtig größere Probleme als die Sorge um ihre Reichweite. Umweltfolgen können bei der Entnahme, dem Transport, der Verarbeitung und der Anwendung der Rohstoffe bzw. daraus hergestellter Produkte entstehen.

Sowohl im Tagebau als auch im Tiefbau entsteht ein großer Flächenbedarf. Transportunfälle bei Öltankern sind keine Seltenheit.

Nachhaltiger Umgang mit den mineralischen Ressourcen erfordert vielfältige Maßnahmen. Dazu gehören u. a. ein ressourcen- und umweltschonender Rohstoffabbau, verbrauchsarme Produktionsverfahren, Nutzung alternativer Energien, weitere Substitution knapper Rohstoffe durch neue, vor allem aus häufig vorkommenden Rohstoffarten gewonnene Werkstoffe, die Weiterentwicklung der Recyclingprozesse zur echten Kreislaufwirtschaft sowie eine rohstoffschonende Lebensweise.

Nachhaltiger Umgang mit energetischen Ressourcen und der Luft

Zu den **energetischen Ressourcen** gehören nicht nur einige biotische und einige mineralische Ressourcen, sondern auch Sonnenenergie, Wasserkraft, Wind, Gezeiten und Erdwärme. Letztere werden zusammen mit Biomasse als **erneuerbare (regenerative) Energieträger** bezeichnet, die mineralischen Energieträger als **nicht erneuerbare Energieträger**. Die nicht erneuerbaren sind nach ihrer Entstehung **fossile Energieträger**.

Der Energieverbrauch in den Industrieländern ist überproportional hoch. Ursachen dafür sind:
- der hohe Bedarf in der Produktion,
- der hohe Motorisierungsgrad in der Produktion sowie im Straßenverkehr,
- der hohe Grad der Ausstattung mit technischen Geräten,
- der Bedarf an Heizung bzw. Kühlung,
- die Energieverschwendung, insbesondere in Nordamerika (z. B. Beleuchtung, hoher Benzinverbrauch, Übermaß an Klimaanlagen, unzureichende Wärmedämmung von Gebäuden).

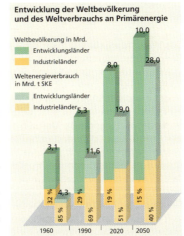

Die Werte im Diagramm für die Jahre 2020 und 2050 stellen Prognosen dar. Prognosen sind wissenschaftlich begründete Voraussagen.

Probleme bereitet die Nutzung der fossilen Energieträger, gegenwärtig weniger wegen der Endlichkeit der Ressourcen, sondern wegen ihres großen Flächenanspruchs (↗ S. 242), der Beeinflussung von **Luft** und **Atmosphäre** (↗ S. 362) sowie der Gefahr radioaktiver Strahlung.

Nachhaltiger Umgang mit den energetischen Ressourcen und der Ressource Luft erfordert u. a. die Verringerung des Energieverbrauchs und die rationellere Energieanwendung, eine Energie sparende Produktions- und Lebensweise, die Entwicklung moderner Technologien und die Erschließung neuer Energiequellen vor allem für die Entwicklungsländer, die Verringerung bzw. Vermeidung der Umweltbeeinträchtigungen bei der Energiegewinnung und die stärkere Nutzung der erneuerbaren Energieträger, wie Erdwärme und Sonnenenergie.

Die Nutzung von Erdwärme (Geothermie) ist an bestimmte geologische Verhältnisse gebunden, während die Sonnenenergie (Solarthermie, Fotovoltaik) in großen Teilen der Erde überall genutzt werden kann.

Nachhaltiger Umgang mit dem Wasser

Das **Wasser** ist eine unentbehrliche Grundlage für das Leben auf der Erde überhaupt und insbesondere für die Menschen und ihre Wirtschaft. Wasser ist eine erneuerbare Ressource (↗ S. 125). Es wird zu unterschiedlichen Zwecken genutzt, so als Trinkwasser und zur Nahrungszubereitung, als Brauchwasser im Haushalt, in Industrie, Gewerbe, Landwirtschaft und in öffentlichen Bereichen (z. B. Schwimmbäder, Straßenreinigung, Brandbekämpfung), als Träger chemischer Elemente, als Lebensraum für Fische, Algen usw., als Transportmedium für die Schifffahrt und als Energieträger (Flüsse, Gezeiten).

Das **Wasserdargebot** ist zwar groß, aber nicht unbegrenzt. Das entscheidende Süßwasserangebot aus erneuerbarem Grund- und Oberflächenwasser beträgt weltweit rund 40 000 km^3. Davon wurden 1995 rund 10 % genutzt.

In der regionalen Verteilung des Wassers auf der Erde gibt es große Unterschiede. Gebieten mit Wasserüberschuss stehen solche mit geringen Vorkommen gegenüber. Deshalb werden z. B. in den Trockengebieten der Erde 80 bis 90 % des vorhandenen Wassers verwendet. Es gibt 26 Länder mit mehr als 500 Mio. Menschen, die von Wasserknappheit oder absolutem Wassermangel betroffen sind. Diese Zahl wird in den nächsten 25 Jahren auf 39 bis 46 Länder steigen. Der Zugriff auf die Wasserressourcen gewinnt immer größere Bedeutung (↗ S. 331).

Wasserknappheit:
< 1 700 m^3/Kopf und Jahr
Wassermangel:
< 1 000 m^3/Kopf und Jahr

sich jährlich erneuerndes Wasserdargebot für Trink- und Brauchwasser:
– Malta 85 m^3/Kopf,
– **Saudi-Arabien** 284 m^3/Kopf,
– **Deutschland** 2096 m^3/Kopf

Die Deckung des **Trinkwasserbedarfes** kann aus Flüssen, Seen und dem sich erneuernden Grundwasser, aus fossilem Wasser sowie durch Meerwasserentsalzung erfolgen.

Tragfähigkeit der Erde und nachhaltige Entwicklung

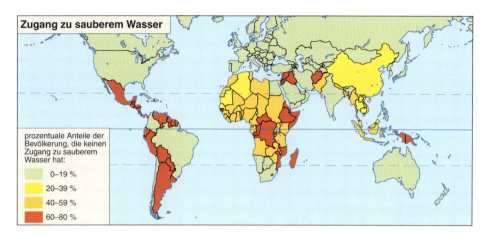

Zugang zu sauberem Wasser

prozentuale Anteile der Bevölkerung, die keinen Zugang zu sauberem Wasser hat:
- 0–19 %
- 20–39 %
- 40–59 %
- 60–80 %

Neben dem mangelnden Zugang zu Trinkwasser gibt es weitere **Wasserprobleme**. Dazu gehören:
- Konflikte zwischen Ländern am Ober- und am Unterlauf von Flüssen,
- die starke Verschmutzung von mehr als der Hälfte der großen Flüsse oder ihre Austrocknung (→ 2005 rund 40 Mio. Umweltflüchtlinge),
- der gegenüber dem Angebot größere Bedarf an Trinkwasser in Ballungsräumen,
- durch verunreinigtes Trinkwasser verursachte Krankheiten (betrifft ca. 900 Mio. Menschen),
- Übernutzung des Grundwassers durch Landwirtschaft und Städte, Gefahr der Bodenversalzung (70 % des gesamten Wassers wird von der Landwirtschaft genutzt),
- große Wasserverluste, z. B. durch Verdunstung und Versickerung aus Stauseen oder offenen Kanälen und defekten Rohrleitungen,
- Wasserverschwendung selbst in Trockengebieten einiger Länder auf Kosten anderer Regionen (z. B. in Kalifornien).

Existenzminimum an Trinkwasser je nach Klima: 15–20 l pro Kopf und Tag. Verbrauch in: Deutschland 130 l; Italien 251 l; Indien 25 l

Nachhaltiger Umgang mit der Ressource Wasser erfordert im Weltmaßstab vor allem eine flächendeckende sichere Trinkwasserversorgung für alle Menschen (besonders in den weniger entwickelten Ländern in Wassermangelgebieten), Verbesserung der Wasserqualität in den Ländern mit reichlichem Wasserdargebot (Gewässerschutz), Minimierung des Einsatzes von Pestiziden und Nitrat in der Landwirtschaft, Verringerung des Wasserverbrauchs sowie getrennte Versorgungsnetze für Trink- und für Brauchwasser.

6.2.4 Die Aufnahmefähigkeit für Abfälle und Abwässer

ℹ
Das Wirtschaftswachstum in den Industrieländern und veränderte Lebensgewohnheiten („Wegwerfgesellschaft") mit der Fülle von Verpackungen führen u. a. zu riesigen Müllhalden.

Die Tragfähigkeit der Erde (↗ S. 336) wird durch die **Aufnahmefähigkeit** von Luft, Gewässern und Boden für Abfälle, Abwässer und Emissionen mitbestimmt. Die Natur ist nur solange für Abfälle und Abwässer aufnahmefähig, wie die für deren Abbau erforderlichen Umsatzprozesse (↗ S. 336) nicht überfordert sind. Das ist z. B. das Vermögen des Bodens, belastetes Sickerwasser auf seinem Weg zum Grundwasser zu filtern, Nährstoffe daraus zu binden, Schadstoffe und Schwermetalle festzulegen oder abzubauen, den Säuregrad zu vermindern usw. Ähnlich unersetzlich ist das Selbstreinigungsvermögen der Gewässer, das auf Wassererneuerung, Abtransport, Verdünnung und Abbau belastender Stoffe basiert. Diese „Gratisleistungen" der Natur setzen deren Funktionsfähigkeit voraus.

In der Gegenwart hat das Problem der Entsorgung von Stoffen, die durch das Leben der Menschen selbst und deren wirtschaftliche Tätigkeit entstehen, globale Ausmaße angenommen. Häufig sind die **Belastungsgrenzen** der Umweltmedien bereits überschritten. Dies betrifft **Gase** (z. B. CO_2), **feste Stoffe** (z. B. Staubpartikel aus Kraftwerken, von PKWs und andere Abfälle) sowie **Abwässer**, in denen u. a. Schadstoffe aus Haushalten, der Förderung von Rohstoffen und der Produktion enthalten sind. Viele dieser Stoffe gefährden die Gesundheit oder sogar die Existenz der Menschheit (z. B. radioaktive Abfälle, Giftstoffe, andere Stoffe als Ursachen für den „sauren Regen", das „Ozonloch", die Erwärmung der Erdatmosphäre). Auch Energieabflüsse wie die Abwärme von Kraftwerken und die elektromagnetische Strahlung (Elektrosmog) tragen dazu bei.

> Um die Gesundheit heute lebender Menschen zu erhalten, die Lebensgrundlagen künftiger Generationen zu sichern und eine gerechte Entwicklung auf der Erde herzustellen, sind deutliche Veränderungen der Produktions- und Konsumtionsweisen erforderlich.

Vor allem müssen die vom Menschen ausgelösten und in Gang gehaltenen **Stoffströme** (↗ S. 336) entscheidend vermindert und damit Abfälle, Abwässer und Emissionen vermieden werden.

 1997 betrug die gesamte Abfallmenge in Deutschland (ohne Landwirtschaft) 386 876 000 t. Damit könnte man das gesamte Saarland 0,80 m hoch bedecken.

Ein wichtiger Schritt auf dem Wege zu einer erforderlichen **Kreislaufwirtschaft** ist das in Deutschland geltende **Abfallkonzept**:
- Abfälle sind weitgehend zu **vermeiden**.
- Nicht vermeidbare Abfälle sind stofflich (z. B. Recycling, ↗ S. 247) oder energetisch (z. B. Deponiegasgewinnung) zu **verwerten**.
- Nicht vermeid- oder verwertbare Abfälle sind umweltverträglich zu **beseitigen**.

Bereits 1993 wurden in Deutschland 25 % des Abfalls verwertet, der Rest beseitigt. Von dem aus Haushalten gesammeltem Müll wurden 34% verwertet, 52 % auf Deponien gelagert und der Rest verbrannt.
81 % des Glases wird in Deutschland aus Altglas gewonnen.

Dennoch gibt es – nicht nur in Deutschland – eine Reihe von **Abfallproblemen**:
- Die Verwertung von Kunststoffen und Elektronikschrott ist außerordentlich kompliziert.
- Bisher nicht geklärt ist die endgültige Entsorgung radioaktiver Abfälle (Endlagerung).
- In vielen Gemeinden müssen erst **Altlasten** entsorgt werden, bevor eine neue Nutzung eines Gebietes für Wohnen, Gewerbe oder Erholung möglich ist.
- In den Entwicklungsländern fällt zwar weniger Müll an, und die Verwertung erfolgt zum Teil über Müllsammler aus dem informellen Sektor (↗ S. 272). Aber vor allem in den Metropolen, z. B. in Lagos, wird ein sehr großer Teil des Mülls auf „wilden" Deponien oder über die Abwasserkanäle in Gewässer entsorgt. Damit ist eine hohe Gesundheitsgefährdung der Menschen verbunden. Einige von ihnen – auch Kinder – müssen ihren Lebensunterhalt von der Müllkippe bestreiten.

Um den wachsenden Bedarf der Menschheit an sauberem Wasser zu decken und gesundheitliche Beeinträchtigungen zu vermeiden, ist es notwendig, **Abwässer** aus Haushalten, der Landwirtschaft und Industrie gereinigt in den natürlichen Wasserkreislauf (↗ S. 125) zurückzuführen. In **Kläranlagen** können feste und gelöste Stoffe durch mechanische, biologische und chemische Verfahren weitestgehend entfernt werden.

Unter Altlasten versteht man alle Belastungen der Umwelt, die aus Zeiten stammen, als u. a. andere als gegenwärtige Entsorgungsbestimmungen für Stoffe gültig waren.

Indische Kinder suchen auf einer Müllkippe Verwertbares.

Der Ausstattungsgrad mit Kläranlagen ist weltweit und auch innerhalb der Länder sehr unterschiedlich. So fließen 85 % der Abwässer von mehr als 80 Mio. Menschen in den Städten rund um das Mittelmeer ungeklärt ins Meer.

Für die **Meeresverschmutzung** (↗ S. 365) gibt es neben der Einleitung ungeklärter Abwässer auch andere Ursachen. Dazu gehören vor allem Stickstoff-, Phosphor- und Ammoniak-Einträge aus Landwirtschaft, Kraftwerken, Verkehr und Haushalten, aber z. B. auch Entsorgung gefährlicher Stoffe aus Schiffen ins Meer und Tankerunglücke (↗ S. 347).

6.2.5 Schutz des natürlichen und des kulturellen Erbes

Die heute lebenden Menschen haben die Erde mit ihrem natürlichen und kulturellen Reichtum im jetzt vorhandenen Zustand „geerbt" und geben sie an die nächsten Generationen weiter. Auch diese wollen die Vielfalt, Eigenart und Schönheit der Natur und der von den Menschen in allen Regionen über verschiedene Zeiten hinweg geschaffenen Bauwerke erleben sowie die Naturgüter in ihre Lebensgrundlagen einbeziehen.

Da die Nutzung der Natur mit deren Veränderung und z. T. Vernichtung einhergeht (z. B. durch Bergbau, Anlage von Siedlungen), gibt es viele Bestrebungen, die Natur zu schützen. Insbesondere geht es dabei um die Erhaltung der Vielfalt der Arten und Ökosysteme mit ihren genetischen Ressourcen. Auch die „Wunderwerke von Menschenhand" sollen erhalten und müssen gepflegt werden, damit die Menschheit die Leistungen vergangener Generationen erleben und einordnen kann. Diese Bekanntschaft kann helfen, andere Völker besser zu verstehen und friedensgefährdende Konflikte (↗ S. 331) zu verhindern.

> Die Erhaltung ihrer Lebensgrundlagen und ihrer historischen Wurzeln erfordert von den Menschen den Schutz und die Pflege ihrer wertvollen Natur- und Kulturgüter.

Die UNESCO (S. 293) hat eine Liste erarbeitet, die 690 Denkmäler des Weltkultur- und Weltnaturerbes enthält. Sie umfasst Nationalparke und andere Schutzgebiete ebenso wie religiöse Bauwerke, historische Einzelbauten, historische Altstädte und prähistorische Fundorte.

Weltnaturerbe:
Yellowstone-Nationalpark (USA)
Krüger-Nationalpark (Südafrika)
Serengeti-Nationalpark (Tansania)
Nationalpark Sagarmatha (Mount Everest, Nepal)
Goldene Berge des Altai (Südsibirien, Russische Föderation)

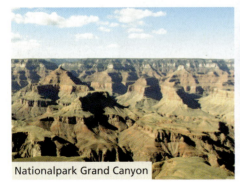
Nationalpark Grand Canyon

Victoria-Fälle

Naturschutz wurde früher vor allem als **Artenschutz** wirksam. Artenschutz richtet sich vorwiegend gegen direkte Gefahren für die Organismenarten, wie Artenhandel, aber auch gegen die Zerstörung ihrer Lebensstätten (Biotope). Dazu gibt es besondere Richtlinien und Konventionen, z. B. die EG-Vogelschutzrichtlinie oder die Berner Konvention über die Erhaltung der europäischen wildlebenden Pflanzen und Tiere und ihrer natürlichen Lebensräume. Heute dominiert der **Gebietsschutz** als Grundlage des Schutzes der natürlichen Vielfalt.

Merkmale der Schutzgebiete in Deutschland:
- **Nationalparke** sind großräumige Naturlandschaften internationalen Ranges (Anzahl: 13, Gesamtfläche: 168 200 ha, z. B. Niedersächsisches Wattenmeer, Müritz-Nationalpark, Unteres Odertal, Bayerischer Wald, Sächsische Schweiz).
- **Naturparke** schützen eine von Natur und Mensch geprägte Kulturlandschaft, die der Erholung des Menschen dient (Anzahl: 84, Gesamtfläche: 66 776 km², z. B. Holsteinische Schweiz, Lüneburger Heide, Märkische Schweiz, Habichtswald).
- **Naturschutzgebiete** verbieten zum größten Teil die Nutzung und Eingriffe, z. T. das Betreten (Anzahl: 6 202, Gesamtfläche: 824 161 ha, z. B. Feldberg, Ammergebirge, Stadtwald Augsburg, Gülper See, Peitzer Teiche, Siebengebirge, Vessertal).
- **Landschaftsschutzgebiete** dienen dem Schutz der Natur, erlauben aber eine wirtschaftliche Nutzung (Anzahl: 6 200, Gesamtfläche: 8,9 Mio. ha).
- **Biosphärenreservate** sind Natur- und Kulturlandschaften, in denen die vorhandenen Ökosysteme untersucht und umweltschonende Nutzungsformen entwickelt werden (Anzahl: 13, Gesamtfläche: 1 583 978 ha, z. B. Flusslandschaft Elbe, Pfälzerwald, Schorfheide-Chorin, Spreewald, Berchtesgaden).

Weltweit werden verschiedene Schutzgebiete ausgewiesen. Sie weisen jedoch aufgrund des jeweils herrschenden Landesrechtes unterschiedliche Merkmale auf und haben regional eine sehr unterschiedliche Verbreitung.

Weltkulturerbe:
Tadsch Mahal (Agra, Indien)
Altstadt von Nessebar (Bulgarien)
Schlösser und Parks von Potsdam-Sanssouci und Berlin
Ruinenstadt Groß-Simbabwe (Simbabwe)
Ruinenstadt Machu Picchu (Peru)

Qaşr Amra, Jordanien

Voroneţ, Rumänien

6.3 Umweltgefährdung

> Die **Umwelt** des Menschen ist die Gesamtheit seiner natürlichen, technischen und sozialen Lebensbedingungen. Von besonderer Bedeutung für die Erhaltung des Lebens sind die Umweltmedien Luft, Wasser und Boden sowie die Pflanzen- und Tierwelt.

Der Begriff Umwelt wird sehr unterschiedlich definiert und auf verschiedene räumliche Größenordnungen bezogen. Stets wird Umwelt auf den Menschen bezogen. Umwelt kann die Einrichtung eines Wohnzimmers sein, aber auch die Erde insgesamt bezeichnen.

Die Umwelt unterliegt ständigen Veränderungen. Das gilt für erdgeschichtliche Zeiträume (↗ S. 402/403) ebenso wie für sehr kurzfristige Veränderungen in der Gegenwart. **Umweltveränderungen** haben natürliche, technische und gesellschaftliche Ursachen. Nehmen Umweltveränderungen ein solches Ausmaß an, dass die Lebensgrundlagen des Menschen, aber auch von Tieren und Pflanzen beeinträchtigt oder sogar vernichtet werden, spricht man von **Umweltgefährdung**.

Umweltgefährdungen ergeben sich sowohl aus ungewöhnlichen Naturereignissen als auch aus Tätigkeiten der Menschen, wie dem Bau von Siedlungen, der Industrieproduktion, dem Verkehr oder der Entsorgung von Abwasser und Müll. Die gesellschaftlichen Ursachen wirken *direkt* (z. B. durch Rodungen der Wälder) und *indirekt* (z. B. über das entstehende Schwefeldioxid beim Verbrennen von Kohle) auf die Umweltmedien und über diese auf die Lebensräume von Menschen, Tieren und Pflanzen ein. Sie können sogar Naturkatastrophen auslösen. Oft führen ganze Ursachenkomplexe zu solch schweren Schädigungen der Umwelt (z. B. in der Sahelzone oder am Aralsee), dass die dort lebenden Menschen keine Existenzbedingungen mehr vorfinden und aus den betroffenen Regionen flüchten oder evakuiert werden müssen.

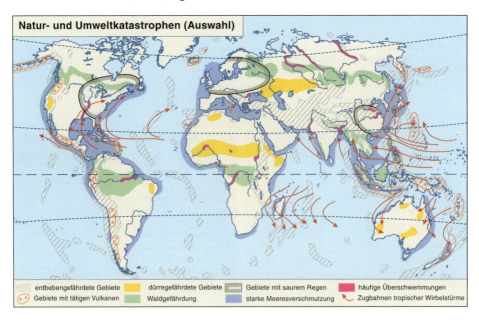

Natur- und Umweltkatastrophen (Auswahl)

- erdbebengefährdete Gebiete
- Gebiete mit tätigen Vulkanen
- dürregefährdete Gebiete
- Waldgefährdung
- Gebiete mit saurem Regen
- starke Meeresverschmutzung
- häufige Überschwemmungen
- Zugbahnen tropischer Wirbelstürme

6.3.1 Naturkatastrophen

Naturvorgänge, auch solche extremer Art, sind nichts Ungewöhnliches. Ein Vulkanausbruch in einem menschenleeren Gebiet stellt keine Katastrophe dar. Erst in ihren Auswirkungen auf die Menschen werden Naturereignisse zu Katastrophen.

> **Naturkatastrophen** sind außergewöhnliche Naturereignisse mit großen Auswirkungen auf die Menschen, ihr Leben und ihre Wirtschaft. Sie können in kosmische, geologische und atmosphärische Katastrophen unterteilt werden.

Naturkatastrophen werden auch in
– meteorologische,
– hydrologische,
– geologische,
– astronomische und
– biologische
Naturkatastrophen gegliedert.

Kosmische Naturkatastrophen

> Zu den **kosmischen Naturkatastrophen** können Einschläge von Meteoriten und Kometen auf die Erde sowie Kollisionen zwischen der Erde und anderen großen Himmelskörpern werden.

Eine Kollision der Erde mit einem anderen großen Himmelskörper, bei dem die Erde völlig vernichtet würde, ist sehr unwahrscheinlich. Dagegen dringen häufig Kleinstkörper des Sonnensystems, **Meteorite,** in die Erdatmosphäre ein. Meist verglühen sie dort und werden als **Meteore** (Sternschnuppen) sichtbar. Sind die Meteorite größer (über 100 g), können ihre Bruchstücke bis zum festen Erdkörper gelangen. Sehr große Meteorite (mehr als 1 000 t) richten große Veränderungen an. Dazu gehören tiefe Krater, vernichtete Pflanzen und Tiere sowie z. T. Klimaveränderungen, die durch den aufgewirbelten Staub ausgelöst werden.
Vor solchen Ereignissen gibt es keinen Schutz. Aus der Erdgeschichte sind mehrere dieser Naturereignisse mit verheerenden Folgen bekannt.

Im Jahr fallen über 10 000 Meteorite auf die Erdoberfläche. Der schwarze Stein in der Kaaba von Mekka, dem wichtigsten Heiligtum des Islam, ist ein Meteorit.

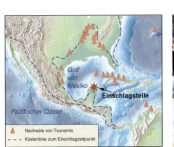

Vor ca. 65 Mio. Jahren schlug ein Meteorit mit 10 km Durchmesser in Mittelamerika ein. Dadurch starben vermutlich die Saurier aus.

Der Hoba-Meteorit nahe der Stadt Grootfontein in Namibia ist der größte bekannte Meteorit auf der Erde. Seine Masse beträgt ca. 60 t.

In Deutschland entstand vor 16,6 Mio. Jahren durch den Einschlag eines Meteoriten das Nördlinger Ries.

1908 explodierte ein Meteorit beim Fluss Tunguska in Sibirien in einem menschenleeren Gebiet. Im Umkreis vom rund 100 km knickten alle Bäume ab. Wäre dieser Meteorit in ein dicht besiedeltes Industriegebiet der Erde gerast, wäre dies eine Naturkatastrophe mit unermesslichem Schaden gewesen.

Geologische Naturkatastrophen

Geologische Naturkatastrophen können Naturereignisse werden, die mit Bewegungen der Lithosphäreplatten (↗ S. 102) und mit Massenbewegungen (↗ S. 358) zusammenhängen.

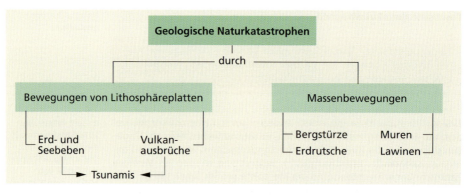

Da sich **Erdbeben** (↗ S. 103) bzw. **Seebeben** im Erdkörper vom Hypozentrum wellenartig ausbreiten, kommt es auch in größerer Entfernung vom Epizentrum in Gebäuden sowie an Verkehrswegen (Foto) zu Rissen, Verschiebungen und Einstürzen, die mit dem Bruch von Leitungen und dem Entstehen von Bränden verbunden sein können.

Im Durchschnitt findet auf der Erde jede Stunde ein Erdbeben statt. In den letzten 500 Jahren verloren mehr als 7 Mio. Menschen durch Erdbeben ihr Leben. Das schwerste Erdbeben im 20. Jh. forderte 1976 in China mehr als 290 000 Tote.

Umweltgefährdung

Die Schwere von Erdbebenkatastrophen hängt von der Stärke des Bebens und seiner Lage ab. In den dicht besiedelten Regionen der Industrieländer sind die schlimmsten Folgen zu erwarten, wenn ihre Großstädte auf (San Francisco) oder in unmittelbarer Nähe (japanische Städte) zu Grenzen von Lithosphäreplatten (↗ S. 102) gebaut sind.

Durch **Seebeben** – Erdbeben unter dem Meeresgrund – werden riesige Wellen, die **Tsunamis** (↗ S. 128) ausgelöst. Sie bewegen sich auf dem Meer über weite Entfernungen mit großer Geschwindigkeit vorwärts (bis zu 700 km/h), sind jedoch zunächst nicht sehr hoch. In Küstennähe, in flacherem Wasser werden sie langsamer, ihre Wellenhöhe nimmt zu, und sie können mehrere Meter hoch werden. Erreichen diese Wellen die Küsten, vernichten sie alles, was sie überfluten.

Tsunami
(jap.: „tsu" = Hafen,
„nami" = Welle)

1896 waren beim Beben von Honshu (Japan) die im Meer entstehenden Tsunamis 24 m hoch und forderten rund 26 000 Menschenleben.

Die bisherigen Forschungen erlauben noch keine genaue **Vorhersage von Erdbeben**. Der Zusammenhang zu den Schwächezonen der Erde ist jedoch offensichtlich. Es muss erreicht werden, dass in gefährdeten Gebieten keine Anlagen, wie Kernkraftwerke, Staudämme oder Chemiefabriken, gebaut werden. Bauliche Maßnahmen, die die Schwankungen ausgleichen sollen, werden vor allem bei Hochhäusern durchgeführt.

Da **Tsunamis** am häufigsten im Pazifischen Ozean auftreten, wurde dort ein Warnsystem aufgebaut. Dadurch war es bereits 1960 möglich, die Zahl der Opfer auf Hawaii, die durch Tsunamis – ausgelöst durch ein Erdbeben in Chile – bedroht waren, zu mindern. In besonders gefährdeten Küstenabschnitten sind sogar große Dämme errichtet worden.

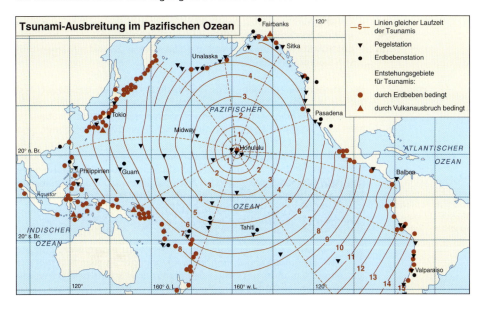

Vulkanische Schlammströme bestehen aus heißer Asche, Gesteinsblöcken und Wasser aus Kraterseen oder von schmelzenden Gletschern.

Vulkanausbrüche werden zu Naturkatastrophen, wenn sie unerwartet (z. B. bei als erloschen geltenden Vulkanen) eintreten, mit großer Heftigkeit, einer großen Menge geförderten Materials und/oder einigen besonders zerstörerischen Erscheinungen, wie Explosionen, Glutwolken und Schlammströmen, verbunden sind.

Vulkanausbrüche können Menschen, Tiere und Pflanzen sowie Siedlungen und Verkehrswege unmittelbar bedrohen. Gelangen große Mengen Asche in die Atmosphäre, kann dies zur Verringerung der Sonneneinstrahlung und zu einem Absinken der Temperaturen in weiten Teilen der Erde führen. Vulkanausbrüche gehen nicht selten mit Erdbeben einher, die wiederum mit Tsunamis verbunden sein können (↗ S. 357).

 1815 brach der Vulkan Tambora in Indonesien aus. 150 km³ Asche wurden bis in die Stratosphäre (↗ S. 113) geschleudert. Die Temperaturen sanken auf der Nordhalbkugel so weit, dass es 1816 keinen Sommer gab. Im Juli und August traten Nachtfröste und Schnee auf. Es kam zu Missernten und Hungersnöten.

Es gibt verschiedene Möglichkeiten, die Auswirkungen von Vulkanausbrüchen auf die Menschen zu verringern. Dazu gehören:
– vorbeugend keine Besiedlung (vor allem nicht durch größere Städte) am Fuße von Vulkanen vorzunehmen,
– Vulkane umfassend zu beobachten, um deren Ausbruch vorhersagen und die Menschen rechtzeitig evakuieren zu können,
– beim Ausbruch zu versuchen, die Lavaströme zu verlangsamen und von Siedlungen abzulenken.

Bei **Massenbewegungen** (↗ S. 356) wirken Gesteine, das Relief und Wasser mit der Schwerkraft zusammen. Stürzen oder rutschen große Gesteins-, Eis- oder Schneemassen von steilen Hängen plötzlich abwärts, zerstören sie dabei Siedlungen und verschütten deren Bewohner, sind sie zur Naturkatastrophe geworden.
Bergstürze und **Erdrutsche** treten dann auf, wenn der Fels sehr zerklüftet ist oder wenn es sich um instabile, stark durchfeuchtete Materialien handelt (z. B. Schutthalden oder Moränen), die an Hängen lagern. Bei Erdrutschen dient die darunterliegende, Wasser stauende Schicht (Fels, Eis) als Gleitfläche. Häufig lösen Erschütterungen, wie Erdbeben oder Sprengungen, derartige Ereignisse aus.

 1970 kam es in Peru durch ein Erdbeben zu einem Erdrutsch, bei dem die Stadt Yungay innerhalb von weniger als zwei Minuten mit einer 10 m dicken Schicht aus Schlamm und Schutt bedeckt wurde und mehr als 20 000 Menschen starben.

Umweltgefährdung 359

Auslöser können aber auch menschliche Fehleinschätzungen sein. Die Baulast von Häusern, Schwerlastverkehr, undichte Abwasserleitungen können – verbunden mit langen Regenfällen – zum Erdrutsch führen.

1977 kam es im Vorort Tuve der schwedischen Stadt Göteborg zum Abrutschen einer 27 ha großen Reihenhaussiedlung. 67 Häuser rutschten samt ihrer Grundstücke aus feinkörnigen lehmigen Sedimenten 300 m weit über den felsigen Untergrund. Neun Menschen kamen zu Tode, 215 verloren ihre Häuser, weitere 400 mussten evakuiert werden.

Muren – Gesteins- und Schlammströme, die meist in Hochgebirgen nach starken Regenfällen und zur Zeit der Schneeschmelze in Flussbetten entstehen – können Häuser und Verkehrswege verschütten, durch ihren Schwemmkegel Flüsse abdämmen, sodass es zu Überschwemmungen kommen kann. Da sie meist begrenzt sind, werden sie selten zur Naturkatastrophe. Schutz bietet einmal der Erhalt des Waldes und zum anderen das Meiden einer Bebauung in gefährdeten Gebieten.

Lawinen – an Gebirgshängen plötzlich abrutschende Schnee- und Eismassen – häufen sich durch die zunehmende Besiedlung der höher gelegenen Bergregionen und die Zunahme der touristischen Nutzung, verbunden mit der Abholzung des Waldes zur Anlage weiterer Skipisten. Sie wirken als Naturkatastrophen auf die Menschen zurück.

Die größte Gefahr tritt bei Hängen mit einer Neigung von 28° bis 50° auf. Hier können größere Schneemengen unter bestimmten Wetterbedingungen leicht abrutschen.

In Österreich wurde im Februar 1999 der Ort Galtür durch eine Lawine, die sich mit einer Geschwindigkeit von 150 km/h talwärts bewegte, zum Teil verschüttet. 37 Menschen starben, und der Ort war tagelang nicht erreichbar (Foto).

Zum Schutz vor Lawinen werden erneute Eingriffe in die Natur vorgenommen und aufwendige Warnsysteme unterhalten.

„Bannwälder", die Siedlungen und Verkehrswege schützen können, sind nicht selten nur noch in Resten vorhanden.

Durch technische Maßnahmen (Verbauungen der Hänge, Schutzgalerien über Straßen) wird versucht, Lawinen zu verhindern oder unwirksam zu machen.

Atmosphärische Naturkatastrophen

> **Atmosphärische Naturkatastrophen** werden durch Vorgänge in der Atmosphäre (↗ S. 112) hervorgerufen. Zu ihnen zählen Stürme, Starkregen, Blitzschlag und Hagel, Hochwasser und Fluten mit Überschwemmungen sowie Dürren und Brände.

Weihnachten 1999 fegte Orkan „Lothar" mit Geschwindigkeiten von mehr als 160 km/h auch über **Deutschland**.

Stürme, die mit hohen Geschwindigkeiten wehen, können verheerende Auswirkungen haben. Deshalb ist die Vorhersage der Zugbahnen der Stürme wichtig, um Vorsorge einschließlich der Evakuierung von Menschen treffen zu können. Je nach Entstehung der Stürme, ihrer Verbreitung und Ausdehnung unterscheidet man verschiedene Arten:

Orkane treten in Europa und anderen Gebieten außerhalb der Tropen beim Durchzug von Zyklonen (↗ S. 114) auf, wenn diese als „Sturmtief" ausgeprägt sind.
In Nordamerika gibt es schwere Schneestürme, die **Blizzards,** die eisige Kälte und Schnee bis in subtropische Gebiete transportieren. Dort trifft man auch die meisten **Tornados** (kleinräumige Wirbelstürme) an, die große Zerstörungen hinterlassen, aber auf eine schmale Schneise begrenzt sind.

Tropische Wirbelstürme tragen unterschiedliche Namen: Taifun (Südostasien), Hurrikan (Karibik), Willy-Willies (Australien), Zyklon (Golf von Bengalen).

Die schwersten Zerstörungen rufen jedes Jahr die **tropischen Wirbelstürme** hervor (↗ S. 117). Auf einer Breite von Hunderten von Kilometern und mit Windgeschwindigkeiten über 200 km/h verwüsten sie auf ihrer Bahn ganze Landstriche. Der starke Regen führt meist zu Erdrutschen, Schlammströmen und Überschwemmungen.

Im Oktober 1998 tobte der Hurrikan „Mitch" in Mittelamerika. Besonders waren Honduras und Nicaragua betroffen. Es gab mehr als 10 000 Tote, Tausende Vermisste und Verletzte, 1,6 Millionen Menschen wurden obdachlos. Die Infrastruktur (Straßen, Leitungen, Schulen, Krankenhäuser usw.) wurde fast komplett zerstört.
Riesige Schäden, vor allem in der Landwirtschaft, richtete der schwerste Hurrikan seit 30 Jahren im Herbst 2001 auf Kuba an.

Hurrikane entstehen immer über warmen Meeresgebieten mit einer Wassertemperatur von 26 °C bis 27 °C, am häufigsten im Sommer und Spätherbst. Der Durchmesser eines Hurrikans beträgt einige hundert Kilometer. Das Druck- und Windfeld, Wolken und Niederschlagszonen sind symmetrisch um das Zentrum des Wirbels, das Auge, angeordnet. Dort befindet sich eine wolkenarme und windschwache Zone.

Ursachen für **Überschwemmungen** sind an den Küsten Sturmfluten und Tsunamis (↗ S. 357), an Flüssen starke Niederschläge (↗ S. 132).

Es können verheerende Folgen auftreten. Neben Todesopfern und großen Sachschäden werden nicht selten die Ernten vernichtet und die fruchtbaren Böden weggespült. Der Mensch hat oft durch Entwaldung der Berge und Verbauung der Täler zu Überschwemmungskatastrophen beigetragen.

 Besonders gefährdet sind tief liegende Küstengebiete im Bereich großer Flussmündungen und tropischer Wirbelstürme. Hier vergrößert sich die Überflutung zusätzlich durch die starken Niederschläge (z. B. **Bangladesch**).

Die Menschen kämpfen schon seit Jahrhunderten gegen die Fluten. Weltweit werden Küsten und viele große Flüsse von Deichen geschützt.

 In Europa werden seit 1 000 Jahren Deiche und andere Schutzbauten gegen Sturmfluten und Hochwasser errichtet.

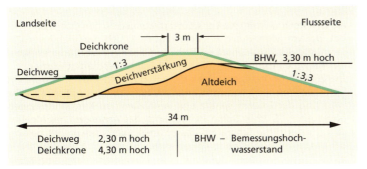

Als Konsequenz aus dem Oderhochwasser im Sommer 1997 (oberes Foto) wurden am deutschen Ufer die Deiche repariert und auf ihrer Landseite erhöht.

Dürren treten in landwirtschaftlich genutzten Gebieten durch lang andauernde niederschlagslose Perioden bei hohen Temperaturen auf. Die Pflanzen vertrocknen. Tiere und auch Menschen verhungern oder verdursten. Besonders gefährdet sind Gebiete mit Trockenfeldbau und Weidewirtschaft in den trockenen Tropen (z. B. Sahelzone). Aber auch in anderen Regionen können Dürren auftreten.

6.3.2 Veränderungen der Atmosphäre

Die Menschen wirken auf die Atmosphäre vor allem durch Emissionen, den Ausstoß von Luftschadstoffen ein. Es kommt zur **Luftverschmutzung**.

Emissionen haben auch natürliche Quellen: Atmung, biologischer Abbau, Meeresbrandung, Sümpfe, Termiten, Vulkanausbrüche, Blitze, Tiere oder Sandstürme.

> **Luftschadstoffe** sind feste, flüssige und gasförmige Substanzen, die die Atmosphäre so verändern, dass Lebewesen direkt oder über die Veränderungen ihrer Lebensgrundlagen geschädigt werden.

Gesellschaftliche Quellen von Luftschadstoffen sind die Energieproduktion, Industrieprozesse, die Landwirtschaft, der Verkehr und die Haushalte. 75 % der Luftschadstoffe werden allein durch die Verbrennung fossiler Energieträger erzeugt.

Luftschadstoffe verursachen vor allem Smog, sauren Regen, das Ozonloch und den zusätzlichen Treibhauseffekt sowie deren Folgen.

„Smog" ist aus „smoke" (Rauch) und „fog" (Nebel) gebildet.
FCKW: Fluorchlorkohlenwasserstoffe, waren u. a. in Spraydosen, Kühlschränken, Feuerlöschgeräten als Treibgas oder Kühlmittel enthalten.

- **Smog** entsteht durch fehlenden Luftaustausch bei Inversionswetterlagen (↗ S. 215). Er kann im Sommer zur Erhöhung des bodennahen Ozons („Los-Angeles-Smog") und im Winter zur Konzentration von Schwefeldioxid („London-Smog") führen.
- **Saurer Regen** ist das Ergebnis der Umwandlung u. a. von Schwefeldioxid in Schwefelsäure. Er verursacht das Waldsterben (↗ S. 367), führt zur Versauerung von Böden und Gewässern und schädigt Bauwerke.
- Als **Ozonloch** wird ein starker Abbau stratosphärischen Ozons bezeichnet, der vor allem durch FCKW erfolgt (↗ S. 123). Dadurch kann UV-Strahlung die Troposphäre erwärmen und zur Erdoberfläche dringen, wo Menschen (Hautkrebs), Tiere und Pflanzen geschädigt werden.
- Der zusätzliche **Treibhauseffekt,** der vor allem durch das CO_2 aus dem Verbrauch fossiler Brennstoffe entsteht, führt zu einer zusätzlichen Erwärmung der Erdatmosphäre und kann damit zu Klimaänderungen beitragen (↗ S. 122). Damit ist z. B. auch das Ansteigen des Meeresspiegels durch das Schmelzen des Polareises verbunden. Dies gefährdet das Leben in sehr vielen Gebieten der Erde.

In Santiago de Chile wird der Sommersmog durch die Lage der Stadt, intensive Sonneneinstrahlung und die hohe Konzentration des Autoverkehrs verursacht.

Bangladesch ist nicht nur von Hochwässern des Ganges-Brahmaputra und von Tsunamis bedroht, sondern auch vom Meeresspiegelanstieg.

Für die **Reinhaltung der Luft** und den **Schutz der Atmosphäre** ist es vor allem erforderlich, die gasförmigen, festen und flüssigen Emissionen zu minimieren. Zu diesem Ziel kann auch *jeder Einzelne* seinen Beitrag leisten, insbesondere durch die Verringerung des Energieverbrauchs und die damit verbundene Senkung des CO_2-Ausstoßes, z. B. durch weniger Fahrten mit dem eigenen Auto oder durch die Nichtbenutzung bestimmter elektrischer Haushaltsgeräte.

Von großer Bedeutung sind bestimmte *staatliche Maßnahmen* in den einzelnen Ländern bzw. im EU-Bereich. In Deutschland wurden und werden verschiedene Maßnahmen durchgeführt, die insgesamt zur Verringerung der Luftbelastung geführt haben und weiter führen sollen. Dazu zählen z. B. strenge Auflagen für Produktionsbetriebe, Heizkraftwerke und private Heizungen, die Ausrüstung der Autos mit Katalysatoren oder die Förderung erneuerbarer Energieträger.

Moderne Kohlekraftwerke besitzen wirksame Rauchgasreinigungsanlagen.
Zur Kontrolle der Luftgüte betreiben Umweltbundesamt und Länder stationäre und mobile Messstationen.

Emissionen machen jedoch an Ländergrenzen nicht Halt. Sie werden durch die atmosphärische Zirkulation über die gesamte Erde hinweg verbreitet. Deshalb kann nur eine *weltweite Zusammenarbeit*, die auf die Verringerung des Ausstoßes von Luftschadstoffen ausgerichtet ist, Erfolg haben. Besonders wichtig ist dies bei den klimawirksamen Gasen.

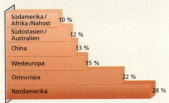

Die Industrieländer sind durch ihren hohen Energieverbrauch, die Industrieproduktion und die große Anzahl an Autos die größten Produzenten u. a. von CO_2. In ihnen entstehen 80 % aller Klimagase bei nur 20 % der Weltbevölkerung. Daher tragen sie eine besondere Verantwortung für den Schutz der Atmosphäre. 1992 wurde von 178 Staaten eine **Klimarahmenkonvention** unterzeichnet, die zu einer Verringerung des Ausstoßes von Treibhausgasen führen sollte. 1997 verabschiedeten 155 Länder im japanischen Kyoto ein Klimaschutzprotokoll. Es legt verbindliche Sparziele für sechs Treibhausgase, vor allem für CO_2 bis 2012 fest (EU 8 %, USA 7 %, Kanada und Japan je 6 %). Doch die Administration des Landes, dass mit Abstand größter CO_2-Produzent der Welt ist, kündigte durch seinen Präsidenten GEORGE W. BUSH im Frühjahr 2001 das Kyoto-Protokoll.

Erfolgreich ist dagegen die Einstellung der Produktion und der Verwendung von FCKW in vielen Ländern verlaufen.

6.3.3 Wasserverschmutzung

Die Lebensgrundlage Wasser kann gegenwärtig nicht für alle Menschen bereitgestellt werden (↗ S. 349). Darüber hinaus wird Wasser auf verschiedene Weise verschmutzt, und die Gewässer werden oft noch als Abfallkübel betrachtet (↗ S. 351).

Die Qualität der **Oberflächengewässer des Festlandes** und des **Grundwassers** (↗ Abschnitt 3.3.3) hängt zwar von verschiedenen natürlichen Faktoren ab (z. B. von Niederschlagsmenge, Verdunstungsrate, Temperatur), wird aber heute weitgehend vom Menschen und seiner Wirtschaftsweise bestimmt. Die Menschen beeinflussen die Wasserqualität u. a. durch die Menge des entnommenen Wassers, die Produktionsprozesse, die Nutzung für Transport und Freizeit, die Versiegelung des Bodens und die Entsorgung von Abwasser und Abfällen. Schadstoffe, die giftig sind oder nicht abgebaut werden können (z. B. Schwermetalle, Pflanzenschutzmittel, Waschmittel oder Krankheitskeime) kontaminieren das Wasser und können die Menschen entweder direkt oder über die Nahrungskette schädigen. Die Lebensgemeinschaft (Biozönose) von Gewässern wird nachteilig beeinflusst.

Gewässer werden auch durch den Eintrag vieler Nährstoffe von gedüngten Feldern geschädigt. Das führt zur Eutrophierung des Gewässers. Beim Abbau des übermäßigen Algenwachstums durch Bakterien tritt Sauerstoffmangel für die anderen Lebewesen ein, sie sterben ab und der See kann „umkippen".

Nährstoffe aus mineralischem und organischem Dünger, die nicht von den Pflanzen aufgenommen werden, gelangen über den Boden und das Grundwasser in den nächsten See oder Fluss.

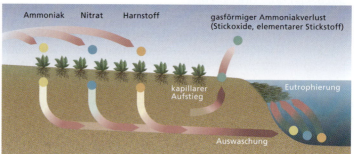

Während sich fließende Gewässer nach der Beseitigung der Ursachen (z. B. Einleitung ungeklärter Abwässer) wieder erholen können (↗ Rhein und Elbe), ist dies bei Seen schwierig oder unmöglich.

Oft werden Zusammenhänge in der Natur nicht ausreichend erkannt. So gelangen mit dem Sickerwasser (↗ S. 134) Verschmutzungen von der Erdoberfläche nicht nur in den Boden, sondern auch ins Grundwasser.

Umweltgefährdung

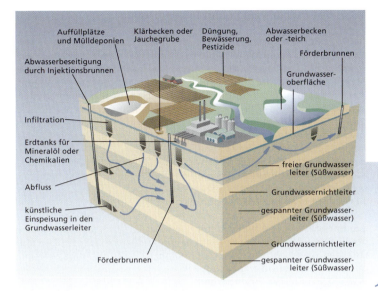

 Zur Verunreinigung des Grundwassers führen unterschiedlichste Quellen und Transportwege.

Über die Flüsse wird das Wasser der **Meere** (↗ S. 127) ebenfalls gefährdet. Die Schifffahrt mit ihren Ölrückständen, die ins Meer abgelassen werden, Tankerunglücke und die Erdöl- und Erdgasförderung „off shore" tragen zusätzlich zur Verschmutzung der Meere bei. Die Meere werden schon jahrzehntelang als Müllkippe für giftige Abfälle (z. B. Atommüll, Klärschlämme, Säuren) und Haushaltmüll genutzt. Neben der Gefährdung der Tier- und Pflanzenwelt (u. a. im Wattenmeer) wird das Leben der Menschen davon beeinträchtigt. Rückgang des Fischfangs, Vermehrung der Algen, gesundheitliche Gefahr beim Baden und verschmutzte Strände sind nur einige Auswirkungen.

 Das Mittelmeer ist das am stärksten verschmutzte Meer der Erde. Ein Sechstel der Verunreinigungen entsteht auf dem Meer (u. a. durch Ablassen von Ölresten), der Rest wird durch meist ungeklärte Abwässer vom Festland verursacht.

Maßnahmen gegen die Wasserverschmutzung richten sich auf die Vermeidung des Eintrags von Schadstoffen in das Wasser, z. B. durch die entsprechende Gestaltung der Produktionsprozesse, von Transport und Lagerung, die umweltgerechte Entsorgung von Wasser gefährdenden Abfällen, wie Altöl, und die Anlage von Kläranlagen. Auch die Entwicklung und Verwendung von abbaubaren Produkten (z. B. Reinigungsmitteln) oder neuen Technologien zur Reinigung von Tanks auf Schiffen gehören dazu. Für das Meer sind internationale Abkommen unerlässlich, die u. a. Verbote des Einlassens von Öl und giftigen Abfällen enthalten. Bisher wurden lediglich Mindestabstände zum Festland festgelegt.
Für die Trinkwassergewinnung ist das Ausweisen von Wasserschutzgebieten mit den dazugehörigen Beschränkungen für Produktion, Siedlungen, Verkehr und Erholung wichtig.

 Die Verschmutzung des Rheins erreichte 1971 ihren Höhepunkt. Durch den Bau von Kläranlagen wurde die Wasserqualität verbessert, und es leben heute wieder über 30 Fischarten im Rhein.

6.3.4 Bodendegradation und Desertifikation

Der für die menschliche Ernährung geeignete Boden (↗ S. 148) nimmt weltweit durch zunehmende Bodenzerstörung (↗ S. 158) dramatisch ab. Prognosen gehen davon aus, dass sich in vielen Teilen der Erde das Ackerland um etwa 25 Mrd. Tonnen fruchtbaren Bodens verringern wird. Wesentliche Prozesse sind dabei **Bodenerosion**, **Bodendegradation** und **Desertifikation**.

Weltweite Bodendegradation in Prozent

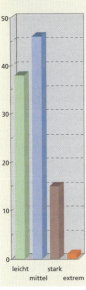

Während **Bodenerosion** den Abtrag von Boden durch Wasser und Wind darstellt, wird unter **Bodendegradation** die Abnahme der Bodenfruchtbarkeit verstanden. Dazu gehören u. a. Bodenversalzung, Abnahme des Humusgehaltes und der Nährstoffe sowie Verdichtung des Bodens (↗ S. 158).
Ursachen sind u. a. die Überweidung von Flächen, die unsachgemäße Nutzung der Ackerflächen und die Abholzung der Wälder. Werden Bewässerungsflächen in den Trockenregionen nicht gleichzeitig entwässert, kommt es zur Versalzung von Böden.
Weltweit sind große Flächen degradiert, allein in der Sahelzone fast 60 % der gesamten Fläche.
In den Trockengebieten der Erde führt die Art der Bodennutzung über die Schädigung der Pflanzendecke zur Bodenschädigung und schließlich zur **Desertifikation**.

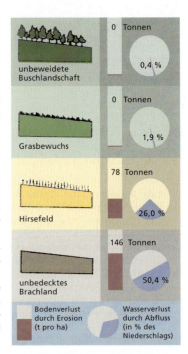

Desertifikation bedeutet die Ausbreitung der Wüste in bisher durch den Menschen genutzte Gebiete.

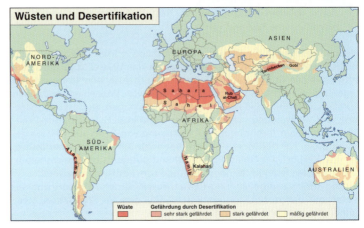

Wüsten und Desertifikation

6.3.5 Entwaldung und Verlust der Artenvielfalt

Wälder sind auf der Erde wichtige Sauerstoffproduzenten, Wasserspeicher und Luftfilter, bieten dem Boden Halt und vielen Tieren und Pflanzen Lebensraum. Sie dienen den Menschen zur Erholung und sind als Holzlieferanten eine wichtige Rohstoffquelle (↗ S. 344).

Die tropischen Regen- und die borealen Nadelwälder spielen eine besonders wichtige Rolle für das Klima der Erde. Die Wälder der Erde sind durch verschiedene Prozesse gefährdet. Dazu gehören **Rodungen** (↗ S. 345), um neue Ackerflächen und Weiden zu gewinnen, Siedlungen und Verkehrswege anzulegen, Bodenschätze abzubauen, Staudämme zu errichten (z. B. im Amazonasgebiet). Außerdem werden die Bäume in großem Umfang als **Rohstoff**, z. B. für die Papier- und Möbelherstellung, für Zellstoff oder als Bauholz, vor allem für die Industrieländer und als Brennholz gefällt. Auch die Waldweide führt durch Verbiss der jungen Bäume zum Waldverlust.

Täglich werden weltweit zwischen 400 und 500 km² Regenwald gerodet (zum Vgl.: Bremen ist 404 km² groß). Von 1990 bis 1995 wurde eine Waldfläche von insgesamt 359 300 km² vernichtet, ein Drittel davon allein in Brasilien.

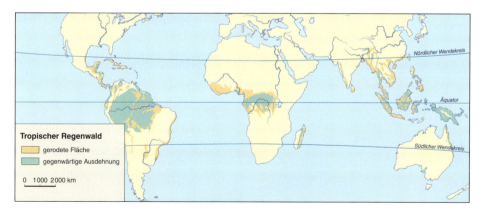

In den Industrieländern führt der **saure Regen** (↗ S. 362) zu sichtbaren **Waldschäden,** dem „Waldsterben". So werden die Baumkronen lichter, Nadeln und Blätter vergilben, und die Bäume werden gegen Schädlinge und Krankheiten anfälliger. In Deutschland sind vor allem Regionen im oberen Bereich der Mittelgebirge betroffen, die mit höheren Niederschlägen auch höhere Schadstoffemissionen erhalten.

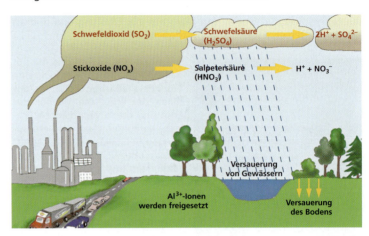

Als **Folge der Entwaldung** wird langfristig mit Veränderungen der Atmosphäre (z. B. O_2- und CO_2-Gehalt, Temperaturanstieg) gerechnet. Bereits deutlich sichtbar ist die Zunahme der Bodenerosion, die Abnahme der Fruchtbarkeit der Böden (↗ S. 366) und das Wachsen der Überschwemmungsgefahr (z. B. im Himalaja).

Man schätzt, dass allein durch die Vernichtung des tropischen Regenwaldes jährlich Tausende Arten aussterben.

Der **Verlust der Artenvielfalt** ist bereits Realität, da die Lebensbedingungen von Pflanzen und Tieren verändert wurden. Das kann z. B. durch den Rückgang des Sauerstoffgehalts in Gewässern durch Eutrophierung, die Verschmutzung der Gewässer, den Verlust von Nahrungsgrundlagen durch Rodungen von Wäldern oder die Zerschneidung von Lebensräumen durch Verkehrswege geschehen. Auch in Deutschland sind Organismenarten gefährdet oder bereits ausgestorben (rote Liste). Artenschutz wird jedoch auf verschiedene Weise beachtet (↗ S. 352).

6.4 Wirtschafts- und sozialräumliche Entwicklungen

6.4.1 Globalisierung

> Mit dem Begriff **Globalisierung** bezeichnet man unterschiedliche Prozesse auf der Erde. Dazu gehören die zunehmenden weltweiten wirtschaftlichen Verflechtungen (↗ S. 311), die Veränderungen im Kommunikations- und Informationssystem und deren Auswirkungen auf Umwelt und Leben der Menschen auf der ganzen Erde.

Die technischen Entwicklungen haben dazu beigetragen, dass unsere Welt „kleiner" geworden ist. Güter und Menschen erreichen viel schneller weit entfernte Gebiete, als das noch vor Jahrzehnten oder gar Jahrhunderten möglich war. Doch nicht nur die höheren Geschwindigkeiten der Mittel zum Transport von Gütern und Personen „verkleinerten" die Erde. Die Entwicklung des Fernsehens, der Satelliten- und Glasfasertechnik, der Telekommunikation und der weltweit vernetzten Computer ermöglichen den raschen Austausch von Informationen mit den entlegendsten Winkeln der Erde. Auch die Teilhabe an wichtigen Entscheidungsprozessen in den Zentren der wirtschaftlichen und politischen Macht wird damit möglich.

1500–1840
Pferdekutsche/Segelschiff ca. 18 km/h

1850–1930
Dampflokomotiven ca. 150 km/h
Dampfschiffe ca. 66 km/h

1950
Propellerflugzeuge 500–700 km/h

1960
Düsenflugzeuge 900–1300 km/h

Die Welt ist jedoch nicht gleichmäßig vernetzt. Die meisten Internet-Server der Welt stehen in Nordamerika, Südostasien und Westeuropa. Dagegen haben 80 % der Weltbevölkerung keinen eigenen Telefonanschluss.

Dimensionen der Globalisierung			
Kommunikation	**Ökonomie**	**Gesellschaft**	**Umwelt**
„Vernetzte Welt"	„Welt-Binnenmarkt"	„Welt als globales Dorf"	„Welt als Risikogemeinschaft"
– Innovationen der Telekommunikation (mehr Mobilität, bessere persönliche Erreichbarkeit, höhere Bandbreiten, neuartige Komfortdienste im Netz)	– Abbau von Handelsschranken zwischen Ländern, – Mobilität von Kapital und Produktionsstandorten, – sinkende Transportkosten	– Nationalstaaten verlieren Einflussmöglichkeiten. – Vereinheitlichung des Lebensstils, nationale und regionale Eigenheiten verschwinden.	– Die Umweltgefährdung nimmt globale Ausmaße an (Beeinflussung des Weltklimas durch den Menschen, Verschwinden der Artenvielfalt …).

Vorteile und Gefahren der Globalisierung

Vorteile bestehen in der Möglichkeit:
- sich schnell Wissen aus den verschiedensten Gebieten anzueignen und selbst Informationen zu verbreiten,
- internationale Kontakte herzustellen und zu pflegen und die Wirkungsmöglichkeiten von internationalen Gruppen zu vergrößern,
- Vorurteile abzubauen, Elemente verschiedener Kulturen aufzunehmen und ein Zusammengehörigkeitsgefühl („Eine Welt") zu entwickeln, damit auch Verantwortung für die ganze Erde zu übernehmen und Probleme gemeinsam anzupacken,
- weltweit neue Arbeitsplätze zu schaffen und die Produktionskosten zu senken.

> Es gibt Bewegungen, die diesen Gefahren entgegentreten. Dazu gehören u. a. der Kampf um die Durchsetzung des Prinzips der Nachhaltigkeit (↗ S. 338), die Bildung von Weltkonferenzen (z. B. Weltklimakonferenz) und die Tätigkeiten von Nichtregierungsorganisationen (z. B. Greenpeace). Es wird eine gemeinsam getragene Weltordnungspolitik („Global Governance") angestrebt.

Gefahren ergeben sich aus:
- einer Überflutung mit Informationen und dem Entstehen einer geteilten Gesellschaft von Menschen mit und ohne Zugang zu diesen Informationen,
- dem Trend zur Vereinheitlichung der Kultur („Amerikanisierung"),
- dem Konkurrenzkampf der Betriebe und ihrer Verlagerung oder dem Verlust von Arbeitsplätzen in vielen Regionen,
- der Zunahme von Binnenwanderungen und internationalen Wanderungen und dem daraus resultierenden Verlust von Heimat und Identität mit der Gefahr des verstärkten Zuspruchs von nationalistischen und religiösen Bewegungen,
- dem Wachsen des Einflusses der großen internationalen Unternehmen auf die Politik der Regierungen der einzelnen Länder und der Unkontrollierbarkeit vieler Entwicklungen,
- dem Hegemoniestreben führender Länder,
- der Überforderung der einzelnen Regierungen, die globalen Umweltprobleme auf nationaler Basis lösen zu können.

> Direktinvestitionen dienen der Errichtung neuer Betriebe, aber zum größten Teil dem Kauf oder Zusammenschluss vorhandener Firmen. Sie werden daher sehr ungleichmäßig verteilt. 1999 entfielen nur 0,5 % der Investitionssumme von 865 Mrd. US-$ auf 48 der am wenigsten entwickelten Länder der Erde zusammen.

Hauptempfängerländer von Direktinvestitionen aus dem Ausland 1999 (in Mrd. US-$)

Land	Mrd. US-$
Hongkong	23,068
Argentinien	23,153
Kanada	25,061
Deutschland	26,822
Brasilien	31,397
Niederlande	33,785
Frankreich	39,101
China	40,400
Schweden	59,968
Vereinigtes Königreich	82,182
Vereinigte Staaten	275,533

Globalisierung der Wirtschaft

Sie führt zu einer zunehmenden weltweiten Vernetzung der industriellen Produktion und zu einer verstärkten internationalen Arbeitsteilung (↗ S. 311). Voraussetzung dafür sind die Schaffung globaler Finanzmärkte, um Kapital schnell überallhin schicken zu können, und die Aufhebung von Hindernissen für den internationalen Handel (z. B. durch die Welthandelsorganisation WTO). Dadurch kann jeder Produzent seine Waren anbieten und weltweit verkaufen. Internationale Unternehmen („Global Players") haben Betriebe auf der ganzen Welt.

Wirtschafts- und sozialräumliche Entwicklungen

> **Global Players** sind internationale Unternehmen, die als Motor und Träger der ökonomischen Globalisierung wirken (↗ S. 256).

Ausgehend von einem Stammbetrieb in einem Land, lassen sie u. a. neue Produktionsstätten (z. B. Montagewerke) dort errichten, wo sie weniger Löhne und Steuern zahlen müssen und z. T. nicht so strenge Umweltgesetze einzuhalten sind. Forschungs- und Entwicklungsabteilungen werden dagegen in Regionen mit hoch qualifizierten Arbeitskräften und wichtigen Forschungseinrichtungen angesiedelt. Alles verbindet sich zu einem globalen Netzwerk des Unternehmens.

Diese Unternehmen haben die Macht, ohne Rücksicht auf soziale Belange der Beschäftigten und die Umwelt zu wirken, jederzeit Betriebe zu schließen und Staaten oder Regionen gegeneinander auszuspielen, um die besten Bedingungen für das Unternehmen zu erreichen und somit den Gewinn des Unternehmens zu vergrößern. Doch ohne globale Gerechtigkeit wird es keinen dauerhaften Frieden geben.

15 große Unternehmen der Welt 2003 (Umsatz in Mrd. $)

- Wal-Mart Stores (USA) 258,7
- Exxon Mobil (USA) 246,7
- BP (GB) 232,6
- General Motors (USA) 185,5
- Citigroup (USA) 170,5
- Ford Motor (USA) 164,2
- Toyota Motors (JP) 139,2
- DaimlerChrysler (D) 136,4
- General Electric (USA) 134,2
- Total Fina Elf (FR) 122,7
- Royal Dutch/Shell Group (GB/NL) 121,2
- Mitsubishi (JP) 110
- Nippon Telegraph & Telephone (JP) 96,3
- Itochu (JP) 90,7
- Mitsui (JP) 49,4

Die Klammern enthalten das Land, in dem das Unternehmen seinen Sitz hat.

Die Siemens AG mit Sitz der Zentrale in München ist eines der führenden Unternehmen auf dem Gebiet von Elektrotechnik und Elektronik. Ihr Jahresumsatz 2005 betrug 75,45 Mrd. US-$. Sie steht damit an 58. Stelle in der Welt. In ihr sind mehr als 461 000 Mitarbeiter in über 190 Ländern, u. a. in Europa, den Vereinigten Staaten, Mexiko, China, Indien, Südafrika, beschäftigt.

Global Citys

> **Global Citys** sind Weltstädte mit Steuerungsfunktionen für Weltwirtschaft (Finanzmärkte, Produktion, Handel) und Politik.

In den Global Citys befinden sich die Hauptsitze der wichtigsten internationalen Unternehmen, die Zentralen des weltweiten Finanz- und Warenhandels (z. B. Börsen, die bedeutendsten Banken) und Standorte spezieller Dienstleistungen, wie Unternehmensberatungen, Versicherungen und Werbeagenturen.

Johannesburg ist die einzige Global City in Afrika.

Die Global Citys können nach ihrer Bedeutung gruppiert werden:
1. mit überragender Bedeutung: New York, London, Tokio;
2. mit sehr großer Bedeutung: Hongkong, Singapur, Los Angeles, Chicago, Paris, Mailand, Frankfurt am Main;
3. mit großer Bedeutung: Toronto, San Francisco, Mexiko-Stadt, Moskau, São Paulo, Seoul, Sydney, Brüssel, Zürich, Madrid, Shanghai.

Es bestehen weitere 34 Global Citys, meist Hauptstädte.

Spuren der Globalisierung in den Städten

McDonalds betreibt in 119 Ländern insgesamt mehr als 27 000 Restaurants, davon allein in Deutschland mehr als 1 000.

Am deutlichsten wird dieser Prozess sichtbar in der relativ einheitlichen Bauweise der Gebäude, an der Verbreitung internationaler Unternehmen, den vielen internationalen Gaststätten und Geschäften, im Wachstum der Zahl ausländischer Bevölkerungsgruppen mit z. T. eigenen Kultureinrichtungen, der Zunahme von speziellen Dienstleistungen.

| Restaurantketten | Tankstellenkonzerne | gleichartige Architektur |

6.4.2 Regionalisierung

Regionalisierung umfasst alle Prozesse, die zur Herausbildung von Regionen unterschiedlicher Größe und Merkmale führen (↗ S. 311).

Regionen können aus wirtschaftlicher und politischer Sicht mehrere Staaten (z. B. EU) oder kleinere grenzüberschreitende Gebiete (z. B. die Euroregion Elbe/Labe) umfassen, aber auch innerhalb eines Landes liegen (z. B. eine Industrieregion). Aus kultureller Sicht unterscheiden sich Regionen z. B. durch die Sprache, die Religion, ethnische Herkunft und eigenes Brauchtum voneinander (z. B. Schottland, Wales und England). Globalisierung und Regionalisierung hängen eng miteinander zusammen. Die internationale Zusammenarbeit verstärkt sich, und Regionen und Länder schließen sich zusammen, um gemeinsam auf dem Weltmarkt bestehen und Einfluss auf globale Prozesse nehmen zu können. Andererseits bilden sich durch die wirtschaftliche Entwicklung Regionen mit unterschiedlicher Wirtschaftsstruktur und verschiedenem Lebensstandard heraus („Gewinner und Verlierer").

In der Raumplanung (↗ S. 323) ist die Regionalisierung ein methodisches Verfahren, bei dem Teilgebiete eines Raumes abgegrenzt werden, um sie besser untersuchen zu können.

In Problemregionen werden oft die kulturellen Unterschiede herausgehoben und die politische Eigenständigkeit angestrebt.

Welthandel und Direktinvestitionen (↗ S. 371) zeigen eine deutliche Aufteilung der Welt. Diese kann sich auch in kurzer Zeit verändern.

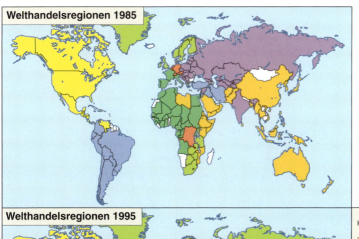

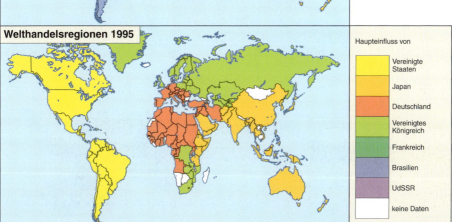

Herausbildung von Staatengemeinschaften

Eine Vielzahl von internationalen Organisationen ergänzt die Staatengemeinschaften. Zu ihnen gehören u.a. OECD, OPEC, OSZE oder WTO.

Staaten schließen sich zu Gemeinschaften mit unterschiedlichen Aufgaben zusammen (↗ S. 294 u. 312). Sie können militärischen Interessen dienen (z. B. NATO) oder politische und wirtschaftliche Ziele verfolgen (z. B. ASEAN). In Europa gibt es außer der Europäischen Union z. B. noch die Gemeinschaft Unabhängiger Staaten (GUS, Zusammenschluss der Nachfolgestaaten der Sowjetunion), die Visegrad-Gemeinschaft (Polen, Tschechien, Slowakei, Ungarn) oder den Baltischen Rat, dem alle Ostseeanliegerstaaten angehören.

Gemeinsame Projekte innerhalb von Staatengemeinschaften

Die politische, wirtschaftliche und kulturelle Zusammenarbeit in den Staatengemeinschaften führt zu unterschiedlichen Ergebnissen. Das können z. B. Absprachen über Handelserleichterungen, Anerkennung von Bildungsabschlüssen, Festlegungen zum Schutz der Ostsee oder die Einführung einer gemeinsamen Währung sein.
Auch gemeinsame Forschungsprojekte, wie das europäische Weltraumprogramm ESA, das von einem einzelnen Land nicht finanziert werden könnte, gehören dazu.
Die Herstellung des **Airbus** ist ein Beispiel dafür, wie durch die Zusammenarbeit mehrerer Staaten in Europa ein Produkt erzeugt wird, das auf dem Weltmarkt konkurrenzfähig ist. Gleichzeitig wird deutlich, wie eine arbeitsteilige Produktion im Zeitalter der Globalisierung abläuft.

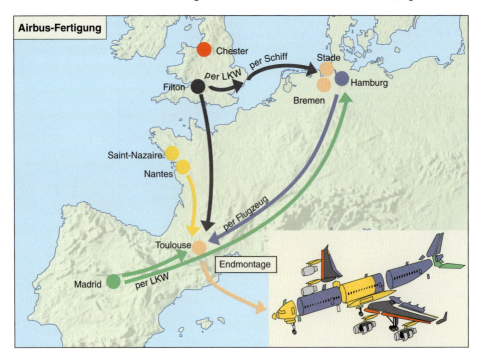

Wirtschafts- und sozialräumliche Entwicklungen

Grenzüberschreitende Regionen

In Europa bilden sich eine Reihe grenzüberschreitender Regionen heraus, die auf den unterschiedlichsten Gebieten zusammenarbeiten. Deutschland hat Anteil an 21 dieser **Euroregionen** (↗ S. 375). Die Ziele der Zusammenarbeit sind prinzipiell ähnlich.

Viadrina (lat.) heißt so viel wie „über den Fluss".

Die Euroregion **Pro Europa Viadrina** ist getragen vom „Willen,
- ein gut nachbarschaftliches Verhältnis zwischen Deutschen und Polen zu gewährleisten,
- die regionale Identität der im Grenzraum lebenden Deutschen und Polen durch Gestaltung einer gemeinsamen Zukunftsperspektive zu festigen,
- den Wohlstand der in der Region lebenden Menschen durch Schaffung einer zukünftigen grenzüberschreitenden integrierten deutsch-polnischen Wirtschaftsregion zu heben,
- die Idee der europäischen Einheit und der internationalen Verständigung zu fördern,
- gemeinsame Vorhaben festzulegen und die dafür notwendigen Mittel für ihre Realisierung zu gewinnen."

„TriRhena" ist ein Kunstwort und bezieht sich auf die drei beteiligten Nationen am Oberrhein.
Teil dieser Euroregion ist die Regio Basiliensis.

Die Regio **TriRhena** umfasst 8 700 km². Hier leben über 2,2 Millionen Menschen. Schwerpunkte der Wirtschaft sind die chemische Industrie, moderne Industriebereiche, wie die Solarindustrie und die Biotechnologie, Banken, Handel und Verkehrswesen sowie der Maschinenbau, insbesondere der Automobilbau (Peugeot). Große Bedeutung hat der Tourismus. Auch die Landwirtschaft, vor allem Sonderkulturen (besonders Weinanbau), prägen die Region.
Über 50 000 Menschen pendeln täglich von Deutschland in die Schweiz zur Arbeit, vor allem nach Basel, und es ist normal, von Freiburg nach Basel ins Theater oder zur Ausstellung zu fahren.
Gemeinsame Projekte gibt es u. a. auf wirtschaftlichem Gebiet, in der Verkehrsplanung, dem Umweltschutz (z. B. Sauberkeit des Rheins, Hochwasserschutz) und auf dem Gebiet von Bildung und Kultur. Die partnerschaftliche Zusammenarbeit angrenzender Gemeinden wird sehr stark gefördert.

Herausbildung neuer Industrieregionen

Durch die Verlagerung und Neuschaffung von Produktionsstätten außerhalb der angestammten Regionen bilden sich in einigen ländlichen Gebieten oder am Rande der Metropolen – vor allem in den Entwicklungsländern – z. T. völlig neue Industrieregionen heraus.

Solche Regionen findet man z. B. in Mexiko (Maquiladora-Industrie, ↗ S. 309), China (Sonderwirtschaftszonen) oder Südostasien. In Indien hat sich die Entwicklung von Software für Computer als wichtigster moderner Industriebereich erwiesen. Neben Bombay entwickelte sich die Stadt Bangalore zum „Silicon Valley" Indiens. Fast alle großen Unternehmen auf diesem Gebiet haben dort ihren Sitz. Auch Siemens verlagerte zwei seiner Abteilungen dorthin.

6.4.3 Räumliche Disparitäten

Unter **räumlichen Disparitäten** versteht man Ungleichheiten im Entwicklungsstand oder in den Entwicklungschancen von Gebieten unterschiedlicher Größe. Disparitäten treten auf globaler, kontinentaler, nationaler oder lokaler Ebene auf.

Globale Disparitäten

Weltweit treten große Unterschiede zwischen den verschiedenen Ländergruppen (↗ S. 297), einzelnen Ländern und Regionen auf. Untersucht man die Entwicklungschancen, so können zunächst die natürlichen Bedingungen betrachtet werden. Von großer Bedeutung sind die Gunst- und Ungunsträume (↗ S. 186 u. 225) für Besiedlung und landwirtschaftliche Nutzung. Auch Bodenschätze spielen eine große Rolle.

Japan gehört zu den Ländern mit ungünstigen natürlichen Voraussetzungen für eine wirtschaftliche Entwicklung. Steile Gebirge überwiegen, und es können nur 15 % der Landesfläche ackerbaulich genutzt werden. Viele Naturgefahren bedrohen das Land – Vulkanausbrüche, Erdbeben, Tsunamis, Taifune. Japan verfügt nur über wenige Bodenschätze. Trotzdem gehört Japan zu den führenden Industrieländern der Erde. Folglich sind andere Faktoren für die vorhandenen Disparitäten auf der Erde mitentscheidend, so die Bevölkerungsentwicklung.

Zwischen dem Bevölkerungswachstum und dem wirtschaftlichen Entwicklungsstand gibt es deutliche Zusammenhänge (↗ S. 185 u. 341).

Große Unterschiede sind weltweit hinsichtlich des Bevölkerungswachstums zu verzeichnen.

Demografische Grunddaten der Erde 2000							
räumliche Einheit	Bevölkerung (in Mio.)	bis 15 Jahre (in %)	über 65 Jahre (in %)	Wachstumsrate (in %)	Lebenserwartung (Jahre)	Säuglingssterblichkeit (in ‰)
Welt	>6 067	31	7	1,4	66	57
Industrieländer	1 184	19	14	0,1	75	8
Entwickl.-länder	4 883	34	5	1,7	64	63
Subsahara	657	44	3	2,5	49	94

Die Feststellung von Disparitäten im wirtschaftlichen Entwicklungsstand erfolgt auf der Basis verschiedener Indikatoren (↗ S. 297). Zu den wichtigsten Indikatoren gehören die Wirtschaftskraft, gemessen am Bruttosozialprodukt pro Kopf der Bevölkerung, die Erwerbsstruktur, die Einkommensverhältnisse, Arbeitslosenzahlen und andere Angaben zu den Lebensverhältnissen. Die Kluft zwischen den reichen und armen Ländern vergrößert sich weiter.

Diese Kluft wird weiter verschärft durch Unterschiede zwischen armen und reichen Bevölkerungsschichten innerhalb von Ländern.

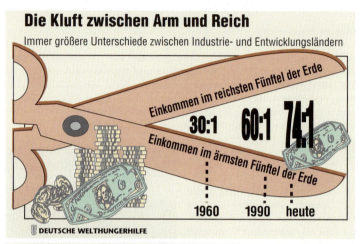

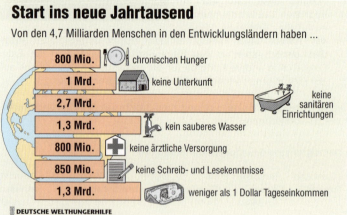

Regionale Disparitäten

Ungleichheiten im Entwicklungsstand findet man innerhalb von Kontinenten zwischen einzelnen Ländern und innerhalb der Länder zwischen einzelnen Regionen (↗ S. 302). So kann man auch in Europa zwischen reichen Ländern, wie die Schweiz und Deutschland, und armen Ländern, wie Rumänien oder Albanien, unterscheiden. Insgesamt lässt sich ein Zentrum und die Peripherie in Europa feststellen.

Wirtschafts- und sozialräumliche Entwicklungen

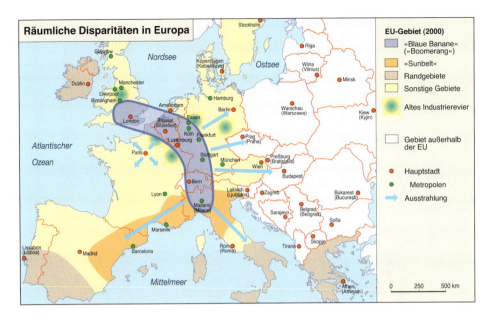

Innerhalb eines Landes werden Regionen nach den unterschiedlichsten Kriterien abgegrenzt. Häufig werden Angaben zur Wirtschaftsstruktur (z. B. Industrieregion), zur Beschäftigtenstruktur, zum Einkommen, zur Arbeitslosenrate usw. verwendet.

Italien besitzt innerhalb der EU-Staaten deutliche Unterschiede zwischen den Regionen. Norditalien gehört zum wirtschaftlichen Zentrum der EU. Der größte Teil der Betriebe des Landes liegt dort, die Landwirtschaft ist hochproduktiv, der Tourismus konzentriert sich auf die Alpen und die Küsten dieses Landesteils. Die Einkommen liegen über dem EU-Durchschnitt, die Arbeitslosenquote darunter. In Süditalien dominiert eine wenig produktive Landwirtschaft, es finden sich wenige Arbeitsplätze in der Industrie. Ein niedriges Einkommen herrscht vor. Aufgrund der hohen Arbeitslosigkeit wandern sehr viele Menschen in den Norden oder ins Ausland ab. Die bisherigen Bemühungen der Regierung, diese Unterschiede auszugleichen, z. B. durch Ansiedlung von Betrieben, Bau von Bewässerungssystemen und Straßen, Bodenreform, führten nur teilweise zum Erfolg.

Disparitäten in Deutschland bestehen vor allem zwischen den östlichen und den westlichen Bundesländern (↗ S. 302).

Folgen räumlicher Disparitäten

Neben Konflikten (↗ S. 330), die ihre Ursache in Ungleichheiten im wirtschaftlichen und sozialen Entwicklungsstand von Ländern und Regionen haben, sind Binnenwanderungen (↗ S. 197 u. 306) und internationale Migrationen (↗ S. 198) die bedeutendste Folge von Disparitäten. So ziehen sehr viele Menschen in den Entwicklungsländern in die Städte, um dort Arbeit und verbesserte Lebensbedingungen zu finden. Ähnliches trifft auch auf landwirtschaftlich geprägte Regionen mit ungünstiger natürlicher Ausstattung in Industrieländern zu.

Durch Gesetzgebung in Industrieländern sollen „Wirtschaftsflüchtlinge" abgeschoben werden.

Einen großen Umfang nehmen internationale Wanderungen ein, die schon seit Jahrhunderten stattfinden. Zu den Migranten gehören die Arbeitsmigranten („Gastarbeiter"), die zeitweise in den Zielregionen leben, und Menschen, die sich auf Dauer in den Wohlstandsregionen niederlassen wollen („Wirtschaftsflüchtlinge").

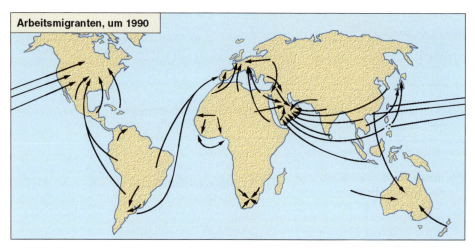
Arbeitsmigranten, um 1990

Maßnahmen zur Überwindung räumlicher Disparitäten

Durch bestimmte Maßnahmen sollen die Menschen benachteiligter Länder oder Regionen auch in diesen selbst ein würdiges Leben führen können und eine Perspektive dafür sehen. Zu diesen Maßnahmen zählen die Entwicklungshilfe für die Entwicklungsländer und Fördermaßnahmen innerhalb anderer Länder.

> Unter **Entwicklungshilfe** versteht man die Gesamtheit der Maßnahmen zur Unterstützung und Förderung von Entwicklungsländern seitens der industrialisierten Länder.

Formen der Entwicklunghilfe sind
1. bilaterale und multilaterale Zusammenarbeit:
   – Bekämpfung von Hunger und schlimmster Armut durch Spenden,

- medizinische Hilfe durch Entsendung von Ärzten, Spenden von Medikamenten und medizinischen Geräten,
- Hilfe bei der Schul- und Berufsausbildung,
- Vermittlung von technischen, wirtschaftlichen und organisatorischen Kenntnissen,
- Gewährung von Zuschüssen und Krediten;
2. Schaffung verbesserter Austauschbedingungen:
   - Notwendigkeit des Schließens der Schere zwischen Rohstoff- und Fertigwarenpreisen (↗ S. 243 u. 244),
   - Stabilisierung der Exporterlöse durch Rohstoffabkommen;
3. Erhöhung des Anteils der Entwicklungsländer an der Weltindustrieproduktion.

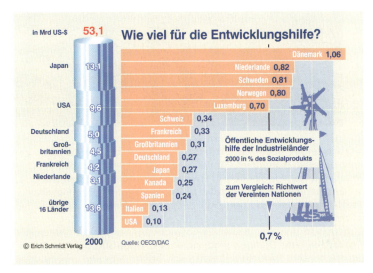

Träger der Entwicklungshilfe in Deutschland sind staatliche, halbstaatliche und nichtstaatliche Organisationen.
Dazu gehören:
- Bundesministerium für wirtschaftliche Zusammenarbeit und Entwicklung (BMZ),
- Dt. Entwicklungsdienst (DED),
- Dt. Stiftung für internationale Entwicklung (DSE),
- Dt. Gesellschaft für Technische Zusammenarbeit (GTZ),
- Brot für die Welt (BfdW),
- Dt. Welthungerhilfe (DWHH),
- Misereor,
- terre des hommes (tdh),
- Cuba sí

Die **Ziele der Entwicklungshilfe** haben sich in den letzten Jahrzehnten geändert. *Anfangs* bemühten sich die Industrieländer darum, durch Förderung von **Großprojekten** den Entwicklungsländern zu helfen, den wirtschaftlichen Anschluss an den Stand der Industrieländer zu erreichen. Dazu gehörten der Bau von Staudämmen, der Ausbau des Straßen- und Eisenbahnnetzes und die Errichtung moderner Hafen- und Industrieanlagen.
Diese Großprojekte waren sehr teuer, und es dauerte sehr lange, bis sich Erfolge einstellten. Insgesamt führten sie nicht dazu, dass sich die Lebensverhältnisse der Mehrheit der Bevölkerung verbesserten. Weltweit nahm die Armut sogar zu, und der Abstand zwischen Industrie- und Entwicklungsländern vergrößerte sich.

Der Bau des **Hüttenwerkes Rourkela** in Indien sollte dazu dienen, eine Basis für eine eigene industrielle Entwicklung zu schaffen. Es gab große Probleme, da alle Teile aus Europa angeliefert werden mussten. Der Transport klappte oft nicht. Die einheimische Bevölkerung lebte z. T. noch auf niedrigem Niveau, und sollte dann moderne Technik bedienen. Erst nach Jahren traten erwünschte Effekte ein. Der Betrieb produzierte große Mengen Stahl, und das gesamte Gebiet wurde umgestaltet. Weitere Betriebe siedelten sich an, und die Infrastruktur (Straßen, Eisenbahnlinien, Leitungen, Bildungseinrichtungen, Krankenhäuser, neue Brunnen) wurde entwickelt. In Rourkela leben jetzt mehr als 300 000 Einwohner.

Jetzt sollen die Bedürfnisse der Betreffenden in den Vordergrund gestellt und die ökonomische Entwicklung mit sozialer und ökologischer verbunden werden. Der Begriff **Entwicklungszusammenarbeit** (statt bisher Entwicklungshilfe) bringt die aktive Beteiligung der einheimischen Bevölkerung zum Ausdruck. Zwei verschiedene Wege werden dazu beschritten:

Erstens wird den Kleinbauern in Entwicklungsländern, die Waren wie Kaffee, Tee oder Orangen produzieren, ein langfristig gültiger Garantiepreis gezahlt. Dadurch verbessern sich ihre Arbeits- und Lebensbedingungen, Kinderarbeit kann eingeschränkt werden. Dafür wird in den Industrieländern von den Verbrauchern ein erhöhter Preis gezahlt. Zu diesen Erzeugnissen gehören die TRANSFAIR-Produkte.

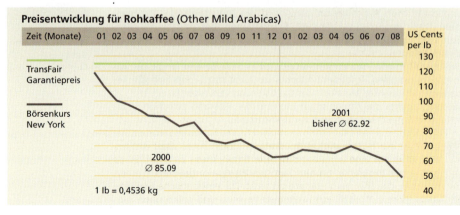

Preisentwicklung für Rohkaffee (Other Mild Arabicas)

Zweitens werden **Kleinprojekte** in Dörfern und Städten unterstützt, bei denen – anknüpfend an traditionelle Wirtschaftsweisen und vorhandene Mittel – Verbesserungen auf verschiedenen Gebieten erreicht werden. Das betrifft z. B. den Bau von Steinwällen in Trockengebieten, um die Bodenerosion zu vermindern und das wenige Wasser zu sammeln. Auch die Ausbildung von Frauen in verschiedenen Tätigkeiten (z. B. Kochen in Garküchen, Nähen) und die Vergabe von Kleinkrediten für die Anschaffung von Arbeitsmitteln und Materialien gehören dazu.

Frauen in Bangladesch zahlen monatlich einen Teil ihrer Kredite zurück.

Probleme der Entwicklungshilfe

Die **Probleme** liegen auf verschiedenen Ebenen. Die Geberländer schränken den Umfang der Entwicklungshilfe z. T. immer mehr ein und verbinden die Vergabe oft mit eigenen wirtschaftlichen Interessen. Sie konzentriert sich dann auf einige Regionen (z. B. mit Rohstoffen oder als Absatzmarkt für eigene Produkte) und erreicht die ärmsten Länder gar nicht. Werden Kredite gewährt, müssen sie mit entsprechenden Zinsen zurückgezahlt werden, und die Verschuldung nimmt zu.

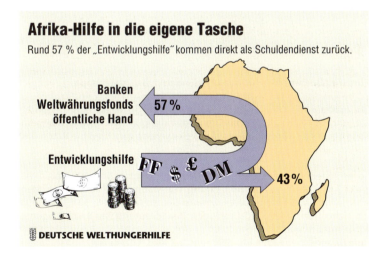

Oft werden politische und wirtschaftliche Forderungen an das Land gerichtet, welches Entwicklungshilfe erhält. Auf der Seite der Nehmerländer kommt es häufig vor, dass Mittel aus der Entwicklungshilfe nicht bei den Bedürftigen ankommen, sondern sich einige Menschen und Gruppen (z. B. Regierung, Unternehmer, Armee) daran bereichern.

Auch die Art der Hilfe bringt Probleme mit sich. Die Nahrungsmittelhilfen haben in einigen Gebieten Afrikas zum Ruin der einheimischen Bauern geführt, da sie nicht die Agrarprodukte anbauen können (z. B. Weizen), die Bestandteil der Lieferungen waren und an die sich die Menschen gewöhnt haben. Auch bildete sich kein Anreiz, Anstrengungen zu unternehmen, Lebensmittel im eigenen Land zu produzieren. Die wirtschaftlichen Großprojekte schaffen nur punktuelle Fortschritte. Trotz dieser Probleme ist Entwicklungshilfe unumgänglich, um den Ländern Unterstützung bei der Bewältigung ihrer Aufgaben zu geben. Vor allem muss eine gerechte Weltwirtschaftsordnung (↗ S. 300) geschaffen werden, die das Wohlleben weniger Länder auf Kosten der Mehrheit der Menschen dieser Erde verhindert.

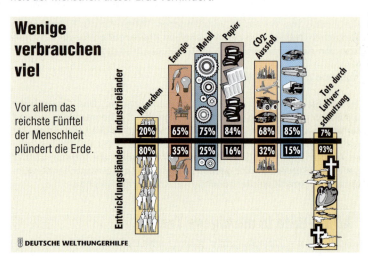

Fördermaßnahmen in den Industrieländern – Beispiel Europa

Die Europäische Union (↗ S. 313) hat mehrere Strukturfonds eingerichtet, um die regionale und soziale Entwicklung in den Mitgliedsländern zu unterstützen. Entsprechend der Ziele werden verschiedene Arten von Fördergebieten ausgewiesen (↗ S. 315).

So erhielten die neuen Bundesländer Deutschlands von 1994 bis 1999 rund 3,6 Mrd. ECU. Zur Vermeidung von Dauerarbeitslosigkeit in den ehemaligen Industriegebieten konnte Deutschland (↗ S. 301) von 1994 bis 1996 über 733 Mio. ECU verfügen. Zur Förderung von Beschäftigung, Infrastruktur und Umweltschutz in den ländlichen Regionen Deutschlands standen von 1994 bis 1999 rund 1,2 Mrd. ECU bereit.

Die neuen Bundesländer erhielten sowohl Förderung aus EU-Mitteln als auch Gelder aus dem Bundeshaushalt. Es wurden neue Gewerbegebiete erschlossen und industrielle Altlasten entsorgt, die Ansiedlung neuer Betriebe unterstützt, das Verkehrsnetz und Wohnungen saniert und modernisiert, attraktive Stadtzentren geschaffen sowie Bildungs- und Forschungseinrichtungen gefördert, wie es vom Grundgesetz (Schaffung gleichwertiger Lebensbedingungen, ↗ S. 320) garantiert wird.

ECU = European Currency Unit. Verrechnungseinheit, an den Devisenmärkten als Einheitswert errechnet, jetzt jedoch durch den Euro abgelöst

ANHANG A

Die Erdteile und ihre Länder

Amerika

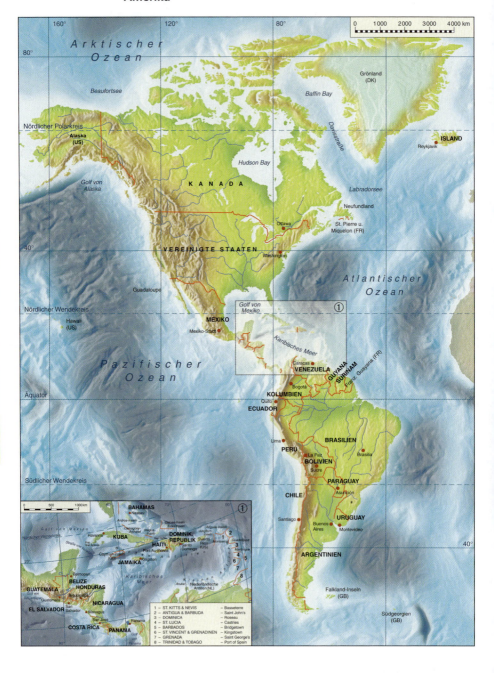

Die Erdteile und ihre Länder

Land	(Code)	Fläche in km²	Einwohner in Mio.	Einwohner je km²	Bevölkerungswachstum in %	BIP pro Kopf in US-$	Säuglingssterblichkeit in ‰
Antigua und Barbuda	(AG)	442	0,079	179	2,70	9 582	11
Argentinien	(AR)	2 780 403	36,772	13	0,80	3 524	17
Bahamas	(BS)	13 939	0,317	23	1,10	16 593	11
Barbados	(BB)	430	0,271	630	0,40	9 694	11
Belize	(BZ)	22 965	0,274	12	3,20	3 609	33
Bolivien	(BO)	1 098 581	8,814	8	1,90	893	53
Brasilien	(BR)	8 514 215	176,596	21	1,20	2 788	33
Chile	(CL)	756 096	15,774	21	1,20	4 591	8
Costa Rica	(CR)	51 100	4,005	78	1,60	4 351	8
Dominica	(DM)	751	0,071	95	0,20	3 648	16
Dominikanische Rep.	(DO)	48 422	8,739	181	1,40	1 893	29
Ecuador	(EC)	256 370	13,008	51	1,60	2 091	24
El Salvador	(SV)	21 041	6,533	311	1,80	2 278	32
Grenada	(GD)	345	0,105	305	1,10	4 181	18
Guatemala	(GT)	108 889	12,307	113	2,60	2 009	35
Guyana	(GY)	214 969	0,769	4	0,40	965	52
Haiti	(HT)	27 750	8,440	304	1,80	346	61
Honduras	(HN)	112 492	6,969	62	2,50	1 001	32
Jamaika	(JM)	10 991	2,643	241	0,90	3 082	17
Kanada	(CA)	9 884 670	31,630	3	0,90	27 079	5
Kolumbien	(CO)	1 141 748	44,584	39	1,70	1 764	18
Kuba	(CU)	110 860	11,326	102	0,70	3 967	7
Mexiko	(MX)	1 953 162	102,291	52	1,40	6 121	23
Nicaragua	(NI)	120 254	5,480	46	2,60	745	36
Panama	(PA)	75 517	2,984	40	1,50	4 319	18
Paraguay	(PY)	406 752	5,643	14	2,40	1 069	25
Peru	(PE)	128 216	27,148	21	1,50	2 231	26
St. Kitts und Nevis	(KN)	269	0,047	174	6,00	7 362	29
St. Lucia	(LC)	616	0,161	261	0,90	4 304	16
St. Vincent u. d. Grenad.	(VC)	389	0,109	280	–	3 404	23
Suriname	(SR)	163 265	0,438	3	1,10	2 635	30
Trinidad und Tobago	(TT)	5 128	1,313	256	0,70	8 005	17
Uruguay	(UY)	176 215	3,380	19	0,60	3 307	12
Venezuela	(VE)	912 050	25,674	28	1,80	3 326	18
Vereinigte Staaten	(US)	9 809 155	290,810	30	0,90	37 649	7
Nicht selbstständige Gebiete							
Amerik. Jungferninseln[4]		386	0,112	290			
Anguilla[2]		96	0,012	125			
Aruba[3]		193	0,099	513			
Bermuda[2]		53	0,064	1 208			
Brit. Jungferninseln[2]		153	0,022	144			
Falklandinseln[2]		12 173	0,003	0			
Franz.-Guayana[1]		83 534	0,187	2			
Guadeloupe[1]		1 703	0,448	263			
Kaimaninseln[2]		264	0,045	170			
Martinique[1]		1 128	0,448	263			
Montserrat[2]		101	0,004	40			
Niederl. Antillen[3]		800	0,183	229			
Puerto Rico[4]		9 084	3,955	435			
St. Pierre und Miquelon[1]		242	0,006	25			
Turks- und Caicosinseln[2]		430	0,026	60			

[1] Frankreich, [2] Vereinigtes Königreich, [3] Niederlande, [4] Vereinigte Staaten

Europa

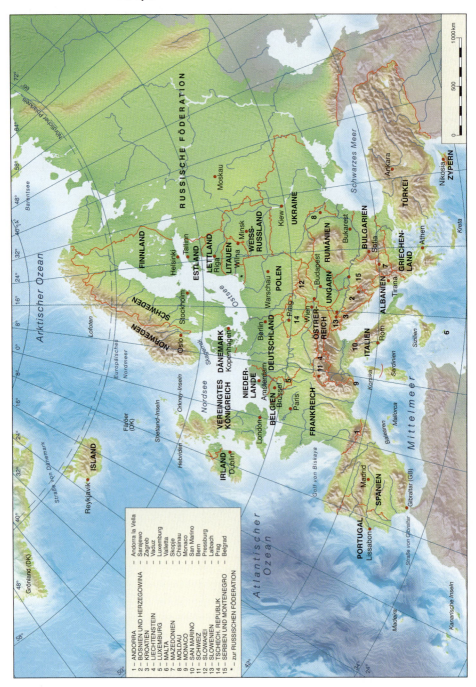

Die Erdteile und ihre Länder

Land	(Code)	Fläche in km²	Einwohner in Mio.	je km²	Bevölkerungs-wachstum in %	BIP pro Kopf in US-$	Säuglingssterb-lichkeit in ‰
Albanien	(AL)	28 748	3,169	110	0,6	1 932	18
Andorra	(AD)	468	0,066	141	–	18 000	6
Belgien	(BE)	30 545	10,376	319	0,4	29 096	4
Bosnien u. Herzegowina	(BA)	51 129	4,140	81	0,7	1 684	12
Bulgarien	(BG)	110 994	7,823	71	–0,6	2 539	12
Dänemark	(DK)	43 096	5,387	235	0,2	39 333	14
Deutschland	(DE)	357 030	82,541	231	0,1	24 115	4
Estland	(EE)	45 227	1,353	30	–0,4	6 712	8
Finnland	(FI)	304 529	5,212	15	0,2	31 058	3
Frankreich	(FR)	543 965	59,762	110	0,5	29 410	4
Griechenland	(GR)	131 957	11,033	84	0,3	15 608	4
Irland	(IE)	70 273	3,994	57	1,6	38 487	5
Island	(IS)	103 000	0,289	2,8	0,3	36 377	3
Italien	(IT)	301 336	57,646	191	–0,1	25 471	4
Serbien und Montenegro	(YU)	102 173	8,104	79	–0,7	2 558	12
Kroatien	(HR)	56 542	4,445	79	0,1	6 479	6
Lettland	(LV)	64 589	2,231	36	–0,7	4 771	10
Liechtenstein	(LI)	160	0,033	206	1,0	95 000	10
Litauen	(LT)	65 300	3,454	53	–0,3	5 274	8
Luxemburg	(LU)	2 586	0,448	173	1,0	59 143	5
Malta	(MT)	316	0,399	1 263	0,5	12 158	5
Mazedonien[5]	(MK)	25 713	2,049	80	0,5	2 277	10
Moldau, Republik	(MD)	33 800	4,238	125	–0,4	463	26
Monaco	(MC)	2	0,033	16 923	–	27 000	4
Niederlande	(NL)	33 882	16,222	391	0,5	31 531	5
Norwegen	(NO)	323 759	4,562	14	0,5	48 412	3
Österreich	(AT)	83 859	8,090	97	0,3	31 289	4
Polen	(PL)	312 685	38,196	122	–0,1	5 487	6
Portugal	(PT)	91 906	10,444	113	0,7	14 161	4
Rumänien	(RO)	238 391	21,744	91	–0,3	2 619	18
Russische Föderation[1]	(RS)	17 075 400	143,425	8	–0,4	3 018	16
San Marino	(SM)	61	0,028	458	–	31 429	4
Schweden	(SE)	410 934	8,956	20	–0,4	33 676	3
Schweiz	(CH)	41 285	7,350	178	0,8	43 553	4
Slowakei	(SK)	49 035	5,390	110	0,2	6 033	7
Slowenien	(SI)	20 273	1,995	99	0,1	13 909	4
Spanien	(ES)	504 790	41,101	81	0,4	20 405	4
Tschechische Republik	(CZ)	78 860	10,202	136	–0,1	8 794	4
Türkei	(TR)	779 452	70,712	91	1,5	3 399	33
Ukraine	(UA)	603 700	48,356	80	–0,7	1 024	15
Ungarn	(HU)	93 029	10,128	109	–0,3	8 169	8
Vatikanstadt	(VA)	0,44	0,001	1 034	–	–	–
Vereinigtes Königreich	(GB)	243 820	59,329	244	0,4	30 253	5
Weißrussland	(BY)	207 595	9,881	48	–0,4	1 770	13
Zypern	(CY)	9 251	0,770	83	0,6	14 786	4
Nicht selbstständige Gebiete							
Färöer[2]		1 399	0,047	34			
Gibraltar[4]		6	0,028	4 667			
Grönland[2]		2 166 086	0,057	0			
Insel Man[4]		572	0,077	135			
Kanalinseln[4]		194	0,149	768			

[1] ca. 80 % der Fläche und ca. 36 % der Bevölkerung befinden sich in Asien, [2] Dänemark, [3] Norwegen, [4] Vereinigtes Königreich, [5] ehemal. jugosl. Republik

Asien

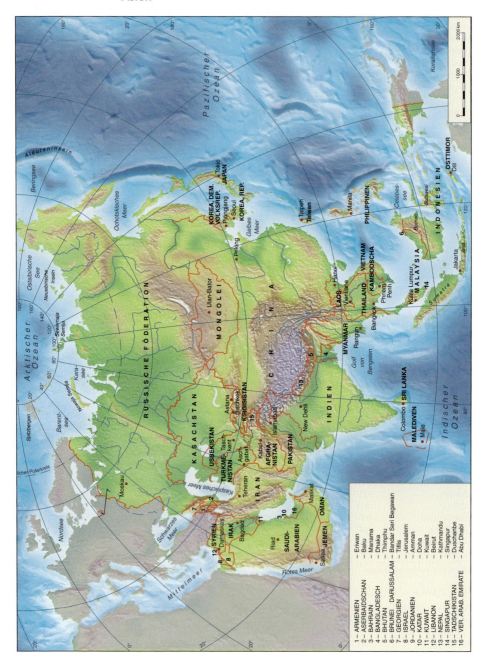

Die Erdteile und ihre Länder

Land	(Code)	Fläche in km²	Einwohner in Mio.	Einwohner je km²	Bevölkerungswachstum in %	BIP pro Kopf in US-$	Säuglingssterblichkeit in ‰
Afghanistan	(AF)	652 225	27,259	44	5,0	173	165
Armenien	(AM)	29 743	3,056	141	−0,4	918	30
Aserbaidschan	(AZ)	86 600	8,233	95	0,7	867	75
Bahrain	(BH)	716	0,712	995	2,0	10 791	12
Bangladesch	(BD)	147 570	138,066	936	1,7	376	46
Bhutan	(BT)	46 500	2,163	47	2,6	797	70
Brunei Darussalam	(BN)	5 765	0,356	62	1,6	16 000	5
China	(CN)	9 572 419	1 280,400	135	0,6	1 100	30
Georgien	(GE)	69 700	5,126	74	−1,0	778	41
Indien	(IN)	3 287 263	1 064,399	324	1,5	564	63
Indonesien	(ID)	1 912 988	214,674	112	1,3	970	31
Irak	(IQ)	438 317	24,700	56	2,2	1 970	102
Iran, Islamische Republik	(IR)	1 648 000	76,392	40	1,3	2 066	33
Israel	(IL)	20 991	6,688	319	1,8	16 481	5
Japan	(JP)	377 837	127,573	338	0,1	33 713	3
Jemen	(YE)	536 869	19,173	36	3,0	565	82
Jordanien	(JO)	89 342	5,308	59	2,6	1 858	23
Kambodscha	(KH)	181 035	13,404	74	1,7	315	97
Kasachstan	(KZ)	2 717 300	14,878	5	–	2 000	63
Katar	(QA)	11 437	0,624	55	2,1	27 990	11
Kirgisistan	(KG)	199 500	5,052	25	1,2	378	59
Korea, Dem.Volksrep.	(KP)	122 762	22,612	184	0,5	914	42
Korea, Republik	(KR)	99 313	47,912	482	0,6	12 634	5
Kuwait	(KW)	17 818	2,396	135	2,6	17 424	8
Laos, Dem. Volksrep.	(LA)	236 800	5,660	24	2,3	375	82
Libanon	(LB)	10 452	4,498	430	1,3	4 224	27
Malaysia	(MY)	329 733	24,774	75	1,9	4 187	7
Malediven	(MV)	298	0,293	993	2,2	2 440	55
Mongolei	(MN)	1 564 100	2,480	1,6	1,3	514	56
Myanmar	(MM)	676 552	49,363	73	1,2	260	76
Nepal	(NP)	147 181	24,660	168	2,2	237	61
Oman	(OM)	309 500	2,599	9	2,4	7 814	10
Osttimor	(TP)	15 055	0,947	60	5,3	389	87
Pakistan	(PK)	796 095	148,439	187	2,4	555	74
Philippinen	(PH)	300 000	81,503	272	1,9	985	29
Saudi-Arabien	(SA)	2 240 000	22,528	10	2,9	9 532	22
Singapur	(SG)	683	4,250	6 225	2,0	21 492	3
Sri Lanka	(LK)	65 610	19,232	293	1,2	948	13
Syrien, Arabische Rep.	(SY)	185 180	17,384	94	2,3	1 237	16
Tadschikistan	(TJ)	143 100	6,305	44	0,7	246	76
Taiwan[1]	(TW)	36 006	22,301	619	–	–	–
Thailand	(TH)	513 115	62,014	121	0,6	2 305	23
Turkmenistan	(TM)	488 100	4,869	10	1,5	1 275	79
Usbekistan	(UZ)	447 400	25,590	57	1,4	389	57
Verein. Arab. Emirate	(AE)	77 700	4,041	52	7,4	17 560	7
Vietnam	(VN)	331 114	81,314	246	1,1	482	19

[1] als souveräner Staat von Deutschland nicht anerkannt

Afrika

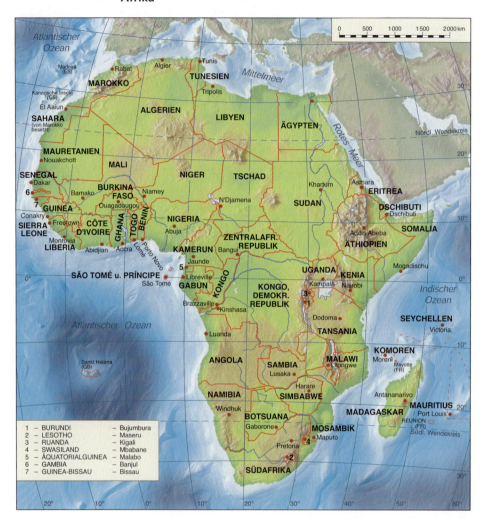

Die Erdteile und ihre Länder

Land	(Code)	Fläche in km²	Einwohner in Mio.	je km²	Bevölkerungs-wachstum in %	BIP pro Kopf in US-$	Säuglingssterb-lichkeit in ‰
Ägypten	(EG)	1 002 000	67,559	67	1,8	1 220	33
Äquatorialguinea	(GQ)	28 051	0,494	18	2,5	5 901	97
Äthiopien	(ET)	1 133 380	68,613	61	2,1	97	112
Algerien	(DZ)	2 381 741	31,833	13	1,6	2 090	35
Angola	(AO)	1 246 700	13,552	11	3,0	975	154
Benin	(BJ)	112 622	6,780	60	2,5	517	91
Botsuana	(BW)	581 730	1,722	3	0,6	4 373	82
Burkina Faso	(BF)	274 200	12,109	44	2,3	345	107
Burundi	(BI)	27 834	7,206	259	1,9	83	114
Côte d'Ivoire	(CI)	322 462	16,835	52	1,9	816	117
Dschibuti	(DJ)	23 200	0,705	30	1,7	887	97
Eritrea	(ER)	121 144	4,390	36	2,2	171	45
Gabun	(GA)	267 667	1,344	5	2,2	4 507	60
Gambia	(GM)	11 295	1,421	126	2,3	278	90
Ghana	(GH)	238 537	20,669	87	1,8	369	59
Guinea	(GN)	245 857	7,909	32	2,1	459	104
Guinea-Bissau	(GW)	36 125	1,489	41	2,9	161	126
Kamerun	(CM)	475 442	16,087	34	2,0	776	95
Kap Verde	(CV)	4 033	0,407	117	2,5	1 696	26
Kenia	(KE)	580 367	31,916	55	1,8	450	79
Komoren	(KM)	1 862	0,600	322	2,4	538	54
Kongo	(CG)	342 000	3,757	11	2,7	107	129
Kongo, Dem. Republik	(CD)	2 344 885	53,153	23	3,0	949	84
Lesotho	(LS)	30 355	1,793	59	0,9	635	79
Liberia	(LR)	97 754	3,374	30	2,4	181	157
Libyen	(LY)	1 775 500	5,559	3	2,0	3 441	1,3
Madagaskar	(MG)	587 041	16,894	29	2,7	324	78
Malawi	(MW)	118 484	10,968	93	2,0	153	112
Mali	(ML)	1 240 192	11,652	9	2,4	371	122
Marokko	(MA)	458 730	30,113	66	1,6	1 452	36
Mauretanien	(MR)	1 030 700	2,848	3	2,2	384	77
Mauritius	(MU)	2 040	1,222	599	1,0	4 275	16
Mosambik	(MZ)	799 380	18,791	2	1,9	230	101
Namibia	(NA)	824 292	2,015	2	1,5	2 130	48
Niger	(NE)	1 267 000	11,762	9	2,9	232	154
Nigeria	(NG)	923 789	136,461	148	2,4	428	98
Ruanda	(RW)	26 338	8,395	319	2,8	195	118
Sambia	(ZM)	752 614	10,403	14	1,5	417	102
São Tomé und Príncipe	(ST)	1 001	0,157	157	2,1	376	75
Senegal	(SN)	196 722	10,240	48	2,3	634	78
Seychellen	(SC)	454	0,084	185	1,4	8 571	11
Sierra Leone	(SL)	71 740	5,337	74	1,9	149	166
Simbabwe	(ZW)	390 757	13,402	34	0,8	1 355	78
Somalia	(SO)	637 657	8,626	15	3,2	95	133
Sudan	(SD)	2 505 813	33,546	13	2,3	530	63
Südafrika	(ZA)	1 219 090	45,829	38	1,1	3 489	53
Swasiland	(SZ)	17 363	1,106	64	1,6	1 668	105
Tansania, Vereinigte Rep.	(TZ)	945 087	35,889	38	2,0	287	104
Togo	(TG)	56 785	4,861	86	2,1	362	78
Tschad	(TD)	1 284 000	8,582	7	2,8	304	117
Tunesien	(TN)	163 610	9,895	61	1,2	2 530	19
Uganda	(UG)	241 139	25 280	105	2,7	249	81
Zentralafrikanische Rep.	(CF)	622 984	43,881	6	1,6	309	115
Nicht selbstständige Gebiete							
Mayotte[1]		374	0,131	351			
Réunion[1]		2 504	0,706	313			
St. Helena[2]		122	0,005	41			
Sahara[3]		252 146	0,341	1			

[1] Frankreich, [2] Vereinigtes Königreich, [3] seit 1979 von Marokko beansprucht und verwaltet

Australien und Ozeanien

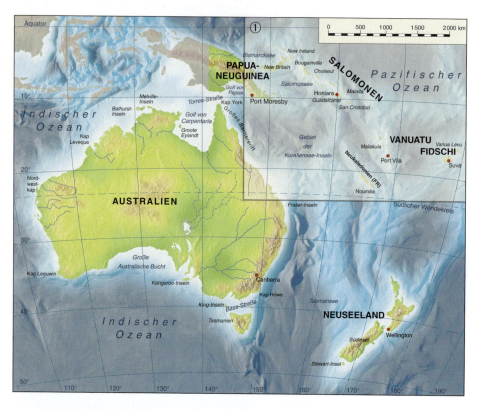

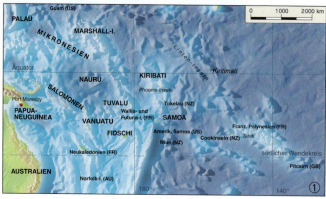

Die Erdteile und ihre Länder

Land	(Code)	Fläche in km²	Einwohner in Mio.	je km²	Bevölkerungs-wachstum in %	BIP pro Kopf in US-$	Säuglingssterb-lichkeit in ‰
Australien	(AU)	7 692 300	20,573	3	0,99	30 623	5
Fidschi	(FJ)	18 376	0,835	45	1,4	2 438	16
Kiribati	(KI)	811	0,096	118	1,8	573	49
Marshallinseln	(MH)	181	0,053	292	–	2 000	53
Mikronesien, Föd. Staat. v.	(FM)	700	0,125	179	1,8	1 944	19
Nauru	(NR)	21	0,014	610	–	–	25
Neuseeland	(NZ)	270 534	4,009	15	1,8	19 848	5
Palau	(PW)	508	0,020	39	1,75	6 300	23
Papua-Neuguinea	(PG)	462 840	5,502	12	2,3	578	63
Salomonen	(SB)	27 556	0,457	17	3,0	554	29
Samoa	(WS)	2 831	0,178	63	1,0	1 506	19
Tonga	(TO)	748	0,102	136	0,4	1 598	15
Tuvalu	(TV)	26	0,011	442	–	800	–
Vanuatu	(VN)	12 190	0,210	17	2,2	1 348	31
Nicht selbstständige Gebiete							
Amerik.-Samoa[5]		195	0,065	327			
Cookinseln[4]		240	0,020	83			
Franz.-Polynesien[2]		4 000	0,257	64			
Guam[5]		549	0,170	310			
Kokosinseln[1]		14	0,001	74			
Neukaledonien[2]		19 058	0,237	12			
Niue[4]		260	0,001	4			
Nördliche Marianen[5]		464	0,081	175			
Norfolkinsel[1]		35	0,003	14			
Pitcairninseln[3]		5	0	11			
Tokelau[4]		12	0	83			
Wallis und Futuna[2]		255	0,055	59			
Weihnachtsinsel[1]		135	0,002	14			

[1] Australien, [2] Frankreich, [3] Vereinigtes Königreich, [4] Neuseeland, [5] Vereinigte Staaten

Geografische Größen

Kontinente und Ozeane

Flächenanteile der einzelnen Kontinente und Ozeane an der Erde

1 – Asien
2 – Afrika
3 – Europa
4 – Nordamerika
5 – Mittel- und Südamerika
6 – Antarktika
7 – Australien und Ozeanien
8 – Pazifischer Ozean
9 – Atlantischer Ozean
10 – Indischer Ozean

	Fläche in km²	Anteile in %	Einwohner in Mio.	Einwohner je km²	Ozeane Volumen in Mio. km³	Ozeane mittlere Tiefe in m
Erde	509 959 000	100,0				
Festland	**147 929 000**	**29,0**	**6 464**	**43**		
Asien	31 871 000	21,5	3 905	123		
Afrika	30 251 000	20,5	906	30		
Europa	22 987 000	15,5	728	32		
Nordamerika	21 776 000	14,7	331	15		
Mittel- und Südamerika	20 546 000	13,9	561	27		
Antarktika	11 934 000	8,1	–	–		
Australien und Ozeanien	8 564 000	5,8	38	4		
Weltmeer	**362 030 000**	**71,0**				
Pazifischer Ozean	181 340 000	50,1			714,41	3 940
Atlantischer Ozean	106 570 000	29,4			350,91	3 293
Indischer Ozean	74 120 000	20,5			284,61	3 840

Land- und Meeressenken

Landsenke	Meereshöhe über NN in m	Meeressenke	Tiefe unter NN in m
Totes Meer	−403	Marianengraben	11 022
Death Valley	−86	Tongagraben	10 882
Valdés Peninsula	−40	Kermadecgraben	10 547
Kaspisches Meer	−28	Kurilen-Kamtschatka-Graben	10 542
Eyre-See	−16	Philippinengraben	10 540
		Boningraben	9 810
		Puerto-Rico-Graben	9 219
		Yapgraben	8 597
		Japangraben	8 142
		Palau-Graben	8 138
		Aleutengraben	7 822
		Atacamagraben	7 820
		Riukiu-Graben	7 507
		Sundagraben	7 455
		Javagraben	7 450
		Mittelamerikagraben	6 662
		Perugraben	6 262
		Kalifornischer Graben	6 225
		Fidschigraben	6 150
		Moloy-Tief	5 522
		Golf von Mexiko	5 203
		Mittelmeer	5 121
		Schwarzes Meer	2 604
		Rotes Meer	2 235
		Nordsee	725
		Ostsee	459
		Hudson Bay	218
		Persischer Golf	170

Berge und *tätige Vulkane* (Auswahl)

Berge/*tätige Vulkane*	Höhe in m	Lage	Berge/*tätige Vulkane*	Höhe in m	Lage
Mount Everest	8846	Himalaja	Ortler	3899	Ortlergruppe
Godwin Austen (K2)	8611	Karakorum	*Kerinci*	3805	Sumatra
Kangchenjunga	8586	Himalaja	Großglockner	3797	Hohe Tauern
Makalu	8475	Himalaja	Fudschijama	3776	Japan
Dhaulagiri	8167	Himalaja	Wildspitze	3774	Ötztaler Alpen
Nanga Parbat	8126	Himalaja	MountCook	3764	Neuseeländ. Alpen
Annapurna I	8078	Himalaja	*Semeru*	3676	Java
Tirich Mir	7690	Hindukusch	Großvenediger	3674	Hohe Tauern
Pik Kommunismus	7495	Pamir	Mulhacén	3478	Sierra Nevada
Pik Pobedy	7439	Tienschan	Pico de Aneto	3404	Pyrenäen
Cerro Aconcagua	6960	Anden	*Ätna*	3350	Sizilien
Ojos del Salado	6880	Anden	Marmolada	3343	Dolomiten
Huascarán	6768	Anden	*Vulkan Schiwelutsch*	3283	Kamtschatka
Chimborazo	6310	Anden	*Ontake-san*	3067	Honschu (Hondo)
Mount McKinley	6198	Alaska Range	Zugspitze	2962	Wettersteingebirge
Volcán Guallatiri	6061	Anden	Olymp	2917	Pieria Ori
Kibo	5895	Kilimandscharo	*Merapi*	2911	Java
Nevado del Huila	5750	Cordillera Central	*Marapi*	2891	Sumatra
Elbrus	5642	Großer Kaukasus	*Sopka Bezmjanny*	2800	Kamtschatka
Mount Saint Elias	5489	Saint Elias Mount.	Jezercë	2692	Prokletije
Volcán Popocatépetl	5465	Cordillera Volcánica	*Papandajan*	2665	Java
Nevado del Ruiz	5389	Cordillera Central	*Gerlachovsky stit*	2654	Hohe Tatra
Mawensi	5149	Kilimandscharo	*Cerro Hudson*	2615	Cordill. Patagónica
Mount Kenya	5199	Keniamassiv	*Mount Saint Helens*	2594	Kaskadengebirge
Großer Ararat	5197	Armen. Hochland	*Asama-yama*	2550	Honschu (Hondo)
Margherita	5109	Ruwenzori	Moldoveanul	2543	Südkarpaten
Puncak Jaya	5029	Maokegebirge	*Pavlof Volcano*	2518	Alaska
Mont Blanc	4807	Montblancgruppe	*Veniaminof Volcano*	2507	Alaska
Monte Rosa	4634	Walliser Alpen	Rysy	2499	Hohe Tatra
Ras Daschen	4620	Simen	Galdhøpiggen	2469	Jotunheimen
Meru	4565	Tansania	*Mayon*	2461	Luzón
Matterhorn	4478	Walliser Alpen	*Katla*	1512	Island
Finsteraarhorn	4274	Berner Alpen	*Hekla*	1491	Island
Mauna Kea	4208	Hawaii	*Vesuv*	1281	Apenninenhalbinsel
Mauna Loa	4170	Hawaii	*Kilauea*	1244	Hawaii
Dschebel Tubkal	4165	Hoher Atlas	Fichtelberg	1215	Erzgebirge
Jungfrau	4158	Berner Alpen	Brocken	1142	Harz
Kinabalu	4101	Banjaran Crocker	*Stromboli*	900	Italien
Kamerunberg (Fako)	4095	Kamerunmassiv	*Anak Krakatau*	813	Rakata
Gran Paradiso	4061	Grajische Alpen	*Santorini*	556	Thira (Thera)
Piz Bernina	4049	Berninagruppe	*Taal*	400	Luzón (Philippinen)

Flüsse (Auswahl)

Fluss	Länge in km	Einzugsbereich in 1 000 km²	Mündung
Nil	6 671	2 801	Mittelmeer
Amazonas	6 437	6 149	Atlantischer Ozean
Jangtsekiang	6 000	1 970	Pazifischer Ozean
Ob	5 570	2 975	Karasee
Hwangho	4 850	752	Pazifischer Ozean
Mekong	4 500	810	Südchinesisches Meer
Amur	4 416	1 855	Ochotskisches Meer
Lena	4 400	2 488	Laptewsee
Zaïre/Kongo	4 374	3 690	Atlantischer Ozean
Paraná	4 264	3 100	Atlantischer Ozean
Irtysch	4 248	1 643	Ob
Mackenzie	4 241	1 787	Arktischer Ozean
Niger	4 184	2 092	Atlantischer Ozean
Jenissei	4 092	2 617	Karasee
Mississippi	3 766	3 228	Golf von Mexiko
Missouri	3 726	1 370	Mississippi
Wolga	3 531	1 360	Kaspisches Meer
Euphrat	3 380	673	Indischer Ozean
Madeira	3 240	1 160	Amazonas
Purus	3 211	400	Amazonas
Indus	3 200	960	Indischer Ozean
São Francisco	3 199	631	Atlantischer Ozean
Yukon	3 185	850	Pazifischer Ozean
Rio Grande	3 057	870	Golf von Mexiko
Brahmaputra	2 896	935	Golf von Bengalen
Donau	2 858	817	Schwarzes Meer
Darling	2 740	520	Murray
Sambesi	2 736	1 330	Atlantischer Ozean
Orinoco	2 575	948	Atlantischer Ozean
Murray	2 570	1 160	Gr. Australische Bucht
Paraguay	2 549	984	Paraná
Ganges	2 511	1 125	Indischer Ozean
Ural	2 428	231	Kaspisches Meer
Saluen	2 414	325	Indischer Ozean
Colorado River	2 334	637	Golf von Kalifornien
Arkansas	2 333	417	Mississippi
Dnjepr	2 201	504	Schwarzes Meer
Ohio	2 138	526	Mississippi
Irawadi	2 092	430	Indischer Ozean
Tigris	1 899	375	Indischer Ozean
Don	1 870	422	Asowsches Meer
Limpopo	1 600	440	Indischer Ozean
Senegal	1 430	450	Atlantischer Ozean
Rhein	1 320	189	Nordsee
Elbe	1 165	144	Nordsee
Weichsel	1 047	194	Ostsee
Loire	1 020	121	Atlantischer Ozean
Oder	912	119	Ostsee
Hudson	492	35	Atlantischer Ozean
Themse	346	16	Nordsee

Geografische Größen

Seen

See (über 5 000 km² natürl. Seefläche und kl. bekannte Seen)	Lage	Fläche in km²	Tiefe in m	Meereshöhe über NN in m
Oberer See	US, CA	82 103	405	183
Viktoriasee	TZ, UG, KE	69 484	81	1 134
Huronsee	US, CA	59 570	229	176
Michigansee	US	57 866	281	176
Aralsee	KZ, UZ	33 640	52	37
Tanganjikasee (Tansaniasee)	TZ, BI, ZM, CD	32 893	1 435	773
Baikalsee	RU	31 499	1 637	456
Großer Bärensee	CA	31 328	446	156
Malawisee	MW, TZ, MZ	28 878	695	472
Großer Sklavensee	CA	28 570	614	156
Eriesee	US, CA	25 667	64	174
Winnipegsee	CA	24 390	18	217
Ontariosee	CA	19 011	244	75
Balchaschsee	KZ	18 428	26	340
Ladogasee	RU	17 703	230	4
Tschadsee	NE, TD, CM, NG	16 316	7	239
Maracaibosee	VE	13 512	35	0
Onegasee	RU	9 720	120	33
Titicacasee	PE, BO	8 288	281	3 810
Nicaraguasee	NI	8 029	70	31
Athabascasee	CA	7 935	124	213
Rentiersee	CA	6 651	219	337
Turkanasee (Rudolfsee)	KE, ZM, EG	6 405	73	375
Issykkul	KG	6 099	702	1 609
Torrenssee	AU	5 776	–	28
Vänersee (Vänern)	SE	5 584	100	44
Nettillingsee	CA	5 542	–	29
Albertsee	CD, UG	5 374	51	619
Winnipegosissee	CA	5 374	12	254
Kuku-Nor	CN	5 000	38	3 205
Mwerusee	CD, ZM	4 920	18	992
Gairdnersee	AU	4 766	–	34
Urmiasee (Orumiyehsee)	IR	4 686	15	1 274
Manitobasee	CA	4 659	7	248
Taimyrsee	RU	4 560	26	6
Chankasee	RU	4 401	10	88
Vansee	TR	3 713	451	1 646
Tanasee	ET	3 630	72	1 840
Peipussee	EE, RU	3 550	15	31
Kiwusee	CD, RW	2 650	475	1 460
Poopósee	BO	2 530	3	3 694
Eduardsee	CD, UG	2 200	117	913
Vättersee	SE	1 899	119	88
Saimasee	FI	1 460	58	76
Segsee	RU	1 200	99	109
Mälarsee	SE	1 140	64	0–1
Inarisee	FI	1 102	>95	114
Plattensee	HU	596	10	104
Genfer See	CH, FR	580	310	372
Bodensee	DE, CH, AT	572	254	396
Gardasee	IT	370	346	65
Lago Maggiore	IT, CH	210	372	193
Müritz	DE	109	30	62

- 572 km² Bodensee
- 1 102 km² Inarisee
- 2 530 km² Poopósee
- 3 550 km² Peipussee

Titicacasee 8 288 km²

Ladogasee 17 703 km²

Eriesee 25 667 km²

Malawisee 28 878 km²

Baikalsee 31 499 km²

Aralsee 33 640 km²

Huronsee 59 570 km²

Victoriasee 69 484 km²

Oberer See 82 103 km²

Stauseen/Talsperren

Talsperre (Stauraum >10 000 Mio. m³)	Stauraum in Mio. m³	max. Fläche in km²	Stauwerkhöhe in m	Flusslauf
Owen Falls	204 800	69 484	31	Victoria-Nil
Kariba	180 600	5 309	128	Sambesi
Bratsk	169 270	5 426	125	Angara
Assuan	168 900	5 860	111	Nil
Akosombo	147 960	8 485	141	Volta
Daniel Johnson	141 852	1 942	214	Manicouagan
Guri (Raul Leoni)	138 000	4 250	162	Rio Caroni
Krasnojarsk	73 300	2 130	124	Jenissei
W.A.C. Bennett	70 309	1 761	183	Peace River
Seja	68 400	455	115	Seja
Cabora Bassa	63 000	2 580	171	Sambesi
La Grande Deux	61 715	2 835	168	La Grande Riviére
Ust-Ilimsk	59 300	1 873	102	Angara
Kuibyschew	58 000	6 150	45	Wolga
Caniapiscau	53 790	4 275	56	Caniapiscau
Buchtarma	49 800	5 490	90	Irtytsch
Atatürk	48 700	817	184	Euphrat
Tucurui	45 800	2 580	106	Tocantins
Untere Kama	45 000	3 490	36	Kama
Sanmen	35 400	2 350	108	Hwangho
Hoover	34 852	639	221	Colorado
Sobrandinho	34 200	4 124	43	São Francisco
Glen Canyon	33 304	658	216	Colorado
Churchill Falls	32 317	6 527	32	Churchill
Jenpec	31 790	756	30	Nelson
Wolgograd	31 500	3 120	38	Wolga
Sajan-Schuschenskoje	31 300	142	245	Jenissei
Keban	30 600	675	207	Euphrat
Itaipú	29 000	1 460	196	Paraná
Oahe	28 776	1 453	75	Missouri
Kaptschagai	28 100	1 850	52	Ili
Garrison	27 920	1 578	62	Missouri
Kossou	27 675	1 898	58	Weißer Bandama
Rybinsk	25 400	4 580	30	Wolga
Furnas	22 950	1 350	127	Rio Grande
Fort Peck	22 119	981	76	Missouri
El Chocón	20 200	763	74	Rio Limay
Toktogul	19 500	284	215	Naryn
Kachowka	18 200	2 160	37	Dnjepr
Srinagarind	17 745	419	140	Quae Yai
Mingetschaur	16 100	605	80	Kura
Rincón del Bonete	15 000	1 140	40	Rio Negro
Kaindschi	15 000	1 243	70	Niger
Tarbela	13 960	254	148	Indus
Kenyir	13 600	369	155	Terengganu
Krementschug	13 500	2 250	33	Dnjepr
Yanhee	13 462	454	154	Ping
Netzahualcóyotl	12 960	360	130	Rio Grijaiva
Gordon	12 444	281	140	Gordon
Tabqua	11 900	810	60	Euphrat
Grand Coulee	11 795	324	168	Columbia
Nagarjunasagar	11 315	198	124	Krischna
Manantali	11 270	477	70	Bafing
Rihand	10 600	469	93	Rihand
Sirikit	10 550	260	114	Nan
Nurek	10 500	106	300	Wachsch
Infiernillo	10 472	755	140	Rio de las Balsas
Bleiloch	215	9	76	Saale
Schwammenauel	203	8	68	Rur

Nurek 10 500 000 000 m³
Krementschug 13 500 000 000 m³
Rincón del Bonete 15 000 000 000 m³
Fort Peck 22 119 000 000 m³
Hoover 34 852 000 000 m³
Atatürk 48 700 000 000 m³
Kuibyschew 58 000 000 000 m³
Cabora Bassa 63 000 000 000 m³
Krasnojarsk 73 300 000 000 m³
Guri (Raul Leoni) 138 000 000 000 m³
Akosombo 147 600 000 000 m³
Assuan 168 900 000 000 m³
Kariba 180 600 000 000 m³
Owen Falls 204 700 000 000 m³

Städte/Stadtregionen

Stadt	Land	Bevölkerung in 1000	Stadt	Land	Bevölkerung in 1000
Lagos	NG	13 427	Yokohama	JP	3 467
Jakarta	ID	12 296	Hyderabad	IN	3 450
Bombay (Mumbai)	IN	11 914	Singapore	SG	3 437
Shanghai	CN	11 429	Ankara	TR	3 428
Kairo	EG	10 834	Chengdu	CN	3 415
São Paulo	BR	9 969	Berlin	DE	3 392
Dhaka	BD	9 913	Abidjan	CI	3 337
Dehli	IN	9 817	Alexandria	EG	3 328
Seoul	KR	9 714	Casablanca	MA	3 311
Kanton (Guangzhou)	CN	9 497	Pjöngjang	KP	3 228
Peking	CN	9 388	Djidda	SA	3 192
Karachi	PK	9 269	Madrid	ES	3 093
Chongqing	CN	9 031	Hanoi	VN	3 077
Istanbul	TR	8 832	Harbin	CN	3 074
Mexiko-Stadt	MX	8 605	Algier	DZ	3 060
Moskau	RU	8 539	Kabul	AF	2 996
New York	US	8 086	Changchun	CN	2 980
Tokio	JP	8 084	Kapstadt	ZA	2 967
Lima	PE	7 912	Chicago	US	2 869
London	GB	7 619	Khartoum	SD	2 731
Wuhan	CN	7 582	Buenos Aires	AR	2 729
Teheran	IR	7 190	Addis Abeba	ET	2 723
Hongkong	CN	7 049	Dalian	CN	2 707
Bogotá	CO	6 422	Zibo	CN	2 705
Tientsin (Tianjin)	CN	6 107	Jinan	CN	2 694
Santiago de Chile	CL	6 039	Kiew	UA	2 653
Rio de Janeiro	BR	5 937	Luanda	AO	2 623
Bangkok	TH	5 782	Taipeh	TW	2 601
Bagdad	IQ	5 777	Surabaya	ID	2 600
Ho-Tschi-Minh-Stadt	VN	5 378	Nairobi	KE	2 575
Kinshasa	CD	5 277	Rom	IT	2 542
Riad	SA	5 126	Mazar-i-Shari	AF	2 500
Lahore	PK	5 063	Osaka	JP	2 490
Toronto	CA	5 030	Taegu	KR	2 481
Shenyang	CN	4 877	Inchon	KR	2 475
Gize	EG	4 779	Quingdao	CN	2 376
St. Petersburg	RU	4 596	Zhengzhou	CN	2 290
Kalkutta	IN	4 581	Belo Horizonte	BR	2 285
Bangalore	IN	4 292	Izmir	TR	2 250
Madras (Chennai)	IN	4 216	Damaskus	SY	2 228
Sydney	AU	4 171	Fortaleza	BR	2 220
Xian	CN	4 001	Havanna	CU	2 189
Rangun (Yangon)	MM	3 874	Quenzon City	PH	2 160
Los Angeles	US	3 820	Taschkent	UZ	2 155
Hangzhou	CN	3 759	Paris	FR	2 146
Nanking	CN	3 719	Bandung	ID	2 136
Pusan	KR	3 663	Vancouver	CA	2 123
Montreal	CA	3 549	Nagoya	JP	2 117
Melbourne	AU	3 524	Tripolis	LY	2 006
Ahmadabad	IN	3 515	Faisalabad	PK	1 977

Vancouver 2 123 000

Paris 2 146 000

Kiew 2 653 000

Madrid 3 093 000

Pjongjang 3 228 000

Berlin 3 392 000

Montreal 3 549 000

Sydney 4 171 000

Rio de Janeiro 5 937 000

Bogotá 6 422 000

London 7 619 000

Moskau 8 539 000

Kairo 10 834 000

Lagos 13 427 000

Erdgeschichtliche Zeittafel

Gruppe	System	Serie	Festland oder Meer, bezogen auf das heutige Mitteleuropa	besondere geologische Ereignisse	Lebewelt	Leitfossilien
Känozoikum = Erdneuzeit	Quartär	Zukunft				
		Gegenwart	Festland	weitere Abtragung der Mittelgebirge	Zahl der Tier- und Pflanzenarten nimmt ab	Pflanzenpollen
		Holozän	Festland			
		Pleistozän	Festland	Bildung des heutigen Kulturlandes durch die menschliche Besiedlung; Wechsel von Kaltzeiten und Warmzeiten, Inlandeis, starker Klimawechsel	Beeinflussung der Artenvielfalt durch den Menschen; Eiszeit: Mammut Warmzeit: Waldelefant	Mensch
		Beginn vor 1,85 Mio. Jahren				
	Tertiär	Pliozän	Festland	Entstehung der Alpen und der Mittelgebirge; aktive Vulkane in der Rhön und Bildung der Braunkohlensümpfe zwischen Halle/Leipzig und in der Lausitz; Bodenschätze: Braunkohle und Basalt	Vorherrschaft der Blütenpflanzen (üppige Vegetation in Sümpfen) Entwicklung der Säugetiere (z. B. Urpferd)	Foraminiferen Pflanzenpollen Säugetiere
		Miozän	Festland mit Meereseinbrüchen			
		Oligozän	Festland			
		Eozän	Festland			
		Paläozän	Festland			
		Beginn vor 65 Mio. Jahren				
Mesozoikum = Erdmittelalter	Kreide	Oberkreide	deutlicher Meeresvorstoß	Ablagerung der Schreibkreide von Rügen und des Elbsandsteines (Bodenschätze)	Dinosaurier sterben aus; im Meer Seeigel, Belemniten und Muscheln	Foraminiferen
		Unterkreide	Festland			
		Beginn vor 140 Mio. Jahren				
	Jura	Malm	Meer	Reste vielfältiger Meeresablagerungen vor allem aus dem Lias (Posidonienschiefer)	artenreiche Fauna; hohe Artenanzahl der Ammoniten; Blütezeit der Reptilien (Dinosaurier)	Muscheln Schnecken Ammoniten
		Dogger	Meer			
		Lias	Meer			
		Beginn vor 205 Mio. Jahren				
	Trias	Keuper	Festland im Übergang zum Meer	Bildung vielfältiger Meeres-, See- und Flussablagerungen während lang anhaltender Absenkungen des Germanischen Beckens; Bodenschätze: Sandstein, Muschelkalk	Lebewelt der Seen wegen des oft hohen Salzgehaltes gering; im Muschelkalkmeer überwiegen Muscheln, Brachiopoden und Ammoniten; auf dem Festland erste primitive Säugetiere	Ammoniten Muscheln
		Muschelkalk	Meer			
		Buntsandstein	überwiegend Festland			
		Beginn vor 245 Mio. Jahren				

Erdgeschichtliche Zeittafel

Paläozoikum = Erdaltertum	Perm	Oberperm (Zechstein)	Meer, zeitweilig verdunstet	Verdunstung des Zechsteinmeeres, Bildung mächtiger Salzlager (Kali- und Steinsalz)	anfänglich reiche Fischfauna; Kupferschiefer	Brachiopoden
		Unterperm (Rotliegendes) *Beginn vor 290 Mio. Jahren*	Festland	Abtragung des Variszischen Gebirges; Ablagerungen von Gebirgsschuttmassen (Molasse)	artenreiche Lebewelt mit Nadelbäumen und Ursauriern	Muschelkrebse (Conchostraken)
	Karbon	Oberkarbon	Festland	Bildung von Kohleflözen (Steinkohle im Zwickauer Becken) in sich absenkenden Becken	üppige und artenreiche Flora und Fauna (Steinkohlenwälder, erste Reptilien)	Kopffüßer Bäume
		Unterkarbon (Kulm) *Beginn vor 360 Mio. Jahren*	Meer	Entstehung des Variszischen Faltengebirges aus mächtigen Meeresablagerungen	im Meer lebt eine artenarme Tierwelt: Kopffüßer	
	Devon	Oberdevon	Meer	Eindringen basaltischen Magmas (untermeerischer Diabasvulkanismus) in die mächtigen Meeresablagerungen zu Beginn des Oberdevons	artenreiche Tierwelt im Meer: Ammoniten, Tentakuliten, Ostracoden; erste Landpflanzen: Farne, Bärlappgewächse	Tentakuliten Kopffüßer
		Mitteldevon	Meer			
		Unterdevon *Beginn vor 408 Mio. Jahren*	Meer			
	Silur *Beginn vor 436 Mio. Jahren*		Meer	Bildung von Meeresablagerungen aus Alaun- und Kieselschiefer	vor allem viele Arten der Graptolithen, erstes Auftreten von Fischen	Rastrites Monograptus Graptolithen
	Ordovizium *Beginn vor 505 Mio. Jahren*		Meer	Bildung von Meeresablagerungen (z. B. Phycodenschiefer)	sehr artenarm: Trilobiten und Graptolithen	Brachiopoden
	Kambrium *Beginn vor 570 Mio. Jahren*		Meer	Bildung von Meeresablagerungen	wenige Arten wirbelloser Tiere	Trilobiten
Präkambrium	Proterozoikum *Beginn vor 2 500 Mio. Jahren*		Meer	Bildung von Meeresablagerungen	fossilfrei	
	Archaikum *Beginn vor ca. 4 600 Mio. Jahren*		?	erstes Leben vor ca. 3 800 Mio. Jahren		

Register

A
Abfallkonzept 350
Abfallprobleme 351
Abfluss 126, 131
Abflusstypen 132
Abkühlung 115
Abplattung 67
Abspülung 141
Abwässer 350, 351
Achse (der Erde) 67
Ackerland,
    Anteile des -es 226
Ackerterrassen 146
adiabatisch 81
    – feucht- 83
    – trocken- 83
Aerosole 112
Afghanistan 289, 390, 391
Agglomeration 206, 211
Agrargenossenschaft 239
Agrargesellschaft 219
Agrarproduktion, Intensivierung der 240
Agrarraum 223
Agrarregionen
    – der Erde 227, 228
    – des Reisanbaus 230
    – des spezialisierten Marktfruchtanbaus 232
    – des traditionellen kleinbetrieblichen intensiven Ackerbaus 231
Agrarstandort 221
Agrarstruktur 239
Ägypten 192, 196, 392, 393
Ähnlichkeiten 45
Airbus 374
Akademie von Alexandria 9
Algerien 196
allgemeinen Zirkulation der Atmosphäre 120
Allmende 201
alternative Produktionsformen 240
Altersbestimmung 109
    – absolute 110
    – relative 109
Alterspyramide 191
Altlasten 351

Anbaugrenzen 226
Angebot 244
Angerdorf 202
Anökumene 186
APEC 318
äquatornahe Gebiete 70
Arbeit 236, 237, 243
Arbeitgeber 220
Arbeitnehmer 220
Arbeitskräfte 236
Arbeitslosenquote 259, 301
Arbeitslosigkeit 296
Arbeitsmigranten 198, 380
Arbeitsteilung 8
Areal 160
Arealbildung 160
Argentinien 307, 386, 387
arid 226
aride Gebiete 126
Armut 339, 340
    – Kampf gegen die 341
Artenschutz 353
Artensterben 170
ASEAN 294, 318
Asthenosphäre 102
Atmosphäre 112, 348
    – Aufbau der 113
    – Schutz der 363
Atmosphäre-Ozean-Kopplung 77
atmosphärische Zirkulation 121
    – außertropische Wirbelzirkulation 120
Aufnahmefähigkeit 350
Aufriss 200
Auftauen 140
Auslandsschulden 317
Auspendler 197
Außenhandel 264, 302
Aussiedler 193
Aussiedlerhof 203
Australien 206, 287, 394, 395
Auswanderung 198

B
Ballungsraum 211
Bangladesch 194, 361, 362, 390, 391

Basalt 106
Baustandort 221
Bedürfnisse
    (der Menschen) 216
Begriffe 30
Begriffssysteme 30
Begründen 43
begünstigte
    Nutzungsräume 225
Belastungsgrenzen 350
Beleuchtungsverhältnisse 68
Belgien 295, 388, 389
Beobachten 33
Bergbau 147, 242
Bergbauformen 147
Bergsturz 358
Berlin 68, 191, 272
Beschäftigte 194, 218
Beschreiben 41
Bestimmen 36
Bevölkerung 173
    – biologische Merkmale der 189
    – Gliederung der 189
Bevölkerungsbewegungen
    – natürliche 195
    – räumliche 197
Bevölkerungsdichte 187, 188
Bevölkerungsentwicklung 184
Bevölkerungsexplosion 185
Bevölkerungspolitik 199
Bevölkerungspyramide 191
Bevölkerungsstruktur 189
    – Altersstruktur 190
    – Geschlechtsstruktur 190
Bevölkerungsverteilung 186, 187, 199
Bevölkerungszahl 199
Binnenhandel 264
Biosphärenreservat 353
Biostratigraphie 110
Biotop 278
Blizzard 360
Blockflur 203
Blockrutschung 140
Boden 36, 37, 74, 86, 148, 237, 278, 345
    – Speicherkapazität 134

Register

Bodenbildungsfaktoren 151
Bodenbildungsprozesse 151, 152
Bodendegradation 340, 366
Bodenerosion 141, 366
Bodenfruchtbarkeit 225
– natürliche 225
Bodenfunktionen s. Funktionen des Bodens 148
Bodenhorizont 150
Bodenlandschaft 157
Bodennutzung 226
Bodenporen 153
Bodenprofil 37, 150
Bodenregion 157
Bodenschätze 108, 242, 243
Bodenschutz 149, 159
Bodensubstanz s. organische Bodensubstanz
Bodentypen 152
Bodenwasser 134, 278
Bodenzerstörung 158
borealer Nadelwald 173, 277
Brasilia 307
Brasilien 194, 212, 297, 307, 386, 387
Braunerde 153
Breitengrad 72
Breitenkreis 72
Brekzie 107
Bruch 101
Bruchstufe 139
Bruttoinlandsprodukt (BIP) 300, 301, 302, 307
Bruttosozialprodukt 297
Buch- und Kartendruck 13
Bulgarien 311, 388, 389
Bündelungstrasse 328
Bundesraumordnung 319
Bundesverkehrswegeplane 327

C
Caldera 106
Chile 307, 386, 387
China 199, 201, 289, 390, 391
Cirrus(-wolken) 113
Citybildung 210
COOK, JAMES 15
Corioliskraft 116, 129
Cumulus(-wolken) 113

D
Dänemark 226, 295, 388, 389
Daseinsgrundfunktionen 200
Dauerfrostboden 172
Dauerkulturen 233
Definitionen (von Begriffen) 30
demografische Faktoren 227
demografischer Übergang 196
Demokratie 290
Desertifikation 366
Deutschland 170, 192, 194, 196, 201, 205, 237, 239, 247, 264, 273, 301, 346, 360, 384, 388, 389
– Disparitäten in 379
Devon 109, 403
dezentralisierter Einheitsstaat 290
Dienstleistungen 216, 260
– öffentliche 262
Dienstleistungs- und Informationsgesellschaft 219
Dienstleistungsstandort 221
Differenzierung der Urmaterie 75
Diktatur 290
Disparitäten, räumliche 377
Dorfformen 202
dreidimensionale Karte 188
Drei-Welten-Gliederung 299
Dritte Welt 299
Dünen 179
Dünenlandschaft 146
Dürren 361

E
Ebbe 128
Ecofarming 182, 345
EFTA 314
Einflussfaktoren auf die Land- und Forstwirtschaft 224
– natürliche 224
– politische 225
– sozioökonomische 225
Einflussnahme auf die Bevölkerungszahl 199
Einheitshaus 201
Einheitsstaat 290
Einnorden der Karte 31

Einpendler 197
Eintritt des Menschen in die Natur 75
Einwanderung 198
Einwohnerdichte 187, 188
Einzelbestandteile der Landschaft 90
Einzelhandel 264
Einzugsgebiet 131
Eismasse 135
Elbsandsteingebirge 137
Emigration 198
Energiemix 247
Energierohstoffe 245
Energieträger
– erneuerbare 246, 347
– fossile 347
– nicht erneuerbare 347
Entkolonialisierung 290, 292
Entlastungstädte 214
Entstehung des Lebens 75
Entwaldung, Folgen der 368
Entwicklung der Weltbevölkerung 185
Entwicklungshilfe 298, 380
– Formen der 380
– Ziele der 381
Entwicklungsländer 199, 234, 243, 299, 304
– Probleme 383
– Untergliederung 299
Entwicklungszusammenarbeit 382
Erdaltertum 109, 403
erdäußere Kräfte 85
Erdbeben 356
Erdfließen 140
erdgeschichtliche Zeittafel 111, 402, 403
erdinnere Kräfte 85
Erdrotation 67
Erdrutsch 358
Erdschalen 101
Erdumlauf 67
Erfahrungswissen 8
Ergussgesteine 105
Erklären 42
Erkunden 46
Erläutern 41
ernste Krise 333
Erodierung 159

Erste Welt 299
Erstellen von
 – Kartenskizzen 59
 – Profilen 60
Erwärmung 115
Erwerbspersonen 194
Erwerbstätigkeit 194
Estland 311, 388, 389
ethnische Gemeinschaft 193
EU-Erweiterungsprozess 312
Euratom 312
Europa 294, 388
Europäische Gemeinschaften (EG) 312
Europäische Union (EU) 295, 312
Europäische Wirtschaftsgemeinschaft (EWG) 312
Europäischer Binnenmarkt 312, 313
Euroregionen 376
Eutrophierung 159
Experimentieren 39
extensive Nutzung 228
extensive stationäre Weidewirtschaft 228
extreme Wetterlagen 117

F
Fahlerde 153
Faltung 101
Federwolken 113
Feldberger Glazialplattenlandschaft 282
feste Stoffe 350
Festgesteine 107
Feuchtsavanne 181
Finnland 295, 388, 389
Fischereistandort 221
Flächenbeanspruchung 221
Flora 160
Florenelement 162
Florenreich 161
Flüchtlinge 198
 – Binnen- 198
 – Situation der 335
Flüchtlingsströme, weltweite 198
Flur 203
Flurbereinigung 203, 204
Flurformen 203

Flurzersplitterung 203
Flüsse 130, 142
Flusssystem 131
Flussterrasse 143
Flut 128
Föhn 84
Forstwirtschaft 224
Forta 202
Fotosynthese 166, 172, 224
Frankreich 287, 295, 388, 389
Freihandelszone 314, 318
Freizeit 270
Fremdenverkehr 270
Front 116
Frostmusterböden 141, 172
Fünf-Welten-Gliederung 298
Funktionen des Bodens 148, 149
 – Archiv 148
 – Lebensraum 148
 – Pflanzenstandort 148
 – Schadstoffpuffer 148
 – Wasserfilter 148
 – Wasserregulierung 148

G
Gabbro 106
Gase 112, 350
Gasgemisch Luft 112
Gebietsschutz 353
Gebirgsgletscher 144
 – Geschwindigkeit 135
Geburtenrate 185, 195
Gefrieren 140
Gegensätze 45
Gehöft 201
Gemarkung 201
Gemeinde 201
Gemischtbetriebe der gemäßigten Breiten 233
Gemischtbetriebe der Tropen und Subtropen 233
Generalisieren 28
Geochronologie 110
Geografie,
 Aufsplittierung der 16
geografische Breite 72
geografische CD-ROMs 64
geografische Dimensionen 282, 283
geografische Gruppen 189

geografische Hülle 74
 – Entstehung der 75
geografische Informationssysteme 22
geografische Karte 9
geografische Koordinaten 72
geografische Landschaft 18
geografische Länge 71
geografische Räume 24
geografische Raumeinheiten 19
geografische Sphäre 74
geografische Zonen 171, 277
geografischer Vergleich 30
geologische Karte 111
geologische Naturkatastrophen 356
Geoökotop 278, 279
Geoökotopgefüge 280
Geosphäre 74
Gesamtfruchtbarkeitsrate 195
Gesamtwassermenge 124
gesetzmäßige Zusammenhänge 16
Gesetzmäßigkeiten 30
Gestalttypen 163
Gesteine 35, 85, 100, 104, 105
Gesteinsgefüge 105
gesteinsverändernde Vorgänge 100, 104
Gewann 203
Gewannflur 203
Geysir 100, 106, 139
Gezeiten 128
Gezeitenwellen 128
glaziale Serie 144
Glazialplatten 281
Gleichwertigkeit der Lebensverhältnisse 321, 322
Gletschereis 135
Gley 153
Glimmerschiefer 105
Global City 372
Global Player 256, 371
Globalisierung 255, 310, 369
 – Dimensionen der 369
 – Gefahren der 370
 – Vorteile der 370
Gneis 35, 105

Gold 243
Golfstrom 129
GPS 32
Gradientkraft 115
Gradnetz 71
Granit 35, 105, 106, 107
Granitgneis 107
Gravitation 140
Grenzen des Wachstums 336
Griechenland 295, 388, 389
Großbritannien s. Vereinigtes Königreich
große geografische Entdeckungen 12
Großes Islamisches Reich 11
Großhandel 264
Großprojekte 381
Grunddaseinsfunktionen 216
Grundmoräne 281
Grundriss 200
Grundstoffindustrie 248
Grundwasser 134, 153, 364
 – fossiles 134
Grundwasserleiter 134
Grundwasserschutz 134
Grundwasserstauer 134
Grundwasserstockwerk 134
Grus 107
Guinea 196, 392, 393
Güter 216
Güterproduktion 217

H
Haftwasser 134
Halbwüste 177
Handel 218, 263
 – ambulanter 265
 – Funktionen des -s 264
Hangkriechen 140
Hartlaubwälder 177
Harz 84
Haufendorf 202
Haufenwolken 113
HDI 298
Hierarchie 281
Hochdruckgebiet 115
hochkomplexe materielle Systeme 25
Hochkulturen, frühe 184
Hochwasser 131
Höhe 45

Höhendarstellung 60
Höhenlinien 61
Höhenmaßstab 61
Höhenpunkte 61
Höhenstufen 81, 162
 – komplexe landschaftliche 81
Hohlformen (des Reliefs) 136
Homogenität 277, 278
horizontale Erstreckung 24, 95
Horizontalschichtung 107
Hufendorf 202
Humboldt, Alexander von 14, 15, 163
humid 226
humides Gebiet 126
Humifizierung 154
Humus 154, 155
Humusabbau 155
Hurrikan 360
Hüttenwerk Rourkela 381
Hydrometeore 112

I
immergrüne Lorbeerwälder 178
immergrüne Nadel- und Laubfeuchtwälder 174
immergrüne subtropische Feuchtwälder 178
Immigration 198
Indien 289, 308, 390, 391
Individuum 27
Indonesien 199, 289, 307, 390, 391
Industrialisierung 219
Industrie 248
 – schrumpfende 249
Industriebereiche 248
Industriegesellschaft 219
Industrieländer 192, 199, 234, 300
Industrieproduktion 302
Industrieraum 223
Industriestandort 221, 249
Industriezweige 249
Informationswirtschaft 194
informeller Sektor 272, 351
Infrastruktur 327
Inlandeis 135, 144

Innovation 254
intensive Grünlandwirtschaft 229
intensive Nutzung 229
Internationalisierung 255
Internet 62
Interpretieren 44
Investitionsgüter 248
Irak 289, 390, 391
Iran 289, 390, 391
Irland 295, 388, 389
Island 314, 388, 389
Isobaren 115
Italien 295, 379, 388, 389

J
Jahresgang des Abflusses 132
Jahresschwankungen der Temperatur 79
Jahreszeiten 71
Jahreszeitenklima 172, 177
Japan 237, 289, 297, 346, 390, 391
Jemen 201, 390, 391
Jordanien 333, 390, 391
Jungmoränentiefland 281
Just-in-time-Anlieferung 255

K
Kaltfront 116
Kanada 287, 386, 387
Känozoikum 402
Kapillarwasser 134
Kapital 236, 237, 243
Karbon 109, 403
Karstlandschaft 145
Karte
 – dreidimensionale 188
 – Einnorden der 31
 – geografische 52
 – geologische 111
 – Lesen und Auswerten von -n 52
Kausalprofil 279
Kies 107
Kindersoldaten 330
Kläranlage 351
Klassifizieren 35
Kleinlandschaften 95
Kleinplaneten 66

Kleinprojekte 383
Klima 78, 85, 112, 114, 118, 173, 278
– kontinentales 78
– maritimes 78
Klimaänderung 122, 135
Klimadiagramm 58, 118
Klimaelemente 118
Klimafaktoren 118
– anthropogene 118
– natürliche 118
Klimagürtel 122
Klimaklassifikation 121
– effektive 121
– genetische 121
Klimarahmenkonvention 363
Klimaschwankung 123
Klimasystem der Erde 118
klimatische Gliederung der Erde 121
Klimatop 278
Klimawandel 122
klimazonale Abwandlung 147
Klimazonen 121
koloniales Erbe 292
Kolonialismus 290, 291
Kolonie 291
Kolumbien 307, 386, 387
Kondensieren 125
Konflikte 330
– bewaffnete 333
– Folgen bewaffneter 335
– friedensgefährdende 331
Konfliktlösungen, erfolgreiche 332
Konglomerat 107
Konkurrenz 166
Konsumgüter 248
Konsumtion 218
Kontaminierung 159
Kontinente 277, 278
Korea, Rep. 307, 390, 391
Kral 202
Kreide 109, 402
Kreislauf der Gesteine 108
Kreislaufwirtschaft 350
Krieg 333
Krise 333
Kuba 315, 386, 387
Kugelgestalt (der Erde) 67

Kulturerdteile 193, 286
Kulturräume 286
Kurden 332
Küstendünen-Kiefernwald 277
Küstenformen 143
Küstentypen 143

L
Lage und Lagebeziehungen 25, 45
Länder
– alte Bundes- 324
– am wenigsten entwickelte 300
– ärmste 296
– Entwicklungs- 199, 234, 243, 299, 304
– Industrie- 192, 199, 234, 300
– LDC- 300
– LLDC- 300
– neue Bundes- 324
– NIC- 300
– reichste 296
– Schwellen- 300, 307
– Transformations- 299
– wenig entwickelte 300
landesplanerische Beurteilung 328
Landflächen 126
Landflucht 197, 212
ländlicher Raum 223, 325
Landnutzung 174
Landschaft 87, 89
– Einzelbestandteile der 90
– Elemente der 81
– Komponenten der 81
– Kultur- 170
Landschaft unterschiedlicher Größe 96
Landschaftsbild 285
Landschaftsdegradierung 177
Landschaftsdimensionen 95
Landschaftselemente 90, 91
Landschaftshülle 74, 87
– Herausbildung der 85, 86, 87
Landschafts-

komponenten 92, 94
– labile 93
– stabile 92
– variable 93
Landschaftsmosaike 95
Landschaftsnutzung 96, 97
Landschaftsökosystem 96
Landschaftsregion 95
Landschaftsschutzgebiet 353
Landschaftstypen 89, 180
Landschaftszonen 95
Landvermessung 203
Landwechselwirtschaft 230
Landwirtschaft 224, 241, 341
– umweltverträgliche 238
landwirtschaftliche Nutzfläche 340
– Größe der 225
Längengrad 72
Längenkreis 71
Laub abwerfende Monsunwälder 178
Laub abwerfende Trockenwälder 178
Lawine 359
Lebensbedingungen, gleichwertige 319
Lebenserwartung 185, 195
Lebensformen 163, 164
Lee 83
Leeseite 83
Leitarten 110
Leitfossilien 110
Lesen und Auswerten von
– Bildern 47
– Diagrammen 56
– Karten 52
– Klimadiagrammen 58
– Luftbildern 49
– Statistiken 55
– Texten 51
Lettland 311, 388, 389
Lima/Callao 305, 386
Lithosphäre 100, 101, 102
– Gliederung der 101
Lithosphäreplatten 102
– kontinentale 102
– ozeanische 102
Lithostratigrafie 110
Lockergesteine 107
lokale Windsysteme 116

Lomonossow, Michail 14
Lösslandschaft 146
Luft 348
 – Reinhaltung der 363
Luftdruck 77, 115
Luftdruckgürtel 76
Luftdruckverteilung,
 mittlere 120
Luftmassen 76, 114, 115
 – kontinentale 78
 – maritime 78
Luftmassenaustausch 76
Luftschadstoffe 362
Luftverkehr 268
Luftverschmutzung 362
Luv 83
Luv-Lee-Effekt 83
Luvseite 83
Luxemburg 295, 388, 389

M
Magma 103, 105
magmatische Gesteine 105
Magmatit 107
Malaysia 307, 390, 391
MALTHUS 336
Managementkonzepte, Entwicklung neuer 253
Marginalsiedlungen 212
maritim-kontinentale
 Klimaabwandlungen 79
Marktproduktion 230
Marktwirtschaft
 – freie 220
 – gelenkte 220
 – soziale 220
 – zentrale 220
Marschhufendorf 202
Massenaussterben 170
Massenbewegungen 358
Massentourismus 274
Maßstabsbereich 277
Maßstabsgebundenheit 276
Meere 365
 – Bewegungsvorgänge 128
Meeresflächen 126
Meeresküsten 143
Meeresströmungen 77, 78, 129, 130
 – Antrieb 129
 – Geschwindigkeit

von 129
 – Organismen in 129
 – Richtung von 129
 – Temperatur von 129
Meeresverschmutzung 351, 365
Meeresspiegel-
 schwankungen 124
Meerwasser 244
 – Salzgehalt 127
Megalopolis 206
Megastadt 206
Mensch 87
MERCOSUR 317
Meridian 71
Mesozoikum 402
Messen 38
metamorphe Gesteine 105, 107, 108
Metamorphit 107
Metamorphose 108
Meteor 355
Meteorit 355
Meteoritenkrater 138
Metropole 212
Metropolisierung 212
Mexiko 307, 308, 386, 387
Mexiko-Stadt 213, 309
Migration 197
militärische Mittel 333
Minerale 104
 – gesteinsbildende 104
Mineralisierung 154
Minimumfaktor 168
Mitteleuropa 281
Mittelmeridian 73
Modell 29
 – ideelles 30
 – materielle 30
Modell des demografischen
 Übergangs 196
Modellexperimente 39
Momentzustand der menschlichen Entwicklung 298
Monarchie 290
Monatsmittel-
 temperaturen 79
Monokultur 233
monostrukturierter
 Raum 258
Monsunniederschläge,

sommerliche 178
Monsunzirkulation 120
Montanunion 312
Morphotop 278
Mosambik 297, 392, 393
multidisziplinäres
 Forscherteam 17
multinationales
 Unternehmen 255
Mure 140, 359

N
Nachfrage 244
nachhaltige Entwicklung 338
nachhaltige
 Forstwirtschaft 235
nachhaltige
 Landwirtschaft 241
nachhaltige
 Raumentwicklung 319
nachhaltiger Umgang (mit
 Ressourcen) 247, 343, 344, 345, 347, 348, 349
Nachrichtenverkehr 269
Nadelstreu 173
NAFTA 308, 315
Nährgebiet 135
Nährstoffe 176
Nährstoffpool 175
Nassreisbau 230
Nationalitätenstaat 290
Nationalparke 353
Nationalstaat 290
NATO 294
Naturausstattung 97
Naturereignisse 340
Naturexperimente 39
Naturkatastrophen 355
 – atmosphärische 360
 – geologische 356
 – kosmische 355
Naturkomponenten 85, 86
Naturlandschaft 87
natürliche Bevölkerungs-
 bewegung 195, 196
Naturparke 353
Naturphilosophie 8
Naturraum 87, 170
naturräumliche
 Gliederung 276, 284, 285
 – Sachsens 283

naturräumliche
  Ordnung 276, 284, 285
Naturressourcen 342
Naturschutzgebiete 353
Nebenzentren 214
Niederlande 295, 388, 389
Niederschlag 125, 126
Niederungen 143
Niedrigwasser 131
Niger 297, 392, 393
nomadische
  Weidewirtschaft 228
Nomadismus 197
Norddeutsches Tiefland 281
Nördlinger Ries 138
Norwegen 226, 314, 388, 389
Nullmeridian 71
Nutzpflanzen 179

O
OAS 294
Oase 232
Oasenlandwirtschaft 232
OAU 294
Oberflächengewässer des
  Festlandes 364
oberflächennaher
  Untergrund 136
Oberrheintalgraben 139
Öffnungszone 103
OIC 294
Okklusion 116
ökologische Faktoren 227
ökologische Seentypen 133
ökologische Wirkungen 240
ökologischer Landbau 241
ökologischer
  Wandlungsprozess 259
ökonomische Faktoren 227
ökonomisches Prinzip 216
Ökosystem-Modell 172, 173, 175, 176, 182
Ökumene 186
Olivenbaum 178
Ordnung der Teilräume 319
Ordnung des
  Gesamtraumes 319
Ordnung und
  Entwicklung 323
organische
  Bodensubstanz 154, 173,

175, 176, 182
Orient 206, 288
Orientieren in der geografischen Wirklichkeit 31
Orkan 360
Orthogneis 107
Österreich 295, 388, 389
Ostseiteneffekt 80
Oxidation 153
Ozean als
  Rohstoffquelle 244
Ozeane 127, 396
Ozonloch 123, 362
Ozonschicht 113, 123
Ozonverteilung 113

P
Parabraunerde 153
Pararendzina 155
Paris 214, 388
Passat 77
Passatzirkulation 120
Pedohydrotop 278
Pedon 149, 156
Pedotop 157, 278
PENCK, ALBRECHT 15
Pendelwanderungen 197
Perm 109, 403
Peru 212, 305, 386, 387
PETER DER GROSSE 16
Pflanzen 86
Pflanzenernährung 167
Pflanzenformationen 163, 164
Pflanzengesellschaft 163, 165
Pflanzenmasse 173, 175, 176, 182
Philippinen 307, 390, 391
Phytotop 278
Pilzfelsen 146
Planeten 66
Planfeststellungsbeschluss 328
Planfeststellungsverfahren 328
Plantagenregionen 233
planungsrechtlicher
  Verfahrensprozess 327
Plateaubasalte 106
Platzdorf 202

Plaza 202
Pluton 106
Plutonit 105
Podsol 155
Podsolierung 155
Polen 311, 388, 389
polnahe Gebiete 70
POLO, MARCO 12
Porenvolumen 134
Portugal 287, 295, 388, 389
potenzielles Areal 160
Präkambrium 403
primäre Sukzession 168
primärer Sektor 217
primäres Standortsystem 265
Primärrohstoffe 247
Primatstadt 212
Pro Europa Viadrina 376
Produktion 218
Produktionsfaktoren 216
  – in der
    Landwirtschaft 225
Produktionsstruktur 223
Produktionswirtschaft 219
Produktivität 216
Pro-Kopf-Ressourcenverbrauch 336, 343
Proterozoikum 403
Prozesse 26, 27
Prozesse und
  Wechselbeziehungen 74
Pseudogley 154
Pseudovergleyung 154

Q
Quartär 109, 111, 402
quartärer Sektor 217
Quarzit 107
Quellkuppe 100

R
Rangordnung (naturräumlicher Einheiten) 280
Raum, geografischer 24
  – Agrar- 223
  – Ballungs- 211
  – Industrie- 223
  – Kultur- 286
  – ländlicher 223, 325
  – monostrukturierter 258
  – Natur- 87, 170

- strukturschwacher ländlicher 223
- Verdichtungs- 211, 219, 223, 320, 325
- Weltwirtschafts- 222
- Wirtschafts- 222

Raumkategorien 223, 320
räumliche Bevölkerungsbewegungen 197
räumliche Prozesse (im Siedlungssystem) 209
räumliche Umverteilung der Bevölkerung 199
Raumordnung 319
Raumordnungspolitischer Handlungsrahmen 324
Raumordnungspolitischer Orientierungsrahmen 323
Raumordnungsverfahren 327, 328
Raumplanung 319
Raumstrukturen 320
Realerbteilung 203
reales Areal 160
Recycling 247
Reformstaaten 299
Regelmäßigkeiten 16
Regenschatten 84
regionale staatenübergreifende Zusammenarbeit 294
regionale Unterschiede 302
regionale Wirtschaftsgemeinschaft 310
Regionalisierung 310, 373
Regionen 319
- Entwicklung der 319

Reihendorf 202
Reinhaltung der Luft 363
Reisen 270
Rekultivierung 248
Relief 136, 278
Reliefformen 85, 136
Reliefformung 138, 140, 141, 144, 145
Reliefumkehr 139
Religionen 193
Rendzina 155
Reserven 343
Ressourcen 342
- biotische 344
- energetische 347
- mineralische 346

Ressourcenbedarf 343
Ressoureneffizienz 343
Reurbanisierung 213
Revolution (der Erde) 78
Rhyolit 106
RITTER, CARL 14
Rodungen 367
Rohrleitungsverkehr 269
Rohstoffbedarf 343
Rohstoffe 108, 342, 367
- mineralische 346

Rohstoffreserven 244
Rohstoffressourcen 244
Römisches Reich 9
Rotationsellipsoid 67
rote Liste 170
Rotfärbung 153
Ruanda 334, 392, 393
Rückgang der globalen Waldfläche 234
Ruhrgebiet 258, 259
Rumänien 311, 388, 389
Rundling 202
Russische Föderation 297, 388, 389, 390
Russland s. Russische Föderation

S

Sachgüter 216
Sahel 179
Saisonalität von Naturprozessen 174
Salzwasser 124
Sammel- und Aneignungswirtschaft 218
Sammeln von Materialien 33
Sandstein 105
sanfter Tourismus 274
Satellitenbilder 17, 50
saurer Regen 362, 367
Savannentypen 181
Schadstoffpuffer 148
Schalenbau des Erdkörpers 101
Schichtfolge 107
Schichtrippen 139
Schichtstufen 139
Schichtung 107

Schichtvulkan 106
Schichtwolken 113
Schienenverkehr 268
Schildvulkan 106
Schlammvulkan 139
Schließungszone 103
Schneegrenze 135
- klimatische 135
- zeitweilige 135

Schrägschichtung 107
Schuttdecke 141
Schutz der Atmosphäre 363
Schutzgebiete, Merkmale der 353
Schwarzerde 155
Schwarzerdebildung 155
Schweden 295, 388, 389
Schweiz 311, 314, 315, 388, 389
Schwellenländer 300, 307
Sediment(e) 85, 107
- biogene 107
- chemische 107

sedimentäre Gesteine 105
Sedimentgesteine 106
- klastische 107

Seebeben 356, 357
Seen 132, 144
- Entstehung von 133
- Größe von 45, 132
- Stoffhaushalt in 133

Seentypen 133
sekundäre Standortfaktorengruppen 166
sekundäre Sukzession 168
sekundärer Sektor 217
sekundäres Standortsystem 265
Sekundärrohstoffe 247
Selbstversorgungswirtschaft 219
semiarid 226
Sickerwasser 134, 153
Siedlung(en) 200
- Gestalt von 200
- Lage der 200
- ländliche 201
- städtische 205

Siedlungsstruktur 324, 325
Silikate 104
Silur 109, 403

Singapur 307, 390, 391
Singularitäten 117
Sinterterrassen 100, 106
Slowakei 311, 388, 389
Slowenien 311, 388, 389
Smog 362
Solifluktion 140
sommergrüne Laub- und Mischwälder 174
Sonnenstand 68
soziale Bedingungen 252
soziale Marktwirtschaft 220
soziale Merkmale 193, 304
sozialer Entwicklungsstand 298
sozialer Wandlungsprozess 259
soziokulturelle Belastungen 274
soziokulturelle Merkmale 193
sozioökonomische Bedingungen (für die Bodennutzung) 227
sozioökonomische Merkmale 194
sozioökonomische Verflechtungen 222
sozioökonomische Wirkungen 240
Spanien 287, 295, 388, 389
Speicherkapazität 134
spezifische Wärmekapazität 76
Sprachen 193
Staat(en) 290
– Entwicklung der 290
– föderalistischer 290
– Merkmale 290
Staatengruppen 293
Staatsgebiet 290
Staatsgewalt 290
Staatsterritorium 222
Staatstypen 290
Staatsvolk 290
Stadtbevölkerung 197
Städte 205
– Größenklassen 205
– Merkmale 205
Stadtgrundrisse 207, 208

städtische Vernetzung 324
Stadtklima 214
Stadtlandschaft 213
Stadtregion 210
Stadt-Umland-Beziehungen 210
Stadtviertel, Bildung von -n 209
Stadtwirtschaft 219
Stagnations- und Schrumpfungstendenzen 263
Stamm 193
Stammesgruppe 193
Standard-Meridiane 73
Standort 148, 166, 222, 249, 279
Standortanforderungen 250
Standortentscheidung 249
Standortfaktor(en) 166, 249, 263
– abiotische 166
– Bedeutung von 250
– chemische 167
– harte 221, 249
– Image 251
– Licht 166
– mechanische 168
– primäre 166
– Verkehrsanbindung 250
– Wärme 167
– Wasser 167
– weiche 221, 249, 251
Standortkartierung 279
Standorttypen 279
stationärer Einzelhandel 265
Stau 84, 153
Stauwasser 154
Steigungsregen 84
Steppe 176
Steppentypen 176
Sterberate 185, 195
Steuerung der Wirtschaftsabläufe 220
Stoff- und Energieströme 96
Stoffkreislauf 154
Stoffströme 350
Strahlungsbilanz (der Erde) 119, 120
Straßendorf 202
Straßenverkehr 268
strategische Allianzen 257

Stratosphäre 113
Stratus(-wolken) 113
Streifenfluren 203
Streu 173, 175, 176, 182
Streusiedlung 203
Struktur(en) 26, 105
Strukturpolitik der EG 313
strukturschwacher ländlicher Raum 223
Strukturunterschiede 320
strukturverändernde Vorgänge 100, 101
Strukturwandel 257, 258, 261, 264
– in der Landwirtschaft 238
– in einer Gemüsegärtnerei 240
– ökonomischer 258
– räumlicher 257
Sturm 360
Stuttgart 215
Subsistenzwirtschaft 219, 230
Suburbanisierung 213
Suchhilfe 62
Südafrika 243, 288, 392, 393
Süddeutschland 82
Südkorea s. Korea, Republik 391
Sukzession 168
Sumpf 132
Süßwasser 124

T
Tagebaurestloch 146
Tageszeitenklima 181
Taiga 173, 235
Taiwan 307, 390, 391
Tal 143
Talquerprofile 142
Talsperren 131, 147, 400
Teilhüllen 74
– Bestandteile und Elemente aller 74
Tektonik 100
tektonische Bewegungen 101
tertiärer Sektor 217, 262
– Bedeutung des 261
Tertiärisierung der

Register

Wirtschaft 260
Textur (von Gesteinen) 105
Thailand 196, 212, 307, 390, 391
Theorie 30
THÜNEN, J. H. VON 15
Tidenhub 128
Tiefbauhalde 146
Tiefdruckgebiet 115
Tiefengesteine 105
Tiere 86
Tierwelt 174
Tonbildung 153
Ton-Humus-Komplex 154
Tonverlagerung 153
Tornado 360
Tourismus 270
– Probleme des 274
– sanfter 274
Tourismusarten 271
Touristenreiseverkehr 271
Tragfähigkeit 336
TransFair 382
Transformationsländer 299
Transmigrasi 199
Transportkraft (des Wassers) 142
Treibhauseffekt 362
– natürlicher 113
Tribalismus 292
Trinkwasserbedarf 348
TriRhena 376
Trockenreisbau 230
Trockensavanne 181
Trogtal 144
tropische Roterden 181
tropische Wälder 235
tropische Wirbelstürme 117, 360
tropischer Regenwald 182, 235
Troposphäre 113
Trümmergesteine 107
Tschechische Republik 311, 388, 389
Tsunami 128, 357
Tundra 172
Türkei 311, 388, 389
Typenmerkmale 29
Typisieren 28

U
Übereinstimmungen 45
Überhöhung 61
Überschiebung 101
Überschwemmungen 361
Umsatzentwicklung 264
Umwelt 354
Umweltbelastung 337
Umweltfolgen 347
Umweltforschung 18
Umweltgefährdung 354
Umweltprobleme 274
Umweltschutz 247
Umweltveränderungen 354
Umweltverträglichkeitsprüfung 327
umweltverträgliche Landwirtschaft 238
Ungarn 311, 388, 389
Ungunstfaktoren (für die Landwirtschaft) 340
UNO 293
Unternehmen
– mittelständische 257
– Verlagerung des -s 253
Unternehmensstrategien 252, 253
Untersuchen 36
Untersuchung von Geoökotopen 279
urban-industrielle Ökoysteme 214
Urbanisierung 212
Urlaubsreisen 197, 198
Urproduktion 217
Ursachen 340, 341
– der Armut 340
– von Konflikten 331
USA s. Vereinigte Staaten

V
Vega 155
Vegetation 160, 172, 176, 177, 182, 278
Vegetationsentwicklung 173
Vegetationsperiode 225
Vegetationszonen 164, 165
Venezuela 307, 386, 387
Verallgemeinern 27
Veränderung(en)
– der geografischen Hülle 75
– der Größe des Unternehmens 253
– im Dorfbild 204
– in der Industrie 257
Verantwortung
– der Menschheit 337
– für die Erde 88
verarbeitende Industrie 248
Verbraunung 153
Verbreitung der Bodentypen 156
Verbreitungsareal 279
Verdichtung 153, 159
Verdichtungsraum 211, 219, 223, 320, 325
Verdunstung 125, 126
Vereinigte Staaten 297, 386, 387
Vereinigtes Königreich 295, 388, 389
Verflechtungen 252
– wirtschaftsräumliche 296
Vergleich(en) 44
Vergleyung 153
Verkarstung 138, 145, 178, 182
Verkehr 263, 267, 326
Verkehrssprache 193
Verkehrsstandort 221
Verkehrswege 267
Verlehmung 153
Verlust der Artenvielfalt 368
Versalzung 159
Versandhandel 265
Versauerung 159
Verstädterung 212
Verteilung
– Bevölkerung 186, 199
– Land und Meer 76
vertikale Erstreckung 24, 95
Vertikalgliederung (der Atmosphäre) 112
Vertrag über die Europäische Union (EU) 312
Vertrag von Nizza 312
Verwerfung 101
Verwitterung 137, 179, 182
– chemische 137, 138, 153
– physikalische 137
Verwitterungsmaterial 85

Verwitterungsprozesse 153
Vielvölkerstaat 290, 292
Vier-Sektoren-Modell 194
Vierte Welt 300
Volk 193
Volksrepublik China s. China
Vollformen (des Reliefs) 136
Vorhersage von
　Erdbeben 357
Vorräte (mineralischer
　Ressourcen) 346
Vulkanausbrüche 358
Vulkane 106, 397
vulkanische
　Erscheinungen 100
vulkanische Prozesse 139
Vulkanit 105

W
Wachstumsindustrien 249
Wachstumsraten 195
Wachstumstendenzen 262
Waldbrände 174
Wälder der gemäßigten
　nördlichen Breiten 234
Waldfläche 234
　– Entwicklung der 234
　– Rückgang der
　　globalen 234
Waldgrenze 162
Waldhufendorf 202
Waldschäden 367
Wandel der Dörfer 204
Wanderfeldbau 182, 229
Wanderungen (der
　Bevölkerung) 197
　– Binnenwanderung 197
　– internationale 198
　– Pendelwanderungen 197
Wärmehaushalt 119
Wärmekapazität,
　spezifische 76
Warmfront 116
Warmluftsektor 116
Wasser 85, 124, 348
Wasser des Festlandes 130
Wasserbilanzen 126
Wasserdampf 112
Wasserdargebot 348
Wasserhaushalt 126
　– Abfluss 126, 131

– Aufbrauch 126, 131
– Niederschlag 125, 126
– Rücklage 126, 131
– Verdunstung 125, 126
– Vorratsveränderung 126
– Zufluss 126
Wasserkreislauf 125, 126
Wasserkreislaufelemente 126
Wassermengen 125
Wasserprobleme 349
Wasserscheide 131
Wasserschichtung 133
Wasserstraßenverkehr 269
Wasserverschmutzung 365
Wasservorkommen 125
Wechselbeziehungen 74
wechselfeuchte
　Subtropen 177
Weiher 132
Wellen 128
Welthandel 256, 266, 267
Weltkulturerbe 353
Weltmarktpreise
　– schwankende 243
Weltmeer 127
　– Bedeutung des -es 127
　– Gliederung des -es 127
Weltmetropolen 212
Weltnaturerbe 352
Weltwirtschaftsraum 222
Wesen der Landschaft 89
Westseiteneffekte 80
Westwinde 77
Westwindgürtel 79
Westwindzirkulation 120
Wettbewerbsvorteile 255
Wetter 114
Wetterelemente 114
Wetterlage 115
Wettervorhersage 118
Wiedereinrichter 239
Wikinger 11
Wildbeutergesellschaft 218
Wind 77, 115, 179
Wirtschaft 216
wirtschaftliche Merkmale 194
wirtschaftlicher und sozialer
　Entwicklungsstand 296
Wirtschaftsablauf 218
Wirtschaftsbereich 217
Wirtschaftsentwicklung 218

Wirtschaftsgebiet 222
Wirtschaftsgemeinschaft 310
　– regionale 310
Wirtschaftsordnung 220
Wirtschaftspolitik 223
Wirtschaftsraum 222
wirtschaftsräumliche
　Verflechtungen 296
Wirtschaftssektor 194, 217
Wirtschaftsstandort 221
Wirtschaftsstruktur 217
Wirtschaftsunion 222
Wirtschaftszweige 217
Witterung 114
Wuchsformen 163
Wüste 177

Z
Zahl der Bevölkerung 199
Zählen 38
Zehrgebiet 135
Zeigerpflanzen 168
Zeit 45, 151
Zeitzonen 72, 73
zentrale Orte 211
zentralisierter
　Einheitsstaat 290
Zentralität 266
Zersiedlung der
　Landschaft 204, 324, 344
zonale Anordnungs-
　muster 171
Zonenzeit 73
Zusammenarbeit
　– im europäischen
　　Raum 319
　– regionale staaten-
　　übergreifende 294
　– weltweite
　　internationale 293
Zusammensetzung der
　Atmosphäre 112
Zwang zum
　Wirtschaften 216
Zweige des Dienstleistungs-
　bereichs 262
Zweite Welt 299
Zyklone 116

Bildquellenverzeichnis

AKG, Berlin: 14/1, 15/1, 205, 336/2; Archiv der Archenhold-Sternwarte Berlin-Treptow: 24/1; Archiv PAETEC Verlag für Bildungsmedien, Berlin/Photo-König, Lobenstein: 88/2, 188/3; Archiv PAETEC Verlag für Bildungsmedien, Berlin/Streußel: 273/3; Archiv PAETEC Verlag für Bildungsmedien, Berlin: 9, 10/1, 10/2, 12/2, 13/2, 13/3, 14/2, 19/1, 20, 21, 24/2, 26, 31/2, 31/3, 32/1, 33/2, 35/9, 39/1, 39/2, 40/1, 43, 51, 53, 54/1, 54/2, 55, 56, 57, 58, 60/1, 61/1, 61/2, 66, 67/1, 67/2, 68, 69/1, 69/2, 70/1, 70/2, 71/1, 71/2, 71/3, 73/1, 73/2, 74, 75, 77/1, 77/2, 78, 79, 80, 83/1, 84, 94, 95/1, 95/2, 101/2, 101/3, 102/1, 102/2, 103, 104/1, 104/3, 104/5, 104/7, 104/9, 104/11, 104/13, 108, 109/1, 109/2, 109/3, 109/4, 110/1, 110/2, 111, 114/2, 116/1, 116/2, 116/3, 116/4, 118/1, 118/2, 120, 121/1, 121/2, 121/3, 123/1, 123/2, 124/2, 128/1, 128/2, 129/1, 131/2, 132/1, 132/2, 133/1, 133/2, 133/3, 133/4, 134, 136/1, 136/2, 139/1, 139/2, 140/1, 140/3, 142/3, 142/4, 142/5, 142/6, 142/7, 142/8, 143/1, 143/3, 143/5, 143/6, 143/7, 143/8, 144/3, 145/1, 148/1, 148/2, 148/3, 148/4, 148/5, 149/1, 149/2, 149/3, 151/1, 151/2, 151/3, 151/4, 151/5, 151/6, 151/7, 154/2, 154/3, 156/2, 156/3, 157, 163, 164/1, 166/1, 166/2, 167/1, 168/3, 168/4, 169, 170, 172/1, 173/1, 173/2, 173/3, 174/4, 175/3, 175/4, 175/5, 175/6, 176/1, 176/2, 177/4, 178/4, 178/5, 179/3, 179/4, 180/2, 180/6, 181/1, 181/3, 182/3, 182/4, 182/5, 184, 185/3, 186/1, 187/1, 187/2, 188/1, 198/1, 191, 192/1, 192/2, 193/3, 194/1, 194/2, 196/1, 196/2, 197/1, 197/2, 198/1, 198/2, 198/3, 200/3, 201/3, 202/1, 202/2, 202/3, 204/1, 204/2, 207/1, 207/2, 207/3, 207/5, 208/1, 208/2, 208/3, 208/4, 208/5, 211/1, 211/2, 211/3, 216/3, 218/4, 222, 225, 226/2, 229/2, 230, 231/1, 231/5, 233/1, 234, 237, 238, 240/2, 241/4, 241/5, 241/6, 242/3, 244/1, 245/1, 246/2, 247/1, 249, 252, 255, 258/1, 258/2, 259/4, 261/1, 261/2, 263/1, 263/2, 265/1, 266/1, 266/2, 266/3, 266/4, 267, 270/2, 270/3, 272/3, 273/1, 273/6, 274/1, 274/2, 278/1, 278/2, 278/3, 279/1, 279/2, 280, 281, 282/1, 281/2, 283, 286, 288/3, 291/2, 292/2, 294, 295, 302/2, 302/3, 305/1, 305/2, 308/1, 308/2, 315, 317, 321/1, 328, 331/2, 332/2, 334/1, 336/1, 337/1, 337/2, 337/3, 340/1, 340/3, 340/4, 342, 343/2, 344/1, 345/1, 347/1, 349/1, 354, 355/1, 356/1, 360, 361/4, 362/2, 363/3, 366/3, 368/1, 368/2, 369, 370, 371/1, 371/2, 373/1, 373/2, 374, 376/2, 382/2, 368, 388, 390, 392, 394/1, 394/2, 396/1, 396/2, 397, 398, 399, 400, 401, 402, 403; Astrofoto Bildagentur, Leichlingen: 244/2; BASF, Ludwigshafen/Döhnert: 233/2; BASF, Ludwigshafen: 299/1; Berliner Stadtreinigungsbetriebe: 350; Berliner Wasserbetriebe: 351/2; BfGR, Hannover: 250/2; Bibliographisches Institut & F. A. Brockhaus AG, Mannheim: 11/3, 32/3, 101/1, 106/5, 113/1, 117/1, 117/3, 119/1, 119/2, 123/3, 124/1, 125, 132/3, 134/1, 150, 152, 158/1, 162, 203/3, 203/4, 203/5, 207/4, 243, 332/1, 303, 306/2, 309/2, 311, 313/1, 357, 364/2, 365, 366/1, 366/2; Bildarchiv Preussischer Kulturbesitz, Berlin: 12/1; Billwitz, Bittner, S., Tabarz: 59; BMZ-Presse, Bonn: 199/1, 231/3, 367/1; Börner, A., Berlin: 158/3; Bricks, W., Erfurt: 37, 39/3, 41, 42/1, 45/1, 45/2, 60/2, 60/3, 154/1, 251/1, 251/2, 251/3, 251/4, 321/2, 324/2, 343/1; Bundesamt für Bauwesen und Raumordnung: Raumordnungsbericht 2000, Bonn 2000: 188/2, 254/2, 302/1; Bundesamt für Bauwesen und Raumordnung: Raumordnungsbericht 2000, Kurzfassung, Bonn 2000: 320/2; Bundesforschungsanstalt für Landeskunde und Raumordnung: Raumordnung in Deutschland, 1996: 325, 326; CorelPhotos: 65, 184/1, 185/2, 186/2, 273/2, 293/1, 329, 385; CorelStock: 189/2, 189/3, 189/4, 287/2, 289/1, 289/3; Dalchow, C., Müncheberg: 177/2; Deutsche Bahn AG, Berlin: 260/1, 268/2; Deutscher Teeverband e. V., Hamburg: 236/2; Deutscher Wetterdienst, Offenbach: 114/1, 116/5; Dornier Medienholding GmbH, Berlin: 13/1; dpa/ZB Fotoagentur Zentralbild GmbH, Berlin: 23/1, 88/3, 97, 210/1, 210/2, 214/1, 260/2, 270/1, 299/2, 310/2, 330/1, 330/2, 331/1, 333/2, 347/2, 351/1, 356/2, 358, 359/1, 372/1, 382/1; Dugast, J.-L./argus Fotoarchiv, Hamburg: 236/3; DWHH, Bonn: 335, 340/2, 378/1, 378/2, 383/2, 384; Edwards, M./argus Fotoarchiv, Hamburg: 309/1; Erich Schmidt Verlag, Nr. 625 307: 381; Eschrich, A., Ilmenau: 201/2, 202/1; Euroregion Pro Europa Viadrina: 376/1; Fraport AG, Frankfurt am Main: 268/3; Frischmuth, P./argus Fotoarchiv, Hamburg: 240/1, 159/4; Führing, G., Berlin: 349/2; Geldmacher, K., Hohenbruch: 248/1; Gesamtverband des deutschen Steinkohlenbergbaus: 259/1; Giling, R./argus Fotoarchiv, Hamburg: 232/2, 236/1; Haller, G., Clausnitz: 100/1; Hoffmann, G., Greifswald: 35/5, 106/2, 106/3, 106/4, 107/4, 107/5, 107/6; IMSI-

Masterclips: 14/2, 193/2, 271, 338/1; Institut für Länderkunde, Leipzig: 256/2, 322, 375; IZE, Frankfurt am Main: 247/2, 247/3, 247/4, 363/1; Janke, R./argus Fotoarchiv, Hamburg: 159/5; Kali und Steinsalz GmbH, Kassel: 242/2; KNA-Bild: 193/1; LAUBAG/Rauhut, Senftenberg: 92/2, 248/2, 248/3; Liesenberg, G., Berlin: 93, 104/2, 104/14, 113/2, 183, 194/6, 200/2a, 200/2b, 200/2f, 202/2, 250/1, 273/5; Linde AG, Werksgruppe Technische Gase: 254/1; Lufthansa-Bildarchiv: 96/2; MAURITIUS: 201/1, 377; Medenbach, O., Witten: 104/6; Medenbach, U., Witten: 105/4; MEGA Möbel, Wildau: 265/5; Meincke, R., Potthagen: 28/1; Meyer, L., Potsdam: 38, 128/3, 128/4; Muuß, U., Altenholz: 203/2; NASA/SIENCE PHOTO LIBRARY/FOCUS: 117/2; NASA: 17/1, 129/2; NLfB, Hannover: 155/3; Noorani, S./argus Fotoarchiv, Hamburg: 383; Obst, K., Greifswald: 104/4, 104/8, 104/10, 104/12; PAETEC Verlag für Bildungsmedien, Berlin, auf der Grundlage von Materialien von Spektrum Akademischer Verlag Heidelberg · Berlin: 161/1, 161/2, 171, 227/2, 380; Pews, H.-U., Berlin: 306/1; PhotoCD: 287/1; PhotoDisc., Inc.: 96/3; Piorr, H.-P., Müncheberg: 241/1, 241/2; Raum, B., Neuenhagen: 7, 11/1, 11/2, 15/2, 15/3, 22, 23/3, 23/5, 23/6, 25/1, 25/2, 27/1, 27/2, 28/2, 28/3, 32/2, 35/1, 35/2, 35/4, 35/6, 35/8, 46/2, 46/3, 46/4, 46/5, 47, 49, 50, 52, 69/3, 86/1, 88/1, 91/1, 91/2, 96/1, 99, 100/2, 105/1, 105/2, 105/3, 106/1, 107/1, 107/2, 107/3, 113/3, 113/4, 126/1, 126/2, 127/1, 135/3, 138/2, 140/4, 144/1, 146/2, 146/4, 146/5, 156/1, 159/6, 164/2, 164/3, 164/4, 167/1, 168/2, 175/2, 177/7, 179/2, 180/1, 180/3, 180/5, 185/1, 194/3, 194/4, 194/5, 195, 200/1, 200/2c, 200/2d, 200/2e, 200/2g, 210/3, 216/1, 216/2, 217/1, 217/3, 218/1, 218/2, 218/3, 219, 221/1, 221/2, 221/3, 221/4, 221/5, 221/6, 224/1, 224/2, 224/3, 226/3, 228/1, 228/2, 228/3, 228/4, 229/1, 231/4, 232/1, 241/3, 242/1, 248/4, 260/3, 264, 265/2, 265/3, 265/4, 268/1, 269/1, 269/2, 269/3, 272/1, 272/2, 273/4, 275, 276, 287/3, 288/1, 288/2, 289/2, 292/1, 298/1, 298/2, 298/3, 299/3, 320/1, 324/1, 328/2, 333/1, 338/2, 341/1, 341/2, 344/3, 348/1, 352/2, 353/1, 353/2, 359/2, 359/3, 359/4, 361/2, 361/3, 361/5, 362/1, 363/2, 364/1, 372/2, 372/3; Raum, J., Dahlwitz-Hoppegarten: 31/1, 213/2, 232/3, 344/2, 352/1; Raum, S., Berlin: 100/3; Rolls-Royce GmbH, Oberursel: 217/2; Rother: 181/2; Schickhoff, U., Pronstorf: 167/2, 172/4, 174/1, 175/1, 178/1, 182/1; Schlaak, N., Altenhof: 36/1, 92/1, 153/1, 153/2, 155/2; Schlimme, W., Rehfelde: 231/2; Schmidtke, K.-D., Melsdorf: 307/2; Schmitz, S., Berlin: 307/1; Schneider, W., Köln: 259/2; Schroedel Verlag GmbH, Hannover: 29, 42/2, 90/2, 115, 165, 204/3, 204/4, 206/1, 206/2, 209, 213/1, 214/2, 215/1, 215/2, 223/1, 223/2, 226/1, 227/1, 235, 245/2, 246/1, 256/1, 281, 291/1, 297, 298/4, 313/2, 314, 316, 318, 323, 331/3, 334/2, 339/3, 345/2, 367/2, 379/1, 379/2; Schwarzbach, H./argus Fotoarchiv, Hamburg: 339/1; Siebenhaar, H., Hönow: 361/1; Siemens AG, Erlangen: 248/5; Stelzig, M., Berlin: 372/4; TEAG, Erfurt: 348/2; Techniker Krankenkasse, Hamburg: 339/2; Theissig, K.-H., Bad Iburg: 347/1; Thiem, F., Mühlberg: 30, 31/4, 33/1, 34, 36/2, 36/3, 40/2, 40/3, 46/1, 63/3; TLG, Weimar: 155/1, 155/4; Tschochner, B., Potsdam: 19/3, 23/2; Unger, M., Königs Wusterhausen: 90/1; VEAG Hohenwarte/Photo-König, Lobenstein: 131/3; Veit, Bern: 138/1; VOLKSWAGEN Kommunikation: 310/1; Vollmer, M., Oberhausen: 259/3; Weber, K., Berlin: 23/4; Willmann, L., Groß Schönebeck: 19/2, 158/2; Windhorst, H.-W., Vechta: 203/1; Zabel, E., Güstrow: 168/1.

Internet und CD-ROM – so gehts …

Die **Icons** am oberen Rand des Bildschirms führen dich zur Startseite des Lexikons zurück, starten das **Wissensnetz**, den **Zeitstrahl** oder bringen dich zum Schülerlexikon im Internet.

Zu den hunderten Themen des Lexikons gelangst du über das Inhaltsverzeichnis, das Register von A–Z oder über die Profisuche. Mit der **Profisuche** kannst du auch nach mehreren Begriffen gleichzeitig suchen oder dir die interessantesten Medien der CD-ROM anzeigen lassen.

Nach dem Klicken auf einen Absatz des Inhaltsverzeichnisses klappt das Menü auf und es werden dir alle **Themen**, die zu diesem Absatz gehören, angezeigt.

Durch einen Klick auf ein **Bild** in der Medienleiste wird dieses vergrößert dargestellt oder es laufen z. B. **Animationen** und **Videos** ab.

Durch einen Klick auf eines dieser **Suchwörter** springst du sofort an die entsprechende Stelle im ausführlichen Text des Themas.

Über „Thema anzeigen!" gelangst du zum **ausführlichen Text** mit Abbildungen, z. T. mit Animationen, Videos usw.

Die **verwandten Themen** listen alle Themen auf, die einen inhaltlichen Bezug zu dem Thema haben, das gerade angezeigt wird.

Die Scheib

Die CD enthält mehrere hundert Fachthemen. Diese Themen bestehen aus einer kurzen Annotation ❶ und einem dazu gehörigen Langtext ❷. In der Annotation sind wichtige Begriffe aufgeführt, die direkt mit den entsprechenden Textabschnitten im Langtext ❸ verknüpft sind.

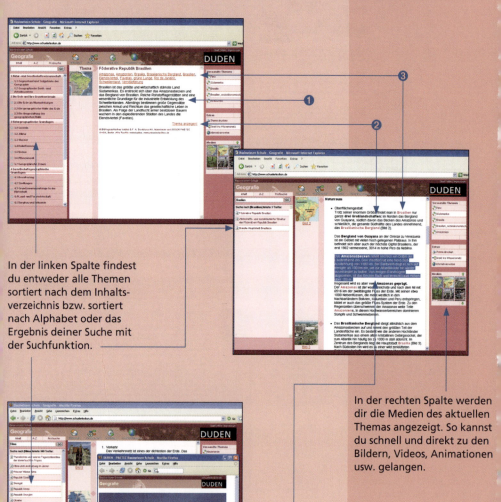

In der linken Spalte findest du entweder alle Themen sortiert nach dem Inhaltsverzeichnis bzw. sortiert nach Alphabet oder das Ergebnis deiner Suche mit der Suchfunktion.

In der rechten Spalte werden dir die Medien des aktuellen Themas angezeigt. So kannst du schnell und direkt zu den Bildern, Videos, Animationen usw. gelangen.

Alle Texte und Bilder der CD-ROM können ausgedruckt oder über die Funktionen „Kopieren" und „Einfügen" in einem anderen Programm (z. B. einer Textverarbeitung) weiter verwendet werden.

e im Buch

Jedes Thema verfügt neben dem Text über verschiedene Medien, die in einer separaten Medienspalte in der Mitte des Bildschirms aufgelistet werden. Dies können u. a. sein: Bilder, Videos, Flash-Animationen, PDF-Dateien und vieles mehr.

Videos und **Audios** können mithilfe des Quicktime-Players (auf der CD-ROM vorhanden) abgespielt werden.

Bilder und **Grafiken** können vergrößert und ebenso wie die Texte ausgedruckt werden.

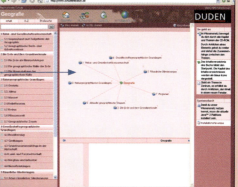

Das **Wissensnetz** (auf der Basis von Java) stellt anschaulich Zusammenhänge zwischen den Themen sowie zwischen dem Inhaltsverzeichnis und den einzelnen Themen dar.

Über den **Zeitstrahl** hast du einen schnellen Zugriff auf historische Ereignisse oder auf Biografien von Persönlichkeiten. Die Nutzung des Zeitstrahls setzt das Flash-PlugIn (auf der CD-ROM enthalten) für deinen Browser voraus.